패권 전쟁

패권전쟁

패권의 역사에서 발견한
세계를 움직이는 힘의 비밀

최윤식 지음

The Birth of HEGEMONY

더퀘스트

프롤로그

미국이 권력의 속내를 대놓고 드러냈다. 그야말로 무소불위의 샤한샤 Šâhanšâh를 휘두르고 있는 것이다. 샤한샤는 고대 페르시아 일대에서 사용된 단어로 권력 중의 권력, 세계 최고의 권력을 말한다. 그리고 트럼프 2기의 시작을 앞둔 지금, 그러한 권력의 횡포는 더욱 격화될 예정이다.

미국의 대통령 도널드 트럼프는 이전 재임 기간에 '안보 무임승차론'을 주장하면서 유럽이 방위 분담금을 더 내지 않으면 러시아의 블라디미르 푸틴이 유럽을 공격하더라도 도와주지 않을 것이라고 말했다. 심지어 러시아의 침공을 독려하겠다고까지 했다. 전 세계적으로 비난이 쏟아졌지만 딱히 대처할 방안이 없었고, 유럽은 그 한마디에 난리가 났다. 허겁지겁 자국의 국방비를 늘리기 시작했다. 그야말로 권력의 횡포다.

다음 타깃은 한국의 주한미군 분담금이 될 것이다. 존 켈리John Kelly 전 백악관 비서실장은 트럼프가 한국과 일본의 미군 주둔을 단호히 반대했다고도 고백했다. 만약 미국이 주한미군 주둔 비용을 10배 더 달라고 해도 한국은 줘야만 한다. 언론이 신랄하게 비난하고 욕하겠지만, 사실상 그게 전부다. 권력이 횡포를 부리기 시작하면, 별다른 대응 방법이 없다.

트럼프는 북대서양조약기구NATO 탈퇴 카드를 빼 들면서 동맹국을 협박하기도 했다. 하지만 탈퇴는 하지 않았다. NATO가 미국이 중심인 조직이기 때문이다. NATO 규정에 따르면, 가입을 원하는 국가는 가입 서류를 미국 정부에 기탁해야 한다. 탈퇴 때도 마찬가지다. 그러니 만약 미국이 탈퇴한다면 NATO는 조직 자체가 없어진다. 트럼프도 유럽을 미국의 영향력에서 내주고 싶어 하지 않는다. 트럼프 집권기, 유럽 주둔군에 투입되는 미국의 국방비가 오히려 늘어난 것이 증거다. 미군의 유럽 내 재배치는 가능할지언정 완전 철수는 없다.

NATO 회원국들은 군사적 대비와 공격 가능성 억제를 위해 연간 GDP의 2% 이상을 방위비로 지출하기로 약속했는데, 트럼프는 이를 4%로 늘려야 한다고 주장했다. 2023년 7월 기준, 미국은 GDP의 3.49%를 NATO 분담금으로 지불하고 있다. 2023년 미국 GDP 26조 5,000억 달러 기준으로 9,248억 달러다. 나머지 회원국들을 보자면 폴란드 3.9%, 그리스 3.01%, 에스토니아 2.73%, 리투아니아 2.54%,

핀란드 2.45%, 루마니아 2.44%, 헝가리 2.43%, 라트비아 2.27%, 영국 2.07%, 슬로바키아 2.03%, 프랑스 1.9%, 네덜란드 1.7%, 덴마크 1.65%, 독일 1.57%, 포르투갈 1.48%, 이탈리아 1.46%, 캐나다 1.38%, 터키(튀르키예) 1.31%, 스페인 1.26%, 벨기에 1.26%, 룩셈부르크 0.72% 등이다. 상당수 회원국이 최소 기준치 2%에도 미치지 못한다. 미국은 비율만 해도 3.49%로 폴란드 다음으로 높지만, 총액은 나머지 회원국의 액수를 모두 합친 것보다 많다. 2024년 초, 트럼프 재선 캠프의 정책고문은 NATO 방위비 분담금 비율을 충족하지 못한 나라는 집단방위에서 제외하겠다고 재차 강조했다. 트럼프의 협박에 회원국들은 2025년 말까지 방위비 분담금을 총 1,000억 달러(약 111조 8,500억 원) 늘린다는 계획을 발표했다.[1]

NATO 회원국 중에 핵무기를 가진 나라도 있다. 영국과 프랑스다. 하지만 이들 나라는 핵무기를 자국에만 배치했고 다른 회원국과 공동으로 사용할 마음이 없다. 그렇기에 미국이 유럽에서 핵우산을 거둬버리면 대부분의 회원국은 러시아의 위협에 고스란히 노출된다. 이를 방어하기 위해서는 국방비를 기존 분담금의 몇 배로 늘려야 한다. 영국은 욕을 하면서도 미국과의 협력을 포기하지 않을 것이다. 프랑스는 샤를 드골 대통령 시절부터 '유럽인에 의한 유럽 방위'를 외쳤지만, 경제적 능력의 한계로 정작 자국을 보호하기도 버겁다. 유럽의 NATO 회원국들은 미국보다 프랑스를 더 못 믿는다. 핵무기 없는 유럽 NATO 회원국들은 미국의 핵우산을 대체할 방안을 사실상 가지고 있지 않다.[2]

심지어 유럽 국가들은 재래식 무기조차 심각하게 부족하다. 러시아-우크라이나 전쟁이 길어지면서 유럽은 우크라이나에 재래식 무기를 지원하는 데 한계에 이르렀다. 특히 유럽 내 포탄 재고는 바닥이 났다. 문제는 이 재고를 다시 채우는 데 최대 10년이 걸릴지도 모른다는 것이다. 러시아-우크라이나 전쟁이 끝나더라도 유럽 국가들은 러시아의 새로운 전쟁 위험성에 대비해야 한다. 예를 들어, 러시아의 다음 침공 목표로 급부상하는 나라는 몰도바다. 몰도바는 우크라이나 바로 밑에 있는 작은 나라로, 러시아가 이미 점령한 우크라이나 동부와 크림반도에서 흑해를 통해 곧바로 진입할 수 있다. 몰도바를 점령하면 러시아에는 우크라이나를 동쪽과 남쪽에서 동시에 압박할 수 있는 이점이 생긴다.

러시아가 몰도바를 탐내는 이유가 있다. 우선 몰도바는 과거에 소련의 영토였고, NATO 회원국이 아니다. 우크라이나와 비교할 때 영토와 인구가 10분의 1밖에 되지 않아 상비군이 7,500명에 불과하고, 장갑차와 대포도 몇십 대일 정도로 군사력이 미약하며, 유럽에서 가장 가난한 나라이고 경제난도 극심해서 전쟁을 오래 버틸 여력이 없다. 또한 몰도바는 우크라이나 쪽에서 서유럽으로 들어가는 지정학적 관문이다. 몰도바에는 러시아인이 상당수 살고 있으며, 특히 몰도바의 동부 지역 트란스니스트리아(러시아명 프리드네스트로비예) 의회에서는 특별의회를 열어 친러 분리주의자들이 러시아에 도움을 요청하는 결의안을 채택할 정도로 중앙 정부와 지방 정부의 갈등이 심하다. 이 지역에는 이미 1,500여 명의 러시아군이 몰도바 중앙 정부로부터 이곳

의 독립을 지켜준다는 명목으로 주둔하고 있다.[3]

2024년 2월 12일, 유럽 내에서 최대 규모의 무기와 군수품을 양산하는 독일 군수 업체 라인메탈Rheinmetall의 최고경영자CEO 아르민 파페르거Armin Papperger는 영국 BBC와의 인터뷰에서 유럽이 러시아와 맞서 싸우는 데 필요한 포탄 비축분을 완전히 보충하려면 10년이 걸린다고 밝혔다.

과거 1990년, NATO 측에서는 미국이 주도하고 바르샤바조약기구WTO 측에서는 소련이 주도하여 유럽재래식무기감축조약CFE을 체결했다. 대서양과 우랄산맥 사이에서 탱크·장갑차·중거리 대포·전투기·공격 헬리콥터 등 재래식 무기의 수를 동일하게 유지하고 무기 배치 정보도 교환하게 한다는 내용이 핵심이었으며, 재래식 무기를 통한 기습 공격 능력을 제한하자는 목적이었다.

CFE 체결 이후부터 유럽에서는 재래식 무기와 포탄 생산량이 급격히 줄었다. 예컨대 2022년 북한의 연간 포탄 생산량이 200만 발인데 비해, 유럽은 30만 발에 불과했다. 그래서 러시아-우크라이나 전쟁에서도 포탄 공급을 미국과 한국에 의존해야 했다. 이 전쟁을 계기로 유럽 국가들은 연간 포탄 생산량을 100만 발로 늘린다는 계획을 발표했다.[4] 이런 상황이기 때문에 유럽은 이래저래 트럼프의 협박이 무서운 것이다.

순진한 눈으로 세상을 보면 위험하다. 마치 세상에 영원한 동지가 있는 듯 각국 정상들은 동맹과 협력을 약속하고 적을 몰아세우자 결의를 다지지만, 결코 세상엔 영원한 동기도 적도 없다. 그저 권력, 그리고 권력이 가져다주는 이익에 따라 움직일 뿐이다. 한 예로, 이스라엘은 하마스Hamas 테러 집단을 몰살한다는 명분으로 가자지구에서 10만 명 가까운 사상자를 발생시켰다. 수많은 민간인과 수천 명의 어린이가 생명을 잃었다. '권력에는 희생이 따르는 법이다'라는 말이 있다. 개인이든 국가든, 권력 획득 과정에서 발생하는 폭력이나 잔인함, 불공정을 오늘날에도 여전히 이런 말로 정당화한다. 권력을 유지하기 위해 수많은 생명을 군사적 폭력 안으로 밀어 넣는 일도 서슴지 않는다.[5] 패권전쟁은 국가의 존망 위협에 처했거나 국부 획득에 절박한 나라가 기존 패권에 대항하거나 새로운 생존의 길을 찾는 과정에서 시작된다. 산업 또는 시장에서 일어나는 패권전쟁도 같은 원리다.

2024년 2월, 중국 비야디BYD가 멕시코에 전기차 공장 설립을 추진하고 있다는 보도가 흘러나왔다. BYD는 2023년 4분기에 미국 업체 테슬라를 제치고 세계 전기차 판매량 1위에 올랐다. 테슬라가 글로벌 전기차 시장에서 최초로 1위 자리를 빼앗긴 순간이었다. BYD는 멕시코를 대미국 수출 거점으로 활용할 계획이다. 2023년 12월에는 유럽 시장 공략을 위해 헝가리에 전기차 공장을 짓겠다고 발표하기도 했다. 일론 머스크는 글로벌 전기차 시장 1위를 빼앗긴 직후 "무역 장벽이 없다면 (BYD를 비롯한) 중국 전기차 업체들이 경쟁사들을 괴멸시킬 것"이라면서 미국 정부를 압박했다.[6] 미국 자동차 제조사 단체인 자동차혁신연합AAI도 보고서를 내고 "중국 정부의 지원을 받아 저렴한 중국 자동차가 미국 시장에 진출한다면 미 자동차 산업은 멸종 수준으로 귀결될 것"이라고 압박했다. '괴멸', '멸종'이라는 단어를 써가면서 무역 장벽을 높여야 한다고 주장한 것이다.

이런 모습이 미국에서만 나타날까? 멀리 갈 것도 없이 우리나라에서도 예를 찾을 수 있다.

2023년, 〈교수신문〉이 전국 대학교수 1,315명을 대상으로 설문조사를 진행해 선정한 '2023년 사자성어'는 '견리망의見利忘義'였다. '이로움을 보자 의로움을 잊는다'라는 뜻이다. 지성인들의 눈에 비친 2023년 한국은 '각자 자신의 이익을 찾는 데 급급해 의로움을 버리는 사회'였다는 얘기다. 전북대학교 중어중문학과 김병기 명예교수는 "지금 우리 사회는 견리망의 현상이 난무해 나라 전체가 마치 각자도생의 싸움판이 된 것 같다"라고 말했다. 2023년 한국 사회도 권력과 이익 앞에서는 공정함과 옳음이 일그러졌다. 이런 현상은 '권력'이 큰 집단일수록 더 뚜렷했다.

많은 사람이 이런 왜곡된 사회에서도 '관용'이라는 미덕에 한 가닥 기대를 건다. 하지만 인류 역사를 되돌아보면, 순진하기 짝이 없는 생각이다. 권력이 있는 국가, 권력이 있는 자만이 관용이라는 미덕을 베풀 수 있다. 더 나아가, 관용도 그 밑바닥에는 이익이 있다. '톨레랑스tolerance'는 프랑스를 대표하는 단어로 관용과 아량, 포용력을 뜻한다. 나와 타인의 차이를 인정하고, 그 차이에 대해 너그러운 마음을 가지는 '관용의 정신'을 상징한다. 너그럽게 용서하고 용납하는 정신이다. 하지만 톨레랑스 역시 16세기 프랑스 종교 개혁 시기에 36년간 지속된 위그노전쟁Huguenots Wars을 종결짓기 위한 '어쩔 수 없는 선택'에 불과했다. 무자비한 살육전으로 나라가 붕괴하는 걸 막기 위해 택한 궁여지책이었다.

진정한 의미의 사리사욕 없는 관용과 동맹은 현실의 종교 세계에서도 불가능하다. 이로움이 아니라 의로움(공의, 정의, 옳음)이 기준이 되는 '견리망의'는 현실이 아니다. 이상일 뿐이다. 혹시나 현실에서 이런 놀라운 상황이 발생한다면 '일시적' 사건일 뿐이다. 영속하지 않는다. 자신의 이익을 추구하면서도 타인에게 긍정적인 영향을 미치는 행동을 의미하는 '이기적 이타주의'라는 말이 있긴 하지만, 나는 이 말을 인간은 본능적으로 자기 이익을 추구하지만 가끔은 그런 행동이 의도하지 않게 타인에게 긍정적 영향이라는 결과를 만들어내기도 하는 것이라고 해석한다.

사람들이 권력을 탐하는 이유는 명확하다. 권력이 클수록 이익도 크기 때문이다. 이익은 권력의 향방에 따라 움직인다. 그리고 인간의 이기주의, 욕망, 탐욕과 연결된 권력은 늘 문제를 만들어낸다. 희생자를 만들어낸다. 이런 권력을 장악하는 가장 쉬운 방법은 '폭력'이다. 인류 역사에서 폭력과 전쟁이 끊이지 않는 이유다.

권력의 출처는 다양하다. 사람들이 권위를 인정하고 따르는, 법률·전통·규범 등에 기반한 '합법적 권력legitimate power'이 있다. 보상을 통해 영향력을 행사하는 '보상 권력reward power', 두려움이나 처벌을 통해 영향력을 행사하는 '강압적 권력coercive power'도 있다. 개인의 매력이나 카리스마로 영향력을 행사하는 권력은 '참조 권력referent power'이라고 하고, 지식이나 기술을 바탕으로 영향력을 행사하는 권력은 '전문가 권력expert power'이라고 부른다. 권력 행사의 방식에 따라서는 직접적 권력direct power과 간접적 권력indirect power이 있다. 전자는 명령·지시 등 직접적인 방식으로 권력을 행사하는 것이며, 후자는 여론·문화·교육 등을 통해 간접적으로 영향력을 미치는 방식이다. 역사적으로 볼 때, 탁월한 지배자들은 여러 출처의 다양한 권력을 자유자재로 사용했다.

사람의 욕심에는 끝이 없다. 이익의 범위를 무한히 넓히고 싶어 하며, 그러려면 권력의 범위도 무한히 넓어져야 한다. 동시에 이런 권력을 독점하고 싶다는 욕망을 갖는다. 그래서 권력은 절대로 분산되지 않는다. 권력은 한 개인이나 소수 집단에 집중된 상태, 즉 '중앙 집중적 권력centralized power'이 기본이다. 가끔은 권력이 여러 개인이나 집단에 분산된 상태, 즉 '분산된 권력decentralized power'이 등장하기도 한다. 하지만 이것은 과도기적이고 더 큰 고통과 참사로 가는 과정일 뿐이다.

권력은 고정된 것이 아니라 상황, 조건, 상호작용에 따라 변한다. 주체도 늘 바뀌며 한 사람, 한 국가에 영원히 종속되지 않는다. 이것을 '권력의 유동성fluidity of power'이라고 부른다. 다만, 고정돼 있지는 않더라도 권력의 형태와 독점의 방식은 순환한다. 권력의 쟁취, 상승, 유지, 쇠퇴에는 반복적 패턴이 있다. 이것을 '권력의 순환cycle of power'이라고 부른다.

다시 강조한다. 미국이 속내를 드러냈다. 트럼프가 전 세계를 적으로 돌리고 있다. 미국의 새로운 민족주의를 부르짖고 있다. 권력의 전형적인 속내이자 더 큰 권력을 노리는 탐욕적 행동이다. 그만큼 더 많은 이들이 자유와 권리와 행복을 빼앗길 것이라는 신호다.

미국과 중국의 패권전쟁은 더 이상 '민주주의 대 공산주의'라는 체제 싸움이 아니다. 글로벌 절대권력 자리를 두고 벌이는 권력전쟁이 근본 원인이다. 모두가 다 '더 잘살기 위한 선택'이 아니다. 승리한 나라가 모든 것을 가지려는 탐욕이 그 뿌리다. 이 싸움이 누구의 승리로 끝나든, 나머지 나라는 많은 것을 잃어야 한다. 많은 사람이 희생되어야 한다. 이스라엘과 하마스의 전쟁이 시작된 것도 테러 집단의 권력욕 때문이고, 쉽게 끝나지 않고 오랫동안 지속되는 것도 이스라엘 총리 베냐민 네타냐후Benjamin Netanyahu의 끝없는 권력욕 때문이다. 러시아가 우크라이나를 침공한 것도 푸틴의 탐욕스러운 권력욕이 근본 원인이다.

모든 권력이 악한 건 아니다. 그러나 분명한 것은 권력이 도덕성을 잃으면, 위험한 칼이 된다. 권력이 탐욕과 손을 잡으면, 잔인한 폭력의 주체가 된다. 세상이 위험에 빠지고 불안정해지며 혼란이 시작된다. '권력'이 어떤 모습을 하든 세상을 더 위험하게 만드는 것은 권력의 실체에 대한 무지다. 세상은 폭력을 실제로 저지르는 권력자나 국가보다 묵인하거나 부추기는 사람 또는 국가들 때문에 더 큰 위험에 빠진다. 이것이 우리가 권력의 속성, 패턴, 미래를 알아야 하는 이유다.

우리는 지금 극도의 긴장과 위험과 불균형의 시대를 살고 있다. 이런 시대에 우리의 권리와 자유와 존엄성을 약탈당하지 않으려면, 권력이 가진 위험성부터 깊이 인지해야 한다. 나라의 권리와 자유 그리고 국민의 존엄성을 보존하려면, 글로벌 최고 권력, 패권의 위험성을 정확히 이해해야 한다.

해법의 시작은 '앎'이다. 행동에 나설 해법을 찾기 이전에, 권력에 대한 무지와 순진한 생각을 벗어던져야 한다. 그것이 이 책의 목적이다. 제1차 세계대전 이후, 독일 국민은 아돌프 히틀러와 나치당의 실체를 알지 못했다. 모두를 잘살게 해주겠다는 미사여구에 속았다. 무지의 결과는 비참했다. 독일 전체가 되돌아올 수 없는 어둡고 사악한 길로 들어섰고 유럽 전체가 전쟁의 소용돌이에 휩싸였다. 앞으로도 권력에 굶주린 누군가가 등장하여 세상을 위험에 빠뜨릴 수 있다.

올바른 결정을 하기 위해서는 미사여구 뒤에 숨겨진 본질을 꿰뚫을 수 있어야 한다. 히틀러라는 괴물을 만든 것은 대중의 무지였다. 살기 위해서는 순진해서도 무지해서도 안 된다. 알아야 한다. 그리고 냉철해져야 한다. 그래야 본질을 깨닫고 그다음으로 올바른 해법으로 향하는 길을 찾을 수 있다.

이 책이 나오기까지 많은 분이 수고해주었다. 출판사 대표님과 편집자님, 아시아미래인재연구소 연구원들, 사랑하는 부모님의 지원과 응원에 감사한다. 늘 옆에서 묵묵히 자리를 지켜주는 든든한 지지자인 아내와 건강한 네 아들에게도 감사를 전한다. 나의 미래 생각을 들어주는 독자들에게도 큰 감사를 드린다. 부디 이 책에 담긴 내용이 독자들에게 세계 권력의 변화를 통찰하고, 미래를 준비하는 힘을 기르는 데 큰 도움이 되기를 바란다.

'더 나은 미래'를 위해

전문 미래학자 최윤식

| 차례 |

| 2장 | 권력과 경제

참고자료 | 세계사 연표

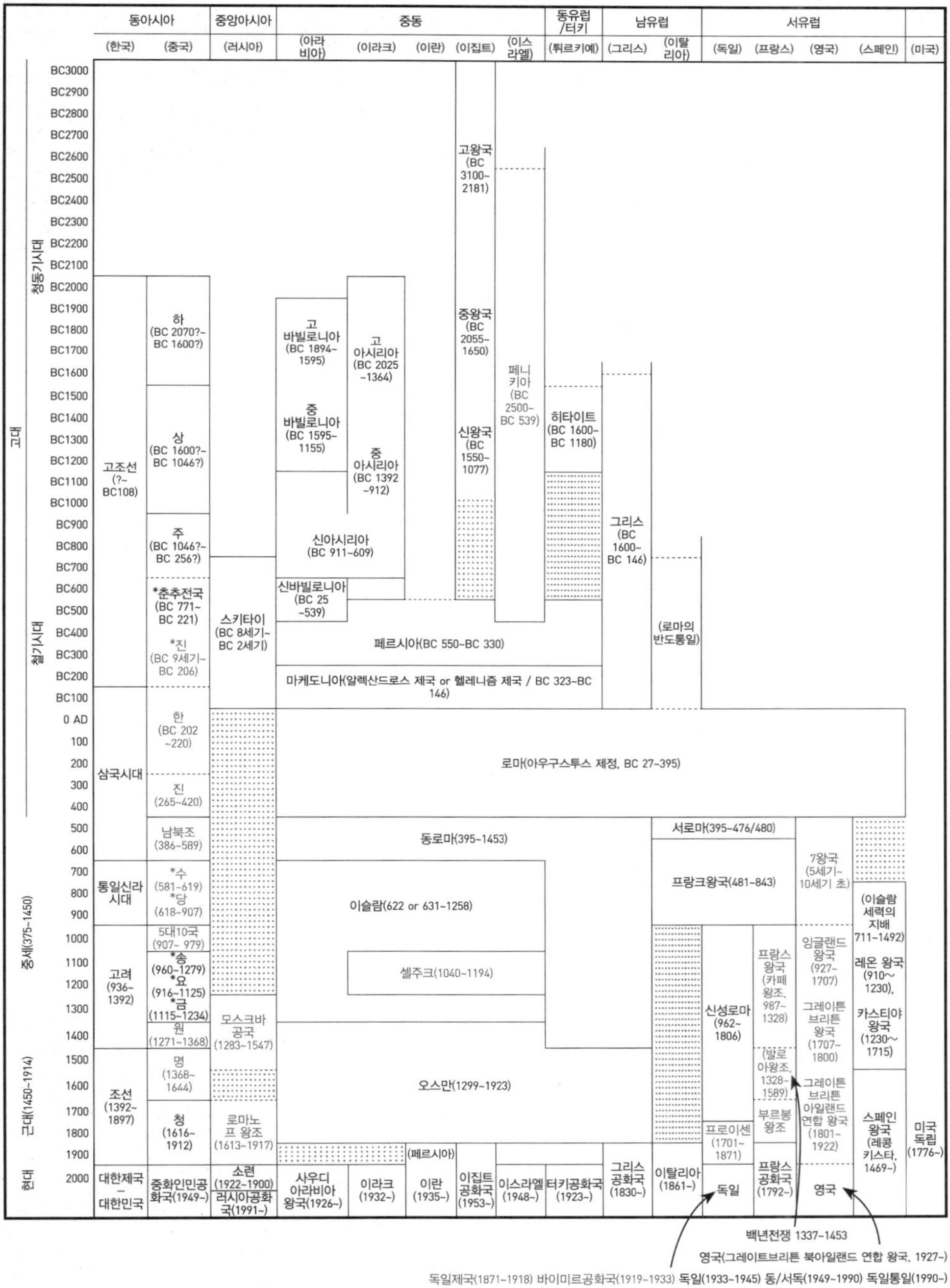
동아시아
중앙아시아
중동
동유럽/터키
남유럽
서유럽
(한국) (중국) (러시아) (아라비아) (이라크) (이란) (이집트) (이스라엘) (튀르키예) (그리스) (이탈리아) (독일) (프랑스) (영국) (스페인) (미국)
BC3000 BC2900 BC2800 BC2700 BC2600 BC2500 BC2400 BC2300 BC2200 BC2100 BC2000 BC1900 BC1800 BC1700 BC1600 BC1500 BC1400 BC1300 BC1200 BC1100 BC1000 BC900 BC800 BC700 BC600 BC500 BC400 BC300 BC200 BC100 0 AD 100 200 300 400 500 600 700 800 900 1000 1100 1200 1300 1400 1500 1600 1700 1800 1900 2000
고대
청동기시대
철기시대
중세(375~1450)
근대(1450~1914)
현대
고조선 (?~BC108)
삼국시대
통일신라시대
고려 (936~1392)
조선 (1392~1897)
대한제국 – 대한민국
하 (BC 2070?~BC 1600?)
상 (BC 1600?~BC 1046?)
주 (BC 1046?~BC 256?)
*춘추전국 (BC 771~BC 221)
*진 (BC 9세기~BC 206)
한 (BC 202~220)
진 (265~420)
남북조 (386~589)
*수 (581~619)
*당 (618~907)
5대10국 (907~979)
*송 (960~1279)
*요 (916~1125)
*금 (1115~1234)
원 (1271~1368)
명 (1368~1644)
청 (1616~1912)
중화인민공화국(1949~)
스키타이 (BC 8세기~BC 2세기)
모스크바 공국 (1283~1547)
로마노프 왕조 (1613~1917)
소련 (1922~1900)
러시아공화국(1991~)
고 바빌로니아 (BC 1894~1595)
중 바빌로니아 (BC 1595~1155)
고 아시리아 (BC 2025~1364)
중 아시리아 (BC 1392~912)
신아시리아 (BC 911~609)
신바빌로니아 (BC 25~539)
고왕국 (BC 3100~2181)
중왕국 (BC 2055~1650)
신왕국 (BC 1550~1077)
페니키아 (BC 2500~BC 539)
히타이트 (BC 1600~BC 1180)
그리스 (BC 1600~BC 146)
(로마의 반도통일)
페르시아(BC 550~BC 330)
마케도니아(알렉산드로스 제국 or 헬레니즘 제국 / BC 323~BC 146)
로마(아우구스투스 제정, BC 27~395)
동로마(395~1453)
이슬람(622 or 631~1258)
셀주크(1040~1194)
오스만(1299~1923)
(페르시아)
사우디 아라비아 왕국(1926~)
이라크 (1932~)
이란 (1935~)
이집트 공화국 (1953~)
이스라엘 (1948~)
터키공화국 (1923~)
그리스 공화국 (1830~)
이탈리아 (1861~)
서로마(395~476/480)
프랑크왕국(481~843)
신성로마 (962~1806)
프로이센 (1701~1871)
독일
프랑스 왕국 (카페 왕조, 987~1328)
(발로아왕조, 1328~1589)
부르봉 왕조
프랑스 공화국 (1792~)
7왕국 (5세기~10세기 초)
잉글랜드 왕국 (927~1707)
그레이트 브리튼 왕국 (1707~1800)
그레이트 브리튼 아일랜드 연합 왕국 (1801~1922)
영국
(이슬람 세력의 지배 711~1492)
레온 왕국 (910~1230),
카스티야 왕국 (1230~1715)
스페인 왕국 (레콩키스타, 1469~)
미국 독립 (1776~)
백년전쟁 1337~1453
영국(그레이트브리튼 북아일랜드 연합 왕국, 1927~)
독일제국(1871~1918) 바이마르공화국(1919~1933) 독일(1933~1945) 동/서독(1949~1990) 독일통일(1990~)

AMERIQU
CANADA
NOUVEAU MEXIQUE
SEPTENTRIO-
NALE
FLORIDE
VIRGINIE
CANCER
IPTIQUE
Golfe de Mexique
Havane
Mexique
MEXIQUE
Cuba
S. Domi
PASSA
MER DE SUD
Cartagene
TERRE FERM
Amerique
Septentrion
de la Merid
220
230
240
250
280
270
280
290
300
310
NE EQUINOCTIAL QUI DIVISE LE GLOBE EN
NAL ET MERIDIONALE ET PASSE PAR LE
LA ZONE TORRIDE
PROVINCE
AMER
AMAZONE
PEROU
Lima
MER
Imperial
PAR
CHILI
DE CAPRICORNE
DU SUD, OU
RANDE MER PACIFIQUE
Tropique du Capricorne et
Pole Antartique

1장

권력의 시작

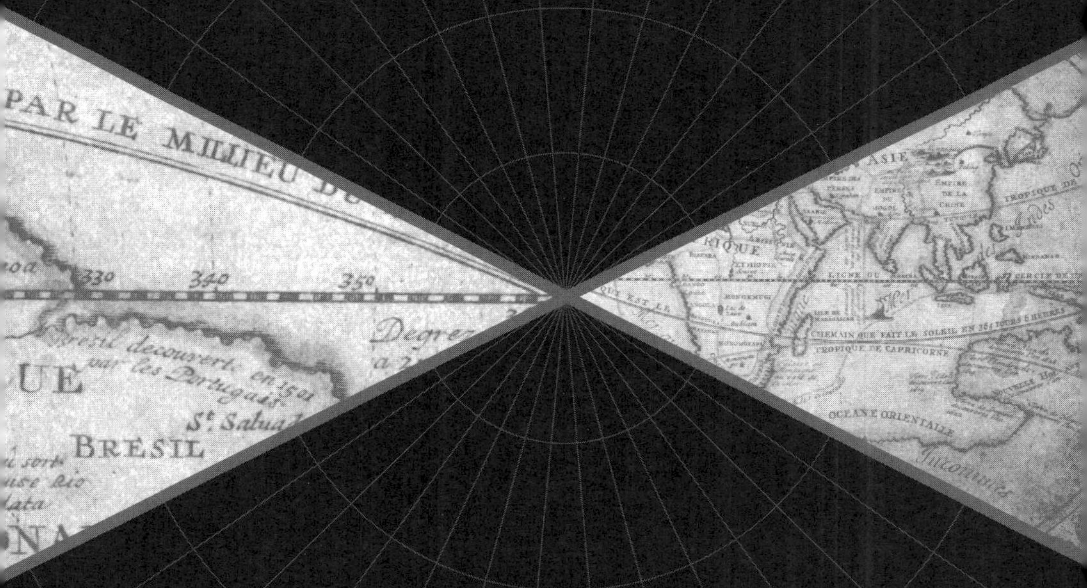
PAR LE MILIEU
BRESIL
ASIE
TROPIQUE DE CAPRICORNE
OCEANE ORIENTALE

권력

남을 복종시키거나 지배할 수 있는 공인된 권리와 힘. 특히 국가나 정부가 국민에 대하여 가지고 있는 강제력을 이른다.

국립국어원 표준국어대사전이 풀이한 권력의 정의다. 권력을 획득하면 이익이 많다. 무엇보다 '일을 처리하거나 결정할 수 있는 권한'을 손에 쥔다. 그리고 위의 정의에서도 볼 수 있듯이, '강제력'을 가지게 된다. 국가가 권력을 가지면, '무소불위의 권능'처럼 작동한다.

오늘날 권력을 두고 벌이는 암투의 양상을 가장 잘 목도할 수 있는 곳이 중동이다. 중동의 정세는 안정과 불안정을 반복했다. 2023년 10월 7일, 팔레스타인 테러 집단 하마스가 이스라엘을 상대로 대규모 로켓탄 공습을 단행했고, 즉각 이스라엘-하마스 간의 전면전이 시작됐다. 2014년 7월 가자지구 분쟁 이후 9년 만의 군사적 충돌이고, 1973년 제4차 중동전쟁의 사망자를 넘어서는 역대 최대 규모의 전쟁이었다. 수많은 민간인이 무자비하게 살해당했고, 집과 삶의 터전을 잃었다. 이 전쟁의 뒤에는 오늘날 패권국의 자리에 있는 미국에 가장 적대적인 모습을 보이는 이란이 있었다.

하마스가 이스라엘을 공격한 이유는 크게 세 가지로 요약할 수 있다. 첫째, 명분이다. 성사를 눈앞에 두었던 이스라엘과 사우디아라비아의 수교 협상을 막기 위해서다. 이슬람 수니파 종주국인 사우디아라비아와 이스라엘의 관계가 정상화되어 중동의 데탕트détente(긴장 완화)가 이뤄지면 시아파인 이란의 권력 입지는 축소된다. 이란의 지원을 받는 하마스와 이슬라믹 지하드Islamic Jihad, 레바논의 헤즈볼라Hezbollah 같은 테러 조직 역시 위축된다. 이 목적은 사우디아라비아가 이스라엘과 협상을 중단함으로써 달성됐다.

둘째, 하마스의 내부 문제다. 가자지구를 16년째 통치하는 하마스는 점차 커지는 이곳 주민들의 불만을 무마해야 했다. 팔레스타인 자치정부 대통령 마무드 아바스Mahmoud Abbas는 파타Fatah(팔레스타인 민족해방운동) 정당이다. 반면 하마스는 가자지구 팔레스타인 132석 중에서 72석을 차지하는 거대 야당이다. 이 지역에서 팔레스타인 사람 수천 명이 하마스 깃발을 불태우며 시위를 벌였고 때마침 이스라엘도 사법개혁 파동으로 심각한 내부 분열을 보였는데, 이 상황을 노렸다.

셋째, 실질적 목적이다. 하마스는 이슬람 3대 성지인 알아크사 사원과 요르단강 서안지구를 이스라엘로부터 지켜내는 이슬람 수호자

이미지를 부각해 아랍 세계의 지지와 후원을 계속 받으려는 속셈이다. 한마디로, 존재감 약화에서 오는 재정 문제를 해결하고자 했다.

권력을 두고 싸움이 벌어지면, 반드시 크고 작은 전쟁으로 번진다. 중동은 '석유'와 '물류 요충지'라는 막대한 이익이 걸린 지역으로 이를 둘러싸고 이스라엘과 아랍 세력, 사우디아라비아와 이란 간의 권력 투쟁이 빈번하게 일어난다. 그럴 때마다 참혹한 전쟁이 벌어졌다. 막대한 이익이 걸리면 폭력은 더욱 거세지고, 개입하는 국가도 늘어난다. 여기에 이념(신념)이나 종교가 개입되면, 한쪽이 완전히 말살할 때까지 폭력이 이어진다.

권력은 전쟁을 부른다

한동안 조용했던 중동 지역이 전 세계 권력 쟁탈 전쟁의 장으로 바뀐 것은 제2차 세계대전이 끝난 직후였다. 1948년, 이스라엘 건국과 이로 인한 팔레스타인 문제로 아랍 연합군과 이스라엘이 격돌했다. 제1차 중동전쟁이다. 1948년 5월 16일, 이집트 전투기들이 이스라엘을 폭격했다. 동시에 이집트, 요르단, 시리아, 레바논, 이라크 등 5개국 아랍군이 이스라엘 본토를 공격했다. 전투는 20일 동안 계속됐고, 1948년 6월 11일 스웨덴의 중재로 휴전 협상이 시작됐다. 이 전쟁을 '이스라엘 독립전쟁'이라고도 부른다.

여기서 잠깐 이스라엘의 역사를 살펴볼 필요가 있다. 이스라엘 백성이 나라를 잃고 떠돌이 신세가 된 일은 역사적으로 여러 번 반복됐는데, 가장 대표적인 시기는 세 번이다. 첫 번째는 '바빌론 포로기'라고 불리는 기원전 586년이다. 고대 이스라엘 왕국이 바빌로니아Babylonia에 패해 멸망하고, 많은 유대인이 포로가 되어 바빌론으로 끌려갔다. 이 시기가 유대인의 첫 번째 디아스포라Diaspora(산산이 흩어짐)다. 두 번째는 기원후 70년이다. 로마 제국이 유대인 반란을 진압한 이후, 예루살렘에서 이스라엘 백성을 추방했다. 이때부터 이스라엘 사람들은 로마 제국 전역에 뿔뿔이 흩어져 살기 시작했다.

세 번째는 기원후 135년이다. 로마는 여기저기 흩어져 살던 유대인들에게 과도한 세금을 부과하고 종교적 실천을 심하게 제한했다. 이런 와중에 132년 로마 황제 하드리아누스Hadrianus가 예루살렘에 유피테르 신전을 건축한다는 계획을 발표했다. 이에 유대인들은 폭발했고, 메시아를 자칭하는 시몬 바르 코흐바Simon Bar Kokhbar를 지도자로 삼아 반란을 일으켰다. 이른바 '바르 코흐바 반란' 사건으로, 약 3년 동안 지속됐다. 반란 초기, 바르 코흐바는 로마 군대를 몇 차례 크게 물리친 후 유대 국가의 독립을 선언했다. 하지만 얼마 가지 못했다. 로마가 대규모 군대를 동원해 진압에 나섰기 때문이다. 135년, 베테르 요새의 함락을 끝으로 반란은 종결됐다. 로마 제국은 유대인들이 더는 반란을 일으키지 못하도록 3년에 걸쳐 수십만 명을 참살했다(실제로 이 반란이 유대인의 마지막 반란이 됐다).

반란을 진압한 후, 하드리아누스 황제는 유대인의 정체성을 지우는 정책을 시행했다. 유대인들에 대한 처벌을 강화했으며, 유대인의 예루살렘 출입을 엄격히 금지했다. 예루살렘은 '앨리아 카피톨리나'로 개명했고, 유대 지역의 명칭은 고대 이집트와 페니키아 시대에 불렸던 '플레셋'이라는 이름을 가져와서 '팔레스티나'로 바꾸어버렸다. 이후 유대인들은 2,000년 동안 망명 생활을 하게 됐고, 제2차 세계대전을 거친 후에야 이스라엘 영토를 되찾을 기회를 얻었다.

국제적인 금융 네트워크를 보유하게 된 유대인들은 나라를 되찾기 위해 돈의 힘을 사용했다. 1875년 중동에 영향력을 행사하던 이집트가 수에즈 운하를 건설하면서 재정위기에 빠졌는데, 이때 유대인들이 대규모 융자를 해주었다. 그런데 1882년, 영국과 프랑스가 이집트에 군사 개입을 하여 수에즈 운하의 공동 통제를 시작하면서 중동에서 영향력을 키웠다. 제1차 세계대전이 벌어지자, 영국은 오스만 제국을 격퇴하고 팔레스타인을 실질적으로 지배했다.

이제 유대인들은 영국과 프랑스에 자금을 대기 시작했다. 제1차 세계대전이 끝나갈 무렵인 1917년 11월 2일, 유대인들은 재정적으로 곤란한 상황에 빠진 영국 정부에 막대한 돈을 융자해주고 이스라엘의 건국을 약속하는 '밸푸어 선언'을 끌어냈다. 당시 영국 외무장관이던 아서 밸푸어Arthur Balfour가 유대인 최고 금융가 월터 로스차일드Walter Rothschild 남작에게 보낸 서한을 통해 영국 정부의 공식 입장을 전달한 것이다. 영국 정부는 팔레스타인에 유대인 민족국가를 설립하는 계획을 지지한다는 내용이었다. 영국의 속내는 크게 세 가지였다. 첫째, 미국에 영향력이 있는 유대인들의 환심을 사서 미국이 영국을 돕게 하자. 둘째, 국제 금융 네트워크를 장악한 유대계 은행 가문들을 포섭하여 경제적 지원을 얻어내자. 셋째, 미국 내 독일계 유대 자본가들이 독일의 편을 들지 못하게 하자.

하지만 영국은 중동 지역을 실질적으로 통치하려는 욕심에 오스만 제국을 멸망시키고 동시에 중동 국가들의 독립도 보장하는 꼼수를 썼다. 전쟁이 끝나자 영국은 본심을 드러냈다. 영국의 본심은 이스라엘의 독립, 아랍인들의 독립이 아니었다. 중동 지역을 실질적으로 지배하여 석유 자원을 독점하고, 유럽-아시아-아프리카를 잇는 전략적 요충지를 장악하는 것이었다. 유대인들의 독립을 보장한 데 반발하는 아랍 민족들을 다독이기 위해 팔레스타인을 영국의 식민지로 만들어버렸다. 유대인들에 대한 지원도 중단했다.

하지만 유대인들에게 또 한 번의 기회가 찾아왔다. 제2차 세계대전이다. 유대인과 로스차일드 가문은 한 번 더 속는 셈 치고 영국에 거액을 융자해주었다.[1] 그리고 제2차 세계대전이 끝난 직후인 1948년 5월 14일, 이스라엘은 '밸푸어 선언'이 적힌 편지 한 장을 근거로 팔레스타인 땅 텔아비브에서 건국을 선언했다. 건국 선언을 주도했던 시오니즘 운동의 지도자 다비드 벤구리온David Ben-Gurion이 초대 총리가 됐다. 2일 뒤, 이스라엘 건국을 반대하는 이집트·요르단·시리아·레바논·이라크 등 5개국 아랍군이 이스라엘을 공격했다. 벤구리온 총리는 제1차 중동전쟁을 승리로 이끌고 팔레스타인 영토 대부분을 점령해버렸다.

제2차 중동전쟁 또는 수에즈 위기는 1956년 말에 시작됐다. 이집트에서 쿠데타를 일으켜 국왕을 쫓아내고 대통령이 된 가말 압델 나세르Gamal Abdel Nasser가 수에즈 운하 국유화를 선언하며 수에즈 운하를 점령했다. 영국과 프랑스가 반발해 공군을 동원하여 수에즈를 폭격했고, 이스라엘도 동맹을 맺고 이집트 시나이반도를 침공했다. 하지만 자칫 세계대전으로 번질 위험이 있다고 본 미국과 소련이 압력을 가했고, UN 총회가 삼국 군대를 철수시키면서 끝이 났다. 아랍권에서는 이 전쟁을 '삼국 침략'이라고도 부른다.

제3차 중동전쟁은 1967년 4월 이스라엘이 시리아에 대규모 공격을 감행하면서 시작됐다. 1964년경부터 아랍 게릴라의 활동이 시작됐고 시리아는 게릴라의 기지가 됐다. 이때 아랍 결속의 붕괴를 막고 이스라엘과의 전쟁에서 명예를 회복하려는 이집트 나세르 대통령이 시나이반도에 대군을 투입했다. 6월 5일 이집트와 이스라엘 간에 전투가 시작됐고, 시리아·요르단으로 전장이 확대되면서 전면적인 전쟁으로 번졌다. 이스라엘은 압도적인 전력으로 4일 만에 시나이반도를 점령했으며, 요르단강 서안 지역과 시리아 국경의 골란고원을 공략했다. UN 안전보장이사회는 6월 6일 즉시 정전을 결의했고, 쌍방이 수락함에 따라 6월 9일 정전이 실현됐다.

제4차 중동전쟁은 1973년 10월 6일 이집트의 기습 선제공격으로 시작됐다. 세 번의 전쟁에서 철저하게 패배하고 시나이반도 일부와 골란고원을 빼앗긴 중동 국가들은 반격의 기회를 엿보고 있었다. 그리고 이스라엘의 최대 종교 축제일인 욤키푸르Yom Kippur(속죄일, 1973년에는 10월 6일이었음)에 네 번째 중동전쟁을 일으켰다. 이스라엘에서는 욤키푸르에 많은 병사가 휴가를 떠난다. 이 사실을 잘 아는 이집트와 시리아가 선봉에 서서 75만 병력, 탱크 3,200대, 소련제 미사일(SA-6)을 총동원해 이스라엘을 기습 공격했다. 이스라엘은 이전 세 번의 전쟁에서 완벽하게 승리했고, 때마침 적들도 라마단Ramadan(단식월) 기간이라서 방심했다. 하지만 개전 48시간 만에 이스라엘은 17개 여단이 전멸했다. 이집트군이 시나이반도를 탈환했고, 시리아군은 골란고원을 탈환했다. 지상전과 공중전 모두에서 압도적 성과를 거둔 중동 연합군은 승리를 목전에 두었다.

그런데 최종 승리 일보 직전에 미국이 이스라엘에 대대적 지원을 해주었다. 이 전쟁에서 소련은 아랍 국가에 35억 달러를, 미국은 이스라엘에 22억 달러를 쏟아부었다. 미국은 30일간 포위됐던 이스라엘에 군수물자를 지원하기 위해 무려 5,566번의 비행 수송 작전을 펼쳤다. 이스라엘은 미국의 지원을 등에 업고 시리아의 골란고원에서 반격에 성공을 거뒀다. 전세가 역전되자, 미국은 UN을 앞세워 양측에 직접 휴전을 요청했다. 10월 25일, 최종 휴전안이 발표되어 어느 쪽도 승리하지 못한 채로 전쟁은 종결됐다. 이 전쟁은 욤키푸르 날 촉발됐기에 '욤키푸르 전쟁'이라고도 부른다.

최고의 권력 '샤한샤'

여기까지는 이란이 별로 등장하지 않는다. 당시 이란은 미국과 적대적 관계를 보이지 않았고, 중동에서 권력을 두고 미국과 다투지도 않았다. 오히려 미국과 우호적 관계였다. 바로, 팔라비Pahlavi 왕조 시절이다. 1921년, 레자 칸Reza Khan이라는 40대 후반의 젊은 군인이 2,500명의 군사를 이끌고 쿠데타를 일으켜 테헤란을 점령했다. 권력을 장악한 레자 칸은 1924~1925년 이란군 사령관 겸 총리직을 거쳐, 1925년 10월 31일에 카자르Qajar 왕조를 폐지했다. 그리고 같은 해 12월 12일에 이란 국회의 승인을 받아 왕(샤)의 자리에 오른다. 레자 샤 팔라비Reza Shah Pahlavi, 팔라비 왕조의 시작이다.

1935년, 레자 칸은 국호를 '페르시아'에서 '이란 제국'으로 통일하고 왕호를 '왕'을 뜻하는 '샤'에서 '왕 중의 왕'을 뜻하는 '샤한샤'로 격상했다. 현대에도 이란의 통치자들은 페르시아의 후계자를 자칭한다.•

국가 간에도 권력의 차이가 있다. 국가 간 최고의 권력을 '으뜸 패覇', '권세 권權' 자를 써서 '패권'이라고 부른다. 패권은 그리스어로는 헤게모니아ἡγεμονία, 영어로는 헤게모니hegemony로, 위키백과에서는 '어떤 집단을 주도할 수 있는 권력이나 지위이자 어느 한 지배 집단이 다른 집단을 대상으로 행사하는 정치, 경제, 사상 또는 문화적 영향력을 지칭하는 용어'라고 풀이했다. 표준국어대사전에서는 패권을 '어떤

• 서양은 오스만 군주를 '술탄sultan'이라고 불렀지만, 오스만 민족은 자신들의 군주를 '파디샤padisha'라고 부른다. 일부는 '샤'라는 칭호도 사용했다. 현대 이란의 통치자들은 자신들을 현대 입헌군주제식 왕으로 보지 않는다. 시민혁명 이전 무소불위의 권능을 행사했던 군주제식 왕으로 본다. 한술 더 떠서 '샤한샤'라고 칭한다.

분야에서 우두머리나 으뜸의 자리를 차지하여 누리는 공인된 힘과 권리'라고 정의했다. 한마디로, 국가들 사이에서도 '최고의 권능'을 발휘할 수 있는 자리다. 지금 우리에게 익숙한 용어로 하면 'Great One'이다. '샤한샤'는 고대에 최고 패권국가였던 페르시아 제국의 후계임을 나타내는 동시에 옛 영광에 대한 동경과 재현을 갈망하는 표현이다.

이란은 샤한샤를 갈망했다. 그리고 그러한 갈망은 중동 패권의 양상을 변화시켰다. 결정적인 것이 우호적이었던 이란과 미국의 관계 변화다. 1979년 이란 혁명으로 팔라비 왕조가 무너지고 이란이슬람공화국이 수립되면서 이란과 미국의 관계는 적대적으로 바뀌었다.

제2차 세계대전 직후만 해도 미국과 이란의 사이는 좋았다. 아버지의 뒤를 이어 이란 제국(팔라비 왕조)의 제2대 왕에 오른 팔라비 2세는 내부적으로는 비밀경찰 사바크SAVAK를 기반으로 반체제 운동을 단속했고, 외부적으로는 개발독재를 위해 미국과 손을 잡았다. 미국도 중동의 석유 장악을 위한 교두보로 이스라엘과 이란을 선택하고 팔라비 왕조를 지원했다.[2]

변화의 시작은 제4차 중동전쟁이었다고 말할 수 있을 것이다. 1973년 제4차 중동전쟁은 1차 오일쇼크를 불러왔는데, 이것이 이란의 내수 경제를 무너뜨리는 도화선이 됐다. 사실 1차 오일쇼크의 원인은 제4차 중동전쟁의 복수였다. 중동의 아랍 국가들은 거의 다 이긴 전쟁을 미국이 이스라엘을 돕는 바람에 졌다고 생각했다. 이들은 복수의 방법으로 '석유 무기화'를 선택했다. 복수의 선봉은 이란이 아니라 사우디아라비아였다(놀랍지 않은가! 현재 미국은 이란과 원수 관계다. 하지만 과거에는 이란과 친했고 오히려 사우디아라비아와 적대 관계였다).

1973년 10월 17일, 사우디아라비아의 주도하에 페르시아만의 6개 산유국이 원유 가격 인상과 생산량 감축에 돌입했다. 배럴당 2.9달러였던 원유(두바이유) 고시 가격이 순식간에 4달러를 돌파했다. 1974년 1월엔 11.6달러까지 올랐다. 3개월 만에 무려 4배나 폭등한 것이다.

참고로, 중동 국가들은 제3차 중동전쟁 때 원유 수출 전면 중단을 시도해본 경험이 있었다. 하지만 당시에는 미국과 우호적이었던 이란·아프리카·인도네시아 등이 증산으로 대응해 중동 국가들은 막대한 피해만 보았다. 원유 수출을 중단하려면 멀쩡한 원전을 폐공해야 했는데, 여기에 많은 비용이 들었기 때문이다. 이런 역사에서 교훈을 얻은 사우디아라비아는 원전 폐공이 아닌 5% 감산 전략을 선택했다. 석유수출국기구OPEC 회원국의 참여율이 높아지자, 중동은 오일전쟁의 승기를 잡았다. 원유 가격이 상승하자 베네수엘라와 소련도 원유 가격 인상에 합류했다. 미국을 비롯한 전 세계가 경제 충격에 휩싸였다. 중동 아랍 국가들의 복수가 성공한 셈이다.

1차 오일쇼크 기간, 이란의 팔라비 2세도 산유국의 이점을 안고 승승장구했다. 하지만 이 기간에 석유 수출로 얻은 막대한 부는 소수의 특권층과 부유층이 독점했다. 오일쇼크가 끝나고 유가가 하락하자, 이란 제국의 내수 경제가 무너졌다. 물자는 부족하고, 인플레이션이 심화됐다. 농촌과 중소 상인들이 몰락했고, 도시에는 빈민들이 넘쳤다. 이슬람 원리주의자, 공산주의자, 자유주의자 등이 모여서 파업과 시위를 벌였다. 당시 팔라비 2세는 암 선고를 받고 투병 중이었던 터라 거센 민심을 수습할 상황이 아니었다. 시위가 걷잡을 수 없이 악화되자, 1979년 1월 6일 서방 4개국(미국, 영국, 프랑스, 서독)은 과들루프 합의Guadeloupe Conference를 통해 팔라비 2세의 퇴진을 종용했다. 미국을 비롯한 서방 국가들의 결정적 실수였다. 같은 달 16일, 팔라비 2세는 퇴위를 결정하고 암 치료를 핑계로 망명해버린다.

이란의 국내 정세는 회오리쳤다. 1979년 2월 13일, 아야톨라 호메이니Ayatollah Khomeini가 조직한 이슬람혁명위원회가 정치적 공백을 틈타 정권을 장악하고 이란이슬람공화국 수립을 선포했다. 권력을 장악한 호메이니는 초대 라흐바르Rahbar에 오른다. 라흐바르는 페르시아어로 '지도자'라는 뜻이며, 종신직이다. 호메이니는 표면적으로는 민주주의 정치 체제를 부르짖고 대통령도 세웠지만, 실제로는 라흐바르를 신의 대리인이라고 부르면서 법 위에 군림하는 신정국가 체제를 수립했다.[3] 그리고 이런 체제를 인정하지 않는 미국을 최고의 적으로 규정했다.

겉으로 보기에 미국과 이란의 다툼은 중동 맹주 자리를 놓고 벌이는 경쟁, 핵무기를 둘러싼 힘겨루기, 이념이나 종교적 대립처럼 여겨진다. 하지만 속내를 들여다보면 무소불위의 권능을 행사하는 샤한샤 자리의 쟁탈전이다. 국가 간 '최고의 권능'을 뜻하는 '패권'을 두고 벌이는 전쟁이다.

버락 오바마 행정부 시절인 2015년 7월, 미국의 주도로 UN 안전보장이사회 5개 상임이사국과 독일 및 유럽연합EU은 이란과 '우라늄 농축 능력 및 우라늄 비축량 제한', '일부 핵시설 재설계 및 전환', '핵

개발 투명성 및 신뢰 확보 조치 마련' 등을 골자로 핵합의를 이뤘다. 호메이니 혁명 이후 지속된 적대적 관계를 청산하자는 신호탄이었다. 하지만 제45대 대통령에 당선된 트럼프는 취임 직후 이란핵합의를 '최악의 계약'이라며 비난하고, '이란의 영구적 핵능력 제한'을 외치며 일방적으로 협정 파기를 선언했다.[4] 이란과의 정면 대결 정책으로 돌아선 것이다.

2024년 11월, 미국 제47대 대통령을 뽑는 선거에서 트럼프가 재선에 성공했다. 미국은 이란과 적대적 관계, 중동 지역에서 최고 권력의 자리를 두고 극렬하게 충돌하는 재대결 국면으로 들어갈 것이다. 물론 혹자는 "이란이 미국과 게임이 되겠느냐?"라고 할 수 있다. 맞다. 이란의 국력은 미국과 경쟁할 만한 수준이 아니다. 미국 역시 이란을 전혀 경쟁자로 생각하지 않으며, 오히려 중국이 자신들의 자리를 위협하는 나라라고 생각한다. 하지만 이란은 자신들이야말로 패권을 두고 경쟁한다고 생각한다. 그래서 중동 정세가 불안할 수밖에 없다.

인류의 역사는 권력을 향한 끊임없는 경쟁이다. 미국과 중국의 패권 경쟁이 끝이 아니다. 인류 역사가 지속되는 한 이 절대 권력의 자리를 두고 벌이는 충돌은 계속될 것이다. 권력 다툼이 격렬해질수록 세계는 불안해진다. 누군가의 권력을 빼앗아 오려면 피비린내 나게 싸워야 한다. 대부분 평화롭게 끝나지 않는다. 폭력이 필수다. 대비해야 한다. 대비의 시작은 권력의 속성, 패권을 획득하는 과정을 정확하게 파악하는 것이다.

권력 획득의 역사에는 패턴이 있다

권력을 향한 끊임없는 경쟁, 그 경쟁이 치열해질수록 세상은 혼란스럽고 불안해지고 불확실성이 높아진다. 우리 삶의 자리도 불안해진다. 이런 미래를 피할 수 없다고 하더라도 최소한 변화의 흐름을 이해해야 한다. 세상이 어떻게 돌아가는지 알고 있어야 한다. 그래야 대응할 수 있다.

전문 미래학자로서 나는 미래를 예측하는 가장 좋은 방법은 변화를 만드는 사람들과 나라들을 주목하고 연구하는 것이라 생각한다. 겉으로는 기술이 미래를 만드는 것처럼 보여도 결국 그 기술도 인간의 의지에 의해 탄생하고 발현된다. 이것이 내가 글로벌 패권과 제1 기축통화국 지위 획득의 역사와 패턴을 연구하는 이유다. 수천 년 전으로 거슬러 올라 권력 획득 과정에서 나타나는 일정한 패턴을 찾고 시스템을 알면 합리적 예측이 가능하다.

최고 권력의 지위를 획득하는 데 일정한 패턴이 있다는 것은 세 가지를 의미한다. 첫째, 그 지위의 획득과 상실 이면에는 필수적이고 공통적인 변수들이 작동한다. 둘째, 그 변수들은 서로 조화롭게 연결되어 일정한 시스템을 형성한다. 셋째, 시간이 지날수록 새로운 변수들이 추가되면서 시스템이 커지고 정교해진다. 시스템의 규모, 정교함, 건강함의 수준에 따라 특정 제국의 최고 권력 지위와 제1 기축통화국 지위의 교체 주기가 달라진다.

자, 이제 최고 권력 지위를 획득하는 과정의 패턴이 어떻게 발전하는지 그 추적해보자. 그러려면 패턴이 시작된 아주 먼 옛날로 거슬러 올라가야 한다.

폭력

권력의 힘, 패권의 힘은 어디서 나올까? 그 근원은 폭력이다.

인류 역사상 최초의 패권 획득은 폭력에서 시작됐다. 〈창세기〉 4장 8절에 '가인이 그의 아우 아벨에게 말하고 그들이 들에 있을 때에 가인이 그의 아우 아벨을 쳐죽이니라'라는 기록이 나온다. 인류 역사상 최초의 살인 사건이자 최초의 패권 획득을 보여주는 사건이다. 가인은 농사를 짓는 농부였고 아벨은 양을 치는 목동이었다. 가인은 자신의 제물이 신에게 받아들여지지 않자 시기심과 분노와 욕망에 사로잡혀 아벨을 살해했다. 가인은 자신의 욕망을 충족하기 위해 폭력을 사용했다. 그리고 최대 정적인 아벨을 살해함으로써 지배 권력을 획득하려 했다. 가인은 폭력으로 아벨을 제압하고 주도권, 주도적 지위를 획득하려 했다. 아벨은 신에 대한 사랑과 인정에서 가인을 앞섰다. 이를 시기한 가인은 아벨을 살해함으로써 아벨이 가지고 있던 모든 것을 차지하려고 했다. 이처럼 인류 역사상 최초의 지배 권력 획득 수단은 '폭력'이었다.

성경에서 가인 이후 폭력으로 지배 권력을 획득한 인물은 라멕Lamech이다. 라멕은 가인의 5대손이며, '라멕'은 히브리어로 '능력 있는 자'를 뜻한다. 이름이 뜻하는 바와 같이 가축을 치고, 수금과 퉁소를 연주하고, 구리로 기구들을 만드는 다양한 기술이 그의 아들들로부터 시작됐다. 그런데 라멕은 이런 능력을 파괴적 행위에 사용했다. 라멕은 '가인을 위하여는 벌이 칠 배일진대 라멕을 위하여는 벌이 칠십칠 배이리로다 하였더라'(〈창세기〉 4장 24절)라는 노래(라멕의 노래)를 부르면서 살인과 폭력을 정당화하고 다녔다. 성경의 기록을 보면, 라멕은 신을 조롱하는 교만과 도전도 보였다. '가인을 위하여는 벌이 칠 배'라는 말은 무슨 뜻일까? 신이 최초의 살인자 가인에게 생명의 안전을 보장하는 은혜를 베풀었다는 표현이다. 라멕은 이것을 비꼬아서 "라멕을 위하여는 벌이 칠십칠 배이리로다"라고 외치고 다니면서 사람들을 폭력으로 위협하고 지배적 권력을 휘둘렀다.

가인과 아벨의 이야기, 라멕의 이야기는 인류 역사를 통틀어 폭력과 권력이 얼마나 밀접하게 연결되어 있는지를 상징적으로 보여준다.

최초의 국가 단위 폭력, 니므롯

고대부터 현대에 이르기까지 많은 국가와 제국이 패권을 확보하기 위해 잔인한 폭력을 저지르고 극렬한 전쟁을 벌였다. 가인이 개인으로서 최초로 지배 권력을 획득한 사례라면, 국가 단위로 폭력을 사용해서 최초로 패권을 획득한 사건은 '니므롯Nimrod 제국'이다. 성경 〈창세기〉에 이런 기록이 나온다(10장 8~12절).

> 구스가 또 니므롯을 낳았으니 그는 세상에 첫 용사라. 그가 여호와 앞에서 용감한 사냥꾼이 되었으므로 속담에 이르기를 아무는 여호와 앞에 니므롯 같이 용감한 사냥꾼이로다 하더라. 그의 나라는 시날 땅의 바벨과 에렉과 악갓과 갈레에서 시작되었으며 그가 그 땅에서 앗수르로 나아가 니느웨와 르호보딜과 갈라와 및 니느웨와 갈라 사이의 레센을 건설하였으니 이는 큰 성읍이라.

니므롯은 대홍수 이후 등장한 최초의 강력한 용사로, 국가 단위 폭력의 대명사로 통한다. 최초로 절대 권력을 획득한 자다.

《구약성경》은 니므롯이 구스(노아의 2남인 함의 아들)의 아들로서 인류 최초의 용사, 용감한 사냥꾼, 영걸mighty warrior이라고 기록한다.[5] 일반 역사에서는 니므롯이 건설한 제국에 대한 기록을 역사와 신화의 경계에서 다룬다. 그는 고대 바벨론의 시조이고, 앗수르 제국의 기초가 되는 4개의 도시(니느웨, 르호보딜, 갈라, 레센)를 건설한 왕이다. 유대 전승에서는 그를 바벨탑을 세운 주동자로 기록한다(메소포타미아의 점토판 기록에는 수많은 왕과 신화적 인물이 언급되지만, 니므롯에 대한 직접적인 언급은 없다. 그러나 니므롯이 지배했다고 전해지는 도시들과 관련된 기록은 풍부하게 존재한다).

대홍수 이후 그는 동쪽으로 이동했다. 그리고 시날 땅의 서쪽 바벨, 에렉, 악갓, 갈레 등에 자리를 잡고 정복전쟁을 시작했다. '시날'의 히브리어 명칭은 '바벨론의 평야'라는 뜻을 가진 '쉰아르'다. 유프라테스강과 티그리스강 사이의 전역을 가리키며 바벨탑이 세워진 곳으로 추정되는 지역이다. 니므롯이 시날 땅에서 시작한 4대 도시 중 제1 도시인 바벨은 고대 히브리어로 '혼란'을 뜻한다. 유프라테스강을 끼고 있었으며 오늘날 이라크 바그다드에서 남쪽으로 약 82킬로미터 떨어진 곳에 세워진 도시였다. 바벨(바빌론)은 훗날 바빌로니아 제국의 수도로 발전한다. 에렉은 '치수size'라는 뜻으로, 니므롯이 시날 땅에서 시작한 4대 도시 중 제2의 도시다. 바벨론 성의 남동쪽 약 160킬로미터 지점에 있는 유프라테스강 동쪽 기슭의 습지대에 세워졌다. 고대 바벨론의 한 비문에는 '우루크Uruk(오늘날의 와르카Warka)'로 되어 있다. 1954년에 독일 학자들이 이 지역을 발굴하면서 쐐기문자 점토판과 신전 등의 흔적을 찾아냈다. 제3의 도시인 악갓은 훗날 사르곤이 창건한 아카드Akkad 왕조(B.C. 2300~2100)의 수도가 된다. 제4의 도시인 갈레는 다른 성경(〈이사야〉 10장 9절)에서는 '갈로'로 불리기도 한다. 학자들은 이곳의 위치를 유프라테스강 동쪽의 니푸르로 추정하기도 하고,

티그리스강 동쪽의 크테시폰으로 추정하기도 한다.

유프라테스강과 티그리스강 사이의 비옥한 지역에서 근거 세력을 마련한 니므롯은 서북쪽 앗수르 방향으로 계속 진군한다. 그리고 니느웨와 르호보딜과 갈라 그리고 니느웨와 갈라 사이의 레센을 획득하여 역사상 최초의 거대 제국을 세웠다.

《구약성경》에는 신이 이 땅에 사는 사람을 둘러보면서 마음으로 생각하는 모든 계획이 항상 악하고 힘과 폭력을 써서 죽고 죽이는 행위를 반복하기만 하는 것을 보고, 땅 위에 사람 지으셨음을 한탄하여 대홍수 심판을 했다고 기록되어 있다. 이런 대홍수의 교훈에도 불구하고, 인간은 다시 강한 능력을 소유하자마자 파괴적 폭력 성향을 그대로 드러냈다. '니므롯'이라는 이름도 '신에 대한 배반자'라는 뜻이다. 신이 주신 강력한 능력을 오남용한 대표적 인물이라는 말이다.

니므롯은 바벨·에렉·악갓·갈레를 비롯하여 앗수르의 니느웨·르호보딜·갈라·레센 등 시날 땅의 남부 메소포타미아에서 북부 메소포타미아에 이르는 많은 도시와 국가를 건설했지만, 그 과정에서 수많은 피를 땅에 뿌렸다. 유대인의 구전에 따르면, 니므롯은 '세미라미스'라는 여인을 아내로 맞았다. 세미라미스는 본래 니므롯의 아버지인 구스의 아내 중 한 명이었다. 그러나 남편 구스가 죽자 그의 아들인 니므롯과 결혼했다고 한다. 니므롯은 바벨탑을 쌓다가 신의 진노를 받아 죽었다고 하는데, 이에 세미라미스가 남편의 시체를 여러 조각을 내어 전국 각처에 보내서 분노를 표현했다고 전해진다. 니므롯의 대제국이 무너진 후 바빌로니아와 앗수르 등이 새로운 제국을 건설할 때도 폭력을 주요 수단으로 사용했다. 개인이든 국가든, 권력을 잡는 쉬운 방법이기 때문이다.

폭력에도 역사가 있다

상대를 무력화해 제압하고 권력을 획득하기 위한 폭력의 핵심은 두 가지다. 하나는 수단의 발전이고, 다른 하나는 규모와 잔인성의 증가다. 가인이 휘둘렀던 최초의 폭력에서 수단이라고는 손에 쥔 돌과 나뭇가지가 전부였다. 인간은 불을 발견하자마자 불도 폭력의 도구로 사용했다. 그다음에는 금속이 생긴다. 가인의 5대손 라멕은 구리로 폭력 도구를 만들어 사람을 죽였다. 니므롯은 개인의 폭력 수준을 뛰어넘었다. 검이 등장하면서 이전 시대와 비교가 안 될 정도로 많은 사람이 죽어 나갔다. 부족, 도시, 국가 수준의 대량 살상 전쟁이 됐다. 니므롯 제국 이후 등장한 아시리아Assyria 제국부터는 폭력을 구사하는 전술이 발전했고, 잔인함과 악랄함의 규모와 수준도 증가했다. 또한 아시리아 제국의 폭력부터는 도시를 정복하는 수단을 넘어 제국 유지의 중요한 방편으로 발전했다.

고대 서아시아 역사를 보면, 아시리아는 폭력적이고 잔인한 공격적 전술로 매우 유명했다. 아시리아는 기원전 2450년부터 도시국가로 형태로 존재했으며, 본격적인 제국의 역사는 고아시리아(B.C. 2025~1364), 중아시리아(B.C. 1363~912), 신아시리아(B.C. 911~609) 등

3단계로 나뉜다. 그중에서 가장 강력했던 시기는 신아시리아 제국 시대다. 특히 기원전 8세기 티글라트-필레세르 3세Tiglath-Pileser III부터 기원전 7세기 아슈르바니팔Ashurbanipal의 통치기까지는 지구상에서 가장 강력한 패권국가였다. 쟁쟁한 도전국이었던 신바빌로니아가 엘람Elam 왕국과 연합군을 형성해서 대항했음에도 그 기세를 꺾지 못했다. 신아시리아 제국은 기원전 722년 서남쪽으로 밀고 내려와 이스라엘 왕국을 멸망시키고 이집트까지 위협했다. 기원전 639년에는 동쪽으로 진격해 티그리스강과 유프라테스강 동북쪽 산악지대에서 세력을 떨치던 여러 엘람 왕•을 죽였다.

아시리아를 강력한 패권국으로 만든 힘은 '가공할 군사적 폭력'이었다. 아시리아 제국의 군사 전술에서는 특히 세 가지가 유명했다. 첫째, 매우 공격적이고 강력한 공성전 능력이다. 아시리아 군대는 높은 성벽을 무너뜨리기 위해 돌을 발사하는 투석기, 성벽을 무너뜨리는 망치, 성문을 뚫는 굴착 도구 등 다양하고 강력한 공성 기계를 사용했다. 도시를 함락하기 위해 체계적이고 잔인한 방법도 다수 개발했다. 둘째, 뛰어난 공포 전술이다. 아시리아는 인류 역사상 최초로 적들을

• 엘람도 역사 기록에 남아 있는 오랜 문명 중 하나다. 기원전 2700년경부터 기원전 539년까지 존재했던 엘람은 노아의 큰아들 셈의 맏아들인 엘람이 세웠다고 전해진다. 오늘날의 위치로는 이란의 서쪽 끝과 이라크의 남부를 중심으로 세워진 고대 문명국가였다. 신아시리아 제국에 수도까지 함락당하는 수치를 겪은 엘람은 기원전 539년에 고대 이란인의 제국인 아케메네스Achaemenes 제국(페르시아 제국)에 멸망당해 결국 그 일부 지방이 되고 말았다. 하지만 엘람의 문화와 언어는 페르시아 제국의 성장에 결정적인 역할을 했을 정도로 뛰어났다. 참고로, 페르시아 제국은 엘람 왕국이 신아시리아 제국에 패해 멸망해갈 무렵에 탄생했다. 페르시아 제국을 세운 파르사족은 전쟁의 혼란을 틈타 엘람 왕국의 지배를 벗어나 자그로스산맥 남동쪽 끝부분에 있던 안샨(오늘날 이란의 파르스 지역)을 점령하여 기틀을 잡았다. 이곳은 훗날 엘람 왕국의 초기 수도가 된다.

의도적으로 대량 학살했을 뿐 아니라 생포한 적을 공개적으로 고문하고 처형했다. 적들에게 심리적인 충격을 주어 저항 의지를 꺾기 위해서였다. 셋째, 적의 도시를 완전히 파괴하거나 재배치했다. 저항의 잠재적 뿌리를 제거하기 위해서였다. 아시리아의 문화와 언어를 퍼뜨리고자 정복 지역의 주민들을 강제로 재배치하는 전략도 사용했다.

아시리아의 폭력적인 전술은 당시 서아시아 지방에 커다란 영향을 미쳤다. 다른 국가들이 아시리아와의 전쟁을 피했기 때문에 제국의 영토를 크게 확장할 수 있었다. 하지만 이런 폭력적인 방법은 장기적으로 아시리아 제국에 대한 반감을 불러일으켰으며, 결국 제국의 붕괴에 일조했다는 평가를 받는다. 후대의 제국들 역시 아시리아의 폭력 전술을 연구하고 다양한 형태로 발전시켰다. 하지만 훗날 이들도 강력한 패권 도전국이었던 신바빌로니아 제국 연합군(메디아Media, 스키타이Scythai, 킴메르Cimmer를 포함한 서아시아 국가 연합군)에 멸망당한다.

함무라비, 폭력을 국가가 독점하게 하다

바빌로니아는 아시리아 제국으로부터 절대 권력의 지위를 빼앗고, 군대 시스템과 외교라는 측면에서 폭력의 수준과 규모를 발전시킨 나라다. 고대 바빌로니아 왕국은 메소포타미아 남부에서 시작한다. 이들은 페르시아만을 통해 유럽과 아시아 간 무역으로 부를 축적하고 기회를 노리던 갈대아인들과 아모리인들이 세웠다. 이들은 아카드어, 수메르어, 아람어 등을 주로 사용했다.

당시 메소포타미아의 비옥한 토지를 둘러싸고 여러 문화가 있었는데 바빌로니아 문화는 고유한 문자의 발전에 힘입어 다른 문화보다 앞섰다. 바빌로니아 제국 초기에는 엘람과 연합해서 패권국 신아시리아에 도전했지만 매번 실패했다. 엘람 왕국 멸망 이후 바빌로니아는 메디아 왕국과 손잡고 신아시리아를 멸망시키는 데 성공했다. 그 여세를 몰아 시리아를 넘어 이스라엘과 이집트 일부까지 정복하여 거대한 제국을 건설하고 새로운 패권국가로 우뚝 섰다.

바빌로니아가 새로운 패권국 지위를 획득한 데는 두 명의 왕이 결정적 기여를 했다. 함무라비Hammurabi와 네부카드네자르 2세Nebuchadnezzar II다. 앞서 아시리아 제국이 그랬듯이, 바빌로니아 제국의 역사도 3단계로 나뉜다. 고바빌로니아(B.C. 1894~1595), 중바빌로니아(B.C. 1595~1155), 신바빌로니아(B.C. 625~539)다.

함무라비는 고바빌로니아 시대의 왕이었다. 재위 기간은 대략 기원전 1792년부터 기원전 1750년까지로 추정된다. 함무라비 대왕의 대표적 업적은 두 가지다.

첫 번째 업적은 법률 체계 확립이다. 함무라비 법전Code of Hammurabi은 인류 역사상 가장 오래된 성문 법전으로, 높이 2.25미터의 현무암 돌기둥에 아카드어 쐐기문자로 새겨져 있다. 1901년, 프랑스와 이란의 합동 발굴팀이 이란 서남부(걸프 지역 북쪽)에 있는 고대 도시 수사에서 발굴했다. 함무라비 법전은 서문, 본문 282개 조, 맺음말로 되어 있으며 당시 메소포타미아 지방에서 1,000년에 걸쳐 시행됐다.

이 법전에서 내가 눈여겨본 것은 형법 부분이다. 함무라비 형법을 관통하는 원칙은 유명한 문구인 '눈에는 눈으로'라는 '탈리오 법칙lex talionis'이다. 당시에는 대단히 파격적이고 합리적인 원칙이었다. 함무라비 형법에 기록된 몇 가지를 살펴보면 다음과 같다.

- 어떤 사람이 자기 논에 물을 대려고 하다가 부주의한 사고로 다른 사람의 논에 물이 차게 했다면, 자신이 망가뜨린 곡식에 대해 변상해주어야 한다.
- 도둑이 소나 양, 당나귀, 돼지, 염소 중 하나라도 훔쳤다면 그 값의 10배로 보상해주어야 한다. 도둑에게 보상해줄 돈이 없다면 사형당할 것이다.
- 눈에는 눈, 이에는 이. 어떤 사람이 다른 사람의 눈을 멀게 했다면 그 자신의 눈알을 뺄 것이다. 그가 다른 사람의 이를 부러뜨렸다면 그의 이도 부러뜨릴 것이다. 그가 다른 사람의 뼈를 부러뜨렸다면 그의 뼈도 부러뜨릴 것이다.
- 의사가 환자를 수술하다가 환자가 죽게 되었다면 의사의 손을 자를 것이다.
- 강도가 어떤 집에 구멍을 뚫고 들어가 물건을 훔쳤다면 그 구멍 앞에서 죽임을 당할 것이다.
- 아들이 아버지를 때렸다면 두 손을 자를 것이다.

나는 '눈에는 눈으로'라는 원칙에 기반한 형법 제정의 의미를 두 가지로 해석한다. 하나는 개인 간의 분쟁을 사적 폭력으로 해결하는 것이나 과잉 보복 또는 무제한 보복의 금지다. 그 대신 국가가 이런 분쟁을 중재하고 제재하는 역할을 맡는다. 이것은 모든 사람이 동의하는 해석이다. 다른 하나는 나의 고유한 해석인데, 국가가 개인들에게서 폭력의 권리를 빼앗은 공식적 사건으로 평가한다.

탈리오 법칙이 법에 적용된 이후, 개인은 보복의 명분이 정당해도 개인 단위에서 폭력을 행사할 수 없게 됐다. 폭력은 국가의 권한 아래로 옮겨졌으며, 공식적으로 폭력은 국가만 행사할 수 있게 됐다. 탈리오 법칙에 기반한 형법 제정은 법과 질서의 개념을 일깨우고, 사회적 안정을 유지하는 데 필수적인 국가의 역할을 강조하는 것이다. 하지만 동시에 '폭력'이라는 강력한 권력 획득 수단을 개인에게서 회수해 국가가 독점하는 발판을 마련하기도 했다. 그래서 나는 함무라비가 법을 통해 폭력을 국가 소유로 종속시킨 왕이라고 본다.

두 번째 업적은 군사 분야에서 찾을 수 있다. 함무라비 왕은 강력은 군대를 동원해 주변 지역을 정복하여 바빌로니아가 작은 도시국가에서 강력한 제국, 패권국가로 나아갈 기틀을 마련했다. 함무라비의 초기 통치 기간에는 별다른 폭력 구사 없이 평온했다. 집권 후반기가 되자, 메소포타미아 북쪽에서 왕국들의 분열이 시작됐다. 함무라비는 이 기회를 이용하여 대대적인 무력 전쟁을 시작했다. 기원전 1787년 이신을 정벌했고, 기원전 1776~1768년 라르사와 싸워 이겼다. 기원전 1766년에는 엘람 왕국의 침략을 격퇴했다. 이 과정에서 동맹을 맺었던 라르사도 멸망시켰다. 동맹국으로서 군사적 지원을 소극적으로 했다는 것이 구실이었다. 함무라비는 기수를 북쪽으로 돌려 과거 동맹국이던 마리를 비롯한 많은 왕국도 정복하고 메소포타미아를 통일했다. 그리고 마침내 절대 권력의 지위에 올랐다.[6]

함무라비 대왕이 비옥한 초승달 지역Fertile Crescent의 절대패권을 획득한 것은 이전 제국들과 마찬가지로 군사적 폭력의 힘을 바탕으로 한 것이었다. 하지만 이전 패권국과 다른 점이 하나 있다. 함무라비 대왕은 폭력의 수준을 아시리아 제국보다 한 단계 더 높였다. 바로, 군대 시스템과 외교력을 향상시킨 것이다. 이전과 달리 함무라비 대왕은 보병, 기병, 전차병 등 다양한 병종으로 나누어 잘 조직된 군대 시스템을 구축했다. 상당한 규모의 정규군을 편성하여 유지했고, 필요에 따라 용병도 사용했다. 이를 통해 군대의 규모를 탄력적으로 조절하고, 다양한 군사 작전을 수행했다.

폭력의 힘을 증강하고 유지하는 수단으로 외교도 사용하기 시작했다. 이전에도 국가 간 외교는 존재했다. 하지만 함무라비 대왕은 군사적 폭력을 극대화하는 데 외교의 힘을 적극적으로 사용했다. 수많은 나라와 동맹과 협정을 통해 바빌로니아의 영향력을 확장하고, 잠재적인 위협을 관리한 것이다. 함무라비 대왕의 외교 전략은 크게 세 가지로 요약된다.

첫째, 동맹 형성이다. 바빌로니아의 영향력을 확대하기 위해 인근 도시국가들과 적극적으로 동맹을 맺고 폭력의 규모를 확대했다. 둘째, 결혼 정치다. 결혼을 통해 다른 국가나 도시국가들과의 관계를 강화했다. 결혼 정치 또는 결혼 외교는 군사적 갈등을 완화하거나 동맹을 강화하는 데 중요한 외교적 수단이었다. 셋째, 평화 조약이다. 다른 국가들과 평화 조약을 맺어 바빌로니아의 영향력을 유지하고 확장했다. 평화 조약은 군사적 충돌을 방지하고 국경을 안정적으로 유지하는 데 중요한 역할을 했다. 이 세 가지 외교 전략은 바빌로니아 제국 역사 전체는 물론이고 훗날 수많은 패권국이 따라 하는 모델이 된다.

가장 오래된 패권 획득 도구, 폭력과 외교

바빌로니아 제국이 함무라비 대왕 시절에 패권의 기틀을 다졌다면, 네부카드네자르 2세는 패권국 지위를 반석 위에 올려놓았다. 네부카드네자르 2세는 신바빌로니아 시대 전성기를 만든 왕이다. 특히 이집트, 이스라엘과의 전투에서 승리함으로써 바빌로니아의 패권국 지위를 최종적으로 확립했다.

네부카드네자르 2세는 《구약성경》에도 등장한다(히브리어로는 '느부갓네살'이라고 한다). 그는 바빌론 도시를 재건하고 확장하여 당시 세계에서 가장 화려하고 강력한 도시로 만들었다. 수도 바빌론에 이슈타르 문, 마르두크의 지구라트, 바빌론의 공중정원(세계 7대 불가사의 중 하나) 등 유명한 여러 건축물도 세웠다. 하지만 그는 잔인했고 강력한 군사적 폭력을 거리낌 없이 구사한 왕이었다.

기원전 6세기, 네부카드네자르 2세는 이집트와의 전쟁에서 승리하고 돌아오는 길에 이집트와 동맹을 맺고 있던 유대 왕 여호야김 Jehoiakim을 굴복시켰다. 이때부터 유대 왕국은 신바빌로니아 제국의 지배하에 들어갔다. 그런데 3년 후, 여호야김이 네부카드네자르 2세에 맞서 반역을 일으켰다. 네부카드네자르 2세는 군대를 보내 이집트의 나일강 하류 유역까지 장악하고, 여호야김을 죽이고 그의 아들인 열여덟 살의 여호야긴Jehoiachin(여고냐Jeconiah라고도 불림)을 후임 왕으로 세웠다.

하지만 여호야긴은 왕이 된 지 불과 3개월 만에 네부카드네자르 2세에게 포로로 잡혀갔다. 이때 네부카드네자르 2세는 예루살렘의 솔로몬 성전에 있던 금 그릇을 비롯한 모든 보물과 왕궁의 보물을 약탈하고, 여호야긴의 어머니와 아내들, 내시들과 신하들, 군인 7,000명, 장인, 대장장이 1,000명도 포로로 잡아갔다. 그리고 여호야긴의 숙부인 스물한 살의 맛다니야Mattaniah를 바빌로니아식 이름 치드키야 Zedekiah(히브리어로는 '시드기야')로 개명시켜 왕으로 세웠다. 치드키야도 통치 9년째 되는 해에 바빌로니아에 대한 충성을 저버리고 독립을 시도했는데, 네부카드네자르 2세는 이 결정을 신바빌로니아에 대한 공개적인 도전으로 여기고 대규모 군사 작전을 시작했다. 유대를 향한 바빌로니아 제국의 세 번째 공격이었다.

네부카드네자르 2세도 효율적인 군대 조직 운영으로 유명했다. 그의 군대도 다양한 병종으로 구성되어 있었고, 공성전에 특히 능숙했다. 기원전 586년, 유대를 향한 세 번째 공격에서 신바빌로니아 군대는 예루살렘 성을 포위하고 주위에 토성을 쌓고 탁월한 공성전 능력으로 승리를 거두었다. 그는 '승리'로 멈추지 않았다. 네부카드네자르 2세는 '돌 하나도 돌 위에' 남지 않을 정도로 예루살렘 도시 곳곳을 가루로 만들어 철저하게 파괴했다. 왕궁과 성전뿐 아니라 예루살렘 성 내의 모든 집을 불태우고, 주민들도 마구잡이로 학살했다.

성벽이 무너지고 수도가 함락되자, 유대 왕 치드키야는 밤중에 왕의 동산 곁문을 통해 은밀하게 탈출했다. 아마도 요르단강 동쪽, 사해 동쪽에 자리 잡은 고대 도시 아몬•으로 도망갈 계획이었던 것으로 추측된다.

하지만 치드키야의 탈출은 성공하지 못했다. 요르단강 서쪽 여리고 평지에서 붙잡히고 말았다. 네부카드네자르 2세는 붙잡혀 온 치드키야 앞에서 그의 아들들과 유다의 모든 귀족을 잔인하게 죽여버렸다. 게다가 치드키야의 두 눈알을 뽑고 놋사슬로 결박하여 바빌로니아까지 끌고 갔다. 예루살렘에서 바빌로니아까지는 직선거리로 약 850킬로미터이며, 실제 이동 거리로 하면 1,500킬로미터나 된다. 네부카드네자르 2세는 솔로몬Solomon 왕이 건설한 황금성전에서 모든 금을 벗겨서 가져갔고, 성전을 받치던 8미터짜리 거대한 놋기둥 2개도 통째로 뽑아 갔다. 그는 이렇게 약탈한 수많은 전리품을 기반으로 사막 한가운데에 거대하고 웅장한 바빌로니아 시티를 건설했다.

• 오늘날 요르단의 수도 암만의 일부인데, 고대에는 암몬족이 이 지역을 지배했다. 암몬족은 이스라엘과의 사이에서 여러 가지 갈등을 겪었지만, 때로는 정치적 동맹을 맺기도 했다. 그 외에도 치드키야가 아몬을 선택한 것은 이곳이 중요한 무역로에 자리한 도시였고, 철 생산의 중심지로 군사적 우위를 가지고 있었기 때문일 것이다.

세계사는 이 사건을 '바빌론 유수Babylonian Captivity'로 기록하며, 고대 서아시아 역사에서 중요한 사건 중 하나로 꼽는다.[7] '유수'는 '유배되어 갇히다'라는 뜻이다. 네부카드네자르 2세는 신바빌로니아 제국에 반란을 일으키면 어떻게 되는지를 메소포타미아 전역에 보여주고자 했다. 그에게 잡혀간 유대 왕과 백성들은 바빌로니아에서 노예 생활을 하거나 지구라트 건설에 동원됐다(북이스라엘은 기원전 722년에 바빌로니아 제국의 패권 경쟁국인 아시리아 제국에 잔인하게 멸망당했다). 네부카드네자르 2세는 수많은 전쟁에서 얻은 전리품을 가지고 바빌로니아 시티에 공중정원을 건축하여 왕비 아미티스에게 선물했고, 가장 큰 지구라트도 건설했다. 훗날 패권에 도전하는 모든 나라는 네부카드네자르 2세처럼 외교와 군사력의 결합을 당연한 공식으로 여기게 됐다.

네부카드네자르 2세는 제국의 패권을 강화하는 데 물리적 폭력만 구사하지 않았다. 바빌로니아의 패권 획득과 유지를 위해 여러 도시국가와 혼인동맹 및 평화협정도 적극적으로 맺었다. 그는 큰 대가가 따르는 폭력을 구사하지 않고도 제국의 힘과 권력을 확대하는 효과적인 수단이 외교라는 걸 정확하게 알고 있었다. 기원전 612년, 네부카드네자르 2세는 메디아 왕국• 키악사레스Cyaxares 왕의 딸 아미티스와 혼인동맹을 맺는데 이 역시 기존 패권국가 신아시리아와 전면전을 벌

• 메디아 왕국은 기원전 8세기에 이란고원의 서북부에서 시작됐다. 한때는 메소포타미아 북쪽에 있는 자그로스산맥의 동부 전체를 장악할 정도로 강성했다. 그리스 역사가 헤로도토스Herodotos는 저서 《역사》에서 메디아 왕조를 세운 데이오케스Deioces를 영리하고 야심 많은 사람이라고 묘사했다. 메디아 왕조는 네부카드네자르 2세와 손잡고 신아시리아를 멸망시킨 대가로 아나톨리아 동쪽 대부분을 점령했다. 하지만 기원전 550년에 페르시아(성경에는 '바사'로 불림)에 패해 멸망하고 만다.

이기 위해서였다.

네부카드네자르 2세는 메디아 왕국과 혼인동맹을 맺음으로써 군사적 폭력의 힘과 규모를 증강한 후, 티그리스강의 동쪽 유역에 있는 신아시리아의 수도 니네베(히브리어로는 '니느웨')를 점령하는 데 성공한다. 승기를 잡은 그는 신아시리아의 잔존 세력을 뒤쫓기 시작했다. 이때 고대 서아시아 지방에서 또 다른 강대국 이집트가 등장한다. 이집트의 파라오 네카우 2세Nekau II는 신아시리아의 잔존 세력을 지원하고 신바빌로니아의 남하를 막기 위해 출정을 감행했다.

네카우 2세는 이집트 제 26왕조의 파라오다(《구약성경》에 '느고'라는 이름으로 등장한다). 기원전 610~595년에 이집트를 다스렸고, 재위기간에 수많은 건설 작업을 추진했다. 특히 홍해와 지중해를 연결하여 무역을 활성화하고 군사력을 강화하기 위해 수에즈 운하 건설을 최초로 시도한 인물로 유명하다. 운하의 경로는 나일강 삼각주의 동쪽 끝에서 홍해까지 이어지는 길을 선택했다. 막대한 인력과 자원이 필요한 대규모 공사였으며, 혹독한 노동 환경 탓에 사망자만 12만 명에 달했다. 하지만 운하 건설은 실패로 끝났다. 이유는 두 가지로 전해진다. 하나는 당시 기술로는 완벽한 운하를 건설하기 어려웠으리라는 것이다. 다른 하나는 완공 직전 신탁의 예언에 따라 중단됐다고 한다. 신탁은 운하가 완공되면 이집트에 적들이 침입할 것이라고 예언했다. 여하튼, 이런 정황으로 볼 때 당시 이집트의 국력도 바빌로니아에 대항할 정도로 강했음을 짐작할 수 있다. 기원전 605년, 네카우 2세는 네부카드네자르 2세 및 메디아 연합군과 전투를 벌인다. 결과는 이집트의 대참패였다.

패권을 획득하는 가장 쉬운 방법

왜 폭력일까? 패권을 획득하기에 가장 쉬운 방법이자 인간의 본능에 뿌리 깊게 자리 잡은 양식이기 때문이다.

인간의 뇌는 세 부분으로 나뉜다. 첫 번째 부분은 뇌의 가장 밑바닥에 있는 '원시 뇌'다. 후뇌(뒷뇌)라고도 하며, 뇌줄기(뇌간)와 소뇌로 구성되어 있다. 이 뇌는 생명 유지에 필요한 호흡·심장 박동·혈압 조절 등과 같은 기능을 담당하며, 그래서 '생명의 뇌'라고도 불린다. 두 번째 부분은 후뇌 바로 위에 있는 '중뇌(중간뇌)'다. 중뇌는 흥분·공포·애정 등의 감정 기능을 담당할 뿐 아니라 첫 번째 부분인 원시 뇌와 세 번째 부분인 '전뇌(앞뇌)' 간의 정보를 전달해주는 정거장 기능을 한다. 감정 표현이 이 부분에서 발현되기 때문에 '감정의 뇌'라고도 불린다. 세 번째 부분인 '전뇌'는 최근에 진화한 부위다. 대뇌 피질부 영역으로 고도의 정신적 기능, 창조 기능, 학습을 관할한다. 그래서 '이성의 뇌'라고도 불린다.

인간의 뇌가 발달을 거듭해도 원시 뇌는 여전히 중요하다. 생명을 유지하기 위해서다. 폭력도 마찬가지다. 어찌 보면 가장 미개한 수단이긴 하지만, 이성을 뛰어넘어 본능을 자극하기에 생존 공포를 선사하고 상대를 위협하며 제압하는 데 즉각적이다. 폭력과 외교는 패권 획득의 '가장 원초적인 수단'이다. 때문에 권력을 획득하고자 한다면 폭력을 포기할 수 없다. 다만 폭력으로 획득한 패권은 대가가 크다. 폭력으로 권력을 얻었던 최초의 인류 가인을 다시 보자.

가인은 자신의 폭력이 평생 자신을 향한 생명의 위협으로 돌아올 것임을 알았다. 가인은 "내가 땅에서 피하며 유리하는 자가 될지라 무릇 나를 만나는 자마다 나를 죽이겠나이다"(〈창세기〉 4장 14절)라며 자신이 휘두른 폭력으로 원한을 사 의지할 곳 없이 떠도는 방랑자가 되고 많은 사람들로부터 증오의 대상이 될 것임을 고백했다. 그래서 자신을, 자신의 권력을 지키기 위해 단단한 성을 쌓았다. 하지만 그의 권력은 오래가지 못했다. 비참한 결과도 피하지 못했다. 〈창세기〉 4장 9~15절을 보면, 신이 나타나서 폭력으로 획득한 가인의 권력에 저주를 내린다. 또한 〈창세기〉 4장 11~12절은 "네가 땅에서 저주를 받으리니 네가 밭을 갈아도 땅이 다시는 그 효력을 네게 주지 아니할 것이요 너는 땅에서 피하며 유리하는 자가 되리라"라고 되어 있다. 가인은 권력을 얻었지만, 땅의 저주를 받고 방황하는 삶을 살게 된다.

폭력만을 기반으로 얻은 권력은 지속 가능하지 않다. 원한과 증오를 크게 불러일으키고 새로운 갈등의 씨앗을 만들기 때문이다. 그래서 불안정하고 쉽게 무너진다. 폭력으로 절대패권을 장악한 국가가 더 큰 폭력을 구사하는 국가에 무너지는 패턴도 반복된다. 그럼에도 인류는 패권을 획득하고 유지하는 데 폭력이라는 달콤한 수단의 유혹에서 벗어나지 못한다.

무기

절대패권 쟁취를 위한 '폭력'의 발전사

폭력의 발전사는 무기 및 전투 기술의 발전과 흐름을 같이한다. 고대부터 현대에 이르기까지 무기 및 전투 기술의 차이는 패권전쟁의 결과에 결정적인 영향을 미쳤다. 시대별로 중요한 무기의 재료와 형태가 어떻게 발전해왔는지, 그것들이 최초로 등장한 전투가 무엇이었는지를 간략히 살펴보겠다. 폭력의 힘을 극대화하는 역할을 한 군대 시스템의 발전도 대략 집어보고자 한다.

먼저 시대별 무기 재료와 발전 양상을 살펴보자. 석기 시대에는 돌을 사용했으며 주먹도끼, 창, 화살촉 같은 형태였다. 단순한 도구지만, 사냥을 할 때나 부족 간의 소규모 충돌에서 중요한 역할을 했다.

석기는 제작하기 쉽고 재료의 접근성이 좋았다. 하지만 내구성과 효율성에 한계가 있었는데, 더디지만 무기 제작 기술이 점차 발전했다.

석기 시대 중에서도 구석기 시대에는 돌촉, 창, 곤봉棍棒(나무 등으로 만든 짧은 몽둥이) 등 원시적으로 만든 무기들이 대부분이었다. 돌이나 나무, 뼈를 다듬어 만든 이들 무기는 원거리보다는 근접전에서 사용됐다. 한마디로, 대개 때려 부수기 위한 무기였다. 이 시대에 가장 발달한 기술은 '뗀석기 기술'이다. 뗀석기는 돌을 깨서 만든 도구와 그것을 만들면서 나오는 부산물을 말한다. 타제석기打製石器라고도 한다. 격지, 즉 몸돌에서 떼어낸 돌 조각으로 길쭉하게 자르는 날을 세운 주먹도끼와 가로날도끼를 만들 수 있었다.

유럽의 구석기인들은 황토와 역청(아스팔트 성분)을 섞은 접착 물질로 석기에 손잡이를 만들어 무기의 파괴력을 높였다. 2024년 2월 22일, 독일 튀빙겐의 에버하르트칼스대학교 패트릭 슈미트Patrick Schmidt 교수 연구팀이 프랑스의 중기 구석기 유적 르무스티에에서 발견한 격지석기, 돌날 등에서 그 흔적을 확인했다. 격지석기는 날카로운 모서리를 만들기 위해 돌의 표면에서 석편을 제거하여 만드는데, 구석기 시대부터 사용되어왔다. 격지석기는 짐승을 잡고 가죽을 손질하고 나무를 자르고 식물을 가공하는 긁개로 만들 수 있을 뿐 아니라 화살촉이나 칼 등 무기를 만드는 데도 사용할 수 있었다. 슈미트 교수는 구석기인들이 액체 역청에 황토를 섞은 반죽 덩어리를 격지석기의 손잡이로 사용했을 것으로 추정했다. 황토 55%와 역청 45%의 혼합물은 주물러서 모양을 만들 수 있는데, 접착력이 좋아 석기에 잘 달라붙는 대

신 손에는 붙지 않기 때문이다.[8]

신석기 시대에는 도구 제작 기술이 더욱 발전해 활과 화살, 도끼 등의 무기들이 등장했다. 잘라 찌르기 기능의 무기들이 발달하여 더 정교하고 치명적인 공격력을 갖추게 됐다. 특히 활과 화살의 출현은 원거리 전투 능력의 도약을 가져왔다. 이 시대에는 마제석기 기술로 무기를 더 정교하게 만들었다. 마제석기 기술은 돌을 갈아서 무기를 만드는 기술이다. 돌을 가는 기술이 발전하자, 뗀석기 기술로 만든 무기보다 더 날카롭고 견고한 무기가 등장해 살상력이 높아졌다.

또한 긴 칼이나 정교한 창날, 활, 화살촉 등 다양한 형태로도 만들 수 있었다. 특히 단검은 우리가 잘 아는 검의 모양으로 발전했다. 단검은 적에게 접근해서 아주 짧고 날카로운 방식으로 타격하는 전투 기술을 탄생시켰다. 이에 따라 능력이 출중하거나 잘 훈련된 최정예의 군사 계급도 생겨났다. 돌도끼도 발전해서 나무를 베거나 다듬을 수도 있게 됐다. 돌을 갈아 정교한 장비를 만들 수 있게 되자 뼈, 동물 뿔, 나무 등을 활용한 각종 무기가 등장했다. 구석기 시대에는 근접 공격 방식이 대부분이었지만, 이런 무기들이 발달하면서 신석기 시대에는 원거리 공격 방식도 가능해졌다.

청동기 시대의 무기 재료는 청동이었다. 청동은 구리와 주석의 합금으로, 석기보다 단단하고 날카로워서 창·칼·갑옷·방패 등 다양한 형태의 무기와 방어구를 만들 수 있었다. 청동 무기의 도입은 전쟁의 방식도 바꿨는데 돌보다 더 효율적인 무기와 방어구는 대규모 전투를 치를 수 있게 만들었다. 이에 따라 군대 조직도 체계화됐다. 당연히 살상력도 향상됐다.

그러나 청동은 제작 비용이 높았다. 특히 원재료 접근성이 제한적이었다. 구리는 반나절 넘게 일해도 겨우 50그램 정도밖에 얻지 못한다. 구리를 캐는 일은 노동집약적이었기에 사람들에게 노동을 강요할 수 있는 강력한 단체나 국가만 구리를 확보할 수 있었다. 그래서 청동제 무기는 자원이 풍부한 국가가 주도했고, 특히 강대국의 왕이나 제사장, 귀족 같은 지배 계층의 전유물이었으며 나머지 계층은 여전히 석제 무기를 사용했다. 석기와 청동기의 무기 차이가 큰 만큼 국가 간 전력의 차이가 벌어지기 시작했다. 한 나라가 수많은 도시나 작은 국가들을 통일하는 일도 생겨났다. 즉, 무기의 격차가 급격해진 청동기 시대부터 제국이 탄생할 수 있게 된 것이다.

여기서 청동에 대해 조금 더 자세히 살펴보도록 하자. 청동은 주원료인 구리에 강도를 높이는 주석을 촉매제로 사용하여 만들어진 합금이다. 청동을 구성하는 주요 금속인 구리와 주석은 매장량이 매우 적었기 때문에 고가의 자원이었다. 지구상에 구리는 0.006%에 불과하다. 청동은 희소 자원이어서 철기 시대에도 청동으로 만든 장신구는 부자들의 상징으로 여겨졌다. 《구약성경》 〈출애굽기〉에는 "그가 놋으로 물두멍(물그릇)을 만들고 그 받침도 놋으로 하였으니 곧 회막(성막) 문에서 수종드는 여인들의 거울로 만들었더라"라는 구절이 나온다. 성전에서나 사용했던 놋이 구리다. 구리가 있다고 해서 청동기 문명이라고 말할 순 없다. 청동기 문명은 대장장이들이 자연산 구리보다 우수한 합금을 만들고 나서야 등장했다.

청동은 훗날 등장하는 철보다 훨씬 더 높은 온도에서 제련해야 했는데, 이때 필요한 연료인 숯도 희귀한 자원이었다. 제련 기술도 매우 까다로웠다. 구리를 녹이려면 약 1,085℃를 8~10시간가량 계속 유지해야 했다. 구리는 어떤 형태든 원하는 대로 만들어낼 수 있는 신의 물질이다. 하지만 그만큼 강도가 약하다. 구리의 강도를 높이기 위해 초기에는 '비상'이라고 불리는 독극물인 '비소'를 사용했다. 비소는 구하기가 쉬웠는데, 다양한 방법으로 얻을 수 있었다. 첫째, 원소 비소다. 원소 비소는 자연에서 33번째로 흔한 원소다. 회색 또는 흑색의 광택을 가진 고체이며, 황철석·방연석·휘수연석과 같은 광물과 함께 자연에서 흔하게 발견된다. 지각에서 발견되는 비소의 농도는 약 0.5ppm 수준이다. 비소는 석탄과 석유, 지하수에도 미량으로 존재한다. 둘째, 황화비소다. 비소와 황이 반응하여 생성되는 화합물인데, 노란색 또는 주황색의 결정 형태로 존재한다. 황화비소 역시 자연에서 얻을 수 있는 광물로, 황비철석과 현무암의 형태로 발견된다. 화산 활동이 일어날 때 비소가 토양과 수질로 유출될 수도 있다.

하지만 비소를 사용하는 데는 두 가지 어려움이 따랐다. 하나는 비율을 맞추기가 어렵다는 점이다. 구리를 강력한 무기로 탈바꿈시키려면 비소를 2.8%로만 넣어야 한다. 둘째, 비소를 촉매제로 사용하여 구리의 강성을 높이는 과정에는 심각한 위험이 따른다는 점이다. 비소는 사약의 재료로 사용됐을 만큼 독성이 강해 잘못 다루면 사망할 수도 있다.

비소는 기화되는 온도가 615℃로, 구리를 녹이는 온도인 약 1,085℃보다 훨씬 낮다. 청동기를 제작하기 위해 비소를 가열하면 금속 형태를 띠고 있던 비소가 녹으면서 일부가 증기 형태로 변해 주변의 산소와 결합한다. 이렇게 만들어진 산화물이 '삼산화비소'다. 삼산화비소는 독성이 매우 강한 물질이어서 호흡곤란·구토·발작·혼수상태를 일으키고, 0.06그램만 흡입해도 사망에 이를 수 있다. 삼산화비소는 순수한 형태에서는 냄새가 없다. 하지만 불순물이 포함되어 있을 때는 마늘 냄새가 나거나 약간의 쓴맛을 낸다. 변변한 보호 장비가 없던 청동기 시대에는 기술자들이 제련 과정에서 나오는 묘한 마늘 냄새를 맡고 나서 환각 증세를 겪거나 심지어 죽기까지 했다.

그래서 청동기 장인들은 비소를 대신할 새로운 물질을 찾기 시작했다. 그렇게 찾아낸 것이 '주석'이라는 새로운 촉매 물질이다. 문제는 주석을 구하기가 매우 어렵다는 것이다. 주석이 최초로 발견된 곳은 알려지지 않았다. 주석은 자연에서 순수한 금속(자연 주석)으로 발견될 수도 있고, 구리·은·납과 같은 다른 금속의 광물과 함께 발견될 수도 있다.

역사가 헤로도토스는 주석이 자신이 아는 가장 먼 곳에서 온다고 했다. 아마도 주석의 가장 오래된 사용 기록이 기원전 3500년경 메소포타미아 시절로 거슬러 올라가는 것과 맥을 같이하는 말인 듯하다. 주석은 보통 갈색이나 검은색, 회색을 띠며 광택이 나는 주석석에서 추출한다. 주석석의 화학기호는 이산화주석 SnO_2이다. 이산화주석을 나트륨과 함께 숯으로 가열하여 산소 O_2를 날리면 순수한 주석 Sn을 얻을 수 있다. 가장 순수한 주석석은 78.62%의 주석을 함유한다.

주석석은 광물의 상대적인 경도를 측정하는 모스 경도 척도Mohs scale of hardness로 6~7에 해당한다. 모스 경도 척도는 한 광물이 다른 광물을 긁어낼 수 있는 능력을 기준으로 한다. 1에서 10까지의 숫자로 분류하는데 1은 가장 부드러운 광물로 활석이고, 10은 가장 단단한 광물로 다이아몬드다. 주석석의 모스 경도 6~7은 석영과 비슷하고, 칼날 같은 하드 스틸hard steel로 긁을 수 있는 수준이다. 주석석의 비중은 대략 7.31이다. 비중은 물질의 밀도를 물의 밀도와 비교한 값으로, 같은 부피의 물과 비교했을 때의 무게를 비율로 나타낸다. 주석석은 물보다 비중이 7.31배 높아 물에서도 쉽게 가라앉는 속성을 가진 겉보기에는 평범한 광물이며, 화강암이나 석영맥의 전기석·인회석·형석 등과 함께 산출된다.

이렇게 구해진 주석석은 상당히 단단한 광물이지만, 녹여서 얻어지는 주석은 모스 경도 척도가 1.5에 불과할 정도로 부드럽다. 그래서 다양한 용도에 맞게 형태를 변경하기가 용이하며, 녹는점 또한 231.93℃로 낮다는 특성이 있어 제련 작업이 쉽다.

주석의 경도는 1.5, 구리의 경도는 3 정도다. 그런데 이처럼 경도가 낮은 구리와 주석이 서로 만나면 달라진다. 주석과 구리의 비율을 조정함으로써 청동의 물리적 성질을 다양하게 변화시킬 수 있다. 예를 들어 구리에 주석을 첨가하면, 이 합금의 녹는점은 순수 구리의 녹는점 1,085℃보다 낮은 약 890℃로 하락한다. 이는 합금이 더 낮은 온도에서 용융되기 시작함을 의미하며, 주조 과정에서 유동성(액체처럼 흘러 움직이는 성질)이 높아진다. 주석의 비율에 따라 청동의 색상이 변하기도 한다. 주석이 14~20% 섞인 청동은 특유의 황색을 띠며, 청동 예술품과 도구에서 볼 수 있는 전형적인 색상이다. 주석의 비율을 25%로 올리면, 백동이라고 불리는 합금이 되어 색상이 백색에 가까워지고 거울로 사용할 수 있을 정도로 반사성이 좋아진다. 주석의 비율을 17~18% 정도로 했을 때 청동의 강도가 최대치로 올라간다. 모든 석제 무기를 단번에 박살내고, 적을 단번에 살상할 수 있는 높은 강도와 내구성을 가진 청동제 무기가 탄생하는 것이다.

메소포타미아 지역은 기원전 3500~3300년경에 청동제 무기 제작 기술을 획득했다. 인류 역사상 가장 일렀다. 글로벌 절대 권력이 왜 이 지역에서 가장 먼저 등장했는지를 알 수 있는 대목이다. 메소포타미아의 청동기 패권이 서유럽보다 500~1,000년 정도 빨랐던 이유는 주석 광산을 보유했다는 것이 핵심일 것이다. 서유럽은 무역을 통해 주석을 얻었다. 즉, 청동기 시대에 패권을 좌우하는 핵심 광물이 주석이었던 셈이다. 오늘날 주석은 전 세계적으로 채굴되며 전자제품, 자동차, 납땜과 도금에 사용된다. 하지만 고대에는 주석이 희귀한 광물이었고 주석의 확보 여부에 따라 군사적 폭력의 수준이 달라졌기에 금보다 비쌌다. 상인들에게도 더없이 매력적인 상품이었던 것이다. 이에 상인들은 주석 광산의 위치를 비밀에 부치며 값을 마음대로 주물렀고, 이때 형성되었던 주석길은 비단길(실크로드)보다 더 오래된 무역로였다.

참고로 중국에서도 기원전 2000년경에 청동기 시대가 시작되어, 하夏 왕조, 상商 왕조, 주周 왕조를 거쳐 기원전 3세기까지 이어졌다. 오월동주吳越同舟라는 중국 고사성어가 있다. 중국 춘추 시대 손자의 《손자병법》 제9편에서 유래했는데 오나라와 월나라는 서로 적대 관계였지만, 두 나라의 사람이 같은 배를 탔는데 태풍을 만나 배가 뒤집힐 위기에 처하자 서로 협력해야 했다는 이야기에서 비롯됐다. 원수지간이라도 목적을 같이하거나 어려운 처지에 놓였을 때 서로 협력해야 하는 상황을 의미하는 이 고사성어의 배경이 되는 시기가 중국의 청동기 말기다.

춘추전국 시대 월나라의 수도는 오늘날 저장성 사오싱시에 속하는 '구장句章'이었다. 맑은 물과 좋은 흙이 있어서 예로부터 명검 산지로 이름을 떨쳤다. 양쯔강 유역의 월나라는 무덥고 숲이 많았다. 울창한 숲에서는 보병 중심의 검으로 육박전을 벌이는 전술이 필요하다. 그래서 월나라 사람들은 청동검을 분신처럼 여겨 늘 지니고 다녔다. 중국 후한 시대의 원강袁康이 지었다고 알려진 《월절서越絕書》를 살펴보면, "월나라의 명검은 마치 흙을 깎은 듯이 예리하다"라면서 월나라 주조 기술이 천하제일이라고 칭한 부분이 있다. 월나라의 마지막 왕이었던 구천句踐은 오나라와의 전쟁에서 패배하여 오나라 왕 부차夫差에게 항복했고 구천은 해마다 조공을 바쳐야 하는 굴욕을 견디며 복수를 다짐했다(여기서 그 유명한 '와신상담臥薪嘗膽'이 유래했다).

1965년 초, 월나라 무덤에서 2,500년 전에 구천이 사용한 것으로 추정되는 55.7센티미터 길이의 청동검 한 자루가 발견됐다. 수천 년의 세월에도 녹이 슬지 않고 날이 살아 있었다. 대부분의 청동검은 직선으로 곧게 만든다. 하지만 구천의 청동검은 검의 가운데 부분이 아치형을 이루면서 뛰어난 곡선미를 가지고 있었다. 구천은 이 검을 늘 몸에 지니고 다니면서 복수를 다짐했고, 국력을 키우고 범려의 도움을 받아 전쟁에서 승리해 오나라를 멸망시키는 데 성공했다.[9]

기원전 1200년경 철기 시대가 시작됐다. 철기 시대에는 청동보다 훨씬 더 풍부하고 저렴한 철을 사용하여 무기를 제작했다. 철은 청동보다 늦게 사용됐지만 매장량도 많고 분포지도 넓었다. 철은 지구의 지각에서 네 번째로 풍부한 원소이며, 대략 지각의 5%를 구성한다. 철광석의 풍부함과 널리 분포된 매장지 덕분에 철제 무기의 보급 속도는 매우 빨랐다. 철의 제련 기술이 청동보다 쉽다는 점도 한몫했다. 철을 제련하는 데 필요한 연료는 목재나 석탄과 같은 비교적 풍부한 자원이었다. 인류가 철을 사용하는 방법을 터득하자, 무기의 발전 속도도 빨라졌다. 철제 무기는 단단하고 날카로워 청동기보다 크게 우수했다. 살상력도 향상됐다.

철제 무기의 혜택을 가장 먼저 본 지역은 아나톨리아 지역이다. 아나톨리아는 소아시아라고도 불리는 서아시아의 반도로, 현재 튀르키예에 해당한다(튀르키예 정부의 요청에 따라 2022년 6월 17일 국립국어원이 기존의 국호 표기를 '터키'에서 '튀르키예'로 변경했다. 다만, 이하에서는 이 시기 이전의 일들을 언급할 때 '터키'를 혼용하고자 한다). 아나톨리아는 다양한 산맥과 고원으로 이루어져 있으며, 흑해·에게해·지중해·마르마라해로 둘러싸여 있다. 아나톨리아에서는 수천 년 동안 다양한 문명이 발원했다. 이 지역의 초기 정착민은 기원전 7000년경에 이곳에 도착한 신석기 시대 농부들이다. 메소포타미아 지역이 초기 청동기 시대를 주름잡았다면, 아나톨리아 지역은 중기 청동기 시대의 중심지였다. 그런데 청동기 중심지였던 아나톨리아 지역이 철기 시대를 대표하는 지역으로 변한 데는 히타이트Hittite 제국의 역할이 결정적이었다.

인도유럽어족에 속하는 히타이트족은 기원전 3000년경에 아나톨리아반도로 이동했다. 《구약성경》에는 히타이트족이 '헷 사람들sons of Heth(헷 족속)'이라고 소개된다. 기원전 18세기경, 이들은 아나톨리아 중부로 내려와서 여러 도시국가를 형성해서 살았다. 기원전 1600년경 라바르나Labarna 왕국의 투드할리야 1세Tudhaliya I가 아나톨리아 대부분 지역을 통일하고, 아나톨리아 북중부의 하투샤(현재 튀르키예의 북동 지역)를 수도로 삼고 히타이트 제국을 탄생시켰다. 히타이트 제국은 기원전 1500년경 투드할리야 1세·2세 시대에 전차를 잘 사용하는 강력한 군대를 가지고 아시리아 및 이집트와 경쟁할 정도로 전성기를 구가, 기원전 1400년경에는 메소포타미아 북부까지 장악했다. 고대 서아시아의 청동기 중후기 시대의 강대국 히타이트 제국은 기원전 1180년경까지 아나톨리아를 지배했는데, 그 무렵에 철기라는 새로운 문명을 창시했다.

기원전 1286년, 철기로 무장한 히타이트 제국의 군대는 아프리카의 최고 강대국 이집트를 침공해 한 번의 전투로 파라오 군대 절반을 몰살시켰다. 그 바탕에는 히타이트인들의 뛰어난 철기 생산 기술이 한몫했다. 히타이트인들은 자연풍을 이용하여 철을 녹이고, 철제 무기와 농기구를 만들어 사용했다. 그들은 아나톨리아 지역의 인근 황야에서 불어오는 맹렬한 자연풍을 이용해 공기를 공급하는 풍로風爐와 석탄, 목재 등 다양한 연료를 사용하여 철광석에서 철을 추출했다. 히타이트 제국은 청동기보다 강하고 내구성이 뛰어난 '그 무엇으로도 깨뜨릴 수 없는' 강철 무기와 철기 전차를 바탕으로 강력한 군대를 보유했으며, 철제 농기구로 농업 생산성을 높여서 국가의 경제를 단단하게 했다. 히타이트 제국은 철 생산 기술과 제련 방법을 오랫동안 비밀로 유지했는데, 그들이 멸망하고 여러 작은 왕국으로 분열되면서 철기 기술이 다른 문명들 사이에 빠르게 퍼져나갔다.

철은 청동보다 가벼울 뿐 아니라 강하고 제작하기 쉬워서 무기의 형태를 매우 다양하게 만들 수 있었다. 금속의 무게는 직접 비교하기보다는 특정 부피당 질량, 즉 밀도를 비교하는 것이 적절한데 철의 밀도는 대략 7.87g/cm^{3}이다. 청동의 밀도는 구리와 주석의 구성 비율에 따라 달라지지만 대체로 8.8~8.9g/cm^{3}으로, 같은 부피의 철과 청동을 비교한다면, 철이 더 가볍다. 가벼우면서도 더 단단한 철로 만들어진 공격용 무기와 방어구는 전투 전략에도 혁명을 일으켰다. 철기의 보급은 더 넓은 인구층이 무기를 사용할 수 있게 했고 이는 전쟁의 규모는 물론이고 권력이 미치는 영향력의 범위도 완전히 바꿔놓았다.

청동기 시대, 폭력의 규모와 잔인함이 획기적으로 발전하다

이제 시대별로 구체적인 전쟁 사례를 통해 비교해보자. 석기 시대, 오래된 숲과 드넓은 들판이 펼쳐진 곳에서 인간은 부족 단위로 생존과 영토를 위해 잦은 전투를 벌였다. 하지만 무기는 원시적이어서 주먹도끼와 날카로운 돌창이 전부였다. 이들의 전쟁은 작은 영토와 자원을 둘러싼 소규모 전쟁 수준에 불과했다. 전투는 복잡한 전략보다는 대면 충돌과 기습 공격에 의존했다. 부족 간의 충돌은 갑작스럽고, 때로는 잔혹했다.

어느 봄날, 서로 다른 두 부족이 숲 가장자리에서 마주친다. 날카로운 돌도끼와 창이 휘둘러지고, 고함 소리가 숲을 울린다. 각 부족의 용맹한 전사들은 자신들의 삶과 가족을 지키기 위해 싸웠다. 석기의 날카로움은 피부를 베고 뼈를 부술 수 있었지만, 인간의 강력한 힘과 단련된 근육에 크게 의존해야 했다. 결국 개인적 힘의 차이나 용기가 전투의 승패를 좌우했다. 이 시대에는 절대패권을 가진 거대한 제국이 등장하기 어려웠다. 영웅을 중심으로 소규모 국가나 도시 또는 부족 연합이 작은 권력을 두고 경쟁을 벌였을 뿐이다.

청동기 시대부터 폭력의 규모와 잔인함 그리고 전쟁의 형태가 획기적으로 달라졌다. 무기의 재료와 형태가 빠르게 발전하면서 폭력을 극대화하는 군대 시스템도 빠르게 발전했기 때문이다. 이때부터 국가 단위의 큰 권력도 등장했다. 국가 간에 더 큰 권력을 두고 전쟁을 벌이기 시작했으며, 최고의 권력 패권을 향한 욕망도 등장했다.

기원전 12세기에 일어난 트로이전쟁을 보자. 고대 그리스의 서사시 〈일리아드〉에 기술된 트로이전쟁은 청동기 후기 시대의 대표적인 전쟁이다. 트로이와 아카이아(고대 그리스) 연합군은 지중해 패권을 두고 대규모 군사적 충돌을 벌였다. 일반인에게는 그리스 최고의 영웅인 아킬레우스와 트로이의 왕자 헥토르의 신화적 전장으로 인식되지만, 트로이전쟁은 청동기 시대의 전투 스타일과 전술을 이해하는 데 중요한 사례다.• 아름다운 헬레네를 둘러싼 그리스와 트로이의 대결은 석기 시대의 돌도끼, 창, 활에서 벗어나 청동검과 창, 방패가 충돌하는 장이었다. 청동 무기는 공격력, 방어력, 내구성 측면에서 석제 무기가 대적할 바가 아니었다.

전쟁의 원인은 파리스가 그리스의 공주 헬레네를 납치한 데 있었다. 파리스는 트로이의 왕자였는데, 그리스의 왕자 메넬라오스의 아내 헬레네를 사랑하게 됐다. 파리스는 헬레네를 납치하여 트로이로 데려갔고, 이에 메넬라오스는 아카이아 연합군을 이끌고 트로이를 공격했다. 〈일리아드〉는 아킬레우스나 오디세우스 등과 같은 반신반인의 영웅들에 대한 묘사로 가득하며, 이들이 여러 올림포스 신의 도움을 받았다고 노래한다. 이것은 신화적 묘사이고, 실제로는 무역 경로나 지정학적 이유로 인한 갈등이 원인일 것으로 추정된다.

• 독일의 고고학자 하인리히 슐리만Heinrich Schliemann은 19세기 후반에 터키의 히살리크에서 트로이로 추정되는 유적을 발견했다. 이 발견으로 트로이전쟁은 신화가 아니라 실제 일어난 일이었을 가능성이 커졌다.

트로이는 해상 무역으로 번성한 도시국가였다. 강력한 해군을 보유하고 있었으며, 트로이의 성벽은 매우 견고했다. 반면 아가멤논 왕이 이끄는 아카이아 연합군은 그리스 각 도시국가에 속하는 다양한 지역의 군대로 구성됐다. 청동기 시대의 전투는 주로 보병 중심이었다. 전차도 등장하기는 했지만, 귀족이나 지휘관을 상징하는 수단이나 이동 수단으로 사용됐다.

석기 시대의 전투는 개인의 용맹이 중심이었지만, 청동기 시대에는 개인보다는 대규모 집단의 조직력이 중요했다. 아카이아 연합군은 수적으로 우세인 자신들의 승리를 장담했지만, 전쟁은 장기전이 되고 말았다. 청동기 시대에 발전한 새로운 전쟁 방식 때문이었다. 석기 시대에는 전투가 대부분 벌판에서 벌어졌기에 부족 거주지를 쳐들어가도 나무 방벽이 고작이었다. 그런데 트로이는 도시 전체를 요새화하는 혁신적 전략을 개발하여 강력한 성벽으로 도시 전체를 둘러싸고 방어했다. 그리스군이 할 수 있는 것은 트로이를 포위하는 것뿐이었다. 그리스군은 다양한 전술을 사용했지만, 트로이의 성벽을 함락하기에는 역부족이었고 포위 공격은 10년 동안 진행됐다(요새화된 도시를 무너뜨릴 수 있는 공격적인 공성전 무기는 약 600년이 지난 아시리아 시대에 등장했다).

트로이와 아카이아 연합군의 무기 차이도 전쟁을 쉽게 끝내지 못한 데 한몫했다. 〈일리아드〉에는 트로이의 영웅 헥토르와 그리스의 영웅 아킬레우스가 각자의 용맹을 청동 무기로 증명하는 서사가 나온다. 아카이아 연합군은 근접전에 유리한 비파형 청동검이나 석촉 등을 주로 사용했다. 비파형 청동검은 그리스와 유럽 전역에 널리 퍼져 있던 동검의 일종으로, 비파 모양을 한 잎 부분이 넓고 길며 양쪽에 예리한 칼날이 있다. 주로 청동으로 만들어졌으며, 길이가 30~50센티미터 정도여서 찌르기와 베기 공격에 효과적이었기에 근접전에서 유용했다. 〈일리아드〉에는 그리스군이 석촉을 사용했다는 묘사도 나온다. 고대의 다양한 역사 기록에 따르면, 비파형 동검은 전투 지휘자나 유력자의 신분을 나타내는 위세품으로 여겨졌다. 그래서 당시 실제 사용을 목적으로 제작된 주요 무기는 석촉이었을 것으로 추정된다. 석촉은 돌로 만든 창촉이다. 돌의 종류에 따라 다양한 형태로 만들어졌으며 철기 시대까지도 보조적인 무기로 사용됐다. 비교적 저렴하고 제작하기가 쉬웠기 때문이다. 그리스군은 석촉을 발사하는 무기인 석궁도 사용했다. 아카이아 연합군은 전차도 보유했는데, 청동기 후기 시절에는 왕족이나 고위 귀족 정도만 사용했다. 공성전으로 진행된 트로이전쟁에서는 큰 위력을 발휘하지 못할 수밖에 없었다.

반면, 트로이는 강력한 성벽과 더불어 '복합 활'이라는 발전된 무기로 버텼다. 복합 활은 뼈, 뿔, 힘줄 등 여러 개의 재료를 사용하여 만든 한 단계 진보한 활이다. 복합적 재료를 사용해서 단순한 활보다 더 강력한 힘을 발휘할 수 있었다. 복합 활은 청동기 시대 이전부터 사용됐지만, 청동기 시대에 들어서면서 더욱 정교해졌다. 뼈는 강도가 높고, 뿔은 탄력이 좋으며, 힘줄은 탄성을 가지고 있다. 이런 재료들을 적절하게 조합하여 만든 복합 활과 단단하고 높은 성벽으로 둘러싸인 요새 덕분에 트로이는 아카이아 연합군 대규모 보병의 공격을 10년 동안 버틸 수 있었다. 결국 아카이아 연합군은 트로이를 함락하기 위해 '트로이 목마'라는 속임수에 의존할 수밖에 없었다.

철기 시대가 시작된 시기는 지역에 따라 다르다. 중동과 지중해 지역은 기원전 1200년경 철기 시대가 시작됐다. 유럽은 대부분 지역에서 기원전 600년경에 이르러서야 철기 시대가 시작됐다. 북유럽에서는 이보다 늦게 시작됐다. 중국은 기원전 771년 서주 시대의 종료와 함께 철기 시대가 시작됐다. 인도는 기원전 1200년경 철기 시대로 넘어갔다.

철기 시대의 대표적 전쟁은 그리스 도시국가 연합과 페르시아 간의 제1차 전쟁(B.C. 492~490)이다. 이 전쟁은 기원전 500년부터 기원전 494년까지, 이오니아 지역의 그리스 도시국가들이 페르시아에 반란을 일으킨 것으로부터 시작된다. 반란은 페르시아의 대왕 다리우스 1세Darius I가 진압했지만, 페르시아는 그리스 도시국가에 대한 복수심을 품게 된다. 페르시아 지배하에서도 그리스의 도시국가들은 경제적·문화적으로 빠르게 성장했고, 얼마 가지 않아 페르시아 제국의 절대패권에 위협이 됐다. 페르시아는 그리스를 완전히 정복함으로써 위협을 제거하고자 했다.

기원전 492년, 페르시아는 마르도니오스Mardonius 장군을 지휘관으로 한 대규모 군대를 그리스로 파견한다. 마르도니오스는 고대 페르시아 제국의 뛰어난 장군으로, 다리우스 1세의 사위다. 그는 다리우스 1세와 크세르크세스 1세Xerxes I의 시기에 활동했으며, 특히 이오니아 반란(아이로리스, 도리스, 퀴프로스, 카리아 등 소아시아 지역의 그리스 여러 지방들이 일으킨 반란)을 진압하는 데 중요한 역할을 했다. 그리스 도시국가 연합과 페르시아 간 제1차 전쟁 초기, 마르도니오스 군대는 트라키아와 마케도니아를 정복하고, 아티카까지 진격했다. 그러나 페르시아는 테르모필레 전투Battle of Thermopylae에서 아테네의 필리포스 1세Philip I가 이끄는 군대에 패배한다. 기원전 490년, 다리우스 1세가 직접 대규모 군대를 이끌고 그리스를 다시 침공, 아테네를 공격했지만, 마라톤 전투에서 아테네의 밀티아데스Miltiades 장군이 이끄는 군대에 패배하고 만다.

역사적으로 그리스와 페르시아 간의 제1차 전쟁은 몇 가지 중요한 의미가 있다. 마라톤 전투Battle of Marathon의 승리로 그리스는 페르시아의 침략을 막아내고 독립을 지켜낼 수 있었다. 당연히, 서양 문명의 유지와 발전에 커다란 영향도 미쳤다. 하지만 내가 주목한 것은 이 전쟁에서 그리스가 새로운 전술을 선보이며 전쟁의 양상을 바꿨다는 점이다.

그리스,
전쟁의 양상을 바꾸다

그리스-페르시아 제1차 전쟁의 승패를 좌우한 것은 '호플라이트hoplite'라고 불리는 그리스 중갑보병(금속 재질로 만들어진 갑옷을 입고 무장한 보병)이다. 이들은 그리스 도시국가 연합의 주력 부대로 페르시아 군대보다 뛰어난 방어력과 전투력을 보였으며, 기원전 7세기부터 기원전 4세기까지 가장 활발하게 활동했다. 호플라이트의 전투 장비는 그들의 전투 방식과 밀접한 관련이 있는데, 기본적으로 다음과 같은 장비를 갖췄다. 먼저 방어용 장비다.

- 아스피스aspis: 크고 무거운 원형 방패다. 주로 나무로 만들며 청동으로 강화했다. 크기는 병사의 반신을 덮을 정도로 컸으며, 전투 시 방어와 공격 모두에 사용됐다.
- 청동 갑옷: 가슴판과 다리 보호대, 때때로 팔 보호구를 포함했다. 이처럼 무거운 갑옷은 보병을 보호하는 데 효과가 컸지만, 이동성을 떨어뜨리는 약점이 있었다.
- 헬멧: 보통 청동으로 제작했다. 디자인과 형태가 다양했는데, 일부는 얼굴을 대부분 가리는 디자인이었다.

그리스 군대는 방어용 장비인 방패·갑옷·헬멧에는 과거부터 사용하던 청동기를 썼지만, 공격용 무기에는 철기를 사용했다. 대표적인 공격용 무기는 다음과 같다.

- 도리dory: 긴 창으로, 적을 찌르는 데 주로 썼다. 호플라이트의 주요 전투 무기로, 방패 뒤에서 사용할 수 있도록 충분히 길었다.
- 크스이포스xiphos와 코페스kopis: 철로 만든 짧은 검으로, 창이 부

러졌을 때 사용하는 보조 무기다. 크스이포스는 전형적으로 직선형의 양날 검이며, 길이는 60센티미터 정도다. 주로 근접전에서 사용했다. 코페스는 한쪽 면만 날이 있는 곡선형의 칼인데, 도축이나 전투에서의 베기 동작에 효과적인 디자인이었다. 길이는 크스이포스와 비슷하거나 조금 더 짧았다. 다루기 쉽고 베기 동작에 특화된 유연한 디자인 덕분에 그리스 기병들은 말 위에서 적에게 더 치명적인 피해를 줄 수 있었다.

더 주목할 것은 전투 방식의 발전인데, 이른바 '호플라이트의 전투'다. 호플라이트들은 팔랑크스phalanx라고 불리는 밀집 대형을 형성하여 전투에 임했다. 여러 줄의 병사들이 서로 어깨를 맞대고, 왼손에 쥔 대형 방패를 겹쳐 앞으로 내밀고, 창을 앞으로 뻗어 적과 싸웠다. 방패는 자신뿐만 아니라 옆 사람을 보호하는 역할도 했다. 이 전술은 안정적 방어력과 강력한 전면 공격력을 발휘하여 상당한 전투 효율성을 발휘했다.

팔랑크스에도 약점은 있었다. 측면과 후방이 상대적으로 취약했다. 전투 중에 전열이 흐트러지면 큰 위험에 처할 수도 있었다. 이를 극복하기 위해서는 개인의 영웅주의보다는 병사 간 협조와 단결, 이를 위한 규율 확립이 매우 중요했다. 팔랑크스 내에서 각 호플라이트의 위치와 역할이 매우 중요했기에 높은 수준의 훈련과 단결력이 필요했다. 전열의 유지가 승리의 핵심 요소였기 때문이다.

호플라이트들의 팔랑크스는 개인의 전투 및 폭력 구사 능력이 부족해도 집단적인 협력과 조직적인 움직임으로 폭력의 힘을 극대화할 수 있었다. 특히 좁은 지형에서의 전투에서 강력한 효과를 발휘했다. 그리스는 이런 발전된 전술을 기반으로 페르시아 군대에 압도적인 힘을 발휘했다. 호플라이트 중갑보병의 전투 방식은 그리스가 치르는 전쟁에서 근간을 이뤘으며, 특히 페르시아와의 마라톤 전투에서 승리하여 지중해 패권을 유지할 수 있게 해주었다.

그리스 사회에서 호플라이트는 단순한 군인 이상이었다. 호플라이트는 갑옷과 무기를 개인적으로 마련할 수 있는 경제적 능력을 갖춘 시민들로 구성된다. 즉, 이들은 이미 도시국가의 정치적·사회적 구조 내에서 중요한 위치를 차지하는 계층이었다. 그리스에서는 군 복무의 의무가 시민의 권리와 직결되어서 군사적 의무와 정치적 권리가 긴밀히 연관돼 있었다.

시간이 지나면서 새로운 전투 기술의 발전과 또 다른 전쟁 수단의 등장으로 호플라이트의 중요성은 점차 감소했다. 특히 마케도니아의 필리포스 2세Philip II와 '알렉산더 대왕Alexander the Great'으로 불리는 그의 아들 알렉산드로스 3세Alexander III 시대에 이르러서는 보다 기동성이 뛰어난 펠타스트peltast라는 경보병과 중보병 등이 패권전쟁의 주력으로 자리 잡게 된다. 그러나 호플라이트는 고대 그리스의 군사사·정치사·사회사에서 간과할 수 없는 중요한 역할을 담당했고, 이후의 많은 군사 전술에도 큰 영향을 미쳤다.

절대 권력의 자리를 두고 일어난 첫 번째 전쟁

인류 역사상 글로벌 패권국가 지위에 오른 첫 번째 제국은 페르시아(아케메네스)다. 내가 세계 제국이라고 평가할 때는 최소한 2개 이상의 대륙을 지배한 제국을 가리킨다. 기원전 6세기에 설립된 페르시아 제국은 '키루스 대왕Cyrus the Great'이라고 불리는 키루스 2세Cyrus II가 건국했고, 그의 후계자들이 확장했다. 페르시아 제국은 아시아, 아프리카(주로 이집트), 그리고 유럽(소아시아 일부 지역)을 포함하는 광대한 영토를 지배했다.

페르시아 제국을 시작으로, 인류의 군사적 폭력 사용은 지역 맹주나 패권국 지위 획득을 벗어나 글로벌 패권국 지위를 두고 벌이는 국면으로 확대됐다. 인류 역사 최초로 패권의 자리를 차지한 페르시아에 도전장을 내민 나라는 마케도니아였다.

마케도니아는 철기 시대에 그리스 북부에서 시작한 나라다. 오늘날 발칸반도의 북부 지역에 해당하며, 역사적으로 고대 그리스 문화권의 일부였다. 하지만 이들은 고대 그리스의 여타 도시국가들과는 다소 다른 정체성과 문화를 가지고 있었다. 마케도니아가 '헬라스'라고 불리는 고대 그리스 세계의 북쪽 경계에 위치해 있었는데, 지정학적 위치상 그리스 본토와의 교류뿐 아니라 발칸반도·에게해·페르시아 지역과의 교류도 활발했기 때문이다. 마케도니아는 무역 및 군사적 경로에서도 전략적으로 중요한 곳이었다.

기원전 4세기, 마케도니아의 부흥을 이끈 인물은 필리포스 2세와 그의 아들 알렉산더 대왕이다. 특히 알렉산더 대왕이 재위했던 기원전 336~323년에는 그리스를 누르고 유럽 최고의 패권국 지위를 확립했다. 또한 페르시아 제국까지 정복하여 이집트에서부터 인도 북서부에 이르는 광대한 영토를 지배하며 역사상 가장 강력한 제국으로 자리매김했다. 그 과정에서 그리스 문화와 오리엔트 문화를 융합하여 새로운 헬레니즘 문화를 이룩하기도 했다.

마케도니아는 알렉산더 대왕의 아버지였던 필리포스 2세 시대에 그리스 군사 전술과 조직을 뛰어넘는 중요한 전환점을 마련했다. 필리포스 2세는 그리스가 창시한 호플라이트 기반의 팔랑크스 전술이 주를 이루던 시대에서 벗어나, 보다 다양하고 기동성이 뛰어난 군대 구성으로 전환하고자 시도했다. 당시 새롭게 떠오른 철기 문명을 받아들여 무기의 파괴력도 향상시켰다.

필리포스 2세는 기원전 382년경에 태어나 기원전 336년에 사망했다. 그의 통치 기간에 마케도니아는 군사적 폭력의 힘이 괄목할 만한 진전을 이뤘다. 먼저 무기를 한 단계 발전시켰다. 필리포스 2세는 그리스가 사용하던 '도리'라는 긴 창을 개선하여 '사리사sarissa'라는 새로운 창을 개발했다. 그리스의 중갑보병대가 사용했던 도리는 길이가 2~3미터 정도인 단수 창이었다. 그리스 호플라이트들은 도리를 주로 상대를 찌르는 데 사용했다. 도리는 단단한 나무(주로 코르넬 나무)로 만들어졌고, 철 또는 청동으로 된 나뭇잎 모양의 날카로운 날을 가지고 있었다. 창의 끝부분에는 서로터sauroter라고 불리는 스파이크가 달려 있어서 적의 갑옷을 뚫고 찌를 수 있었고, 적을 뒤로 밀치는 효과도 발휘했다. 또한 상대적으로 짧고 가벼운 창이어서 근접 전투에서 민첩하게 사용할 수 있었다. 찍기 동작을 구사하거나, 적의 다리에 걸어 넘어뜨리거나, 상황에 따라 던져서 공격하거나, 부상당했을 때 지팡이로 쓰는 등 용도도 다양했다. 창의 균형도 잘 잡혀 있어서 더 적은 훈련으로도 병사들이 효과적으로 사용할 수 있었다.

하지만 이처럼 다양한 장점에도 불구하고 필리포스 2세의 눈에 도리는 뭔가 부족했다. 그래서 창의 길이를 4~7미터로 늘여 사리사를 만들었다. 창의 길이를 2배로 늘이자 겹겹이 대열을 이뤄 강력한 공격을 감행할 수 있었다. 사리사는 한쪽 끝에는 나뭇잎 모양의 날카로운 철제 날과 창끝이 있고, 다른 한쪽에는 금속제 창끝(서로터)이 달려 있어 지면에 창을 꽂아 세울 수 있었다. 길이가 길다는 약점을 보완하기 위해 두 부분으로 나눠서 휴대하고 전투 전에 조립하는 방식을 사용했다.

무기가 개선되자, 중보병의 전투 체계도 한 단계 발전시킬 수 있었다. 먼저 사리사의 길이 덕분에 한 줄이 아니라 여러 줄의 병사가 동시에 공격할 수 있었다. 여러 줄로 서서 몇 배나 많은 창끝을 동시에 겨누어 방대한 공격 면을 만들 수 있게 되자, 방어와 공격 능력이 모두 배가됐다. 이를 통해 마케도니아 군대는 적을 효과적으로 압도하고, 교전 거리를 조절하여 전투의 흐름을 지배할 수 있었다. 사리사의 길이 덕분에 마케도니아 군대는 적과의 직접적인 접촉 없이도 공격할 수 있어서 도리 중심의 호플라이트 대형을 이룬 적에게 큰 피해를 줄 수 있었다.

하지만 2배나 긴 창인 사리사를 사용하는 병사는 기동성이 다소 제한적이었다. 긴 길이 탓에 무게중심이 앞으로 치우친다는 단점도 있었다. 무게와 크기 때문에 다루기 어렵고, 특히 근접전에서는 불리한 면이 있었다. 필리포스 2세는 강도 높은 훈련을 통해 이를 보완했고, 짧은 검이나 다른 보조 무기를 사용하게 했다. 사리사의 개발은 마케도니아 팔랑크스를 고대 세계에서 가장 강력한 군대로 만드는 데 기여했다. 알렉산더 대왕은 아버지가 개발한 사리사라는 강력한 무기를 효과적으로 활용하여 페르시아 제국을 비롯한 여러 적을 정복했다. 이처럼 사리사는 단순한 무기를 넘어 고대 역사에서 전략적·전술적 혁신의 상징이 됐다.

필리포스 2세는 또 다른 측면에서도 전투 기술을 발전시켰는데, '펠타스트'라고 불리는 경보병의 기동성을 향상시킨 것이 그중 하나다. 마케도니아의 펠타스트는 주로 가벼운 무장을 하고 전장에서 다양한 역할을 수행했는데 이들의 역할은 적의 주력을 교란하고, 빠른 이동과 측면 공격으로 전술적 유연성을 크게 높이는 것이었다. '펠타스트'라는 이름은 그들이 사용하는 작고 가벼운 방패 펠타pelta(펠타는 보통 나무로 만들었고 때로는 가죽으로 감싸기도 했다. 보호 효과보다는 기동성을 높이는 데 중점을 뒀던 방패였다)에서 유래했다. 그리고 펠타스트들은 일반적으로 짧은 창과 투창(멀리 던져 적을 공격하는 무기)을 사용했다.

그리스 군대에서 펠타스트는 군대의 핵심이 아니었다. 하지만 필리포스 2세와 알렉산더 대왕은 이들의 역할을 마케도니아 군대에서 중요한 위치로 격상시켰다. 그들은 무거운 갑옷을 입지 않았으며, 그 대신 가벼운 튜닉tunic과 때때로 가죽이나 청동으로 만든 작은 가슴보호대를 착용했다. 튜닉은 간단하고 실용적으로 디자인된 옷으로 고대 그리스, 로마, 넓게는 중세 유럽에서 널리 착용된 기본적인 의복이다. 일반적으로 몸통을 덮고 허리 아래로 떨어지는 길이였고, 소매는 짧거나 긴 형태로 다양했으며, 목둘레선은 보통 둥글게 디자인됐다. 면이나 양모 등 다양한 천연 섬유로 만들어졌는데, 로마 시절에는 재료와 제작 방식의 차이로 착용자의 사회적 지위를 구별하기도 했다.

마케도니아에서 펠타스트의 주요 전술적 역할은 뛰어난 기동성을 이용해 적의 주력 부대를 교란하고, 측면이나 후방에서 공격하는 것이었다. 또한 적의 경보병과 대치하는 역할도 했는데, 그들의 가벼운 무장은 이런 상황에서 유리했다. 필리포스 2세는 펠타스트를 다양한 전투 상황에 빠르게 적응하고, 다른 병종과 협력하여 전장에서 유연하게 움직일 수 있는 군대로 훈련시켰다. 그 덕에 마케도니아 군대는 전투의 다양성과 전략적 유연성이 획기적으로 높아졌다.

이런 변화는 고대 군사 전술에서 한 시대를 풍미한 중갑보병의 팔랑크스 전술로부터 기동성을 중시하는 새로운 전술로의 전환을 상징했다. 이른바 필리포스 2세의 '펠타스트 재발견'이었다. 필리포스 2세가 펠타스트의 가치를 재발견한 것은 이후 마케도니아와 헬레니즘 시대의 군사 전술 발전에 큰 영향을 미쳤다. 또 필리포스 2세는 기병대를 전투에서 결정적 역할을 하는 주요 세력으로도 개발했다. 알렉산더 대왕 시절, 마케도니아의 기병대는 한 차원 높은 기동성과 충격력으로 전장에서 승리를 거두는 데 크게 기여했다. 이처럼 마케도니아는 집단적 폭력 수단을 놀랍도록 획기적으로 개선하여 이를 발판으로 당대 최고 패권국의 지위를 확보했다.

그뿐 아니라 필리포스 2세는 외교에도 능했다. 마케도니아의 영향력을 확대하는 데 결혼 정치를 비롯해 다양한 외교 전략을 사용했고, 그리스 내부의 분열을 활용하여 마케도니아의 영향력을 그리스 전역으로 확장했다. 기원전 338년에는 카이로네이아 전투Battle of Chaeroneia에서 무자비한 군사적 폭력을 동원하여 그리스 도시국가들의 연합군을 격파했다. 그 전투 이후 그리스 도시국가들을 마케도니아의 절대패권 아래 묶는 코린토스 동맹에 가입시켰다. 이 동맹을 통해 필리포스는 그리스 도시국가들을 통제하고, 통일된 전선을 이끌며, 동방 정복에 필요한 기반을 마련했다.

하지만 기원전 336년에 필리포스 2세가 암살되고 만다. 그의 딸 클레오파트라의 결혼식에서였고, 암살자는 파우사니아스•라는 이름의 마케도니아 근위대원이었다. 만약 필리포스 2세가 암살당하지 않았다면, 페르시아 정복의 유산은 알렉산더에게 돌아가지 않았을 수도 있다. 필리포스 2세가 페르시아에 대항하고자 계획을 세우고 군사적 준비를 진행하고 있었기 때문이다.

• 암살 동기에 관해서는 여러 가지 설이 있으나, 가장 널리 받아들여지는 것은 개인적인 원한과 마케도니아 내부의 권력 투쟁이 복합적으로 작용한 결과라는 것이다. 파우사니아스는 궁정 내에서 상당한 모욕을 받았던 것으로 알려졌다. 그는 고위 관리에게 성적으로 학대를 받았는데, 필리포스가 이 문제를 적절히 처리하지 않았다고 느꼈다. 여기에 정치적 음모도 한몫했을 것으로 추정된다. 왕실 내부 또는 외부의 경쟁자들이 파우사니아스의 원한 감정을 이용했다는 설이다. 암살 이후, 파우사니아스는 도주하다가 필리포스의 경호원들에게 살해됐다.

필리포스 2세의 죽음 이후, 그의 아들 알렉산더가 왕위를 이어받았다. 그는 아버지가 닦아놓은 군사력과 외교력을 기반으로 세계 정복의 꿈을 실현했다. 알렉산더 대왕은 필리포스 2세와 올림피아스 사이에서 태어났는데 필리포스 2세 생전에 그들 부자의 관계는 복잡했다. 왕실 내의 권력 투쟁, 정치적 동맹, 후계자 문제가 얽히고설켜 있었기 때문이다. 당시 많은 왕실에서 흔히 볼 수 있는 상황이었다. 알렉산더의 어머니 올림피아스와 필리포스 2세 사이의 긴장은 공공연한 사실이었다. 그러나 필리포스가 알렉산더를 후계자로 준비시킨 것은 그가 아들에게 큰 기대를 걸었음을 의미한다. 필리포스 2세는 알렉산더에게 우수한 교육을 제공했으며, 아리스토텔레스와 같은 당대 최고의 사상가에게 학문을 배우게 했다. 이는 알렉산더가 군사적·정치적 리더십을 발휘하는 데 필수적이었다. 당대 최고의 학자에게 배움으로써 알렉산더는 철학, 과학, 문학뿐만 아니라 정치와 전략에 대해서도 깊은 지식을 쌓을 수 있었다.

알렉산더 대왕은 아버지가 닦아놓은 '군사적 폭력'의 수준과 시스템을 한층 확장하고 발전시켰다. 예를 들어 알렉산더도 다양한 민족과 문화로 구성된 병력, 다양한 병종을 효과적으로 조합하고 운용했다. 하지만 그가 집중한 것은 전장에서 군대의 유연성을 높이고 다양한 유형의 병력을 효과적으로 조합하는 것이었다. 다양한 적과 다양한 지형의 전투 상황에 최적으로 대응하기 위해서다. 특히 알렉산더는 기마병의 속도에도 집중했다. 전투에서 적의 측면을 공격하고 가능한 경우 적을 포위하여 결정적인 승리를 거두는 전략을 즐겨 사용했는데, 속도는 이 전략의 성패를 가르는 핵심 조건이었다.

알렉산더는 군대의 속도(군사적 폭력의 속도)를 높이기 위해 두 가지를 중요하게 생각했다. 하나는 적을 공격하고 추격하는 데 기병을 적극적으로 활용한 것이다. 기병은 빠른 속도로 이동할 수 있었기 때문에 기습 공격을 하거나 패주하는 적을 쉽게 추격할 수 있었다. 다른 하나는 기병과 보병 모두 무거운 장비 대신 가벼운 장비를 착용하게 한 것이다. 장비가 가벼울수록 이동 속도는 빨라진다. 그 결과, 알렉산더의 군대는 대규모임에도 불구하고 놀라운 속도로 움직였다. 이런 기동력은 예상치 못한 곳에서 적을 공격하고, 전략적으로 중요한 위치를 신속하게 점령하는 데 기여했다.

기원전 333년 11월, 이소스 전투Battle of Issus에서 그는 페르시아 제국의 다리우스 3세Darius III 군대의 중앙을 돌파하는 동시에 기마병의 놀라운 속도를 활용하여 적의 측면을 공격하는 전술을 사용했다. 페르시아군은 중앙 부대가 공격을 받자 중앙을 강화하기 위해 양쪽 측면에서 병력을 빼냈다. 알렉산더는 이 기회를 놓치지 않고 기마병에게 명령하여 적의 측면을 공격하게 했다. 측면이 얇아진 페르시아군은 빠른 속도로 움직이는 알렉산더 기마병의 공격에 제대로 대응하지 못해 순식간에 전열이 무너지고 전체가 포위당했다. 결국 다리우스 3세는 전장에서 쫓기듯 퇴각했다. 특히 알렉산더의 군대는 이런 전투 기술로 가우가멜라 전투Battle of Gaugamela에서 다리우스 3세와 페르시아 제국에 결정적인 패배를 안겼다. 다리우스 3세는 다시 한번 전장을 탈출했지만 이후 그의 권위는 심각하게 손상됐고, 측근에게 배신당해 결국 살해되고 말았다.

알렉산더는 적에 대한 정보를 수집하고 활용하는 데도 능했다. 페르시아 제국의 약점, 전략적 목표물에 대한 특징 파악을 토대로 한 기습 공격 또는 집중 공격으로 적을 압도했으며, 심지어 이집트와 같은 지역에서는 거의 저항을 받지 않고 진입할 수 있었다. 여기에 알렉산더의 군사적 천재성과 창의적 전술, 전투에서 선봉에 서는 강력한 리더십이 결합하여 마케도니아 군대는 당시 가장 진보되고 강력한 군사 조직이 됐다. 최종적으로 알렉산더는 페르시아의 영토를 정복하고, 이집트에서부터 인도 서북부에 이르기까지 거대한 제국을 건설했다. 그리고 페르시아 전역의 통치자로서 다리우스의 영토를 계승하며, 자신을 '아시아의 왕'으로 선포했다. 명실상부하게 인류 역사상 두 번째로 패권국의 자리에 오른 것이다.

혼돈에 빠진 절대패권

기원전 323년 6월 10일, 알렉산더 대왕이 후계자를 명확하게 지정하지 않은 채 갑자기 죽었다. 그의 나이 서른두 살, 사망 장소는 바빌론이었다.●

알렉산더의 시신은 알렉산드리아로 옮겨져 안치됐고, 디아도코이

● 사망 원인은 정확히 밝혀지지 않았으나, 다음과 같은 가능성이 제기되고 있다. 첫 번째, 말라리아·장티푸스·뇌수막염 같은 질병이다. 당시 바빌론은 위생 상태가 좋지 않았기에 이런 질병들이 만연했을 가능성이 크다. 둘째, 누군가가 알렉산더에게 독을 사용했다. 하지만 확실한 증거가 없다. 셋째, 과도한 음주다. 알렉산더는 과도하게 술을 마시는 습관이 있었다. 그는 사망 직전에도 며칠 동안 술을 마시며 잔치를 벌였다고 한다. 이런 습관이 그의 건강을 악화시켰을 가능성이 있다.

Diadochi, 즉 그의 후계자인 장군들은 제국을 통치하기 위해 임시 협의체를 구성했다. 하지만 곧바로 여러 분쟁과 암살이 발생했다. 권력은 빠르게 분열되고 디아도코이 간에 내전이 시작됐다. 이를 '디아도코이 전쟁Diadochi Wars(후계자들의 전쟁)'이라고 부른다. 이들은 기원전 323년부터 기원전 281년까지 각자의 영토를 확보하고 권력을 강화하기 위해 서로 치열하게 싸웠다. 하지만 독보적으로 뛰어난 인물이 없었기에 누구도 제국을 완전히 장악하지 못했다. 제국은 다음과 같은 여러 군벌이 지배하는 영역으로 나뉘었다.

- 제1차 디아도코이 전쟁기이던 기원전 305년, 프톨레마이오스 1세 소테르Ptolemy I Soter가 이집트를 장악했다. 그는 알렉산더 대왕의 친구이자 가장 신뢰받는 장군이었다. 알렉산더 대왕의 호위 부대를 지휘했기에 알렉산더의 시신을 바빌론에서 알렉산드리아로 옮기는 책임도 맡았다. 디아도코이 전쟁을 통해 이집트를 장악한 후 그는 파라오가 되어 프톨레마이오스 왕조를 세웠다. 이집트의 문화와 종교를 존중했으며, 이집트인들에게 인기 있는 지도자였다. 그는 기원전 283년 여든넷의 나이로 사망할 때까지 이집트 알렉산드리아를 문화와 학문의 중심지로 만들었다. 프톨레마이오스 왕조는 로마와도 동맹 관계를 유지했다. 로마는 프톨레마이오스 왕조에 군사적 지원을 했고, 프톨레마이오스 왕조는 로마에 식량과 재정을 지원했다. 두 나라는 상업적으로도 긴밀하게 협력했다. 프톨레마이오스 왕조는 기원전

30년 로마와의 전쟁에서 패하고 마지막 여왕 클레오파트라 7세Cleopatra VII가 자살함으로써 왕조가 문을 닫고 로마의 속주가 될 때까지, 이집트를 통치하면서 알렉산더 대왕의 헬레니즘 문화를 이집트에 전파하는 데 중요한 역할을 했다.

- 셀레우코스 1세 니카토르Seleucus I Nicator도 알렉산더 대왕의 친구이자 부하 장군이었다. 그는 알렉산더 대왕이 살아 있던 기원전 312년에 바빌론의 총독으로 임명됐다. 그래서 내전이 일어나자 자연스럽게 메소포타미아, 시리아, 페르시아를 장악하는 데 성공했다. 그가 세운 셀레우코스 제국도 로마에 멸망당하기까지 300년 이상 지속되면서 헬레니즘 문화를 동방에 전파하는 데 중요한 역할을 했다.
- 카산드로스Cassander는 제1차 디아도코이 전쟁을 통해 마케도니아 본토에서 알렉산더 대왕의 아들 알렉산드로스 4세Alexander IV를 살해하는 등 알렉산더의 가족들을 제거했다. 그리고 재빨리 마케도니아와 그리스 일부를 손에 넣고 안티파트로스Antipatros 왕조를 창시했다. 안티파트로스 왕조는 기원전 277년 켈트족의 침략으로 멸망했다. 28년이라는 짧은 기간만 존재했지만, 그리스 제2의 도시 테살로니키를 건설하는 등 몇 가지 중요한 업적을 남겼다.
- 알렉산더 대왕의 부하 장군이었던 안티고노스 1세 모노프탈모스Antigonus I Monophthalmus는 기원전 306년 안티고노스 왕조를 세웠다. 마케도니아와 그리스 일부, 소아시아, 시리아, 페니키아를

지배했다. 안티고노스 왕조는 안티파트로스 왕조보다 훨씬 더 오랫동안 지속됐으며(160년 통치), 로마의 속국이 되기 전까지 마케도니아를 통치한 마지막 왕조로 남았다.

- 리시마쿠스Lysimachus는 디아도코이 전쟁에 뛰어든 알렉산더 후계자 중 가장 오랫동안 살아남았다. 그는 트라키아와 소아시아를 지배하는 데 성공했다. 그러나 기원전 281년 코로페디온 전투Battle of Corupedium에서 셀레우코스 1세에게 패배하여 전사하고 만다. 그의 나이 일흔아홉이었다. 리시마쿠스 왕조도 오래가지 못했다. 기원전 277년 켈트족의 침략으로 역사에서 사라졌다.

로마는 이렇게 여러 나라로 갈라진 알렉산더 제국 전부를 손에 다시 넣은 나라다. 나는 로마를 '철기 폭력의 기술을 완성한 제국'이라고 평가하는데 로마가 철제 무기의 우수성을 확립했고, 군사적 폭력과 관련된 다양한 무기와 시스템을 극대화하면 얼마나 엄청난 파괴력을 갖는지를 명확하게 보여주었기 때문이다. 그 중에서도 '포에니전쟁'이 대표적인 사례다. 포에니전쟁은 기원전 264년부터 기원전 146년까지 로마와 카르타고 간에 벌어진 세 차례의 전쟁으로 지중해의 지배권을 놓고 벌인, 고대 세계에서 가장 중요한 전쟁으로 간주된다.

제1차 포에니전쟁(B.C. 264~241)은 시칠리아의 지배권을 놓고 벌어졌다. 로마가 승리했고, 카르타고는 시칠리아와 그 주변 섬들을 포기해야 했다. 제2차 포에니전쟁(B.C. 218~202)은 카르타고 군대가 알프스를 넘어 이탈리아를 침공하면서 시작됐다. 전쟁 초반에는 전술에 대한 이해가 깊고 적의 허점을 파고드는 데 능했던, 군사적 재능이 뛰어난 한니발 바르카 장군의 지휘에 따라 카르타고군이 승승장구했다. 이때 카르타고는 용병 부대를 주축으로 한 군대를 유지했는데, 다양한 경험으로 전투력이 뛰어난 병사들로 이뤄져 있어서 전쟁 초기에 전술적 우위를 점할 수 있었다.

여기서 잠깐 한니발이 이끈 카르타고군이 이때 어떻게 활약했는지 좀 더 상세하게 이야기해보자. 전쟁이 지속되던 기원전 217년 4월, 이탈리아의 트라시메노 호수에서 한니발의 카르타고군과 가이우스 플라미니우스Gaius Flaminius가 이끄는 로마군이 전투를 벌였다(제2차 포에니전쟁 중 세 번째 전투였다). 호수는 한쪽은 언덕으로 다른 세 면은 숲으로 둘러싸여 있었다. 한니발은 군대를 숲속에 매복시키고 로마군을 유인했다. 한니발의 함정에 빠진 로마군은 사방으로 포위되어 1만 5,000명 이상의 사상자를 내고 괴멸당했다. 플라미니우스도 이 전투에서 전사했다.

기원전 216년 8월, 기세가 오른 한니발의 군대는 이탈리아 남부 아풀리아 지역의 작은 마을 칸나에에서 로마 주력군을 만났다. 이른바 칸나에 전투Battle of Cannae다. 로마군은 집정관 루키우스 아이밀리우스 파울루스Lucius Aemilius Paullus와 가이우스 테렌티우스 바로Gaius Terentius Varro가 이끌었다. 고대 로마의 역사가 티투스 리비우스Titus Livius에 따르면, 로마군은 보병 8만 명과 기병 6,000명이었고 한니발의 군대는 보병 4만 명과 기병 1만 명이었다. 수적 열세에도 불구하고 이 전투에서도 카르타고는 크게 승리한다. 한니발이 고안한 전략 덕분이었다.

이때 한니발은 카르타고군의 수적 열세를 극복하기 위해 초승달 모양으로 전열을 갖추었다(반면 로마군은 전통적인 직사각형의 전열을 구성했다). 로마군은 카르타고의 전열 중앙이 약한 것을 노리고 그대로 돌진했는데, 이것이 한니발이 파놓은 덫이었다. 한니발은 전열 중앙으로 로마군을 유인하고, 전열의 양쪽 날개 쪽에서 로마군을 포위하는 계략을 펼쳤다. 로마군은 카르타고군의 포위망에서 빠져나오지 못하고 그대로 전멸했다. 이 두 번의 전투로 한니발은 고대 역사상 매우 위대한 장군 중 한 명으로 우뚝 섰고, 카르타고는 지중해에서 지배 권력을 손에 움켜줄 절호의 기회를 얻게 되었다.

반면 로마는 칸나에에서 입은 타격으로 나라가 흔들릴 만큼 위급한 상황에 직면했다. 로마군 7만 명이 전사하고 1만 명이 포로로 잡혔다. 칸나에 전투에 참여한 로마군의 약 80%에 달한다. 카르타고군의 사망자는 5,700~8,000명에 불과했다. 로마 입장에서 칸나에 전투는 지난 한 세기 동안 가장 큰 패배였고, 커다란 재앙이었다. 게다가 여러 귀족과 선출직 관리들이 전투에서 참살돼 로마의 군사적 리더십과 사회적 엘리트층에 큰 손실이 발생했다. 로마 시민들은 공포에 휩싸였으며, 군사력도 급격하게 쇠퇴했다. 칸나에 전투 이후, 한니발은 이탈리아반도 내에서 더 많은 도시를 계속 무너뜨리며 수도 로마를 향해 진격했다.

그러나 칸나에 전투에서의 승리에도 불구하고, 한니발은 로마를 완전히 정복하는 데 실패했다. 이유가 무엇일까? 카르타고와 로마 양쪽에서 이유를 찾을 수 있다.

먼저 카르타고를 보자면, 내부 문제가 복잡했다. 한니발의 군대는 카르타고에서 멀리 떨어진 이탈리아에서 활동하면서 긴 보급선에 의존해야 했다. 로마가 전략을 바꾸어 장기전으로 전환하자, 한니발의 군대는 식량·장비·보충병을 제시간에 받지 못하면서 전투력을 유지하는 데 어려움을 겪었다. 한니발이 본국으로부터 충분한 지원을 받지 못한 것은 카르타고 내부의 정치적 분열과 경제적 제약 때문이었다. 게다가 한니발은 이탈리아반도 내에서도 충분한 동맹을 확보하지 못했다. 카르타고는 용병 비용 부담도 커서 전쟁이 길어질수록 불리했다.

한니발의 실수도 컸다. 그는 로마를 직접 공격하지 않고 이탈리아 남부에 머물면서 시간을 낭비했다. 기원전 218년 제2차 포에니전쟁이 시작된 후 한니발은 기원전 217년 4월에 이탈리아의 트라시메노 호수에서 로마를 상대로 크게 승리하고 이듬해 8월에는 칸나에에서 로마 주력 부대의 80%를 섬멸했다. 현대의 지도를 기준으로 카르타고에서 칸나에까지는 직선거리로 약 500~600킬로미터이고, 칸나에에서 로마까지의 직선거리는 약 400킬로미터다. 하지만 그 사이에는 거대한 알프스산맥이 있다. 지형적으로 불리했음에도 한니발의 군대는 전쟁을 수행하면서 불과 2년 만에 이탈리아 남부 칸나에까지 진군하는 능력을 보였다. 그러나 적국 영토 한가운데 있던 카르타고 원정군이 보급과 병력 보충에 어려움을 겪기 시작하면서 그 후 12년 동안 로마를 점령하지 못했다.

그에 비해 로마는 대패를 거듭하면서 중대한 교훈을 얻었고, 그

교훈을 바탕으로 이후 군사 전략과 조직을 재평가하면서 혁신을 시도했다. 우선, 대규모 전투 대신 소규모 전투와 소모전에 집중하는 방향으로 전술을 조정했다. 이는 한니발의 군대를 분산시키고 지치게 하는 데 도움이 됐다. 또 로마 원로원은 한니발이 로마를 공격할 것이라는 두려움에 도시를 방어하기 위해 새로운 병사를 충원하고, 전쟁을 지속하기 위해 재정과 자원을 신속하게 재구성했다. 이는 로마가 시민 징병제 사회였기에 가능한 것이었다, 병사의 80%를 잃었어도 시민 징병을 통해 빠르게 병력을 보충할 수 있었고, 장기전에서도 카르타고의 용병 부대보다 더 안정적으로 병력을 확보할 수 있었다(로마 시민들은 의무적으로 군대 복무해야 한다는 의식을 갖고 있었고, 이런 시민의식은 군대의 사기를 높이는 데 일조하기도 했다). 더욱이 카르타고와 달리 로마는 전쟁 과정에서 많은 동맹국의 지원도 받았다.

로마, 철기 폭력의 기술을 완성하다

로마는 칸나에 전투에서 수많은 지휘관을 잃었다. 하지만 기원전 210년 푸블리우스 코르넬리우스 스키피오 아프리카누스Publius Cornelius Scipio Africanus라는 뛰어난 전략과 리더십을 갖춘 지휘관을 다시 뽑았다. 그는 명문 가문 출신으로, 기원전 218년에 전사한 첫 번째 포에니전쟁의 영웅인 푸블리우스 코르넬리우스 스키피오Publius Cornelius Scipio의 아들이다. 어린 나이에 군에 입대하여 아버지와 함께 전투에 참여하면서 경험을 쌓았다.

로마군을 지휘하는 장군으로 임명된 스키피오는 곧 스페인에서 카르타고군을 몰아내는 데 성공한다. 그리고 한니발과의 전투에서 로마가 겪은 여러 패배를 연구한 후, 로마 본토에서 카르타고군을 후퇴시키기 위해 새로운 발상을 시도했다. 기원전 204년, 그는 아프리카로 건너가 카르타고 본토를 직접 공격했다. 전쟁의 초점을 로마 본토에서 카르타고로 이동시키려는 전략이었다.

스키피오의 기습은 카르타고 정치권에 심리적 압박을 가했다. 당시 한니발이 이끄는 카르타고의 주력 부대는 이탈리아 남부에서 로마 본토를 공격하고 있었다. 스키피오는 아프리카 북부 지역도 공격했다. 카르타고가 이곳 영토들에서 많은 자원을 얻고 있었기 때문이다. 이곳들을 공격함으로써 카르타고의 경제에 타격을 주고 전쟁 수행 능력을 떨어뜨린 것이다. 보급선을 공격하여 적을 약화하는 전략도 사용했다. 이처럼 카르타고 본토에서 로마 군대가 연승을 거두자, 한니발의 주의가 분산됐다. 로마 본토를 공격하던 주력 부대도 고향이 공격받고 가족들이 위험해지자 사기가 저하됐다. 결국 한니발은 진격을 멈추고 카르타고로 철수해야 했다.

기원전 202년, 북아프리카 자마에서 철수하는 한니발의 군대와 로마군이 맞붙었다. 나는 자마 전투Battle of Zama를 로마가 '철기를 사용한 군사적 폭력을 완성한 시점'이라고 평가한다. 자마 전투에서 스키피오는 군사적 천재성을 발휘했다. 먼저, 로마 군대를 지형적으로 유리한 언덕에서 아래로 진격하게 하면서 한니발의 군대를 불리한 위치로 몰아넣었다. 그런 다음 로마 군대의 유연성을 최대화하고 빠른 기동력을 십분 활용한 전술을 펼쳤다. 그는 기병을 여러 부대로 나누어 한니발의 기병을 포위 공격했다. 로마 보병은 처음에는 밀집 진형으로 한니발의 기병 공격을 막았다. 하지만 곧바로 보병 진형 사이에 일부러 틈을 만들어 한니발의 기병이 뚫고 들어오도록 유인한 후, 포위 공격을 가했다. 스키피오는 한니발이 이끌고 온 '코끼리 부대'의 코끼리에 불을 붙여 혼란을 야기하기도 했다. 지형도 능숙하게 활용했다.

과거 로마의 군대는 이렇게 유연성이 높지 않았고, 그래서 한니발의 기병과 기습 공격에 취약했다. 기존의 로마 보병은 밀집 진형을 사용하여 적을 압도하는 전략이 핵심이었다. 이 진형은 적의 공격을 막는 데 효과적이었지만, 기동성이 떨어진다는 단점이 있었다. 또한 전투 중에 전략을 유연히 변경하기가 어렵다. 기병을 중심으로 공격하는 전술에도 취약했다. 한니발의 군대처럼 거대한 코끼리로 밀고 들어오면 순식간에 무너진다. 기동성은 떨어지고 군사들이 한곳에 밀집되는 대형은 트라시메노와 칸나에 전투 때처럼 덫에 걸려 포위당하는 전략에 맞닥뜨리면 전멸할 위험이 높았다. 스키피오는 다음과 같은 방식으로 로마 군대의 밀집 대형을 유지하면서도 유연성을 최대화하고 기동성을 높였다.

철기 폭력의 기술을 완성한 스키피오

첫째, 로마 군단의 기본 진형인 마니풀러 대형manipular formation을 유지하되 각 줄 사이에 더 많은 공간을 확보하여 기병과 보병이 서로 협력할 수 있도록 개선했다. 마니풀러는 3개의 줄로 구성된 밀집 대형이다. 기원전 4세기 초 그리스가 사용했던 팔랑크스 대형을 개조한 것이다. 팔랑스크 대형은 보병들을 밀집된 직사각형 형태 안에 모두 집어넣는 형태다. 그리스는 호플라이트라고 불리는 중장보병들을 팔랑스크 대형으로 밀집시켜 긴 창과 방패를 사용하여 적의 공격을 막고 공격했다. 팔랑스크 대형은 강력한 공격력과 방어력을 가지고 있지만, 모든 보병이 촘촘히 밀집되어 있어서 유연성이 부족하고 기동성이 낮았다. 로마의 마니풀러 대형은 팔랑스크 대형을 3개 줄로 쪼개고, 그 안에서도 작은 대형들로 나누고, 각 부대가 독립적으로 움직이게 하고, 이들을 붙였다 떼었다를 자유롭게 했다. 이로써 지중해 세계에서 매우 독특한 전술 대형이 완성됐다.

라틴어 마니풀라manipula는 '한 줌'이라는 뜻으로, 소수의 인원이 한곳에 모인 모습을 의미한다. 마니풀러 대형을 이루는 3개의 줄도 각각 다른 유형의 보병으로 구성했다. '하스타티hastati'라고 불리는 맨 앞 줄은 가장 젊고 경험이 적은 병사들로 구성된다. 이들은 창과 검, 방패를 갖추고 처음으로 적과 교전한다. '프린키페스principes'라고 불리는 두 번째 줄은 더 경험이 많고 훈련된 병사들로 구성된다. 그들도 창과 검, 방패를 갖추고 있으며 하스타티 이후 적과 교전했다. '트리아리 triarii'라고 불리는 마지막 줄은 가장 숙련된 베테랑 병사들로 구성된다. 그들은 최종 예비군으로, 앞의 두 전선이 성공하지 못했을 때 투입되며 대체로 창을 들고 있었다.

일렬로 늘어선 각 줄 역시 더 작은 마니풀라로 나뉘어 좌우로 신속히 이동하게 했다. 하스타티와 프린키페스에서는 일반적으로 120명, 트리아리에서는 60명의 병사가 작은 마니풀라를 구성했다. 스키피오는 작은 마니풀라들을 '퀸컹크스quincunx'로 알려진 체커보드 패턴으로 배열하고, 마니풀라들 사이에 더 넓은 공간을 두게 했다. 작은 마니풀라들 사이의 넓은 공간은 부대가 전장에서 더 자유로이 움직일 수 있게 해주어 측면 공격이나 후퇴, 그리고 다른 마니풀라를 지원하는 등 다양한 전술적 행동을 구사할 수 있게 했다.

이런 형태는 산악 지역이나 숲과 같은 복잡한 지형에서도 전투 상황에 쉽게 적응하게 함으로써 전투 수행력을 높여주었다. 마니풀라들을 보호하고 지원하기도 쉬워졌다. 이들 사이의 공간을 통해 전선이 돌파됐을 때, 뒤쪽의 마니풀라들이 앞선 마니풀라를 지원하거나 대체할 수 있었다. 체커보드 패턴은 적의 집중 공격을 분산시켜 더 많은 반격 기회도 제공했다. 적은 마니풀라 사이의 공간을 통해 깊숙이 진입할 수 있었지만, 거꾸로 보면 로마군에게 쉽게 포위될 수 있었다. 이런 변화로 스키피오의 새로운 마니풀러 대형은 기존의 팔랑스크 대형보다 유연성이 높고 뛰어난 기동성을 갖추게 됐다.

스키피오가 개선한 마니풀러 대형은 보병과 기병의 협력도 높였다. 각 줄 사이에 더 많은 공간을 확보함으로써 기병이 보병 진형 사이를 자유롭게 이동할 수 있었다. 실제로 자마 전투에서 로마 기병이 마니풀러 사이로 침투한 카르타고 기병의 측면을 효과적으로 공격할 수 있었다. 또한 로마 기병이 보병 진형을 벗어나 적의 후방을 공격하는 전략도 구사할 수 있었다. 이는 로마 군대의 승리 확률을 높이는 중요한 전술이 됐다. 각 줄의 병사들이 독립적으로 행동할 수 있게 함으로써 상황에 맞춰 전술을 유연하게 변경할 수 있게 되자, 적의 약점을 공격하는 속도도 빨라졌다. 자마 전투에서 스키피오는 한니발의 코끼리 공격에 대응하여 밀집 대형을 잠시 해체하고, 코끼리가 진형 사이를 통과하게 했다. 이후 다시 밀집 대형을 구성하여 한니발의 군대를 공격했다. 병사들에게 더 많은 자유와 책임을 부여하자 사기가 높아져 전투에 더 적극적으로 참여하고 더 용감하게 싸우는 부가적인 효과도 얻었다.

둘째, 스키피오는 또 다른 점에서도 군대 시스템을 개선했다. 그는 '벨리테스velites'라고 불리는 보병들을 마니풀러 대형 앞줄에 별도로 추가 배치했다. 벨리테스는 경량화된 장비를 착용했기에 기동성이 탁월했다. 그들의 주요 역할 중 하나는 적의 전열을 교란하고 방해하는 것이었다. 가벼운 무장과 높은 기동력 덕분에 벨리테스는 전장에서 다양한 역할을 수행할 수 있었다. 예를 들어, 전투가 본격적으로 시작되기 전에 적진으로 투창을 던져 적의 진열 형성을 방해하고 사기를 떨어뜨렸다. 적의 기동을 방해하거나 간헐적인 공격을 시도하고, 필요에 따라서는 주력 부대를 지원하는 역할도 했다. 전투 전과 전투 중에 적의 움직임을 관찰하고 정보를 수집하는 정찰 임무와 경계 임무도 수행했다.

스키피오는 마니풀러 대형의 양쪽 측면에 기병을 배치함으로써 전투력을 극대화했다. 이들은 마니풀러 사이를 오가면서 침투한 적을 공격하고, 적의 측면을 공격하거나 포위할 수도 있었다. 그뿐 아니라 적의 측면 공격이나 포위 시도를 방어하고, 필요한 경우 적의 기병을 막아서는 역할도 할 수 있게 됐다. 보병 대형을 더 잘 보호함으로써 부대 운용의 안정성이 높아졌다.

셋째, 스키피오의 개혁은 군단 시스템의 전면 재조정에 그치지 않았다. 철제 무기의 장점을 극대화하려는 노력도 지속했다. 로마가 본격적으로 철제 무기를 도입한 것은 로마공화국 초기, 대략 기원전 4세기에서 기원전 3세기 사이로 추정된다. 이 시기 무기와 장비를 표준화하는 과정에서 철제 무기와 갑옷을 널리 사용하기 시작했다. 특히 삼니움 전쟁(B.C. 343~290, 캄파니아 지역을 지배하기 위해 벌인 전쟁) 동안 로마 군대는 많은 군사적 개혁을 실시했으며, 이 과정에서 철제 무기와 장비의 사용이 확대됐다. 철제 무기와 갑옷의 도입은 군대의 전투 능력을 크게 향상시켰으며, 이후 로마가 지중해 지역의 주요 군사 강국으로 부상하는 데 결정적인 역할을 했다.

카르타고는 기원전 6세기경부터 철제 무기를 사용하기 시작했다. 로마보다 빨랐다. 그러나 한니발의 군대는 전체적으로 철제 무기보다 청동제 무기를 더 많이 사용했다. 그 이유가 무엇이었을까? 한니발의 군대는 주로 용병 부대로 구성되어 있기에, 자신의 고향에서 사용했던 청동제 무기를 가지고 전장에 나섰기 때문이다. 한니발의 군대의 카르타고 출신 병사 일부와 기병대 정도만 철제 무기를 사용했다. 철제 무기가 상대적으로 가벼워서 빠른 기동성을 요구하는 기병대에 적합했기 때문이다. 한니발의 군대는 전체적으로 철제 무기보다 청동제 무기를 더 많이 사용했다.

로마는 다른 선택을 했다. 로마는 경제적 부유함을 바탕으로 군대를 보병 위주로 편성하면서 강도와 내구성에서 우세한 철제 무기와 장비를 주력으로 선택했다. 철은 청동보다 강하고 내구성이 뛰어나 적의 청동제 무기를 쉽게 무력화할 수 있었다. 로마는 철 생산 기술의 발전과 더불어 대규모 생산 및 공급 시스템도 구축했다. 이를 통해 우수한 철제 무기를 군대에 안정적으로 제공할 수 있었다.

스키피오는 철제 무기의 장점을 극대화하기 위해 새로운 무기도 개발했다. '필룸pilum'이라는 철제 창이다. 길이가 약 2미터에 달하는 창으로, 가장 앞쪽에는 철제 바늘이 달려 있었다. 창을 던지면 앞쪽의 바늘이 구부러지면서 적의 방패를 뚫고 부상을 입힐 수 있었다. 그러면 상대는 방패를 내려놓고 바늘을 제거해야 하는데, 이때 방패를 보호하고 있던 팔이 노출되어 무방비 상태가 된다. 필룸은 로마 군단의 마니풀러 대형에서 첫 번째와 두 번째 줄을 구성하는 하스타티와 프린키페스가 사용했다. 이들은 전투가 시작되면 필룸을 던져 적의 방패를 파손하거나 최소한 무거워져 사용할 수 없게 함으로써 그들의 방어력을 약화했다. 그리고 곧장 방어력이 상실된 적에게 달려가 글라디우스gladius라는 양날이 선 짧은 검으로 근접전을 펼쳤다.

초기의 글라디우스는 '글라디우스 히스파니엔시스gladius hispaniensis' 라고 불렸고 스페인에서 유래했다. 글라디우스도 로마공화국과 초기 제국 시대에 걸쳐 철제 무기의 상징이자 로마군의 효율성과 전투 기술의 핵심 요소로 여겨졌다. 글라디우스는 길이가 60~70센티미터였는데, 그중 칼날이 45~50센티미터를 차지했다. 칼날은 보통 넓고 직선이었으며, 양날로 되어 있어 양쪽 모두에서 찌르고 베는 데 사용할 수 있었다. 끝이 뾰족해서 밀집된 전투 형태에서 방패 사이로 찌르기 공격도 가능했다. 로마 군단은 전장에서 선호하는 빠르고 정확한 찌르기 공격에 최적화됐다. 글라디우스의 디자인도 시간이 지나면서 더 짧고 넓은 '마인츠mainz형'과 '풀하우름fulham형'으로 발전했다.

세 번째 줄에 선 트리아리는 필룸과는 다른 유형의 무기, 즉 '하스타hasta'라고 불리는 창을 사용했다. 앞서 언급했듯이, 고대 그리스 시절 호플라이트(중무장 보병)는 한 손으로 사용하기에 적합한 2~3미터 길이의 '도리'라는 창을 사용했다. 마케도니아에서는 길이가 4~7미터 정도 되어 양손으로 사용해야 하는 '사리사'라는 긴 창을 사용했다. 사리사는 도리보다 길어서 적의 접근을 막고 적보다 먼저 공격할 수 있다는 독특한 이점을 가지고 있었다. 하스타는 길이가 2미터 정도로, 사리사보다는 짧고 도리와 비슷했다. 그 대신 단단한 나무로 만들어서 도리보다 무거운 창이었다. 사리사보다는 짧고 한 손으로 들 수 있어서 근접 전투에서 사용할 수 있었고, 도리보다는 단단하기에 적에게 그만큼 큰 타격을 가할 수 있었다. 한마디로, 진일보한 무기였다. 특히 마니풀러 대형의 마지막 줄에 서는 베테랑들이 사용했다는 것이 중요하다. 이들은 전투력이 가장 뛰어난 이들로, 적이 전열을 잃고 무너지기 직전에 마지막 치명타를 가하는 임무를 맡았다. 또는 앞의 두

줄이 성공하지 못했을 때 투입되기에 전선의 균형을 맞추거나, 방어선을 지키거나, 전세를 단번에 역전시켜야 했다. 더 강력한 방어력과 공격력을 가지고 근접전에서 강력한 돌파력을 발휘할 수 있는 하스타는 이런 임무에 최적화된 무기였다.

위기는 곧 변화와 완성의 기회를 제공한다고 했던가. 스키피오는 기원전 202년 자마에서 한니발을 격파함으로써 멸망 직전까지 몰렸던 로마를 극적으로 구했다. 그 과정에서 '철기 폭력의 기술'을 완성의 수준에 올려놓았다. 또한 군사적 폭력과 관련된 다양한 무기와 시스템을 극대화하면 어떤 파괴력을 갖는지도 명확하게 보여주었다. 스키피오의 전술 대형은 시간이 지나면서 더욱 일체화되고 전문적인 코호트cohort 형성으로 발전했다. 기원전 1세기경에 개발된 코호트 시스템에서는 병사를 약 480명씩 포함하는 더 큰 부대로 그룹화했다. 전쟁이 잦아지면서 광대한 로마 제국 전역의 정세 변화를 반영하려면 로마 군대가 전문적인 상비군으로 변모해야 했기 때문이다. 하지만 스키피오가 개선한 마니풀러 대형도 기본 개념은 유지됐다. 스키피오가 완성한 철기 폭력의 기술 역시 로마 군단의 전투 방식에 지속적인 영향을 미쳤고, 훗날 로마가 지중해 세계의 샤한샤 지위에 오르는 데 절대적인 공헌을 했다.

로마로 돌아온 스키피오는 영웅으로 환영받으며 '아프리카누스'라는 영예 칭호를 받았고, 기원전 194년과 기원전 190년에 집정관으로 선출됐다. 또한 원로원 의장을 역임했으며 로마 역사상 매우 위대한 장군 중 한 명으로 추앙받았다. 그는 기원전 183년 쉰셋의 나이로 사망했다.

로마와 카르타고의 제3차 포에니전쟁(B.C. 149~146)은 그가 사망한 후에 일어났다. 이 전쟁에서 카르타고를 완전히 파괴하고 로마의 속국으로 만드는데, 스키피오의 조카이자 양자인 푸블리우스 코르넬리우스 스키피오 아이밀리아누스 아프리카누스 누만티누스Publius Cornelius Scipio Aemilianus Africanus Numantinus가 중요한 역할을 맡았다. 아이밀리아누스의 지휘하에 로마 군대는 3년간의 긴 포위 끝에 카르타고를 최종적으로 함락했다. 카르타고의 주민들은 노예로 팔았고, 그 도시의 건물들은 온전한 것이 하나도 남아 있지 않도록 철저히 파괴했다. 전설에 따르면, 로마 군인들은 카르타고가 다시는 재건되지 않도록 도시 터에 소금을 뿌렸다고 한다. 로마와 카르타고 사이의 오랜 적대 관계는 그렇게 종결됐다.

활, 인간의 생물학적 힘을 사용한 최고의 폭력 기술

중세에도 군사적 폭력의 힘과 기술이 향상됐다. 특히 활의 발전이 두드러졌다. 활은 인간이 생물학적 힘을 사용해서 가장 멀리 타격할 수 있는 무기다. 활은 인간의 생물학적 힘을 사용하여 폭력의 강도를 가장 높은 수준까지 끌어올리는 기술이라 할 수 있다. 활을 집단적으로 발사하면, 인간이 느낄 수 있는 공포가 최고 수준까지 이른다. 순식간에 대규모 인명을 살상할 수 있으며 칼이나 창과는 비교가 되지 않을 만큼 매우 잔인하고 가공할 만한 파괴력을 가진 무기다. 이 폭력의 기술을 최상위 완성도까지 끌어올린 나라는 영국이다.

14세기, 유럽에서는 프랑스와 영국이 왕위 계승 문제와 영토 분쟁으로 100여 년간(1337~1453) 치열한 전쟁을 벌였다. 이 기간 중세 유럽은 군사적·정치적·사회적으로 큰 변화를 겪었다. 유럽 내에서 권력 이동도 일어났다. 이 모든 변화의 시작을 알린 것이 바로 크레시 전투Battle of Crécy이며, 백년전쟁에서 가장 중요한 전투로 꼽힌다. 1346년 8월 26일, 프랑스 북부의 항구도시 칼레 남쪽에 자리한 크레시앙퐁티외에서 프랑스와 영국이 맞붙었다. 이 전투가 영국의 승리로 끝나면서 중세 유럽의 국가 간 권력전쟁에서 프랑스가 밀려나기 시작한다. 이 전투에서 나타난 다양한 변화를 짚으면서 새로운 군사적 폭력의 발전상을 살펴보고자 한다.

크레시 전투에서 프랑스 군대는 필리프 6세Philippe VI가 이끌었다. 영국 군대는 에드워드 3세Edward III와 그의 장남 흑태자 에드워드Edward the Black Prince가 지휘했다. 우리의 주제와 관련해서 주목할 것은 영국 군대의 무기와 폭력 전술의 발전이다. 크레시 전투는 영국군의 장거리 활, 특히 장궁longbow의 우수성을 입증한 전투로 유명하다. 장궁은 백년전쟁 기간에 영국군의 주요 무기로 사용되어 유명해진 최신 무기다. 영국군의 궁수들은 프랑스 기병대에 치명적인 타격을 가했으며, 이는 중세 전쟁에서 보병과 원거리 무기의 중요성을 새로이 인식하게 하는 계기가 됐다. 영국은 장궁을 효과적으로 사용함으로써 군사적 폭력의 혁신을 이뤘다.

장궁의 가장 두드러진 점은 이름에서 알 수 있듯이 '길이'다. 이 활은 길이가 최소 1.8미터 이상으로 사람의 키와 거의 비슷하거나 더 길었다. 유연하고 강한 나무, 특히 주목나무나 영국 삼나무로 만들어졌다. 이 나무들은 탄력성과 강도를 모두 갖추고 있어 활을 만들기에 적합했다. 이런 특성 덕분에 장궁은 사정거리가 매우 길어 180~250미터 범위까지 화살을 날릴 수 있었으며, 무장한 기사의 갑옷까지 관통할 수 있었다. 크레시 전투를 비롯한 여러 전투에서 프랑스 기병대와 긴 창을 보유한 중갑보병대에 결정적인 타격을 가한 무서운 무기다.

장궁의 디자인은 단순한 'd' 자 형태이며, 복잡한 기계 장치가 없어 만들기도 쉬웠다. 단순함은 대량 생산을 가능케 했고, 이후 유지·보수에도 유리했다. 장궁은 긴 길이에도 불구하고 상대적으로 가볍고 다루기 쉬워서 높은 전술적 유연성도 제공했다. 궁수들은 긴 사정거리와 높은 정확도를 가진 장궁을 사용하며 빠르게 이동하면서 적의 진형을 교란하고 약화할 수 있었다. 하지만 장궁을 효과적으로 사용하기 위해서는 오랜 시간과 노력이 필요한 훈련이 요구됐다. 그래서 영국은 어린 나이부터 군사 훈련을 시켰다.

장궁이 등장하기 전 중세의 활은 '단궁shortbow', 말 그대로 짧은 활이었다. 영국 군대는 장궁을 사용해서 전쟁의 양상을 일거에 바꿨고, 특히 기술과 전술의 결합을 통해 군사적 우위를 획득했다. 장궁은 단궁보다 상당히 긴 사정거리를 자랑할 뿐만 아니라 화살의 충격력도 대단해서 중무장한 기사나 보병에게도 상당한 피해를 줄 수 있었다.

또한 장궁은 연사 속도도 빨랐다. 어릴 때부터 훈련받은 궁수들은 분당 여러 발의 화살을 발사할 수 있는 기술을 보유했고, 이를 통해 전투에서 적에게 지속적인 압박을 가할 수 있었다.

장궁은 당시 사용되던 획기적인 무기 '석궁crossbow'의 성능도 압도했다. 석궁은 중세 시대의 중요한 무기 중 하나다. 이 활은 구조와 작동 방식이 현대의 총과 유사한데, 수평으로 배치된 활대prod와 그것을 당겨 발사하는 기계적 장치를 갖추고 있다. 화살을 고정한 후, 준비가 됐을 때 트리거를 당겨 화살을 발사한다. 이런 특이한 구조 덕분에 석궁은 전통적인 활인 단궁과 비교해서 다양한 장점을 가지고 있었다. 예를 들어 석궁에 사용되는 화살은 볼트bolt 또는 쿼럴quarrel이라고 불리며, 일반 활의 화살보다 짧고 무거운 경향이 있다. 그만큼 파괴력을 높일 수 있다는 얘기인데, 실제로 중갑을 관통할 수 있는 수준이었다. 게다가 상대적으로 적은 훈련을 받고도 사용할 수 있으며, 궁수가 활을 당긴 상태를 유지할 필요가 없기 때문에 발사하기까지 기다려야 하는 시간이 길어도 상관이 없었다. 또한 비교적 정확하게 목표를 겨냥할 수 있었으며, 특히 중거리에서의 정확도가 높았다. 하지만 몇 가지 단점이 있었다. 사정거리가 상대적으로 짧았으며, 무겁고, 재장전하는 데 시간이 오래 걸렸다. 이런 단점은 전투 중에 결정적 차이를 만들었다. 빠르게 움직이며 연속 사격할 수 없었기 때문에 석궁은 방어적인 전술에서만 사용됐다.

영국 군대는 장궁이라는 강력한 무기를 앞세워 크레시 전투에서 프랑스 군대를 순식간에 격파했다. 영국군은 프랑스 노르망디에 상륙하여 캉을 공략하고 파리를 침공했으며, 이후 보급의 문제로 플랑드르를 향해 북상했다. 지나가는 곳마다 파괴적 폭력을 구사하여 프랑스 농촌들을 쑥대밭으로 만들어버렸다. 프랑스군도 영국군을 막기 위해 북상했고, 두 군대는 크레시에서 맞붙었다. 프랑스군은 압도적인 병력과 기병의 우세를 바탕으로 승리를 자신하고 있었다. 하지만 장궁병을 중심으로 한 영국의 새로운 전술에 속절없이 무너졌다. 영국군은 장궁병의 사격을 효과적으로 지원하고 폭력의 수준을 극대화할 수 있도록 삼각형 형태의 진형도 개발했다. 프랑스군의 기병은 영국군이 소나기처럼 퍼붓는 장궁에 맞아 말에서 떨어지거나 부상을 입었다. 이 전투에서 프랑스군은 1만 5,000여 명의 병력을 잃었고, 프랑스 왕실도 큰 타격을 입었다. 반면 영국군은 백년전쟁의 주도권을 잡는데 성공했다.

장궁의 위력은 포아티에 전투Battle of Poitiers에서도 또 한 번 발휘됐다. 1356년 9월 19일, 흑태자 에드워드가 지휘하는 영국군과 프랑스 왕 장 2세Jean II가 이끄는 군대가 다시 맞붙은 전투다. 영국군은 장궁을 중심으로 방어적인 전술을 사용했다. 궁수들은 잘 준비된 방어 위치에서 프랑스군을 맞이했으며, 프랑스 기병대의 공격을 효과적으로 저지했다. 전투는 영국의 승리로 싱겁게 끝났고 프랑스 왕은 포로로 잡혔다. 왕이 포로가 되자, 프랑스는 군사적으로뿐만 아니라 정치적으로도 큰 타격을 입었다. 이렇게 백년전쟁 초기 두 번의 전투에서 위력이 입증되면서 장궁은 이후 전쟁에서 중요한 무기로 자리 잡았고, 중세 유럽의 군사 역사에서 병기의 발전과 전술의 변화를 상징하는 무기가 됐다.

화약이라는
대량 살상 무기의 등장

앞서 나는 활을 인간이 생물학적 힘을 사용해서 가장 멀리 타격할 수 있는 무기, 순식간에 대규모 인명을 살상할 수 있는 무기, 매우 잔인하고 가공할 만한 파괴력을 가진 무기라고 평가했다. 활은 인간의 생물학적 힘을 사용하여 구사할 수 있는 폭력 기술의 끝판왕이다. 하지만 대량 살상 무기의 진정한 원조는 화살이 아니다. '화약'이다. 화약 앞에서 화살은 그 위력이 호랑이 같은 영웅과 졸병의 차이처럼 '호걸지졸虎杰之卒'하고, 콧물과 샘물을 비교하듯 '비루대천鼻涙對泉'할 뿐이다.

화약은 중국에서 처음 발명됐으며, 이후 유럽을 비롯한 다른 지역으로 전파됐다. 초기에는 불꽃놀이나 신호 전달 등 평화적인 목적으로 사용됐지만, 곧 군사적 목적으로 활용되기 시작했다. 유럽에는 13세기에 화약 기술이 소개됐고, 유럽 국가들은 14세기부터 화약 무기를 개발하기 시작했다. 초기에는 불안정하고 정확도가 낮았지만, 빠르게 발전했다. 15세기가 되자, 유럽의 대부분 전쟁에서 화약 무기가 중요해졌다. 전쟁에서의 공격 및 방어 전술에 혁명적인 변화를 불러왔고, 군사 기술과 전쟁의 양상을 근본적으로 변화시켰다. 예를 들어 화약 무기 이전에는 근접 전투가 주된 전술이었지만, 화약 무기의 등장으로 원거리 공격이 중요해졌다. 특히 공성전에서 화약 무기는 탁월한 효과를 발휘했다. 화약을 이용한 대포는 성벽을 무너뜨렸고, 총기는 성벽 위에 버티고 있는 군대를 원거리에서 공격할 수 있는 새로운 방법을 제공했다.

화약이라는 대량 살상 무기의 등장으로 폭력의 차원을 완전히 바꿔버린 출발점은 중세 후기였다. 이때부터 화약 무기를 잘 다루는 나라는 글로벌 패권국가, 즉 샤한샤의 지위를 획득하는 데 매우 유리한 고지를 선점했다. 이제 전쟁의 향배를 가르는 핵심은 활, 창, 칼이 아니라 대포의 사용과 포병 전술이 중심이 되었다. 그 대표적인 국가가 오스만 제국과 프랑스의 나폴레옹 제국이다.

대량 살상 무기는 한 번의 사용으로 대규모의 인명 피해를 발생시킬 수 있는 무기를 의미한다. 화약 무기는 이 정의에 부합한다. 이전 시대의 무기들과 비교할 수 없는 파괴력과 광범위한 살상력을 가졌기 때문이다. 특히 도시를 공격할 때 큰 피해를 발생시켰고, 그만큼 전쟁의 잔혹성도 증가시켰다. 실제로 화약 무기가 등장한 이후 전쟁에서의 사망자 수가 급격히 증가했고, 민간인을 포함한 무고한 사람들도 큰 피해를 봤다.

유럽에서 화약 무기의 잔인함과 공포를 각인시킨 첫 번째 사례는 1453년 5월 29일 오스만 제국이 동로마 제국(비잔틴 제국)의 수도 콘스탄티노플(현재의 이스탄불)을 함락한 사건이다. 이 전투에서 사용된 거대한 대포는 단일 공격으로 도시의 방어 체계를 무너뜨리고 큰 인명 피해를 발생시켰다.

이슬람과 콘스탄티노플의 전쟁 역사는 오래됐다. 7세기에 아랍의 급격한 영토 확장이 시작됐고 지중해 연안 지역, 스페인, 북아프리카를 정복하면서 이슬람과 동로마 제국 간 갈등이 심화됐다. 8세기, 레온 3세Leo III 황제의 성상파괴령iconoclasm은 이슬람 세계와의 본격적인 갈등 국면을 만들었다. 7세기 말, 동로마 제국은 끊임없는 전쟁과 내부 갈등으로 어려움을 겪고 있었다. 황제 레온 3세는 제국의 안정을 위해 종교적 통합을 추구했다. 당시 동로마 제국에는 성상 숭배가 만연했는데, 레온 3세는 이를 우상 숭배로 간주하고 726년에 성상파괴령을 발표했다. 모든 성상을 파괴하고 숭배를 금지한다는 내용이었다. 성상파괴령은 제국 전역에 큰 논란과 반발을 불러일으키며 동로마 제국 내부의 분열을 심화했다. 로마 교황을 비롯한 '성상 옹호' 진영은 레온 3세에게 극렬히 반대했다. 많은 성직자와 신자들이 황제의 결정에 저항했으며, 이는 황제의 권위에 도전하는 형태로 나타났다. 이것이 끝이 아니었다.

성상파괴령의 불똥은 동로마 제국과 이슬람의 갈등 확대로 번졌다. 레온 3세는 성상에 대한 과도한 숭배를 우상 숭배와 동일시했으며, 우상 숭배가 신의 노여움을 사서 제국이 당면한 여러 난관과 이슬람의 압박을 받고 있다고 생각했다. 레온 3세 황제의 성상파괴령은 이슬람을 우상 숭배자들로 치부해 이슬람 세계의 분노를 불러일으켰다. 당시 동로마 제국은 이슬람 세력과 지중해 연안 지역의 패권을 놓고 경쟁하고 있었는데, 성상파괴론 논쟁에 휩싸여 갈등과 분열이 커지면서 군사적으로 약화됐다. 이런 변화는 이슬람 세력이 훗날 동로마 제국을 공격할 좋은 기회를 제공했다.

674~678년, 이슬람 군대는 동로마 제국의 수도 콘스탄티노플에 제1차 침략을 단행했다. 콘스탄티노플은 고대부터 중세에 걸쳐 유럽과 아시아를 잇는 전략적 요충지였다.

이곳에 처음 세워진 도시는 비잔티움이었다. 보스포루스해협에 있는 이 도시는 기원전 667년경 '메가라Megara'라는 그리스 도시국가 출신 식민자들이 건설했다. 보스포루스해협은 터키 이스탄불을 가로지르며 흑해와 마르마라해를 연결하는 요충지다. 해협의 길이는 30킬로미터, 폭은 최대 3.7킬로미터에 최소 750미터로 유럽과 아시아를 분리하는 해양 경계 역할도 한다. 이런 지정학적 특징 때문에 이 지역은 수천 년 동안 유럽과 아시아 사이에서 전략적으로 중요했다. 고대 그리스인, 페르시아인, 로마인, 비잔틴인, 오스만인을 포함한 많은 민족의 패권국가가 이 해협을 지배하기 위해 전쟁을 불사했다(오늘날에도 이 해협은 매년 약 1억 7,000만 척의 배가 드나들 정도로 세계에서 가장 바쁜 바닷길이다). 비잔티움은 보스포루스해협의 유럽 쪽에 자리 잡고 있어서 유럽과 아시아를 잇는 전략적 무역 경로와 군사적 요충지 역할을 할 수밖에 없었다. 기원후 330년 5월 11일, 로마 황제 콘스탄티누스Constantinus는 비잔티움을 점령하고 콘스탄티노플로 이름을 바꿨다. 콘스탄티누스는 이 도시를 '새로운 로마New Rome'로 만들려는 야심을 품고 있었다. 395년, 로마 제국이 동서로 분열되자 콘스탄티노플은 동로마 제국의 수도가 됐다.

콘스탄티노플은 지정학적으로 중요한 도시이자 동로마 제국의 수도였기에 이슬람 군대의 제1 침공 목표물이었다. 앞서 잠깐 언급했듯이, 7세기 초 아랍 세력은 영토를 급격히 확장했다. 아라비아반도를 통일한 후 시리아, 이집트, 북아프리카를 정복하며 동로마 제국의 영토에 위협을 가했다. 드디어 우마이야Umayya 왕조의 무아위야 1세Muawiyah I 칼리프가 콘스탄티노플 공격을 명령했다. 아랍 함대는 674년 콘스탄티노플에 도착하여 공격을 시작했다. 동로마 제국은 황제 콘스탄티누스 4세Constantinus IV의 지휘 아래 도시를 방어했다. 아랍군은 육지와 해상에서 공격을 동시에 가했지만, 동로마 제국의 견고한 성벽과 뛰어난 해상 전술로 고전했다. 공방전은 4년 동안 지속됐지만 승부를 내지 못했다.

678년, 동로마 제국은 '그리스의 불Greek Fire'이라는 새롭고 혁신적인 무기를 사용해 아랍 함대를 공격함으로써 전쟁의 전환점을 만들었다. 그리스의 불은 일종의 화염 방사기로, 석유·나프타·유황 등을 혼합하여 만든 가연성 물질을 사용했다. 투석기로 던진 그리스의 불은 바닷물에 닿으면 더욱 강하게 타오르는 특징이 있었고, 아랍 함대에 엄청난 공포감을 안겼다. 결국 678년에 아랍군은 공격을 포기하고 본국으로 철수하고 만다.

이 전쟁을 시작으로 이슬람과 동로마 제국이 콘스탄티노플을 놓고 벌인 전쟁은 총 여섯 번이다. 동로마 제국은 이 중 다섯 번의 전쟁에서 승리했다. 하지만 1453년에 오스만 제국과 벌인 제6차 전투는 달랐다. 오스만 제국의 술탄 메메트 2세Mehmet II는 헝가리 출신 기술자 우르반Urban의 도움으로 새로운 무기를 개발했다. 제6차 콘스탄티노플 전투에서 오스만군은 최소 12문에서 최대 69문에 달하는 대포를 사용했다. 그중에는 길이가 8미터, 75센티미터의 구경의 바실리카 대포도 있었다. 이 대포는 장전하는 데만 무려 3시간이 걸리는 등의 단점이 있었지만, 최대 540킬로그램의 돌 포탄을 1.6킬로미터 거리까지 발사할 수 있었다. 오스만 군대에는 270킬로그램의 돌 포탄을 발사할 수 있는 다르다넬스 대포도 있었다. 바실리카 대포가 주로 공성전에서 성벽을 파괴하는 데 사용된다면, 다르다넬스 대포는 공성전뿐만 아니라 적군 함대를 공격하여 해상권을 장악하거나 야전에서 적의 진지를 공격하여 전술적 우위를 점하는 데 주로 사용됐다. 이슬람 군대는 앞선 다섯 번의 전투에서 패했지만, 그 과정에서 콘스탄티노플의 약점들을 수집할 수 있었다.

오스만 군대는 강력하고 공포스러운 대포와 화약 무기를 도시의 취약 지점에 집중적으로 발사했다. 본격적인 화약 무기 시대의 도래를 알리는 역사적인 전투였다. 콘스탄티노플의 성벽, 첨탑, 성내 진지들은 거대한 대포를 포함한 최신 화약 무기를 견디지 못하고 순식간에 무너졌다. 마지막까지 성을 지키며 고군분투했던 동로마 제국 마지막 황제 콘스탄티누스 11세Constantinus XI도 엄청나고 잔인한 포격전에 전사하고 만다. 이렇게 화약 무기는 1,000년을 우뚝 서서 버텨온 패권을 단번에 무너뜨렸다.

치열해진
무기 개발 경쟁

콘스탄티노플의 함락과 동로마 제국의 멸망은 중세 시대의 종식과 근대 시대의 개막을 상징하고, 유럽의 르네상스를 촉진하는 계기로 기록된다. 하지만 내 눈에는 절대권력을 두고 벌이는 샤한샤 전쟁의 역사가 새로운 화약 무기의 시대, 대량 살상 무기의 시대로 진입했음을 알리는 신호탄으로 보인다. 콘스탄티노플 함락 이후 유럽은 여러 나라로 분열됐고, 이들 국가는 새로운 패권을 차지하기 위해 탐험과 식민주의 전쟁을 시작했다. 그리고 그 중심에는 폭력의 차원이 다른 대량 살상 무기의 원조, 화약 무기가 자리를 잡았다.

콘스탄티노플 전투 이후, 거대한 대포를 제작하고자 하는 경쟁이 치열해졌다. 유럽에서 대포 기술이 가장 앞서 있던 독일에서는 '돈너뷕젠Donnerbüchsen'이라는 거대한 대포를 만들었다. 1524년, 독일 뉘른베르크에서 만든 청동 대포다. 길이가 약 5.2미터, 무게가 약 7.3톤이고, 약 16킬로그램의 쇠구슬을 최대 4킬로미터 거리까지 발사할 수 있었다. 돈너뷕젠은 주로 공성전에서 사용됐다. 하지만 거대한 크기와 무게 때문에 이동이 어렵고 발사 속도가 느렸다. 후퇴할 상황이 발생하면 버리고 도망가거나 부서뜨려야 할 정도였다. 그래서 독일은 마차와 함께 움직일 수 있는, 이동이 편리한 대포를 만들기 시작했다.

영국의 헨리 8세Henry VIII도 군사적 폭력의 획기적 증강을 위해 '지옥이라도 정복할 만큼 많은 대포를 확보해야 한다'고 결심했다. 당시 유럽 최고의 대포는 독일 아우크스부르크의 베크 공장과 뉘른베르크의 자틀러 공장에서 제조되는 것들이었다. 여기서 생산되는 대포는 정확도가 뛰어나고 가벼웠다. 하지만 헨리 8세는 이 기술을 확보하는 데 실패했다. 그래서 프랑스 북부 플랑드르의 장인이었던 한스 포펜루이테르에게 구형 대포 생산이라도 부탁해야 했다. 그는 '미친 마거릿Mad Margaret'이라는 별명을 가진 길이가 5.5미터, 구경 54센티미터에 무게가 15톤짜리 거대한 청동 대포를 만들어서 영국에 납품했다. 하지만 너무 크고 무겁고 비쌌기 때문에 대량 생산이 불가능했다. 1541년, 영국의 성직자 윌리엄 레베트가 값싼 철제 대포를 제작하는 데 성공하면서 대포의 대량 생산이 가능해졌다. 영국은 34킬로그램짜리 포탄을 발사하는 '왕대포cannon-royal'부터 140그램 정도의 조그마한 포탄을 발사하는 '라비네트rabinat'까지 16종의 대포를 만들었다.[10]

포병 기술 하나로 유럽 대륙에서 샤한샤의 자리에 올라선 사람도 등장한다. 프랑스의 나폴레옹 보나파르트Napoleon Bonaparte다. 나폴레옹은 신속한 기동성, 정확한 사격, 집중 공격 등 탁월한 포병 기술을 개발했다. 현대적인 대포 사용과 전략적 이동 방법을 창시해 전장을 지배함으로써 유럽의 권력 지형을 변화시키고 자기만의 대제국을 건설했다. 나폴레옹 이전에 포병대는 느리고, 둔하고, 무겁기만 했다. 나폴레옹은 포병도 빠르게 이동하고 배치를 신속히 변형할 수 있게 하여 전장에서 유리한 위치를 선점하고 적군을 기습했다. 포병의 정확도 향상에도 신경을 썼다. 이를 위해 새로운 포병 훈련 방법을 개발하고, 더 정밀한 조준 기술을 도입했다. 표준화된 훈련 매뉴얼을 제공하고 실제 전장 상황을 연출한 실무 중심 훈련을 강조했으며, 포병 훈련을 위한 전문 강사들을 양성했다. 더 정밀한 조준 기술을 위해 새로운 조준 장치를 개발하고, 측정 기술을 개선하고, 포병의 조준 훈련을 강화했다. 또한 포병이 가진 대량 살상 위력을 극대화하기 위해 집중 공격 전술도 개발했다. 여러 포병대를 동원해 적군의 특정 지점을 집중 공격함으로써 순식간에 적을 제압하는 기술이다. 그 덕에 나폴레옹의 군대는 유럽의 강대국들과 맞서서도 적군의 방어선을 쉽게 돌파하고 승리를 쟁취할 확률이 높아졌다.

나폴레옹의 포병 기술은 유럽 전쟁의 방식을 근본적으로 변화시켰고, 그의 성공으로 다른 나라들 역시 포병 기술의 중요성을 인식하게 됐다.

폭력의 현재

잘 훈련된 폭력은 현대에도
패권 획득의 핵심적 수단이다

21세기 현대에는 샤한샤의 자리를 획득하는 데 폭력이라는 수단이 사라졌을까? 절대 아니다. 지금도 강대국은 폭력이라는 수단을 결코 버리지 못한다. 폭력을 막기 위해서는 더 크고 잔인한 폭력이 있어야 한다는 명분을 내세운다. 역사적 시행착오가 남겨준 교훈은 폭력을 추방하거나 줄이는 데 사용되지 않았다. 오히려 폭력 사용의 대가를 줄이고, 폭력의 형태와 규모를 교묘히 발전시키고 정교화하는 데 사용됐다. 21세기 최고의 강대국인 미국과 중국도 예외가 아니다. 현대에도 '잘 훈련된 폭력'은 권력의 쟁취와 유지, 샤한샤라는 글로벌 절대패권국 지위를 획득하고 지속하는 데 필수적이다.

과거와 다른 점이 있다면, '야만적 폭력 방식'이 '세련된 폭력 방식'으로 변신했다는 것이다. 너무나도 교묘하게 포장되고 잘 훈련됐기에 폭력을 폭력으로 인식하지 못할 뿐이다. 인간이 폭력을 야만적인 형태에서 세련된 형태로 변신시킨 과정은 복잡하며, 이는 사회적·정치적·경제적·문화적 발전과 긴밀하게 연관되어 있다. 이 변화는 수천 년에 걸쳐 일어났으며, 나의 분석으로는 네 가지 형태를 거쳐 발전해왔다.

폭력의 발전 단계

1단계는 '야만적 형태의 개인 및 소규모 폭력'이다. 최초의 폭력은 인간 모두가 본능적으로 갖고 있는 '야만성'이 가감 없이 표출되는 상태였다. 주로 원시 사회에서 대면적이고 직접적으로 이뤄지는, 개인이나 소규모의 집단적 폭력이 이런 형태였다. 목적은 종종 보복, 명예를 위한 싸움 또는 개인적인 분쟁과 작은 권력의 획득이었다.

2단계는 '야만적 형태의 국가 및 대규모 폭력'이다. 주로 고대 사회 초기에 등장한 폭력의 형태다. 이 시기는 문명이 상당한 수준으로 발전을 이뤘을 때다. 하지만 폭력을 구사하는 현장에서는 여전히 야만적 특징이 그대로 드러난다. 물론 1단계와는 특징이 달라진다. 이 단계에서는 문명인과 야만인을 구별하고, '야만인에게는 야만적 폭력을 구사하는 것이 정당하다'라는 논리가 만들어졌다. 폭력 구사의 규모도 개인이나 소규모에서 벗어나 국가나 대규모 단위로 확장됐다. 국가나 대규모 집단이 구사하는 폭력이기에 대중이 지지하는 명분과 정당성을 부여받아야 하는 이상한 순환 구조가 작동한다. 어찌 됐든, 폭력의 이유가 1단계보다 약간 세련되어진 셈이다. 의외로 이런 시기는 상당히 오래 유지됐다.

대표적인 사례가 고대 이집트다. 수천 년에 걸쳐 남겨진 고대 이집트의 벽화나 예술품을 보면, 이집트인이 외국인의 머리를 붙잡고 막대기로 때리는 야만적 폭력 구사 장면이 자주 등장한다. 이런 장면들이 사원의 입구나 권력자의 무덤에서 나온다는 것은 이 시기 사람들도 '폭력은 권력과 지배를 상징한다'라는 것을 알고 있었음을 의미한다. 이집트는 기원전 3100년경에 나일강 유역에서 시작됐고, 세계적으로 매우 오래된 문명 중 하나다. 이집트문명의 초기를 '고대 이집트'라고 부르는데, 이 시기는 다시 고왕국(B.C. 2686~2181), 중왕국(B.C. 2055~1650), 신왕국(B.C. 1550~1077)으로 세분된다. 고왕국 시기 이집트는 기자의 대피라미드와 스핑크스 등을 건설하는 등 피라미드 건축의 전성기라고 불릴 정도로 발전한 문명기를 구가했다. 하지만 폭력에 대한 생각과 수준은 매우 야만적이었다. 고대 이집트인들은 자신들을 특별한 존재로 여기고 이집트인과 비이집트인(외국인)을 명확하게 구분했다. 비이집트인을 극도로 천박하고 역겨운 존재로 취급했고, 매를 맞아야 말귀를 알아듣고 고분고분해진다고 믿고 야만적 폭력을 거침없이 구사했다.

야만인에게는 야만적 폭력을 거침없이 구사해도 된다는 이들의 신념은 어디에서 비롯됐을까? 가장 유력한 이유는 '선민의식'이다. 이집트문명은 나일강이라는 독특한 자연환경에서 발전했으며, 이는 그들의 세계관과 자아 인식에 깊은 영향을 미쳤다. 고대 이집트인들은 나일강을 생명의 원천, 신성하고 풍요로운 땅, 신들의 선물로 여겼다. 파라오는 신의 현신이라고 믿었고, 외국인은 신들의 뜻에 어긋나는 존재로 여겼다. 이런 자기중심적 세계관을 가졌기에 자신들의 문화와 전통은 높이 평가하는 반면 자국 밖의 세계(땅)는 야만으로 인식했다.

'야만'이란 용어는 폭력을 정당화할 때 반드시 등장한다. 이 용어는 문명화되지 않았거나, 덜 발달한 문화 또는 사회를 지칭하는 데 사용된다. 당연하게도, 종종 편견이나 가치판단이 내재해 있다. 고대 그리스에서도 자신들과 다른 언어를 사용하거나 자신들의 문화를 공유하지 않는 사람들을 '바바리안barbarian'이라고 불렀다. 이 용어는 미개하거나 문명화되지 않았다는 부정적인 의미를 담고 있다. 그리스인은 자신의 언어와 문화를 공유하지 않는 모든 사람을 가리켜 '말을 하지 못하는 사람'이라는 뜻으로 '바르바로이barbaroi'라고 불렀다. 이는 그들의 말이 '바르바르' 소리처럼 들린다는 데서 유래했을 것으로 추정한다. 로마인도 이 용어를 비슷한 의미로 사용했지만, 어감이 약간 달랐다. 로마인들은 제국주의 확장에 따라 자국의 경계를 넘어서는 다양한 민족과 사람들을 지칭하는 데 '바바리안'이란 용어를 사용했다.

중세 유럽에서도 '바바리안'이란 용어가 종종 사용됐다. 이들은 북유럽과 동유럽의 민족을 포함하여 기독교화되지 않은 사람들을 미개인, 야만인으로 취급했다. 대항해 시대와 근대에 들어서도 문명인과 야만인의 구별은 국가의 집단적 폭력을 정당화하는 데 사용됐다. 유럽은 아시아와 아메리카 대륙을 '야만 지역'으로 선포하고 식민지화를 정당화했다. 또한 일본은 '문명개화文明開化'라는 말을 사용하며 자신들의 군사적 폭력과 식민지화를 정당화했다. '문명'이라는 단어는 비문명·야만을 전제하고, '개화'라는 단어에는 폭력을 미화하려는 목적이 숨어 있다.

3단계는 '합법화된 형태의 국가 폭력'이다. 이 단계는 함무라비 대왕이 법을 통해 국가 폭력을 정당화하면서 시작됐다. 이제 개인은 합법적 폭력을 구사할 수 없게 됐다. 개인의 폭력은 어떤 이유에서든 모두 '죄'다. 오직 국가만이 합법적으로 폭력을 구사할 수 있다. 국가는 법적·정치적 수단을 통해 폭력을 제도화하고 정당화할 수 있다. 예를 들어 형벌, 전쟁 선포, 경찰력의 사용 등이 이에 해당한다. '공권력公權力'이라는 단어도 등장한다. 사전적 의미는 '국가나 공공 단체가 국민에 대하여 우월한 의사 주체로서 명령·강제하는 권력'이다. 이 단어를 사용하면, 국가 단위의 폭력이 국민의 의사나 자유를 강제할 수 있을 정도로 우월성을 확보한다. 야만인뿐만 아니라 내국인 중에서도 대중의 심리를 거슬리게 하거나 권력에 도전할 경우 합법적으로 폭력 구사가 가능해진다. '공권력'이라는 이름이 붙으면, 내국인이나 정적을 향한 야만적 폭력도 정당화될 수 있다. 야만적이고 끔찍한 군사적 폭력이라도 국가 안보, 경제적 이익, 사회적 정의 등의 명목으로 정당화·합리화되면 얼마든지 구사할 수 있게 된다. 국가 단위에서는 누구를 죽이는 전쟁이든, 몇 명을 죽이든 명분만 설득이 되면 죄가 아니다. 비난을 받더라도 용서가 가능해진다.

이 단계에서는 국가 단위에서 '외교'와 '동맹'이라는 이름하에 폭력의 연합도 활발해진다. 폭력을 막기 위해 더 큰 폭력이 필요하다는 논리가 찬사를 받는다. 어떤가. 2단계보다 더욱 세련되어지지 않았는가!

4단계는 '간접적이고 은밀한 방식의 폭력'이다. 폭력이 폭력처럼 보이지 않는 단계다. 국가 권력조차 보다 은밀하고 간접화되는 형태로 발전한다. 군사적 폭력이나 야만적이고 물리적인 폭력은 줄어들지만, 정치적·경제적·사회적 목적을 위해 폭력이 재창조된다. 그리고 사회적·경제적·문화적 구조를 약자의 이익을 약탈하고, 타깃이 된 이들에게 폭력을 구사할 수 있는 도구로 바꾸는 작업이 진행된다. 군사적 폭력을 구사하더라도, 선진 국가에서는 대리전이나 비대칭 전쟁을 통해 간접적으로 은밀하게 폭력을 행사하는 방식을 개발해나간다.

이 단계의 중요한 특징 중 하나는 '인식의 어려움'이다. 폭력이 너무나 세련되게 변신하기에 일반인은 폭력으로 인식하지 못하는 상황이 연출된다. 피해 역시 즉각적으로 또는 단기간에 나타나지 않으며 심리적 트라우마, 사회적 소외, 경제적 손실 등의 형태로 장기간에 걸쳐 가해진다. 직접적인 살상보다는 심리적 조작, 경제적 압박, 정보 조작 등을 통해 이뤄지기 때문이다. 심지어 피해가 명확히 드러나지 않는 경우도 많다. 이 정도로 폭력이 세련되어지면, 야만적인 폭력보다 더 위험하고 해로워진다. 하지만 일반인은 이를 폭력으로 생각하지도 못한다. 선진국으로 갈수록, 문명이 발전할수록 4단계의 폭력으로 넘어간다. 그래서 나는 이 단계를 '선진국형 폭력'이라고 부른다(이에 대해서는 앞으로 차근차근 설명해나가겠다).

지금도 절대 권력을 둘러싼 폭력과 경쟁은 진행 중이다. 대륙 곳곳에서 일어나고 있다. 그중 가장 크게 주목해야 할 '주인공'은 누구일까? 현시점에서 가장 강력한 힘을 구사할 수 있는 나라는 어디일까? 짐작하겠지만 단연 미국이다. 그다음은? 중국이다. 중국은 도전하고 미국은 수성하며, 두 나라는 글로벌 절대 권력을 치열한 전쟁을 벌이고 있다. 이 전쟁에서 승리하려면 폭력이라는 원시 수단, 가장 오래되고 확실하게 검증된 패권 획득 수단의 경쟁에서 우위를 점해야 한다. 지금 당장 미국과 중국이 군사적 폭력 전쟁을 벌인다면 과연 누가 이길까? 이 질문의 답을 얻으려면, 두 나라가 보유한 폭력의 힘을 측정해봐야 한다.

폭력의 현재

폭력의 힘은 어떻게 측정할 수 있을까? 나는 폭력 도구의 우수성, 폭력의 규모, 잔인함 등 세 가지를 가지고 측정해볼 수 있다고 생각한다. 폭력 도구의 우수성은 '기술' 의존적이고, 폭력의 규모는 경제력과 외교력에 의존하며, 폭력의 잔인함 수준은 도구의 살상력으로 판단할 수 있다.

폭력 도구의 우수성을 측정하는 방법

먼저, 폭력 도구의 우수성을 비교해보자. 이를 위해서는 직접적인 군사 기술과 간접적인 산업 기술을 종합적으로 비교해야 한다. 미국은 직접적인 군사 기술은 물론이고 간접적인 산업 기술도 중국과 러시아를 압도한다. 특히 미래 기술과 산업에서 큰 격차를 유지 중이다. 미국이 중국에 대해 기술 장벽을 높이 쌓은 이유 중 하나도 미래 군사력의 격차를 벌리기 위해서다.

과학기술은 새로운 제품과 서비스를 만들어 산업의 발전을 이끌지만, 사실 군사적 폭력의 수준을 높이는 데 가장 먼저 사용된다. 우리가 현재 친숙하게 사용하는 과거의 혁신적인 제품들(컴퓨터, GPS, 인터넷, 레이다, 전자레인지, 내시경 등)은 모두 군대에서 먼저 사용되던 것들이다. 미래 산업이라고 촉망받는 로봇, 사이보그, 입는 로봇, 투명 자동차, 무인 비행기 및 자동차 기술, 미래형 통신 시스템 등이 이미 군사용으로 연구되고 시험적으로 사용되고 있다. 미국은 수십 킬로그램의 군장을 짊어져도 무게를 거의 느끼지 않고, 수백 킬로그램의 포탄을 자유롭게 들고 다니는 기술을 군대에서 실험 중이다.

미국 국방성은 2030년까지 미래 기술을 활용하여 군대 전체 전력의 30%를 로봇, 사이보그, 인공지능AI 등으로 대체할 계획이다. 예를 들어 로봇과 사이보그 기술을 사용하여 인간 병사를 보호하거나 인간 병사를 대체하여 위험한 임무를 수행시킨다는 뜻이다. 현재 록히드마틴사가 개발한 외골격 로봇 블릭스BLEEX는 90킬로그램의 군장을 지고도 시속 16킬로미터로 달릴 수 있는 수준이다. 무인 기갑 로봇과 원격 조종 로봇 병사 등도 곧 실전에 배치될 예정이다. 빅데이터로 적군의 동향을 분석하여 작전 계획을 수립하고, 엄청난 속도로 발전 중인 AI

를 활용하여 지휘통제·정보 분석·작전 수행을 지원할 것이다. 하늘에서는 수많은 무인 항공기가 떠다니면서 정찰, 공격, 감시 임무를 수행할 것이다. 전쟁터에서는 3D 프린팅 기술을 사용하여 군수물자의 생산 및 공급을 효율화할 계획이다. 이런 계획이 실현되면 미래 전쟁의 양상은 크게 바뀐다.

이 외에도 미국은 생화학, 나노, 로봇, 항공 우주 기술 등을 활용한 미래형 무기 개발에서도 세계 최고의 능력을 보유하고 있다. 예를 들어 '신의 지팡이Rods from God'라는 별명을 가지고 있는 위성 병기는 우주 위성에서 지상으로 핵미사일급 폭격을 할 수 있다. 이처럼 미국은 폭력 도구의 우수성을 가름하는 직접적인 군사 기술과 간접적인 산업 기술에서 모두 중국, 러시아를 압도한다.

폭력의 규모를 측정하는 방법

다음으로 폭력의 규모를 비교해보자. 현재의 군사 규모와 외교 네트워크를 비교하면 된다. 먼저, 현재의 군사 규모다. 2023년 미국 국방성 공식 발표 기준, 미국은 전 세계 80여 개국에서 750개 이상 되는 군사기지를 운영 중이다. 이 중 해외에 있는 군사기지는 약 550개다. 가장 많은 기지가 운영되는 나라는 독일(111개), 일본(54개), 한국(53개), 이탈리아(33개), 영국 (29개) 순이다. 공군기지는 약 300개, 육군기지는 약 200개, 해군기지는 약 100개, 해병대기지는 약 50개다. 미국은 소련과의 냉전이 종식된 이후 해외에 있는 전체 기지 숫자는 줄이고 있지만, 중국과의 군사적 경쟁이 심화됨에 따라 태평양 지역에 재

배치하거나 새로운 기지를 설립하고 있다.[11]

미국의 병력은 220만 5,050명(현역 135만 9,450명, 예비역 84만 5,600명)으로 중국의 320만 5,000명(현역 203만 5,000명, 예비역 51만 명, 준병역 66만 명)보다 적다.[12] 하지만 글로벌 파이어파워Global Firepower에서 각국 군사력의 강도를 평가한 '군사력 지수GPI'에서는 미국이 부동의 1위다. 그 뒤를 이어 2위 러시아, 3위 중국, 4위 일본, 5위 인도, 6위 영국, 7위 프랑스, 8위 브라질, 9위 독일, 10위 한국 순서다. 현대전은 전체 병력의 숫자가 승패의 관건이 아니다. 첨단 무기를 통한 조준 타격, 빠르고 강력한 대규모 공습 등을 통해 적이 군대를 움직일 여유를 주지 않고 전쟁을 종료시키기 때문이다. 따라서 항공모함, 미사일, 전투기 능력이 더 중요하다.

역사적으로 볼 때 세계를 지배하려면 반드시 바다를 장악해야 했다. 21세기에도 국제 교역의 90%는 해상을 통해 이루어진다. 미군의 해군력은 압도적이며 전 세계 해군력의 60%를 차지한다. 2022년 기준, 미국은 항공모함 15척을 보유하고 있다. 중국 3척의 5배, 러시아 1척의 15배다. 미국의 동맹국인 영국, 프랑스, 스페인, 이탈리아 등 7개국이 가진 항공모함까지 합하면 그 차이는 더욱 벌어진다.[13]

중국이 보유한 항공모함은 성능도 뒤처진다. 2012년 내놓은 첫 항공모함 랴오닝함은 훈련용 항모에 불과하다. 1998년 중국은 소련이 건조하다가 돈이 없어 중단한 항공모함을 우크라이나를 통해 구입한 후 14년 동안의 연구·개조를 거쳐 2012년 첫 항공모함 랴오닝함으로 내놓았다. 배수량 6만여 톤, 디젤 추진, 스키점프대 방식의 구형 항공모함이며 '훈련용'으로 사용해왔다. 2017년에는 두 번째 항공모함 산둥함을 자체 개발해 2019년 실전에 배치했다. 하지만 운항 중인 산둥함은 겨우 30대 전후의 J-15 함재기를 보유하고 있다. 성능이나 작전능력 면에서 엄청난 격차다. 2022년에는 2025년 취역을 목표로 세 번째 항모 푸젠호 건조를 시작했다. 그리고 2023년에는 다롄조선소에서 랴오닝함 개조 작업을 시작했으며, 전투용 항공모함으로 전환한 랴오닝함 갑판에 중국의 차세대 스텔스 전투기 J-35와 J-15 함재기를 탑재했다. 중국 시진핑 정부는 2035년까지 최소 6개의 항공모함 전투단을 창설한다는 계획을 세웠다.[14] 이 계획이 성공해도 중국의 항공모함 전력은 미국을 따라잡기 힘들다.

미국의 항공모함은 '바다 위를 떠다니는 군사기지'로 불린다. 건조 가격이 약 2조 5,000억~7조 5,000억 원에 달하며, 유지비만 해도 연간 3,000억~5,000억 원이나 든다. 항모 1척은 갑판 크기만 축구장 3개와 맞먹는다. 원자로 2기를 이용해 4개의 증기 엔진으로 26~28만 마력을 내고, 최대 속력이 30노트(시속 약 55킬로미터)이며, 20년 동안 연료 재공급 없이 임무를 수행할 수 있다. 탑승하는 근무 장병만 4,000~4,200명이다.

초대형 규모의 항공모함은 '항모강습단'이라는 부대 편성으로 움직인다. 모선인 항공모함을 비롯해 24개 표적에 한 번에 대응할 수 있고, 최대 사정거리가 2,500킬로미터인 토마호크 크루즈 미사일이 탑재된 이지스 순양함, 9,600톤급 이지스 구축함 3~4척, 군수지원함, 핵미사일을 탑재한 전략핵잠수함SSBN 1~2척, 조기경보기, 대잠 및 해상 작전 헬기, 최신 전투기 등이 함께 움직인다. 미 항공모함 1척에는 최대 속도 마하 1.7의 F/A-18 슈퍼호넷 전투기, 반경 550킬로미터까지 탐색하고 2,000개 이상의 목표물을 한 번에 탐지하는 공중조기경보기 호크아이(E-2C), 적의 레이다를 교란하는 그라울러 전자전기(EA-18G), 대잠수함 작전 수행용 해상 작전 헬기(MH-60 R/S) 등을 비롯한 항공기 80여 대가 탑재된다. 1개 항모강습단이 보유한 토마호크 미사일도 1,000발 정도나 된다. 전쟁이 발발하면 1개의 항모강습단에 초대형 상륙강습함도 동원되어 위력을 배가한다. 상륙강습함 와스프함(LHD-1)은 중형 항모와 맞먹는 크기이고, F-35B 스텔스 전투기, CH-53·CH-46 중형 수송 헬기, AH-1W 공격헬기, MV-22 오스프리 수직이착륙기 등 31대의 항공기를 탑재하고 해병대원 2,200여 명을 실어 나를 수 있다. 하나의 항모강습단 전력을 모두 합산하면 140억 달러(약 15조 원) 규모다. 4개 항모강습단의 전력을 합하면 한국의 1년 국방비와 맞먹는다. 세계 군사력 순위 36위 정도인 북한 같은 작은 나라라면 미국의 1~2개의 항모강습단 전력으로 초토화할 수 있고, 영국·프랑스·한국처럼 세계 군사력 순위 5~10위권 국가도 3~4개의 항모강습단 전력이면 무력화할 수 있다.[15]

그 외에도 미 해군의 함대는 777척으로 러시아의 603척, 중국의 490척보다 많다. 헬리콥터 모함 함대도 미국은 20척을 보유 중인데, 중국과 러시아는 전무하다. 잠수함은 중국이 79척으로 미국(68척), 러시아(64척)보다 많다. 하지만 미국의 핵추진잠수함 1대에는 핵탄두를 탑재한 잠수함발사탄도미사일SLBM 20발 정도가 실려 있다. 미 해군은 핵추진잠수함을 50척 정도 보유하고 있는 반면, 중국은 62척의 잠수함 중 7척만 핵추진 방식이다.[16] 구축함은 미국이 92척으로 중국(50척)과 러시아(15척)를 압도한다. 미 해군은 전투기 1,300기를 보유하고 있고, 해병대를 포함한 전체 해군 병력이 45만 명이다.[17]

미국의 공군 장비는 항공기 1만 3,233대로 러시아(4,144대)와 중국(3,260대)을 압도한다. 전투기는 1,956대로 중국(1,200대), 러시아(789대)를 능가한다. 미국의 전투기는 숫자에서 중국과 러시아를 압도하지만, 성능도 최고 수준이다. 미국의 5세대 전투기 F-22 Raptor는 레이다에 탐지되지 않고, 적외선 탐지율도 낮다. 초음속 순항, 뛰어난 기동성, 고도화된 항공전자 무기다. 그래서 전투기의 기능뿐만 아니라 초소형 조기경보기 역할도 담당할 수 있다. 최대 속도 시속 2,655킬로미터에 최대 비행 반경 3,700킬로미터이며, 총 186대를 보유 중이다. 중국도 5세대 전투기(J-31)를 보유하고 있지만 겨우 2대에 불과하다. 4.5세대 전투기 J-11/Su-30MKK 등을 보유했지만, 중국 공군의 주력은 J-7, J-8과 같은 3세대 전투기다. 러시아의 5세대 전투기(Su-75)도 2대에 불과하다.[18] 미국은 4.5세대 전투기(F/A-18E/F Super Hornet)도 670대를 보유하고 있지만, 중국은 50대(J-15), 러시아는 100대(Su-35S)에 불과하다.

미국은 보유량, 기술 수준에서 러시아와 중국을 모두 압도한다. 미국은 수송기도 945대로 러시아(429대)와 중국(264대)보다 많다. 미국 공군은 헬리콥터도 5,436대로 러시아(1,540대)와 중국(902대)을 압도한다. 전투기의 작전 시간을 늘릴 수 있는 공중 급유기는 미국이

625대로 중국(3대), 러시아(19대)와 비교할 수 없을 정도로 많다. 공중 급유기는 세계 최강 공군 전력을 떠받치는 하늘의 병참 보급 기지라고 할 수 있다.

2024년, 미국 우주군 소속 우주시스템사령부SSC는 공중 급유 시스템을 우주 공간에서도 가능하게 하는 연구를 시작했다. 군사위성에 연료를 공급해 수명을 연장하거나 미래의 우주 전투기 시대를 대비하는 연구다. 정찰 위성은 정찰 목표에 따라 궤도를 자주 변경하기 때문에 연료 소모량이 많다. 연료가 떨어지면 임무 수행을 위한 정밀한 궤도와 각도를 유지하는 능력이 저하되기 때문에 폐기해야 한다. 만약 우주 공간에서 이런 위성에 연료를 보급할 수 있다면 사용 기간을 연장할 수 있다. SSC는 노스롭 그루먼Northrop Grumman의 수동 재급유 모듈PRM을 탑재한 군용 정찰 위성과 우주 급유기인 지구동기궤도 보조 지원 급유기GAS-T를 개발하기로 했다.[19] 이런 압도적 군사 전력을 기반으로 미국은 세계 어디든 120시간 이내에 사단 규모의 병력을 보낼 수 있다. 현재 자국 본토 방어를 넘어 전 세계 어느 곳이라도 대규모 연합훈련을 하고 자국 군인을 주둔시킬 수 있는 경제력과 군사력을 가진 나라는 미국뿐이다.

육군의 무기 수준은 미국과 중국이 비슷하고 러시아가 상대적으로 약한 듯 보인다. 2022년 기준 미국의 육군 장비는 전차 6,100대, 병력 수송 장갑차 4만 대, 자주포 1,500문이다. 중국은 전차 3,205대, 병력 수송 장갑차 3만 5,000대, 자주포 1,970문을 보유 중이다. 러시아는 전차 1만 3,000대, 병력 수송 장갑차 2만 7,100대, 자주포 1만 452

문을 보유 중이다.[20] 미국 육군은 장갑차와 탱크에서 수적 우위를 확보하고 있으며, 중국 육군은 자주포에서 수적 우위를 보여준다. 러시아는 전차 숫자가 미국의 2배를 넘는다. 그러나 러시아와 중국의 전차와 장갑차 일부는 구형 모델이며, 현재 교체 중이다. 미국의 주력 전차 모델은 M1A2 Abrams SEPv3, 중국은 99A, 러시아는 T-14 Armata이다. 미국의 M1A2 Abrams SEPv3 전차는 장거리 사격에서 우위를 점하고, 첨단 FCS^Fire Control System(사격 통제 시스템) 및 능동 방호 시스템으로 적의 공격을 방어할 수 있다. 중국의 99A 전차는 뛰어난 기동성을 활용한 기습 공격이 가능하고, 폭발반응장갑^ERA 및 능동 방호 시스템으로 방호력이 강화됐으며, 생산 비용이 저렴하다는 장점이 있다. 러시아의 T-14 Armata 전차는 최고 속도가 높아 전술적 유연성을 확보했고, 첨단 능동 방호 시스템을 구축했다. 하지만 러시아-우크라이나 전쟁에서 미국산 장갑차 브래들리에 생각보다 쉽게 파괴되는 치명적 약점을 보였다.[21]

미국의 군사력은 질적인 수준에서도 세계 최강이다. 미국은 전 세계 어느 곳에서든 핵 위협과 국지전 발발 징후가 포착되면 'SBX-1'을 급파한다. SBX-1은 이동이 가능한 장거리탄도미사일^LRBM 탐지 전용 대형 X-밴드 해상 레이다 시스템이다. 미국 미사일방어국^MDA 탄도미사일방어^MD 체계의 핵심 요소로 대당 1조 원이 넘는다. 거대한 반잠수식 석유 시추 플랫폼 위에 설치되어 있으며, 축구장 크기에 맞먹는 거대한 X-밴드 레이다를 보유하고 있다. 고성능 X-밴드 레이다가 장착되어 있어서 최대 4,800킬로미터 떨어진 곳의 야구공까지 탐지할 수 있다. 마하 20으로 날아오는 대륙간탄도미사일ICBM을 수천 킬로미터 밖에서 탐지하여 요격할 수 있는 능력이다.[22]

미국은 레이저로 미사일을 격추하는 ABL[23] 시스템을 개조한 보잉747-400F 화물기에 탑재하여 운용하고 있다. ABL 시스템은 고출력 화학 산소 요오드 레이저COIL를 사용하여 적의 탄도미사일을 발사 초기 단계에서 요격하는 미사일방어시스템이다. 적 탄도미사일의 추진체를 레이저 에너지로 가열하여 파괴하는 요격 방식을 사용한다. 미국은 1996년에 ABL 프로그램을 시작했는데 기술적 어려움, 높은 비용, 예산 절감 등의 이유로 2014년에 중단했다. 하지만 ABL 프로그램에서 개발된 기술들은 미래 미사일방어시스템을 개발하는 데 중요한 역할을 하고 있다.

미국은 공중 급유 한 번으로 어디든지 날아가 핵 폭격을 할 수 있는 대당 2조 원짜리 B2 스텔스 폭격기를 20대나 보유하고 있다. 이들은 2058년까지 운용 계획이 되어 있다. 레이다에 거의 감지되지 않도록 스텔스 기술로 설계됐고, 한 번에 1만 1,100킬로미터 이상 비행할 수 있다. 공중 급유 한 번을 받으면, 전 세계 어디든 한 번에 갈 수 있다. 핵폭탄을 최대 16발 장착할 수 있고, 공대지 미사일과 공대공 미사일 다수를 탑재하고 있다. 현재 미국은 B-2 폭격기를 대체할 차세대 스텔스 폭격기 B-21 Raider 도입을 준비 중이다. 미국은 전쟁이 벌어지면 이런 무기들을 빠르게 대량으로 생산해낼 수 있는 군수 조달 능력까지 보유하고 있다.

미국은 국방비 지출도 세계 최고다. 2023년 기준 7,616억 달러의 국방비를 지출했다. 중국(2,300억 달러)의 3.3배, 러시아(826억 달러)의 9.2배, 한국(421억 달러) 18배이며 세계 2위부터 30위까지 국가들의 국방비를 전부 합친 규모와 비슷하다.[24] 미국 민간 군수 기업의 역량도 세계 최고다. 2002년 이후 상위 100대 무기상 대부분이 미국 기업이다. 이들의 기업 가치는 매년 평균 37%씩 증가했다. 그 결과 미국은 세계 최대의 무기 수출국이 됐으며, 2위 수출국인 이탈리아의 10배를 넘는 무기를 수출하고 전 세계 무기 계약의 70% 정도를 장악하고 있다.[25] 중국도 지난 20년 동안 국방비 지출 총액을 꾸준히 늘렸다. 2023년 중국의 국방비 지출은 2조 9,300억 위안 정도로, GDP 대비 1.7% 수준이었다. 총액으로는 나머지 아시아 국가들의 국방비 총액보다 많지만,[26] 미국의 2023년 GDP 대비 3.5%보다 적다. 종합적으로, 단독적인 군사 규모와 능력은 미국이 중국이나 러시아보다 1~2세대 앞서 있다고 평가해도 틀린 말이 아니다.

폭력의 규모를 증가시키는 외교 네트워크(동맹 네트워크)를 비교해 보자. 일단 동맹의 규모 면에서 미국이 중국을 압도한다. 미국은 전 세계적으로 광범위한 군사적 동맹 관계를 구축하고 있다. 미국과 대표적 동맹 관계인 EU, 영국, 호주, 일본, 한국 등의 군사력과 경제력을 합하면 중국의 동맹(북한, 러시아, 파키스탄, 이란 등)을 압도한다. 미국은 회원국 중 하나가 외부 공격을 받을 경우, 다른 회원국들이 이에 대응하여 지원하는 상호 군사 협력 조약을 다수 체결했다. 가장 큰 규모의 조약기구는 1949년에 설립된 NATO다. 그 외에도 미국이 호주, 뉴질랜드와 1951년에 맺은 태평양 지역에서의 상호국방협력조약ANZUS, 1951년에 체결한 필리핀과의 상호방위조약, 1953년에 체결한 한국과의 상호방위조약, 1960년에 체결한 일본과의 안전보장조약이 있다. 공식적인 조약은 없지만 1980년대부터 이스라엘과 긴밀한 군사적 협력 관계를 구축하고 있고, 중동 지역에서도 사우디아라비아·쿠웨이트·바레인 등과 중동 지역의 안정 유지 및 상호 이익 보호를 위한 군사적 협력을 하고 있다.

미국은 정보 협정에서도 중국을 압도한다. 미국은 영국, 캐나다, 호주, 뉴질랜드와 함께 정보 공유 동맹을 맺은 파이브 아이즈Five Eyes 회원국이다. 이 동맹은 서로의 국가 안보를 강화하기 위해 정보를 공유하며 주로 국가 안보, 테러리즘, 사이버 위협, 국제 범죄와 같은 분야에서 협력한다. 파이브 아이즈의 기원은 제2차 세계대전 중 영국과 미국 사이에 체결된 영미정보협정UKUSA Agreement으로 거슬러 올라간다. 이후 캐나다, 호주, 뉴질랜드가 차례로 협정에 가입하며 오늘날의 파이브 아이즈 동맹이 형성됐다.

미국의 동맹들은 영국처럼 뿌리를 같이하거나, 한국처럼 혈맹이거나, 일본처럼 고도의 이익으로 묶인 동반자 관계로 구성되어 있다. 반면, 중국의 대표적인 정보 협력국은 러시아와 북한 정도다. 그 외에는 전통적인 의미에서의 정보 협력 조약보다는 다양한 국가와의 양자 또는 다자간 협정을 통해 정보를 교류하고 협력하는 관계를 구축하고 있다.

대표적으로 상하이협력기구SCO가 있는데, 정보 교류 및 안보 협력을 포함한 광범위한 분야에서 협력하는 다자간 플랫폼이다. 2001년에 설립된 이 기구는 중국, 러시아, 카자흐스탄, 키르기스스탄, 타지키스탄, 우즈베키스탄이 창립 회원국이며 이후 인도와 파키스탄이 가입했다. SCO는 주로 중앙아시아의 안보와 안정을 증진시키는 것을 목표로 하며 테러리즘·분리주의·극단주의에 대한 공동 대응, 경제 및 문화를 포함한 다양한 분야에서 회원국 간 협력을 촉진한다.

중국은 인접 국가들과 국경 안보, 대테러, 사이버 보안 등의 협력을 하고 있다. 그러나 이런 협력은 공식적인 정보 협력 조약이라기보다는 통상적인 국가 간 협정 및 협력의 형태에 불과하다. 종합적으로 중국은 다양한 기구와 협정을 통해 정보 교류 및 안보 협력을 추진하고 있으나, 파이브 아이즈와 같은 공식적이고 명시적인 정보 협력 조약은 맺고 있지 않다.

중국과 혈맹 관계로 묶인 나라도 매우 적다. 북한과 러시아 정도다. 두 나라는 군사 훈련, 대테러 작전, 사이버 보안 등의 분야에서 긴밀히 협력하고 있으며, 이런 협력은 상호 간의 전략적 파트너십을 강화하는 데 기여한다. 하지만 북한의 김정은은 중국을 믿지 않는다. 중국과 러시아는 동맹인 동시에 경쟁 관계라는 묘한 형태를 오랫동안 유지해왔다. 그리고 중국과 관계를 맺고 있는 나머지 나라들은 대부분 '일대일로一帶一路'라는 정책 아래서 돈에 발목이 잡힌 상태라고 볼 수 있다.

중국은 GDP의 70%를 대외교역에 의존하는데 그 물동량의 85%가 바다를 통해 이동한다. 특히 식량, 석유 등의 전략적 물자는 대부분

해양 수송에 의존한다. 글로벌 샤한샤 자리를 두고 치열한 경쟁 관계에 있는 미국이 인도양과 믈라카해협의 수송로를 봉쇄하면 치명타를 입는다. 2013년, 시진핑 주석은 '일대일로' 전략을 발표했다. 일대일로는 중앙아시아와 중동을 거쳐 유럽까지 이어지는 육상 실크로드인 일대one belt, 명나라 정화의 대선단이 개척한 남중국해와 인도양을 거쳐 아프리카까지 이어지는 해상 실크로드인 일로one road를 일컫는 말이다.

표면적 목적은 정책 소통, 인프라 연결, 무역 확대, 자금 조달, 민심 상통이다. '정책 소통'은 국가 간 정책 교류를 확대하여 상호 협력하고 발전에 도움을 주는 것이다. '인프라 연결'은 주요 국가의 거점별로 육로, 수로, 항만 등 교통 인프라를 공동 구축하여 상호 간에 기술 표준화 시스템을 연계하는 것이다. '무역 확대'는 일대일로에 연결된 국가들의 무역 장벽을 제거하는 것이다. '자금 조달'은 아시아 통화 안정을 위해 금융 협력 시스템을 강화하고, 아시아인프라투자은행AIIB · 아시아개발은행ADB · 브릭스BRICs 같은 국제 금융기구들과의 협력을 강화해나가는 것이다. 마지막으로 '민심 상통'은 인적 교류, 문화관광 교류, 학술 교류, 과학기술 교류 등을 확대해나가는 것이다.

하지만 중국의 속내는 따로 있다. 미국이 구축한 해상 포위망을 돌파하고 미국에 필적하는 육상 무역로를 개척하는 것이다. 동시에 중국의 무역로를 통과하는 나라들을 중국의 경제적 동맹, 더 나아가 안보 동맹으로 묶으려는 속내다. 그뿐 아니라 중국은 일대일로를 통해 에너지 확보를 굳건히 하려고 했다.[27] 에너지는 경제 발전과 무력 전쟁 승리의 필수적 자원이다. 시진핑 주석은 일대일로 안에 연결된 65개 국가를 에너지를 수출하거나 수입하는 나라라는 공통 이해관계로 묶었다. 중국을 제외하고도 일대일로상에 있는 나라들에 매장된 원유는 전 세계 70%, 천연가스는 72%에 달한다. 중국은 이미 이 나라들을 통해 원유의 66%, 천연가스 86%를 수입하고 있다.

2024년 현재, 중국의 일대일로 전략은 어떤 결과를 낳았을까? 참여국들에서 교통·에너지·통신 등 인프라 개발을 촉진하여 경제 발전 기반을 마련하고, 참여국 간의 경제 협력을 강화하고 지역 통합이 촉진된 것은 긍정적 결과다. 하지만 일대일로 참여국들의 인프라 투자 확대에서 가장 큰 수혜자는 중국 기업들이라는 볼멘소리가 커지고 있다. 특히 중국은 다섯 가지 표면적 명분을 가지고 68개국에 총 8조 달러(약 8,552조 원)가 넘는 엄청난 자금을 빌려주고 경제적으로 예속시켰다. 그 결과 일부 저개발 국가가 과도한 부채를 떠안게 돼 국가 재정위기에 맞닥뜨리기도 했다. 2016년 스리랑카는 빚을 갚지 못해 스리랑카항만공사SLPA 지분 80%를 중국 국유 항만 기업 자오상쥐招商局에 매각하고, 99년간 항구 운영권을 넘겨야 했다.[28] 620억 달러를 빌린 파키스탄, 67억 달러를 빌린 라오스를 비롯해서 몽골·몰디브·키르기스스탄·타지키스탄·지부티·몬테네그로 등 8개국도 빚을 갚기 어려운 상태까지 몰렸다. 동아프리카에 있는 지부티는 중국에 진 빚이 GDP 대비 91%에 이른다. 중국을 발칸반도와 연결하는 요충지인 몬테네그로도 재정위기에 빠졌다. 대규모 인프라 개발 프로젝트로 환경 파괴, 생태계 훼손, 사회적 갈등 등의 문제가 야기되고 있다. 중국의 영향력이 확대되면서 주변국들과의 지정학적 갈등도 커지고 있다. 설상가상으로 중국의 속내를 간파한 미국이 일본, 호주, 인도를 끌어들여 일대일로에 맞서는 전선을 형성했다. 유럽도 시진핑의 일대일로 전략이 EU를 분열시키고 중국의 영향력을 키워가는 도구로 사용된다며 우려하기 시작했다.

폭력의 잔인함을 측정하는 방법

마지막으로, 폭력의 잔인함 수준은 도구의 살상력으로 판단할 수 있다. 현존하는 가장 잔인한 살상력을 가진 무기는 핵무기다. 2023년 12월 기준으로 미국, 중국, 러시아의 핵무기 보유량을 비교하면 러시아가 약 5,977개(전략 핵탄두 약 1,458개, 비전략 핵탄두 약 4,519개)로 가장 많다. 하지만 미국도 약 5,428개(전략 핵탄두 약 1,389개, 비전략 핵탄두 약 4,039개)를 보유 중이다. 스웨덴의 싱크탱크 스톡홀름국제평화연구소SIPRI에 따르면, 2023년 기준 중국이 보유한 핵탄두는 410개로 러시아와 미국의 10%도 안 된다. 그 밖에 프랑스 290개, 영국 225개, 이스라엘 170개, 파키스탄 170개, 인도 164개, 북한 30개 순으로 핵탄두를 보유 중이다.[29]

러시아는 우주에도 핵무기를 배치할 계획이다. 미국의 군사위성을 요격할 목적이다.[30] 2024년 2월, 미국 CNN 방송은 러시아가 위성 요격용 핵무기, 이른바 '우주 핵무기'의 지구 궤도 배치를 추진하고 있다는 첩보를 미국 정보 당국이 포착했다고 보도했다. 모든 핵무기는 폭발할 때 강력한 전자기 펄스를 발생시키는데, 높은 고도에서 폭발할 경우 전자기 펄스가 훨씬 많이 방출된다. 러시아는 이런 원리를 응용하여 일종의 핵EMP(대량 전자기 에너지파와 전기입자)로 위성을 공격하는 방식을 개발했다. 지구 표면으로부터 수천 킬로미터 상공에서 폭발하는 고위도 핵전자기파HEMP는 전 세계 상업용·공공용 위성통신망을 마비시키기 때문에 위성 기반 미사일 추적 시스템과 GPS를 활용한 군사 작전이 일제히 마비된다.

러시아가 우주 핵무기 공격으로 미국의 핵무기 반격 시스템을 무력화하는 미래를 생각해보라. 현재 우주 핵무기 공격을 예측하거나 무력화할 수 있는 수단은 없다. 우주 핵무기는 '잠재적인 전략적 게임체인저' 중 하나다. UN우주사무국UNOOSA에 따르면 지구 궤도 내 인공위성은 7,800기가 넘는다. 고위력 핵EMP탄 하나만으로 전체 위성의 3분의 1 정도가 파괴되거나 고장 날 수 있다. 우주 핵무기는 모든 전기 및 통신 인프라를 파괴해 지구를 순식간에 혼란과 암흑으로 뒤덮어 일상생활을 해나갈 수 없게 한다. 그뿐 아니라 방대한 양의 핵 낙진도 지구상으로 떨어진다.

1967년, 미국·영국·소련 등은 우주 공간에 핵무기를 배치하지 않는다는 UN 우주조약Outer Space Treaty을 체결했다. 이후 107개국이 이 조약에 가입했다.[31] 하지만 현재 이 조약은 사실상 유명무실해졌다. 우주 개발 사업이 민간 주도로 이뤄지면서 활동에 규제를 받지 않고 어느 나라의 법이나 UN 조약 등도 먹히지 않기 때문이다. 미국은 일론 머스크가 주도하는 스페이스X가 우주 산업을 주도하고 있고, 러시아도 용병 기업들을 앞세워 군사력을 확장 중이다. 2024년 3월 1일,

푸틴은 러시아의 핵무기 우주 배치설에 대해 가짜 뉴스이며 "러시아는 항상 우주에 핵무기를 배치하는 것을 단호히 반대해왔고 지금도 반대하고 있다"라면서 서방 언론의 의심을 전면 부인했다.[32] 하지만 이 말을 믿을 사람은 아무도 없다.

2023년 12월 기준 미국, 중국, 러시아의 미사일 전력을 비교해 보자. 보유량 측면에서는 러시아가 약 6,257개로 미국(약 2,700개)과 중국(약 3,500개)에 앞선다. 5,500킬로미터 이상의 사정거리를 갖는 ICBM은 '러시아 > 중국 > 미국' 순서로 많다. 러시아와 중국은 미군보다 열세인 공군력과 해군력의 부족을 메우기 위해 미국 본토까지 날아가는 신형 ICBM 등의 개발에 중점을 두고 있음을 알 수 있다. 예를 들어 러시아의 ICBM은 세계에서 매우 강력하고 정확한 미사일 중 하나로 평가받는다. 러시아는 다양한 유형의 ICBM을 보유하고 있다. RS-28 Sarmat는 최신형 ICBM으로, 사정거리가 1만 8,000킬로미터 이상이며 10개 이상의 핵탄두를 탑재할 수 있다. SS-19 Stiletto는 러시아에서 가장 많이 배치된 ICBM으로, 사정거리가 1만 킬로미터 이상이며 6개의 핵탄두를 탑재할 수 있다. SS-18 Satan도 사정거리 1만 킬로미터 이상에 10개 이상의 핵탄두를 탑재할 수 있는 ICBM이다. 러시아의 ICBM은 대부분 이동식 발사대에 탑재돼 적의 공격을 회피하기 쉽게 구성되어 있다. 중국도 사정거리가 1만 1,000킬로미터인 둥펑-41에 공을 들이고 있다.

4,000킬로미터 이상 날아가는 SLBM은 '미국 > 러시아 > 중국' 순으로 많다. 하지만 1,000~5,500킬로미터의 사정거리를 가진 중거리탄

도미사일IRBM은 '중국 > 러시아 > 미국' 순으로 많다. 중국이 보유한 사정거리 2,000킬로미터급인 둥펑-21D, 사정거리 1,800~2,500킬로미터급인 둥펑-17 대함탄도미사일은 유사시 미군의 항공모함을 직접 타격할 수 있다. 중국이 2019년에 배치를 시작한 IRBM 둥펑-17은 2단으로 구성되어 있고, WU-14로 알려진 극초음속 활공 비행체HGV를 세계 최초로 탑재했다. 둥펑-17의 1단은 일반적인 탄도미사일 부스터와 같은 구조이지만, 2단은 HGV 자체다. HGV는 마하 5~10에서 극초음속으로 활공하며 레이다 탐지를 회피한다. 중국이 둥펑-17을 사용하면 미국의 기존 미사일방어체계THAAD의 탐지와 대응 능력을 무력화하고, 태평양에 떠 있는 미국 항공모함이나 한국과 일본의 미군 기지는 물론 괌과 하와이까지 직접 타격할 수 있다.[33] 중국은 폭격기에 장착하고 마하 1.5~2.5의 속도로 날아가는 사정거리 1,500킬로미터의 창젠-20 등의 성능 향상에도 집중한다. 중국은 이런 미사일의 정밀성을 극대화하기 위해 조기경보 통제기 KJ-2000 등의 개발에도 심혈을 기울인다.

러시아도 우크라이나와의 전쟁에서 최대 속도 마하 8(시속 9,900킬로미터)에 달하는 첨단 초음속 순항미사일 '지르콘'을 전쟁에 투입했다. 보통 마하 5 이상을 '극초음속'이라고 부르는데, 마하 8은 요격을 통한 방어가 사실상 불가능한 속도다. 미사일이 비행하는 동안 레이다를 방해하는 플라스마 구름이 발생하기 때문에 탐지하기도 어렵다. 러시아는 이런 순항미사일을 군함에 탑재해서 미국 항공모함에 대응할 계획이다.[34] 2024년 1월, 중국 해군도 위성의 조종을 받으며 마하

7의 속도로 날아가는 미사일 개발에 성공했다. 초당 2,500미터를 이동하는 속도이며, 미국의 항공모함을 겨냥한 무기다.[35]

러시아의 이런 움직임에 미국도 대응을 시작했다. 미국은 '중단'했다던 마하 20의 극초음속 미사일 실탄 테스트를 재개했다. 2024년 3월 27일, 미 공군은 괌에 있는 앤더슨 공군기지에서 B-52H 전략 폭격기에 극초음속 무기인 ARRW(공중발사 신속대응무기) AGM-183A를 장착한 사진을 일부러 공개했다. 괌에서 중국 베이징까지는 불과 4,000킬로미터다. ARRW AGM-183A는 마하 20의 속도로 활강해 목표물을 타격한다. 폭격기에서 미사일을 발사하면 극초음속 속도를 얻기 위해 장착된 부스터로 상층 대기권으로 급상승한 후, 탄두가 분리되어 활강하면서 마하 20까지 가속되어 목표물을 타격하는 방식이다. 마하 20의 속도에서 나오는 충격만으로도 웬만한 지하 벙커는 박살 나는 파괴력이다. 전략폭격기인 B-52H는 재급유 없이 1만 5,000킬로미터를 날 수 있다. 전략폭격기인 B-52H에 ARRW AGM-183A를 장착하면 러시아 모든 지역을 타격할 수 있다. 미 공군은 이 미사일 개발을 2023년 3월에 중단한다고 발표한 바 있는데, 최대 마하 10의 속도를 내는 러시아의 공중발사 극초음속 미사일인 킨잘Kinzhal 등에 대응하기 위해 실전 배치를 완료한 듯 보인다.[36]

1,000킬로미터 이하 타격에 사용되는 단거리탄도미사일SRBM은 '러시아 > 중국 > 미국' 순으로 많고, 순항미사일(사정거리 1,000킬로미터 이하)은 '미국 > 중국 > 러시아' 순으로 많다. 핵전력을 종합 비교하면, 미국과 러시아는 비등하고 중국이 상대적으로 약하다. 하지만

핵 무력은 규모가 중요하지 않다. 중국이 상대적으로 규모가 적어도 미국에 치명타를 안기기에 충분하다.

러시아의 핵 무력이 미국을 조금이나마 앞서게 하는 것은 핵폭탄의 숫자에만 있지 않다. 한 가지 요소에서 한발 앞서 있다. 바로 '핵추진 자율 수중 드론'인데, 미래 해상 전쟁의 중요한 무기가 될 것으로 예상되는 전략적 장비다. 현재 미국, 러시아, 중국 등이 개발 경쟁을 벌이고 있다. 2020년 10월 미국은 길이가 약 24미터, 직경이 약 3미터로 추정되는 '오르카Orca'라는 명칭의 핵추진 자율 수중 드론 계획을 처음 공개했고, 2025년 실전 배치를 목표로 개발 중이다. 중국도 2010년대 초부터 개발에 착수한 것으로 알려졌다.

핵추진 자율 수중 드론은 기존 어뢰보다 훨씬 빠른 속도로 이동하고 매우 조용하게 작동하기 때문에 탐지하기가 어렵다. AI와 드론 기술이 접목되어서 자율적으로 작동할 수 있으며, 핵탄두 또는 재래식 탄두를 장착하여 강력한 공격력을 발휘할 수 있다. 특히 깊은 해저에서 발사되기 때문에 작전 수역으로 은밀하게 잠항할 수 있고, 수중에서 폭발시킬 경우에는 초강력 방사능 해일을 일으켜 적의 함선 집단과 주요 작전 항을 파괴할 수도 있다. 임의의 해안 도시 근처에서 폭발시킬 경우 500미터 높이의 '방사능이 가득한 인공 쓰나미'를 발생시킨다. 방사능 쓰나미는 해안 지역을 생명체가 살 수 없는 불모지로 만들고, 오염된 물을 더 넓은 지역으로 퍼뜨려 해안 도시를 침수시키고 건물과 인프라를 파괴한다. 따라서 엄청난 인명 피해와 심리적 공포를 야기하고, 장기적으로 주민들의 건강과 환경에 심각한 피해를 줄 수 있다. 이런 위력 때문에 미해군연구소USNI에서는 자율적인 작전 잠재력을 갖춘 핵추진 자율 수중 드론을 기존의 핵전쟁 관념을 완전히 뒤바꿀 수 있는 새로운 무기 시스템으로 평가했다.

러시아는 이 무서운 무기를 세 나라 중에서 가장 먼저 개발했고, 전략적 배치까지 완료한 것으로 추정된다. 러시아의 핵추진 자율 수중 드론의 이름은 '포세이돈Poseidon'이다. 2018년 3월, 푸틴은 국정연설에서 포세이돈의 개발 진행을 처음 공개했다. 그리고 2022년 7월 러시아 태평양함대에 실전 배치하는 데 성공했다. 포세이돈은 길이 24미터, 직경 1.6미터, 무게 100톤의 대형 핵무기다. 원자로로 구동되며 최대 1만 킬로미터의 거리를 이동한다. 해저 1,000미터에서도 최대 70노트(시속 130킬로미터) 속도로 움직일 수 있다. 포세이돈에는 핵탄두 또는 재래식 탄두를 장착할 수 있다. 러시아는 오스카-ⅡOsca-II형 핵잠수함의 마지막 잠수함인 벨고로드K-329 Belgorod 다목적 핵잠수함에 포세이돈을 배치했다. 벨고로드는 길이가 184미터로 세계 최대·최강의 최첨단 스텔스 핵잠수함이다. 미국 최강 잠수함인 오하이오급(171미터)보다 13미터 더 길다. 미 해군 핵추진 항공모함 로널드 레이건호(332.8미터)의 절반이 넘는 크기다. 세계 최고 수준의 스텔스 능력을 갖추고 있어서 들키지 않고 미국 영해를 수차례나 진입할 정도였다.[37] 벨고로드는 최대 120일간 연속으로 심해 작전이 가능하고 포세이돈을 10발까지 장착할 수 있다.

러시아는 현재 건조 중인 핵추진잠수함 '하바롭스크'에도 포세이돈을 탑재할 예정이다. 러시아 해군의 최종 목표는 포세이돈으로 무장한 핵잠수함들을 동아시아 태평양함대 전부에 배치하는 것이다. 핵탄두가 탑재된 포세이돈은 1발의 위력이 100메가톤이다(1메가톤은 1킬로톤의 1,000배). 제2차 세계대전 때 히로시마에 떨어졌던 원자폭탄 위력(15킬로톤)의 6,667배다. '둠스데이(최후의 날)'라는 별명이 붙은 이유다.

참고로, 2023년 3~4월에 북한도 '해일-1형'과 '해일-2형'이라는 핵무인수중공격정(핵어뢰)의 수중 폭발 시험을 진행했다. 북한은 10여 년 동안 개발한 '비밀병기'라고 자랑했다. 북한의 핵무인수중공격정도 거대한 쓰나미를 일으켜 주요 항구나 선박을 공격할 수 있다. 러시아의 포세이돈과 유사한 무기 체계다. 우리나라 군 당국은 북한의 해일-1형은 잠항거리가 600킬로미터, 해일-2형은 잠항거리가 1,000킬로미터 정도이고 잠항 시간은 최대 30시간으로 추정한다. 한국의 모든 항구, 일본의 동쪽 항구 대부분이 사정권에 든다는 뜻이다. 수상 함정을 이용하면 괌이나 멀리 떨어진 미국 항공모함까지 타격권에 둘 수 있다.[38]

현재 시점에서 가장 잔인한 살상력을 가진 무기는 따로 있다. 생화학무기다. 인간의 건강에 심각한 피해를 주는 독성 물질을 사용하여 적을 제압하기에 가장 잔인하고 무차별적인 살상력을 지닌다. 생화학무기는 군인뿐만 아니라 민간인까지 무차별적으로 살상할 수 있고, 환경 오염을 유발하여 장기적인 건강 피해를 줄 수 있으며, 테러에도 사용될 수 있어 국제사회의 안보를 위협한다. 그래서 전 세계는 1993년에 발효된 생물학무기금지협약BWC과 1997년에 발효된 화학무기금지협약CWC으로 생화학무기의 개발, 생산, 보유, 사용을 엄격하게 금지하고 있다.

주요 강대국의 핵무기 수준에 대해서는 많은 정보가 공개돼 있다. 심지어 지구상에서 가장 폐쇄적인 북한의 핵무기 수준도 공개된 정보가 많다. 하지만 각국의 생화학무기는 다르다. 알려진 바가 거의 없고, 대부분 특급 비밀이다. 특히 중국, 러시아, 북한, 이란의 생화학무기 수준은 베일에 싸여 있다. 이런 국가들은 국제 협약을 위반하고 생화학무기를 개발 및 보유하고 있는 것으로 추정된다. 중국, 러시아, 북한은 인간을 대상으로 한 생체실험도 할 것으로 추정되기에 미국보다 높은 수준의 생화학무기 기술을 확보했을 것으로 보인다.

생화학무기는 크게 생물학무기와 화학무기로 나눌 수 있다. 먼저 생물학무기는 병원체나 독소를 사용하여 질병을 유발하거나 사망에 이르게 하는 무기다. 대표적인 생물학무기로는 탄저병, 에볼라 바이러스, 천연두 등이 있다. 독일 나치는 부헨발트 강제수용소, 일본은 731부대에서 인간을 대상으로 생물학무기 생체실험을 했다. 제2차 세계대전 당시 독일과 일본이 인간을 박멸하는 공장을 만들었다는 사실은 시간이 갈수록 군사적 폭력의 잔인함이 극심해진다는 것을 보여준다.

화학무기는 인체에 치명적인 독성을 가진 화학 물질을 사용하는 무기다. 대표적인 화학무기로는 사린, VX, 포스겐phosgene 등이 있다. 북한의 김정은이 이복형 김정남을 암살할 때도 화학무기를 사용했다. 시리아도 2013년에 내전 과정에서 사린 가스를 사용했다. 미국에서는 9·11 테러 이후 정치인·언론인 등에게 백색 가루가 담긴 우편물이 배달된 후 다섯 명이 사망하면서 탄저균 공포가 확산됐다. 탄저균은 치사율이 매우 높고 호흡기나 피부 그리고 음식물로도 쉽게 감염된다. 탄저균 테러의 진범은 미 메릴랜드주 포트 디트릭에 있는 미 육군 생화학무기연구소에서 35년째 근무하던 브루스 아이빈스Bruce Ivins 였다. 미국도 마음만 먹으면 생화학무기를 얼마든지 만들 수 있다는 방증이다.

탄저균의 원조는 '죽음의 부대' 또는 '악마의 부대'라고 불린 일본 731부대를 총괄했던 이시이 시로石井四郎다. 그는 육군 군의관으로는 최고 계급인 중장에 오를 때까지 731부대에서 수감자들을 대상으로 다양한 생체실험을 자행했다. '마루타(피실험자)'라고 불리는 사람을 말뚝에 묶고 헬멧을 씌우고 갑옷을 입힌 후, 세균폭탄을 터뜨리거나 페스트를 비롯한 세균에 감염된 벼룩을 떨어트리거나 멀찌감치 떨어진 곳에서 전기 장치를 이용해서 폭탄을 터트리는 실험을 했다. 장티푸스균을 넣은 단맛 나는 물을 마시게 하거나 페스트·콜레라 등 각종 세균을 음식물에 넣어 먹이기도 했다. 화학무기인 독가스 실험도 했다. 일본의 생체실험 대상이 된 사람들의 숫자는 3,000~5,000명으로 추산되는데 중국인, 조선 독립투사, 소수의 러시아인 포로들이었다.

1940년 6~11월에는 만주 눙안 지역에서 페스트균을 대량 살포하여 민간인 수백 명을 죽이기도 했다. 그 이후에도 731부대는 닝보·진화·창더 등 중국 동부와 중부의 도시에서 비 오는 날 4,000미터 상공에서 세균액을 뿌리고, 저공에서 페스트에 감염시킨 벼룩을 뿌리는 등의 실험을 거듭했다. 이시이 시로는 페스트에 걸린 벼룩을 이용한

도자기 폭탄도 만들었다. 일반 폭탄에 세균을 넣으면 폭탄이 터지면서 방출되는 열 때문에 세균이 살아남기 힘들었기 때문이다. 비행기로 세균을 살포할 때는 저공에서 살포했다. 고공에서 실행하면 세균이 살상력을 잃기 때문이었다. 벼룩을 이용한 이유도 세균을 그대로 뿌리면 지면에 떨어지기 전에 죽기 때문이었다.

이 모든 방법은 수많은 생체실험을 거듭한 끝에 알아낸 것들이었고, 대규모 전쟁에 실제로 사용할 것을 목표로 했다. 패전 직전 731부대의 총책임자였던 그는 미국과 비밀 거래를 하여 걸음마 단계에 있던 미국의 세균전 능력을 크게 높여주었다.[39]

2024년 1월 17일, 미국 〈뉴욕포스트〉는 중국 연구진이 치사율 100%에 이르는 코로나 변이 바이러스를 만들었다고 보도했다. 베이징화학기술대학, 베이징 PLA종합병원, 난징대 의대 등 공동 연구팀이 코로나바이러스를 변형하여 판골린 코로나바이러스 'GX_P2V'를 제조한 것이다. 실험에 사용된 쥐들은 인간과 비슷한 유전자를 갖도록 조작된 상태였다. 즉, 인간 치사율이 100%인 바이러스를 만들었다는 말이다. GX_P2V 바이러스는 쥐의 폐, 뼈, 눈, 뇌 등 각종 기관을 감염시킨 후 뇌로 이동했는데 이때 눈은 완전히 하얗게 변해 죽었다. 당연하게도, 이 바이러스는 인간에게 전염될 위험도 크다. 중국의 연구 결과는 바이오 분야 논문 공유 플랫폼 '바이오 아카이브'에 게재되기까지 했다. 연구 목적인지, 생물학무기 개발 실험인지 분간하기 힘들다.[40]

패권 전쟁

AMERIQU
CANADA
NOUVEAU MEXIQUE
SEPTENTRIO-
NALE
FLORIDE
VIRGINIE
TIQUE
CANCER
IPTIQUE
Golfe de Mexique
Havane
Mexique
MEXIQUE
Cuba
S. Domin
PASSA
Porto Belo
Isthme qui separe l'Amerique Septentrion de la Meridion
MER DE SUD
Cartagene
TERRE FERME
ne Toride est l'espace quil y
u Tropique de Cancer au Tropique
Capricorne aux deux Costes de
Ligne, qui la coupe en deux parties
220 230 240 250 260 270 280 290 300 310
NE EQUNOCTIAL QUI DIVISE LE GLOBE EN
NALE ET MERIDIONALE ET PASSE PAR LE
LA ZONE TORRIDE
PROVINCE
AMER
AMAZONE
PEROU
Lima
1616 par Guillaume Schouten, Francois Drac,
Jacques Mahu, et George Spilemberger quelques années après
en 1580, et par
DE CAPRICORNE
MER
Imperial
PAR
CHILI
DU SUD, OU
Zone Temperée est l'espace quil
le Tropique du Capricorne et
du Pole Antartique
GRANDE MER PACIFIQUE

2장

권력과 경제

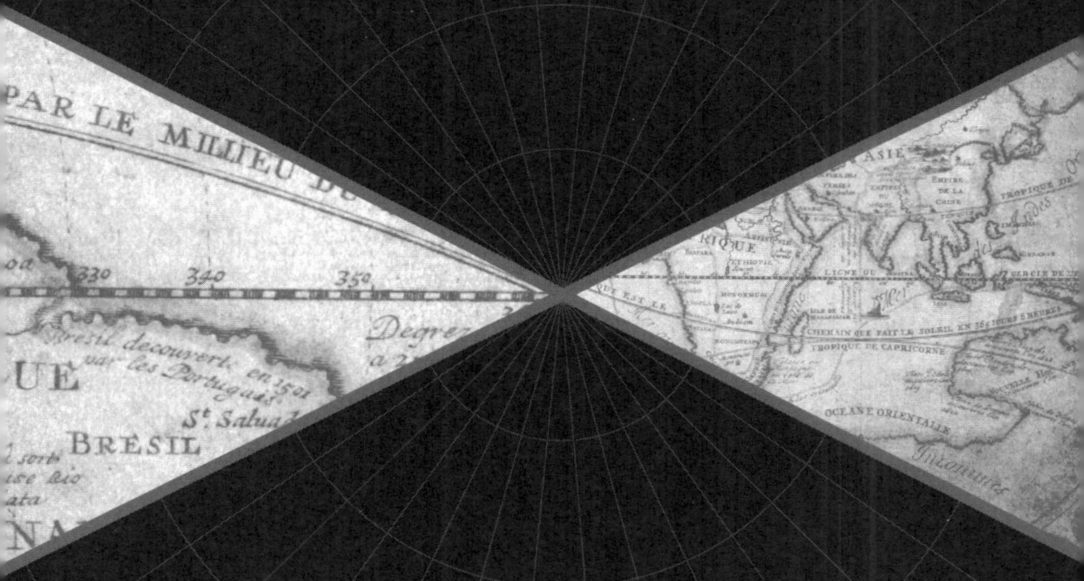
PAR LE MILIEU DU
330
340
350
Bresil decouvert en 1501 par les Portugais
St. Salua
BRESIL
ASIE
EMPIRE DE LA CHINE
TROPIQUE DE
LIGNE OU
CHEMAIN QUE FAIT LE SOLEIL EN 364 JOURS 6 HEURES
TROPIQUE DE CAPRICORNE
OCEANE ORIENTALLE

권력 획득의 양상이 달라지다

폭력의 강도가 높아지고 잔인함이 더해질수록 권력 획득의 가능성은 커진다. 그래서 인류는 폭력의 강도와 잔인함의 수준을 경쟁적으로 상승시켰다. 하지만 폭력의 강도와 잔인함이 일정한 수준을 넘어서면 실전에 사용하기가 어려워진다. 적과 내가 비슷한 수준의 폭력 강도와 잔인함을 확보하여 동시에 사용하면 공멸할 수 있기 때문이다. 공멸은 폭력 구사의 핵심 목적인 권력 획득에 부합하지 않는다. 나는 이런 수준의 폭력을 '공멸의 폭력'이라고 부른다. 인류 최초 공멸의 폭력은 바로 '핵폭탄'이다.

폭력이
공멸의 수준에 이르다

중세의 화약 무기는 돌이나 쇳조각을 발사하는 힘으로 사용됐다. 화약의 폭발력을 이용해 발사체를 날려 적에게 피해를 주는 방식이다. 중세의 화약 무기는 군사적 폭력이 생물학적 에너지의 시대에서 물리학적 에너지의 시대로 넘어가는 전환점이었다. 물리학적 에너지를 군사적 폭력의 도구로 사용하는 과정은 세 시기로 나뉜다.

첫 번째 시기는 물리적 에너지를 발산(폭발)시켜 돌이나 쇠 등 무거운 것을 멀리 날려 파괴력을 증강하는 단계다. 두 번째 시기는 물리적 에너지 발산(폭발) 자체를 대량 살상 무기로 사용하는 단계다. 이것이 근대의 화약 무기다. 예컨대 화약, 다이너마이트, TNT 등은 폭발할 때 발생하는 에너지로 공격하여 직접적인 피해를 주는 획기적인 살상 무기였다. 이 새로운 유형의 폭력은 극도로 강력한 폭탄인 원자폭탄에서 절정을 맞는다. 원자폭탄은 핵분열 또는 핵융합 과정에서 발생하는 엄청난 에너지를 이용하여 상상을 초월하는 폭발력과 열선을 발생시킨다. 이전의 어떤 무기와도 비교할 수 없는 파괴력이다. 극히 적은 양의 물질이 엄청난 에너지를 방출하기 때문에 대량 살상에 매우 효과적이다. 폭력의 잔인함도 비교 불가의 수준이어서 핵폭탄 하나로 한순간에 수십만 명에서 수백만 명을 쓸어버릴 수 있다. 인간이 경험할 수 있는 최고의 공포감을 준다. 물리학적 에너지를 군사적 폭력의 도구로 사용하는 세 번째 시기는 파괴력 증강과 대량 살상 가능이라는 두 가지 목적을 동시에 수행하는 단계다. 대표적인 무기가 장거리 추진기에 원자폭탄을 탑재하는 ICBM이다.

하지만 이 단계에서 폭력의 도구를 함부로 구사했다가는 공멸할 수도 있다. 어느 정도길래? 이는 핵폭탄이 실제 투하된 1945년 일본을 떠올리면 된다.

화약 무기에서 에너지 무기로

인류가 원자폭탄 개발 경쟁을 시작한 시기는 제2차 세계대전 기간이었다. 독일과 미국이 그 경쟁의 중심에 있었다. 1938년 12월 17일, 독일의 화학자 오토 한Otto Hahn과 프리츠 슈트라스만Fritz Strassmann 그리고 스웨덴의 물리학자 리제 마이트너Lise Meitner는 중성자라는 특정한 입자를 질산우라늄 용액에 충돌시키는 실험을 하고 있었다. 이들은 우라늄 원소를 중성자로 조사照射했을 때 바륨 원소가 생성되는 것을 발견했다. 이전에는 불가능하다고 생각됐던 원자핵의 분열을 최초로 증명하는 순간이었다. 핵 원자가 2개의 작은 핵으로 나뉘는 핵분열 과정에서는 엄청난 양의 에너지가 방출된다.

참고로 핵분열 과정은 크게 4단계로 나눌 수 있다. 1단계는 중성자 충격 단계다. 핵분열 가능성이 있는 핵 원자(예컨대 우라늄-235, 플루토늄-239 등)에 중성자가 충돌한다. 이 중성자는 자발적으로 방출되거나 다른 핵분열 과정에서 생성될 수 있다. 중성자의 에너지는 핵분열 가능성에 영향을 미치는데, 중성자의 에너지가 높을수록 핵분열 가능성이 커진다. 2단계는 불안정 상태 단계다. 중성자를 받은 핵 원자는 불안정한 상태로 변한다. 즉, 핵분열 가능성이 큰 상태다. 불안정한 상태의 지속 시간은 매우 짧다. 3단계는 핵분열 단계다. 불안정한 핵 원자는 2개의 작은 핵(핵분열 생성물)으로 분열된다. 핵분열 생성물은 일반적으로 중성자와 함께 방출되는데, 다양한 종류의 핵이 될 수 있으며 그 질량과 에너지는 서로 다르다. 마지막 4단계는 에너지 방출 단계다. 핵분열 과정에서 엄청난 양의 에너지가 방출된다. 중성자가 우라늄 핵에 들어가는 것은 마치 달이 지구와 충돌하는 것과 같다. 상온에서도 중성자가 우라늄-235의 핵에 들어가면 난리가 난다. 하나의 원자가 분열할 때 모래알 같은 것이 위로 튀어 오르는 모습이 눈에 확연히 보인다. 엄청난 에너지 분출인 셈이다. 물리학적으로는 '발열성'이 매우 강하다고 표현한다. 아주 적은 양이 들어가도 막대한 에너지가 발생한다. 이 에너지는 열과 방사선 형태로 방출되는데, 방출되는 에너지는 핵분열 생성물의 종류와 질량에 따라 다르다.

1939년 2월 11일, 이들은 〈네이처〉에 '중성자에 의한 우라늄 분해: 새로운 형태의 핵반응Disintegration of Uranium by Neutrons: a New Type of Nuclear Reaction'이라는 제목의 논문을 게재했다. 당시 〈뉴욕타임스〉는 '원자 폭발로 2억 볼트가 방출된다Atom Explosion Frees 200,000,000 Volts'라는 머리기사를 냈다.

제2차 세계대전 와중에 독일이 핵분열을 증명하고 핵무기 개발에 착수했다. 이 소식을 들은 연합국은 급해졌다. 인류 역사상 가장 악랄한 인간인 히틀러가 원자폭탄을 개발해서 '천년 독일 제국'을 건설할 수도 있으리라는 공포가 유럽과 미국을 강타했다. 특히 홀로코스트를 피해 미국으로 망명한 유대인들의 공포는 상상을 초월했다. 유대인 천재 과학자 아인슈타인은 프랭클린 D. 루스벨트 대통령에게 직접 편지를 썼다. '독일이 매우 짧은 기간에 엄청난 파괴력을 가진 무기를 만들 수 있으니 그 사실을 인지하고 행동에 적극 행동에 나서달라. 서방이 이 무기를 먼저 만들어야 한다'라는 내용이었다(나중에 아인슈타인은 원자폭탄의 끔찍한 위력을 보고 이 편지를 쓴 것을 평생 후회했다고 한다. 또한 훗날 밝혀진 사실이지만 독일은 연합국의 공습, 과학자 부족, 자원 부족 등 여러 어려움 탓에 핵무기 개발을 마치지 못했다).

1941년 12월 6일, 핵무기 개발 프로젝트를 계획하기 위해 몇몇 사람이 워싱턴에 모였다. 그 이튿날 공교롭게도 일본이 진주만을 공격했고, 미국도 1942년에 핵무기 개발에 돌입했다. 이른바 '맨해튼 프로젝트'다.

맨해튼 프로젝트는 1942년 6월에 미국, 영국, 캐나다가 공동으로 추진한 핵무기 개발 계획이다. 역사상 매우 방대한 과학 및 기술 프로젝트 중 하나였으며, 당시 세계 최고의 과학자들이 참여했다. 프로젝트 책임자는 레슬리 그로브스Leslie Groves 소장이고, 과학 책임자는 J. 로버트 오펜하이머J. Robert Oppenheimer였다. 그로브스 소장은 군 엔지니어로, 전 세계에서 매우 넓은 건물 중 하나인 펜타곤 건설 책임자를 역임한 경력이 있었다. 똑똑하고 불도저 같은 성격이었으며, 자신이 원하는 물자나 사람은 얼마든지 확보할 수 있었다. 미국 역사상 최고의 천재 중 한 사람으로 꼽히는 오펜하이머는 '중성자에 의한 우라늄 분해'라는 〈네이처〉의 논문을 읽고 일주일 만에 원자폭탄을 구상했다.

그는 최초의 반응이 다른 반응을 일으키고 그 반응이 또 다른 반응을 일으키는 식으로 80세대쯤 연쇄반응이 일어나면, 도시 하나를 날릴 수 있는 위력이 된다는 것을 직감했다.[1]

비밀리에 소규모로 이뤄졌으리라는 세간의 추측과 달리, 맨해튼 프로젝트에는 총 약 20억 달러(현재가치로 약 2,600억 달러)가 투자돼 미국 전역 30여 개의 시설에서 진행됐으며 고용 인력도 60만 명에 달했다. 오크리지국립연구소Oak Ridge National Laboratory에서는 우라늄 농축 연구, 로스앨러모스국립연구소Los Alamos National Laboratory에서는 핵폭탄 설계 및 개발, 하나포드 사이트Hanford Site에서는 플루토늄 생산을 담당했다. 미국은 핵폭탄 제작에 필요한 우라늄-235를 분리하는 기술을 개발하는 데 성공하고, 핵폭탄 제작에 필요한 플루토늄도 안정적으로 생산했다. 그리고 인류의 군사적 폭력 역사를 완전히 새로 쓴 2개의 원자폭탄을 개발해냈다. 인류가 발전시킨 군사적 폭력 중에서 가장 잔인하고 무서운 무기, 대량 학살 시대의 차원을 바꿔놓은 무기로 기록된 리틀 보이Little Boy와 팻 맨Fat Man이다.

리틀 보이는 1945년 8월 6일 히로시마에 투하됐고, 팻 맨은 같은 해 8월 9일 나가사키에 투하됐다. 당시 원자폭탄 투하를 지시한 사람은 맨해튼 프로젝트를 개시하게 한 루스벨트 대통령이 아니었다. 그는 1945년 4월에 사망했다. 그 대신 부통령으로서 대통령직을 인수받은 해리 S. 트루먼이 인류 역사에서 가장 중요한 전환점이 될 원자폭탄 투하를 직접 명령했다. 트루먼도 원자폭탄의 위력을 보고받고 많이 망설였지만, 1945년 4~6월에 오키나와라는 작은 섬에서 미군이 일본군과 벌인 지상전 결과를 듣고 생각을 바꿨다. 6월 22일, 미군이 오키나와섬을 점령하는 데 성공했지만 미군 병사만 1만 2,000명을 잃을 정도로 손실이 너무 컸다. 제2차 세계대전 기간에 세계적으로 무려 6,500만 명이 목숨을 잃었고, 일본군은 20만 명이 사망했음에도 항복할 의사가 전혀 없었다. 일본 본토를 점령해야 전쟁이 끝나는데 본토에 가까워질수록 수십만, 수백만의 미군 병사가 더 전사할 것이고, 공중 폭격으로 헤아릴 수 없는 민간인 학살이 벌어질 수 있었다. 미국으로서는 본토 공격 없이 전쟁을 끝낼 방법이 필요했다.

트루먼은 미국인의 희생을 최소화하고, 역사상 최악의 전쟁을 끝낼 무기는 핵폭탄뿐이라는 사실을 인정했다. 그것도 최대한 빨리 투하해야 했다. 유럽에서 히틀러와 무솔리니를 무찌르는 데 동참했던 소련이 일본을 패망시키는 마지막 전쟁에도 참여하려 하고 있었다. 소련이 아시아 전선에 참전하면, 미국은 전쟁 후에 일본을 비롯한 아시아를 소련과 나눠야 한다.

리틀 보이는 '건 타입gun-type' 핵분열 폭탄으로, 우라늄-235의 핵분열을 사용해 폭발시키는 방식이었다. 위력은 TNT 15킬로톤이었고, 히로시마에서 단 몇 초 만에 약 10만 명의 사망자와 6만 명의 부상자를 발생시켰다. 그 밖에도 수십만 명이 후유증을 앓았다. 건 타입 핵분열 폭탄은 내부에 2개의 우라늄-235(또는 핵분열 가능한 다른 물질의 덩어리)가 있다. 2개의 물질은 폭탄 내부에 임계치 이하subcritical의 핵물질로 존재하므로, 자발적인 핵분열 연쇄반응을 지속할 수 없는 상태다. 하나의 핵물질은 총알 형태로, 다른 하나는 대상 덩어리 또는 '타깃'으로 고정된다. 총알 형태의 핵물질을 대포처럼 고속으로 타깃 덩어리에 발사하여 두 핵물질을 충돌시키면 폭탄이 터진다. 충돌과 함께 핵물질이 순간적으로 초임계 상태에 도달하면서 중성자가 급격히 증가하고 대규모의 핵분열 반응이 일어나 엄청난 에너지가 방출된다. 이 모든 과정이 총알과 대포의 작동 원리와 유사하기 때문에 건 타입 원자폭탄이라고 부른다.

팻 맨은 공 모양으로 만들어졌고, 플루토늄-239의 핵분열을 사용해 폭발시켰다. 플루토늄을 사용한 첫 번째 폭탄으로, 폭발을 위해 핵물질을 고르게 압축하는 임플로전(내폭) 방식을 사용했다. 플루토늄-239 또는 우라늄-235와 같은 핵분열 물질을 공 모양이나 그 밖의 형태로 만든 후, 폭탄의 외곽에 배치된 전통적인 폭발물을 동시에 폭발시켜 핵물질을 중심으로 압축한다. 압축 과정에서 핵물질의 밀도가 높아지고 중성자가 다른 핵에 부딪힐 확률이 증가하여 핵분열 반응이 급격히 이뤄짐으로써 핵물질 내에서 자발적인 핵분열 연쇄반응을 촉발하며, 엄청난 양의 에너지를 방출한다. 임플로전 방식은 리틀 보이에 사용된 건 타입보다 핵물질을 효율적으로 사용하여 더 강력한 폭발력을 생성할 수 있다. 또한 핵분열 반응이 시작되는 시간을 더 정확하게 제어할 수 있어 폭발의 타이밍과 위력을 미세 조정할 수 있다. 핵무기의 설계와 효율성도 크게 높아서 건 타입보다 더 작고 가벼우며, 더 강력한 핵무기를 만들 수 있다. 임플로전 방식은 핵융합 무기, 즉 수소폭탄의 설계에서도 중요한 역할을 한다. 이런 방식으로 만들어진 팻 맨은 리틀 보이(TNT 15킬로톤)보다 강력한 TNT 21킬로톤의 위력을 냈고, 나가사키에서 약 7만 명의 사망자와 3만 5,000명의 부상자를 발생시켰다. 이상의 일은 지금까지 핵무기가 전쟁에서 사용된 최초이자 마지막 사례다.

참고로, 나가사키에 투하된 팻 맨의 위력이 히로시마에 투하된 리틀 보이보다 큰데도 사망자 수가 상대적으로 적었던 데는 몇 가지 이유가 있다. 우선 나가사키는 히로시마에 비해 지형이 더 복잡하고 산악 지역에 자리 잡고 있는데, 폭탄이 터진 지점 주변에 산들이 있어서 충격파가 일부 방향으로는 차단됐다는 점이다. 그래서 폭발의 파괴력이 일부 제한됐다. 또한 폭탄이 의도했던 목표 지점을 벗어난 곳에서 터짐으로써 인구 밀집 지역에서 약간 떨어진 곳이 폭발의 중심이 됐다는 점이다. 나가사키의 건물들은 히로시마에 비해 견고하지 않았으나, 이와 같은 이유로 직접적인 피해가 상대적으로 적었다. 일본 정부의 경고와 준비도 한몫했다. 히로시마에 핵폭탄이 투하된 후 일본 내 다른 도시들, 특히 나가사키는 추가적인 공습에 대한 경각심이 높아져 어느 정도 준비를 했을 가능성이 있다. 인구 밀도의 차이도 한 가지 이유다. 나가사키는 히로시마보다 작은 도시여서 인구밀도가 더 낮았다. 그래서 희생자가 더 적었던 것이다.

현대 사회에서도 야만적 행위는 사라지지 않는다. 원자폭탄 개발에 기여했던 아인슈타인과 오펜하이머는 평생 죄책감을 느꼈다. 다이너마이트를 개발한 스웨덴의 화학자 알프레드 노벨Alfred Nobel도 평생 후회하며 살았다. 하지만 국가 차원에서의 평가는 다르다. 트루먼 대통령은 히로시마에 원자폭탄을 투하한 후 라디오 방송 연설에서 "과학 역사상 가장 위대한 업적이다"라고 자화자찬했다. 인류 역사상 가장 야만적인 폭력이 정당화되는 순간이었다.

이 2개의 핵폭탄을 사용한 이후, 미국을 비롯한 전 세계의 군사 강대국들은 경쟁적으로 핵폭탄을 만들기 시작했다. 1949년, 소련이 핵무기 개발에 성공했다. 1950년대부터 미국과 소련은 핵 군비 경쟁을 벌였다. 하지만 지금까지 실제로 사용한 적은 없다. 히로시마와 나가사키의 결과에서 '공멸의 폭력'이라는 것을 두 눈으로 똑똑히 보았기 때문이다. 1960년대에 핵확산방지조약NPT이 체결됐고, 1980년대에 미국과 소련이 핵 군축 협상을 진행했다. 그렇다고 핵무기 사용의 위험이 사라진 것은 아니다. 소련이 붕괴한 이후 핵무기 일부가 테러 집단에 유출될 위험이 새로이 부상했고, 북한과 중국이 초소형 핵무기(전술적 핵무기)를 보유 중이기에 핵폭탄을 사용할 가능성은 여전히 존재한다.

전략적 핵무기는 ICBM, SLBM, 전략 폭격기 탑재 방식을 사용한다. 1발의 위력이 히로시마와 나가사키에 투하된 핵폭탄보다 수백, 수천 배 강력하다. 전 세계가 보유한 핵폭탄의 파괴력은 히로시마 폭탄 13만 5,000개와 맞먹는다. 어느 나라든 전략적 핵무기를 1발이라도 사용하면 인류 공멸이 시작된다. 그렇기에 앞으로도 전략적 핵무기는 사용될 가능성이 거의 없다. 하지만 전술적 핵무기는 얘기가 다르다.

2023년 10월 23일, 미 국방성은 1945년 일본 히로시마에 투하된 것보다 24배 강한 위력을 가진 전술 핵무기 B61-12를 개발한다는 계획을 발표했다. B61-12는 TNT 폭발력 기준으로 5만 톤이고, 무게는

350킬로그램이다. 기존 핵중력탄인 B61 계열의 꼬리 부분에 표적 명중률을 높이기 위해 첨단 레이다와 GPS를 장착하고, 안전 및 보안 기능을 추가하여 목표에 따라 폭발력을 조절할 수 있어서 '스마트 원자 폭탄'이라고 불린다. 핵중력탄은 자체 추진 시스템 없이 중력에 의존하여 목표물에 도달하는 핵무기를 가리킨다. 주로 공중 발사 플랫폼, 즉 전략 폭격기나 전술 전투기에서 투발된다. 미 국방성은 B61-12 생산 라인을 활용해 B61-13을 생산하여 최첨단 전략폭격기와 전투기에서 투발할 계획이라고도 밝혔다. 미국이 이런 핵무기를 개발하는 이유는 무엇일까? 2023년 9월 19일 중국이 2030년까지 핵탄두 보유량을 1,000개 이상으로 늘린다는 계획에 대응하기 위해서다.[2]

전술적 핵무기는 개념상 전략적 핵무기보다 폭발력이 낮은 소규모의 핵무기다. 다양한 무기 체계(포병, 미사일, 항공기 등)에 탑재할 수 있고, 전장에서 적의 전진을 저지하거나 특정 군사 목표(병력 집결지, 군사기지, 방어선, 탱크 부대 등) 또는 전략적 자산(도시, 공업 시설 등)을 공격하여 결정적인 군사적 우위를 확보하는 것을 목적으로 한다. 형태는 사용 목적과 투발 방식에 따라 다양하다. 전통적인 포병 부대에서 사용할 수 있는 핵탄두를 장착한 포탄 형태, 특정 지역의 방어나 적의 전진 경로 차단을 위해 사용하는 지뢰 형태, 해군 작전에서 적의 함대나 잠수함을 공격하는 데 사용하는 핵 어뢰 형태, 지상·해상·공중 발사대에서 적의 군사 목표를 정밀 타격하기 위한 단거리 및 중거리 미사일 형태 등이 있다. 폭발력은 TNT 수백 톤에서 수 킬로톤 사이지만, 히로시마와 나가사키에 투하된 핵폭탄보다 몇십 배 강력하다. 폭발 범위가 작아도 상당한 인명 피해를 발생시킬 수 있고, 장기간 지속되는 방사능 오염도 유발한다. 현재 러시아와 미국은 다양한 종류의 전술적 핵무기를 보유하고 있으며, 중국·프랑스·영국 등이 소수의 전술적 핵무기를 보유 중이다.

미국, 군사적 폭력에서 압도적 우위를 잃다

역사적으로 볼 때, 패권국의 지위를 장악한 국가의 쇠퇴기는 군사적 폭력에서 압도적 우위를 잃을 때 시작됐다. 서울대 정치학과 백창재 교수는 패권의 개념을 다음과 같이 규정했다.

> 패권의 개념은 압도적 힘의 보유로 규정하며, 강대국과 패권국을 가르는 기준은 구조적 힘의 보유로 설정한다. 패권국은 안보, 생산과 무역, 통화, 금융, 지식 등 국제체계의 제 영역에서 상대적으로 압도적인 힘을 보유하고 있으며, 이 전용가능한fungible 힘을 사용하여 각 영역에서의 질서를 유지하거나 변화를 거부 혹은 주도하는 패권정책을 수행한다고 보는 것이다. 압도적인 물리적 힘은 다양한 패권능력hegemonic capability으로 발현될 수 있다. 수수방관하거나, 기존 질서를 적극적으로 수호·유지하거나, 물리력의 변화에 따른 국제질서의 변화를 거부·저지하거나 혹은 새로운 질서로 변환시킬 수 있

는 능력이다. 이 능력에 따라 패권국은 패권을 행사하여 국제질서에 영향을 미치며, 이 능력을 더 이상 행사하기 어려워질 때 패권은 쇠퇴한다.[3]

백창재 교수도 강대국이라는 지위에는 여러 나라가 공존할 수 있지만, 글로벌 패권국이라는 지위는 유일하게 한 나라만 차지할 수 있다고 본다. 강대국은 강한 힘을 가진다. 하지만 유일무이한 패권국, 샤한샤 국가가 되기 위해서는 강함을 넘어 '압도적 힘'을 필수적으로 보유해야 한다. 백창재 교수는 패권국은 안보, 생산과 무역, 통화, 금융, 지식 등에서 압도적 힘을 보인다고 했다. 하지만 앞서 살펴본 것처럼 압도적 힘의 근원은 압도적 군사력이다. 고대부터 강대국이 되려면 나라 하나는 쉽게 부서뜨릴 수 있어야 하고, 패권국이 되려면 적의 연합군을 무너뜨릴 수 있는 폭력적 군사 전력을 갖춰야 했다. 압도적 군사력을 더는 보여주지 못하는 순간부터 패권은 쇠퇴하고, 패권국의 지위는 흔들리기 시작한다.

미국은 두 차례의 세계대전에서 압도적인 군사력을 보여주었다. 1950년에 발발한 한국전쟁에서도 미국의 군사력은 막강했다. 하지만 국방력을 총집결해야 하는 전면전을 두 번 연달아 하기는 무리였을까? 1955년부터 1975년까지 진행된 베트남전부터 미국의 압도적 군사력에 균열이 가기 시작했다. 미국은 남베트남을 지원하여 공산주의 북베트남의 확장을 막으려 했다. 하지만 이 전쟁에서 미국은 군사적·정치적 한계를 드러냈고, 국내외적으로 치열한 반전운동만 촉발했다.

2001년 9·11 테러 공격에 대한 대응으로 시작된 아프가니스탄전쟁은 미국이 직면한 또 다른 중대한 군사적 도전이었다. 이 전쟁은 탈레반 정권의 제거와 알카에다의 근거지 파괴를 목표로 했으나, 뜻밖에 장기화되면서 미국에 막대한 인적·경제적 비용을 초래했다. 결국 미국은 2021년 군대를 철수했고, 이때부터 중동에서의 영향력이 급속히 약화됐다.

2022년에는 러시아가 우크라이나를 전격 침공했다. 전 세계가 미국의 역할을 기대했다. 그리고 2023년에는 이스라엘과 하마스가 전면전을 시작했다. 제5차 중동전쟁으로 번질 수 있다는 위기감이 고조되자, 전 세계가 미국을 쳐다보았다. 하지만 미국의 대응력은 전 세계의 기대에서 크게 벗어났다. 심지어 미국의 영향력이 전통적인 동맹국에도 먹히지 않는 심각한 상황마저 벌어지고 있다. 오랜 우방이었던 사우디아라비아가 미국과 거리를 두기 시작했는데, 그 이유는 분명하다. 미국의 군사적 폭력이 압도적 힘을 잃었기 때문이다.

2024년 2월, 이스라엘의 네타냐후 총리는 미국의 중재와 자제 요구에도 불구하고 하마스의 완전 박멸을 주장하면서 전선을 팔레스타인을 넘어 레바논으로도 확장하며 대규모 공습을 개시했다.[4] 미국 조 바이든 대통령은 사적인 자리에서 네타냐후에 대해 '멍청한 자식asshole'이라고 욕설을 하며 노골적으로 불만을 표시했다.[5] 표면적 이유는 바이든이 수 차례 압력을 넣었음에도 이스라엘이 가자지구에서 군사 작전을 중단하지 않고 전선을 계속 확대했기 때문이다. 하지만 더 깊이 들어가면, 막대한 지원이 필요한 2개의 전쟁을 미국이 동시에 수행하기에 숨이 차다는 방증이다. 미국의 힘이 절대적이지 않다는 것은 미국 국민도 아는 듯하다. 2023년 12월 〈파이낸셜타임스〉와 미시간대학교가 미국 유권자 1,004명을 대상으로 실시한 조사에서 응답자의 절반이 '미국이 우크라이나에 너무 많은 지출을 하고 있다'고 답했으며. '적절하다'는 응답은 27%에 불과했다.[6]

이란이 핵 프로그램을 지속적으로 발전시키면서 시리아·이라크·예멘에서의 군사적 개입과 헤즈볼라·하마스와 같은 테러 집단의 군사력을 계속 지원하는 상황인데, 미국은 이를 억제할 힘이 없어 보인다. 러시아는 시리아 내전에 군사적으로 개입함으로써 미국과 그 동맹국들이 지원하는 반군 세력에 대항하면서 중동 지역에서의 영향력 확대를 시도하고 있다. 러시아는 2014년 크림반도를 합병한 후, 동부 우크라이나에서 분리주의 반군을 지원하며 우크라이나를 침공했다. 이런 상황인데도 유럽 국가들은 미국과 관계를 강화하기보다는 일정 거리를 유지하는 정책을 고수하면서 독립적인 입장을 취하고 있다.

동아시아에서는 북한이 지속적인 핵실험과 미사일 시험 발사를 통해 군사적 위협 수위를 높이면서 미국의 동맹국인 한국과 일본에 대한 안보 도전을 멈추지 않고 있다. 미국은 북한의 도발에 별다른 대응을 하지 않고 방치 중이다. 전략적 무대응이라고 하지만, 북한을 통제할 방법을 딱히 찾지 못했다는 것이 진짜 이유다. 중국 역시 미국의 강력한 견제에도 불구하고 군사적·경제적 영향력을 지속적으로 증강하며 남중국해에 군사기지를 건설하고 타이완에 대한 압박 수위를 높이면서 미국의 아시아-태평양 지역 내 영향력에 도전하고 있다. 미국이 국력을 총집결해 중국을 견제하고 있지만, 효과는 크지 않다. 중국의 저항력이 만만치 않은 것도 이유이지만, 미국의 동맹전선에 균열이 일어나고 있기 때문이다. 인도·필리핀 등 동남아시아 국가들은 미국과 중국 사이에서 중립적인 입장을 유지하며, 자국의 이익에 따라 감히(?) 둘을 놓고 저울질하는 외교를 추구하고 있다.

이 모든 움직임은 미국이 과거만큼 압도적인 군사력을 자랑하지 못하며, 장기간의 전쟁 부담으로 군사력을 유지하는 데도 어려움을 겪고 있음을 보여준다. 즉, 미국이 압도적 군사력을 잃고 있다는 신호들이다. 만에 하나라도 재선에 성공한 트럼프가 NATO에서 발을 빼거나 NATO를 중요하게 여기지 않는다면, 주변국이나 도전국이 느끼는 압도적 위협감은 더더욱 줄어들 것이다.

전면전을
두려워하는 미국

나는 이전에 미국과 중국이 타이완을 사이에 두고 전면전을 벌이는 시나리오를 제시한 적이 있다. 시나리오의 핵심은 세 가지다.

- 첫째, 중국이 타이완을 무력으로 침공한다면 시진핑 3기 말이 가장 유력하다.
- 둘째, 시진핑 주석이 선택할 수 있는 가장 유력한 카드는 '타이

완 전면 포위 작전'이다. 이 군사 작전만으로도 세계 시장에 주는 충격은 러시아-우크라이나 전쟁, 이스라엘-하마스 전쟁보다 몇 배 클 것이다.

- 셋째, 타이완을 사이에 두고 미국과 중국이 전면전을 벌인다면 제3차 세계대전으로 확전될 가능성도 염두에 두어야 한다. 하지만 미국은 전면전을 피할 것이다.

나는 '중국은 타이완 통일이 급하지 않지만, 시진핑은 급하다'라고 평가했다. 중국은 타이완이 자기 나라 영토가 아니라고 생각해본 적이 한 번도 없다. 지금도 중국 사람들은 타이완 정부를 '반정부 세력'으로 취급한다. 그러니 중국 사람들에게는 통일 전쟁 자체도 불필요하고 타이완을 무력으로 제압하는 행동이 급하지 않다. 100년이든 200년이든, 언젠가는 타이완에서 반정부 세력이 힘을 잃으면 자연스럽게 해결될 문제다. 하지만 시진핑은 다르다. 시진핑은 헌법을 고치면서까지 장기집권, 종신집권을 위해 정치생명을 건 모험을 했다. 치밀하게 준비된 작업이었다.[7] 시진핑 주석은 치밀하게 작전을 짜서 임기제, 연령제, 격대지정(차차기 후계자를 미리 정하는 것) 전통이라는 세 가지 기반을 모두 무너뜨렸다. 목적은 분명하다. 현대 중국 최고 권력자였던 마오쩌둥의 권력을 넘어서는 것이다. 더 나아가, 자신의 생애에 중국을 글로벌 최고 권력국가 샤한샤의 지위에 올려놓기 위해서다.[8]

하지만 종신집권 성공은 거꾸로 생각하면 안전하게 퇴임할 기회도 없애버렸다는 얘기가 된다. 황제의 권위를 갖고 있더라도 임기를 연장할 때마다 선거를 거쳐야 한다. 그때마다 정치적 내전이 불가피하다. 과거 한국의 군사정권 때처럼 '체육관 선거'를 치르겠지만, 어쨌든 인민의 눈치를 보아야 한다. 여론을 얻지 못하면 정치적 전쟁에서 패할 수 있다. 패하면, 곧 숙청이다. 자신을 따르는 무리까지 권력, 부, 명예를 잃고 모두 숙청당한다. 이런 참사를 맞지 않으려면, 죽을 때까지 연임에 계속 성공해야 한다. 이를 위해서는 중화인민공화국 창건자이며 제1대 주석인 마오쩌둥, 중화인민공화국의 제3대 주석이며 중국 경제의 개혁개방을 이끌어 G2로 가는 발판을 만들었던 덩샤오핑을 넘어서는 업적이 필요하다. 이에 필적하는 업적 또는 명분은 단 두 가지뿐이다. 덩샤오핑의 업적을 넘어서려면 중국 GDP가 미국을 추월해야 한다. 마오쩌둥의 업적을 넘어서려면 타이완 통일이 필요하다.

나는 중국의 명목 GDP가 미국을 넘어서는 것을 2050년경으로 본다. 최악의 경우, 넘어서지 못할 수도 있다. 나는 2015년부터 중국 경제가 빠르게 식고 있다고 분석했다. 중국의 경제는 고비용·저효율 단계에 진입했고, 인구 구조가 감소로 전환되어 장기적 성장동력이 꺾였다. 중국 부동산 시장의 붕괴와 실물경기의 장기 침체 우려가 커지고 있으며, 외국 기업과 자본의 중국 탈출 속도도 빨라지고 있다. 시진핑에게 하나의 카드가 사라진 셈이다. 남은 카드는 단 하나다. '타이완 통일'이다. 만약 시진핑이 무력으로 타이완을 합병하면, 중국 내에서 젊은 세대를 중심으로 민족주의 정서가 불타오를 것이며, 이런 분위기를 등에 업고 종신집권의 길을 열 수 있다. 그러면 누구도 시진핑 주석이 종신집권 또는 안전한 퇴임 후 막후 권력자의 길을 가는 것을 막지 못한다.

그러나 시진핑이 이끄는 중국은 아직 글로벌 패권 쟁취의 첫 번째 능력인 '압도적 힘'을 갖추지 못했고, 대외적인 정치 능력(지지, 추출, 규제)은 여전히 검증이 이루어지지 않은 상태다(백창재 교수는 정치적 능력은 자신들이 독립적으로 결정한 정책을 다른 구성국들로부터 대외적으로 '지지'를 얻는 능력, 정책에 필요한 자원을 '추출'하는 능력, 정책을 따를 수 있도록 '규제'하는 능력이라고 규정했다[9]). 그래서 미국과 전면전을 벌여서 승리할 가능성이 작다. 하지만 '궁서설묘窮鼠囓猫'라는 말이 있다. '궁지에 몰린 쥐가 고양이를 문다'는 뜻이다. 인간도 극한 상황에 몰리면 살기 위해서 벼랑 끝 전술을 사용하고 극단적 행동을 한다. 전쟁 중에 내 팔 하나를 내주고라도 적의 목을 칠 수 있다면, 주저 없이 그렇게 할 것이다. 시진핑이 타이완을 무력으로 공격하는 것은 비합리적인 선택이다. 하지만 미국의 대중국 압박이 지금보다 더 세지고 중국 내에서 시진핑의 입지가 심하게 흔들린다면, '타이완전쟁'도 불가능한 미래가 아니다. 2023년 5월 30일, 베이징에서 열린 제20기 중앙국가안전위원회 제1차 회의에서 시진핑 주석은 "최악의 경우와 가장 극단적인 시나리오에 대비할 것"을 강조했다. 다분히 미국과의 관계를 두고 한 말이다.

미국은 어떨까? 전문가들은 미국과 중국이 타이완을 두고 전면전을 벌이면 어떻게 될까? 전문가들은 미군 전력의 80%를 투입해야 승산이 있으리라고 분석했다. 미국 군대와 중국 군대가 타이완 본토에서 전면전을 벌이면 시진핑이 전략 핵무기를 사용할 수도 있지 않을까? 현대 군사학에서는 전술핵 카드를 전쟁이 격화되지 않게 일시적으로 전쟁을 격화시키는 전략escalate to deescalate의 수단으로 거론하는데 그런 맥락에서라면 시진핑의 핵무기 사용도 아예 가능성 없는 이야기는 아니다.

한편 미 국무부는 중국 군대가 미국 군대와의 전면전은 피하고 타이완 해상을 사방에서 봉쇄만 하더라도, 세계적으로 최소 2조 5,000억 달러(약 3,293조 원)에 달하는 경제적 손실이 발생할 것으로 추산했다. 각국의 주식 시장은 글로벌 금융위기 때처럼 50~70% 폭락하는 충격을 받을 것이다. 타이완은 전 세계 파운드리(위탁생산) 시장의 64%를 담당하는데, 그중에서도 TSMC는 고성능 파운드리 칩의 90% 이상을 만든다. 타이완의 반도체 수출입이 전면 봉쇄되면 전 세계 기업들이 코로나19 때처럼 공급망의 연쇄 붕괴를 맞을 수도 있다. 타이완뿐만 아니라 한국, 일본 등 반도체 주요 수출국에 심각한 차질이 발생하기 때문이다. 타이완에 가장 가까이 있는 한국 경제는 타이완 다음으로 큰 충격을 받는다.

미국 랜드연구소는 미국과 중국이 전면전을 벌이면 미국은 GDP(2022년 기준 25조 3,000억 달러)의 5%, 중국은 GDP(2022년 기준 19조 9,000억 달러)의 25%가 감소할 것으로 분석했다. 전 세계적으로는 6조 달러가 넘는 충격이 발생한다. 각국의 주식 시장은 무려 87%가 폭락했던 대공황 때와 같이 재앙에 가까운 충격을 받을 것이다.

경제보다 더 큰 문제가 있다. 미국은 군사력 전부를 전쟁에 퍼부어야 한다. 타이완해협은 미국 본토에서 아주 멀기 때문에 주한미군까지 동원하지 않으면 미국의 군사력은 열세에 빠질 수 있다. 동아시아에 주둔 중인 미군의 힘만으로는 중국과의 전면전에서 이기지 못할 수도 있다. NATO가 합세해야 한다. 중국, 북한, 러시아 중 하나가 미국 본토에 핵무기를 사용할 위험도 커진다. 1961년 북한은 중국과 조중동맹조약(조중 우호, 협조 및 호상원조에 관한 조약)을 맺었다.[10] 미·중 무력 전쟁이 벌어지면, 이 조약에 따라 북한도 참전하게 된다. 2022년 9월 8일, 김정은은 최고인민회의에서 핵 무력화 법령의 제3항을 공개했다. '핵 무력에 대한 지휘통제'에 관한 내용이다. 김정은을 포함한 북한 지휘부가 타격을 받을 경우 핵 공격 작전 계획이 자동으로 시행된다는 내용이다.[11] 만약 미국이 중국·북한·러시아 연합군에 무력을 사용하면, 북한은 그 자체를 '북한 지휘부 타격'으로 해석해 핵 무력 사용을 정당화한다.

러시아도 미국과 군사적으로 직접 충돌할 때 자국 영토를 침범당하거나, 전략핵잠수함 20%가 파괴되거나, 순양함 3척·공군기지 3곳 또는 주요 해안 사령부가 동시다발적 공격을 받을 때는 전술 핵무기를 사용한다는 지침을 가지고 있다. 러시아의 전술핵 대응 시나리오는 적국의 2차 침공 전력의 진격을 막는 것이 목표다. 러시아-우크라이나 전쟁 중에 푸틴은 미국을 겨냥해서 "전략적 핵전력이 준비 상태에 있다"라고 종종 언급했다. 재래식 무기로 원하는 결과를 얻을 수 없을 경우 전술 핵무기를 사용할 수도 있다는 태도다. 이 정도면 핵무기 사용에 대한 문턱이 의외로 낮다는 얘기다. 러시아는 핵추진 순항

미사일 부레베스트닉과 수중 핵무기 포세이돈 등 차세대 핵무기 시험을 완료했고, 킨잘 극초음속 미사일은 운용을 시작했으며, 신형 ICBM 사르마트도 곧 전투 임무에 투입할 예정이다.[12]

핵전쟁 우려까지 고조되면 미국 내에서는 물가가 다시 치솟고, 대공황이 100년 만에 재발하는 것이 아니냐는 공포심이 활개를 치게 된다. 다시 말하지만, 미국은 타이완을 두고 중국과 전면전을 벌이고 싶어 하지 않는다. 전력의 80%를 사용해야 겨우 이길 수 있고, 이겨도 피해가 상상을 초월한다. 최악의 경우, 전쟁에선 이겼더라도 패권 몰락의 늪에 빠질 수 있다. 달러 붕괴도 일어날 수 있다. 미국이 전면전을 피하고 싶어 하는 나라는 중국만이 아니다. 같은 이유로 러시아와도 전면전을 피하고 싶어 한다.

하지만 전면전을 피할수록 미국의 영향력은 하락하고 미국이 군사적 폭력의 압도적 힘을 잃어가고 있다는 사실을 더욱 분명히 할 것이다.

관용

패권을 유지하려면
폭력 이상의 무언가가 필요하다

군사적 폭력은 패권 획득의 가장 원시적인 수단이다. 그래서 인간은 폭력의 규모와 잔인함을 극대화하기 위해 노력했다. 자신의 힘이 부족하면, 혼인동맹을 맺어서 폭력의 규모를 키웠다. 하지만 폭력에 대응하는 인간의 능력도 향상돼왔다. 때문에 역사를 거듭해갈수록 폭력만으로 절대패권을 획득하고 획득한 패권을 오랫동안 유지하기가 힘들어진다. 폭력 이상의 무언가가 필요하다는 사실을 깨달을 수밖에 없다.

페르시아의 왕 키루스 2세 역시 비슷한 생각을 했다. 기원전 539년, 키루스 2세는 더 강력하고 잘 훈련된 폭력을 동원해서 바빌론을 멸망시켰다. 신바빌로니아 왕 벨사자르Belshazzar가 밤늦게까지 만찬을 열며 흥청망청하는 사이, 어둠을 틈타 이슈타르의 문을 통과한 페르시아 특공대가 바빌론 황궁을 단숨에 정복했다. 신바빌로니아 제국을 하룻밤 만에 무너뜨린 키루스 2세는 바빌로니아 제국의 포로 생활을 하는 유대인들을 전리품으로 삼지 않았다. 그는 〈키루스 칙령Edict of Cyrus〉이라는 귀환 조서를 내리고 그들을 조건 없이 해방했다. 키루스 2세는 폭력으로 획득한 패권을 장기간 유지하기 위해 '관용'이라는 도구를 사용하기 시작한 것이다. 이는 대단히 새로운 시도였다.

'관용'을 활용한 또 다른 사람이 있다. 페르시아를 패권국의 지위에 올려놓은 다리우스 1세다. 키루스 2세가 죽고 아들 캄비세스 2세Cambyses II가 대왕이 됐지만, 이집트와의 전쟁을 마치고 페르시아로 귀환하던 중에 급사했다. 그러자 캄비세스 2세의 동생 바르디야Bardiya가 제왕의 자리를 요구했다. 그러자 캄비세스 2세의 최측근이었던 히스타스페스 총독의 장남 다리우스 1세도 제왕 자리를 탐냈다. 다리우스는 캄비세스 2세가 죽을 때까지 그의 군대에서 창병으로 근무한 경력도 있었다. 다리우스는 페르시아의 유력한 6개 귀족 가문(오타네스, 인트라프레네스, 고브리아스, 히다르네스, 메가비수스, 아스파티네스)의 지원을 받아 쿠데타를 일으켜 바르디야를 죽였다.

다리우스의 행보는 고대 국가의 정치적 역학과 권력 전환의 전형적인 사례를 보여준다. 당시 페르시아에서는 6개의 귀족 가문이 중요한 역할을 했으며, 이들의 지지를 얻는 것이 권력 획득의 핵심이었다. 다리우스는 후계자 바르디야를 제거하고 왕위에 오르기 위해 이런 정치적 연합을 구축했다. 다리우스는 진짜 바르디야는 이미 죽었고 '가우마타Gaumāta'라는 사기꾼이 그의 이름을 도용했다는 명분도 내세웠다. 실제로 다리우스는 베히스툰 비문에 '캄비세스 2세가 그의 형제인 진짜 바르디야를 죽였는데, 페르시아 백성들은 이 사건을 알지 못했다. 그래서 가우마타라는 이름을 가진 사내가 등장해서 사람들에게 자신이 바르디야라고 거짓말을 했다'고 기록했다.•

다리우스는 권력 획득의 보조 수단인 '정치적 능력'이 탁월했던 것 같다. 정치적 능력을 평가하는 데는 몇 가지 기준이 있다. 권력 기반 측면에서는 다른 구성원들이 정책을 따르도록 강요할 수 있는 '강제력'의 수준, 다른 구성원들이 정책을 따르도록 설득하거나 동의를 끌어낼 수 있는 '권위(카리스마, 리더십)'의 수준, 정책 실행에 필요한 자원을 확보하고 분배할 수 있는 '자원 통제'의 수준 등을 평가 기준으로 삼을 수 있다.

영향력 기반 측면에서는 다른 구성원들에게 정보를 제공하거나 통제할 수 있는 '정보 통제'의 수준, 다른 구성원들이 정책을 따르도록 유도하기 위한 '보상 시스템 구축'의 수준, 다른 구성원들과의 관계 형성 및 활용력인 '네트워킹(동맹, 연합)'의 수준 등을 평가 기준으로 삼

• 고대의 역사가 헤로도토스도 저서 《역사》에서 이 사건을 세세하게 기록했다. 헤로도토스는 쿠데타로 권좌에 오른 다리우스와 그의 귀족 동료 여섯이 왕위 계승 방법에 대해 토론하는 장면도 극적으로 묘사했다. 헤로도토스에 따르면, 그들은 누가 왕이 될 것인지 결정하기 위해 독특한 방법을 선택했다. 성 밖으로 말을 타고 나가, 해가 뜨는 시점에 가장 먼저 우는 말의 주인이 왕이 된다는 것이었다. 교활한 다리우스는 암컷 말의 냄새를 사용하여 해가 뜰 때 자신의 말이 가장 먼저 울게 하는 지략을 써서 왕위에 오른다. 권력을 잡은 그는 동료들과 통치 방식에 대해 논의할 때, 대중은 충동적이고 어리석은 의견에 쉽게 휩쓸리기 때문에 민주주의와 과두정치는 제국을 통치하기에 부적합하다고 주장했다.

을 수 있다.

제도적 기반 측면에서는 정책을 만들고 집행할 수 있는 '규칙 및 제도 구축'의 수준, 정책과 관련된 분쟁과 다양한 이해관계를 조율하고 갈등을 해결할 수 있는 '분쟁 해결(법 집행, 중재)'의 수준, 정책 결정 및 실행 과정에서 책임을 요구할 수 있는 제도를 구축하는 '책임 강화(감사)' 수준 등을 평가 기준으로 삼을 수 있다.

이 외에도 정치 환경 변화에 유연하게 대응하고 정책을 조정할 수 있는 '변화 관리'의 수준, 다른 구성원들과 협력하여 공동의 목표를 달성할 수 있는 '협력 유도'의 수준 등도 평가 기준으로 삼을 수 있다. 다리우스는 권위, 정보 통제, 네트워킹(동맹, 연합), 분쟁 해결, 변화 관리, 협력 유도의 수준 등이 높았던 것으로 보인다.

마침내 집권에 성공한 다리우스는 독재정치를 시작했다. 하지만 동부 지역을 중심으로 시작된 반란의 기운이 제국 곳곳으로 퍼져나갔고, 멸망한 바빌로니아도 네부카드네자르 3세Nebuchadnezzar III를 앞세워 반란을 일으켰다. 다리우스는 강력한 군사적 폭력 수단을 동원해서 모든 반란을 무자비하게 진압했다. 메디아 왕국을 침략하여 키루스 2세를 죽인 이란계의 부족 사카Saka를 공격했고, 트라키아와 북부 에게해의 많은 도시도 정복했다. 무자비하고 공포스러운 폭력 앞에 마케도니아는 스스로 항복했다. 이로써 다리우스는 그리스의 영토이던 소아시아 지방 일부와 이집트를 차지했다.

페르시아를 새로운 패권국 지위에 올려놓은 다리우스 대왕은 고민이 깊었다. 폭력으로 획득한 패권국가 지위의 지속 가능성에 대한 고민이었다. 평생 반란만 진압하면서 살 수도 없는 노릇 아닌가. 국내 정치와 경제의 안정이 필수적이었다. 다리우스 대왕은 제국의 표준어로 아람어를 채택하고, 법을 정비했다. 하지만 이것만으로는 부족했다. 그가 고민 끝에 찾은 해법은 '관용'이었다. 광활하고 넓은 제국을 자신의 군사적 폭력을 앞세운 공포정치만으로 관리하기란 불가능했다. 다리우스 대왕은 제국을 여러 주로 나누어 지방관을 임명해서 다스렸다. 그러자 자존심 강하기로 유명한 그리스인조차 다리우스를 위한 병사나 장인, 정치가, 선원 등으로 종사하기 위해 몰려들었다.

사회가 왜곡되고, 불안이 증가하고, 권력과 이익을 획득하기 위해 폭력이 난무하는 사회를 만나면 '관용'이라는 미덕에 한 가닥 기대를 거는 사람이 많아진다. 순진한 생각이다. 인류 역사를 되돌아보면 권력이 있는 국가, 권력이 있는 자만이 관용이라는 미덕을 베풀 수 있다. 관용을 선택한 표면적 이유는 '선함, 너그러움, 넓은 아량' 등으로 포장되지만, 근원적 이유는 '고육지책苦肉之策'(고육지계苦肉知計)이다. 제 몸을 상해가면서까지 꾸며내는 방책이라는 뜻이다. 어려운 상태에서 벗어나기 위해 어쩔 수 없이 택하는 계책이라는 것이다.

관용의 밑바닥에는 이익이 있다

'톨레랑스', '관용의 정신'을 상징하는 이 어휘는 16세기 프랑스 종교 개혁 시기에 등장했다.

중세 시대 유럽 대륙에서 스페인과 프랑스는 가톨릭(구교)을 수호한다는 자부심이 대단했다. 스페인은 레콩키스타Reconquèsta(재정복 운동)를 통해 이베리아반도에서 이슬람 세력을 몰아내고 가톨릭 왕국을 세웠다. 레콩키스타는 722년부터 1492년까지 약 778년간 이베리아반도의 기독교 왕국들이 이슬람 세력인 우마이야 왕조를 상대로 벌인 국토 회복 운동이다. 레콩키스타 이후 스페인 왕들은 '가톨릭 왕(구교의 왕)'으로 자칭했고, 종교재판을 통해 이슬람교도와 유대교도를 강제로 개종시키거나 추방하는 데 앞장섰다.

프랑스도 '기독교 왕국의 가장 오랜 딸'이라는 별칭을 가지고 있을 정도로 가톨릭에 헌신했다. 프랑스가 이런 별명을 갖게 된 데는 역사적 이유가 있다. 프랑스는 로마 제국의 서부 영토를 계승한 국가다. 로마 제국은 4세기 이후 점차 쇠퇴하기 시작했다. 내부의 정치적 불안과 경제적 어려움 등이 겹치자, 그 틈을 타고 서고트족·반달족 등 게르만 민족들이 로마 제국의 영토를 점령하고 자신들의 왕국을 세웠다. 프랑크족도 게르만 부족 연합의 일원이었다. 이들의 기원은 라인강 하류의 거주자, 켈트 민족의 후손 등 설이 다양하다.

이들은 3세기부터 서유럽에 거주했는데, 여타 게르만 민족들보다 강력한 군사력을 보유했고 매우 용맹하고 전투적인 부족으로 알려져 있었다. 특히 그들에게는 숙련된 기병이 있어서 기습 공격에 능숙했다고 한다. 5세기 무렵 로마에 힘의 공백이 발생하자, 프랑크족은 갈리아(현대 프랑스)·게르마니아(현대 독일)·이탈리아의 일부를 포함하는 광대한 영토를 정복하고 나라를 세웠다. 이렇게 역사에 모습을 드러낸 프랑크족은 이후 유럽에 지대한 영향을 미쳤다. 프랑스·독일·이탈리아를 포함한 여러 현대 국가의 기초를 세웠고, 로마 제국의 문화와 기독교를 서유럽에 전파하는 데 중요한 역할을 했다.

프랑크족에는 두 명의 유명한 지도자가 있었다. 한 사람은 프랑크 부족을 통합하고 초대 왕이 된 클로비스 1세Clovis I다. 메로빙거Merovinger 왕조의 시조이기도 하다. 클로비스는 뛰어난 군사적 능력과 정치적 수완으로 프랑크족을 통합하고, 486년 수아송 전투Battle of Soissons에서 로마의 마지막 갈리아 총독 시아그리우스Syagrius를 격파하고 갈리아 북부를 정복하여 프랑크Frank 왕국의 기틀을 마련했다. 그런데 이 사람에게 중요한 변화가 하나 생긴다. 496년, 아내 클로틸드의 영향으로 기독교로 개종하고 니케아 신앙고백문을 받아들인 것이다. 이 사건으로 프랑크 왕국은 로마 제국의 정통 후계자로 자리매김한다.

클로비스 1세는 511년 사망 직전에 자신의 왕국을 네 아들에게 분할했다. 테우데리크 1세Theuderic I에게는 랭스 왕국, 클로도미르Chlodomer에게는 오를레앙 왕국, 힐데베르트 1세Childebertus I에게는 파리 왕국, 클로타르 1세Chlotar I에게는 수아송 왕국을 동등하게 나눠주었다. 그리고 각 왕국에 주교좌를 설립했다. 주교좌는 주교의 공식 의자 또는 왕좌로, 가톨릭의 주교가 교구에서 가르치고 통치하는 역할을 상징한다. 하지만 네 아들은 서로 경쟁하며 권력 다툼을 벌였고, 이 때문에 프랑크 왕국의 통합이 약화됐다. 그만큼 기독교 내에서 프랑크 왕국의 영향력도 약화됐다. 588년, 클로비스 1세의 넷째 아들인 클로타르 1세가 왕국을 재통일한다. 그는 무자비한 통치, 수많은 아내와 첩으로 유명했다. 하지만 재통일을 이룸으로써 프랑크 왕국은 로마 제국의 정통 후계자, 기독교의 수호자 자리도 되찾는다.

그리고 768년 샤를마뉴Charlemagne가 프랑크 왕국의 왕위에 올랐다. 프랑크족에서 나온 또 다른 위대한 통치자로, 유럽 대부분의 영토를 정복하고 카롤링거Carolinger 왕조를 건국하여 프랑크 제국을 전성기에 올려놓은 왕이다. 특히 샤를마뉴는 800년 로마 황제로 대관했으며 교황과 긴밀한 협력 관계를 유지하면서 서유럽 대부분을 통치했다(카롤링거 제국은 843년에 샤를마뉴의 세 아들이 분할 통치하게 됐는데, 이 중에서 서프랑크 왕국이 현재 프랑스의 기초가 된다). 대대로 프랑크 왕국의 왕들은 교회에 많은 토지와 재산을 기부했고, 교회의 건축과 예술 활동을 지원했다. 종교 교육과 선교 활동에도 적극적으로 참여했으며, 프랑크 왕국의 학자들도 기독교 신학과 철학에 크게 기여했다. 또한 1095년에 시작된 십자군전쟁에도 적극적으로 참여했다. 가히 유럽 내 가톨릭 신앙의 중심 국가, 가톨릭의 수호자, '기독교 왕'이라는 칭호, '기독교 왕국의 가장 오랜 딸'이라는 별칭을 사용할 만했다.

그런데 16세기 초 유럽에서 로마 가톨릭교회의 부패와 타락을 지적하며 종교 개혁이 일어난다. 1517년 마르틴 루터Martin Luther가 95개조 반박문을 발표한 것을 시작으로 독일, 스위스, 영국 등으로 종교 개혁 운동이 확산됐다. 프랑스도 예외가 아니었다. 유명한 종교 개혁자였던 장 칼뱅Jean Calvin이 프랑스 출신이다.

1562년, 프랑스 내 개신교도와 프랑스 내 가톨릭교도 간에 내전이 발발한다. 바로 '위그노전쟁'인데, 36년간 지속된 이 전쟁을 종결지은 사람이 앙리 4세Henri IV다. 1598년 4월 13일, 앙리 4세는 위그노에게 중요한 도시였던 루아르강 하구의 항구도시 낭트에서 칙령이 기록된 문서에 서명한다. 위그노에게 예배의 자유와 공직 수행의 자유를 부여하고, 종교재판소 설립을 허용하며, 위그노가 장악한 요새의 안전을 보장한다는 내용이다. 이른바 〈낭트 칙령Edict of Nantes〉이다. 이후 프랑스의 내전은 멈췄고, 낭트는 프랑스 내 개신교의 중심지가 됐으며, 많은 위그노가 낭트로 이주했다. 역사는 이 사건을 프랑스의 '톨레랑스', 즉 관용 정신의 대표적 사례로 평가한다. 하지만 냉정하게 평가하면, 무자비한 살육전으로 나라가 붕괴하는 걸 막기 위해 택한 궁여지책이었다. 실제로 〈낭트 칙령〉 선포 이후 앙리 4세는 광신적인 구교도에게 암살당했고, 루이 14세Louis XIV 때는 수십만 명의 신교도가 목숨을 잃는 참사도 벌어졌다. 이익 계산이 달라지면, 톨레랑스의 기준도 달라진다.

스페인의 왕으로 포르투갈의 국왕도 겸했던 펠리페 2세Felipe II의 사례도 보자. 그는 이베리아반도·네덜란드·밀라노 공국·나폴리 왕국·시칠리아섬·아프리카 대륙의 남서부·남아메리카·필리핀·부르고뉴 공국(이상 카스티야 왕국령), 사르데냐섬·인도의 서해안·말라카·보르네오섬(이상 포르투갈 왕국령) 등까지 이어지는 거대한 제국을 건설한 위대한 왕이었다. 하지만 그가 통치하는 스페인은 1557년에 첫 번째 파산을 선언해야 할 정도로 왕실 재정에 큰 문제가 있었다. 이베리아반도 통일 전쟁 때부터 자신의 시대까지 계속된 영토전쟁에 막대한 돈이 들어가면서 부채 원금과 이자가 엄청나게 늘어났기 때문이다. 결국 펠리페 2세는 이런 비용을 감당하지 못해 통치 기간에 총 네 번이나 파산 선언을 했다. 그러면서도 종교 개혁이 선언되고 스페인과 유럽 전역으로 급속하게 퍼져나가는 신교에 대항하기 위해 전쟁을 계속했다. 스페인의 모든 도시에는 막대한 세금이 부과됐고, 그럼에도 왕실 재정은 파탄을 면치 못했다.

이집트, 관용의 나라로 돌변하다

앞에서 폭력 발전의 4단계를 설명했다. 그중 2단계를 '야만적 형태의 국가 및 대규모 폭력'이라고 규정했다. 주로 고대 사회 초기에 등장한 폭력의 형태로, 이 단계에서는 문명인과 야만인의 구별이 이루어지고 '야만인에게는 야만적 폭력을 구사하는 것이 정당하다'라는 논리가 만들어졌다고 이야기했다. 그 대표적인 나라로 이집트를 소개했는데, 선민의식으로 가득 차 있던 이집트인들이 갑자기 '머리통을 맞아야만 정신 차리는 동물'로 취급했던 외국인들에게 엄청난 관용을 베푸는 사건이 벌어진다.

기원전 2000년경, 이집트 제11 왕조 시기(B.C. 2134~1991)에 중요한 변화가 일어난다. 이집트가 '관용의 나라'로 돌변했다. 이집트 파라오가 외국인의 거주와 등용을 늘린 것이다. 야만인으로 취급하던 외국인(이방인)을 이집트 땅에 살게 해준 것만 해도 엄청난 일인데, 그들을 고위 관료로 등용하기 시작했다. 말도 안 되는 혁명적인 사건이다. 파라오는 어느 나라 출신이든 상관없이 받아들였는데, 팔레스타인과 시리아에서 온 아시아인들이 특히 많았다. 이집트인들은 이들을 '힉소스Hyksos'라고 불렀다. 도대체 무슨 일이 벌어진 걸까? 이들이 갑자기 선해진 걸까? 절대 아니다.

이처럼 혁명적 변화가 일어난 데는 분명한 이유가 있었다. 이집트는 제1 왕조 최초의 파라오로 알려진 전설적인 왕 나르메르Narmer•가 상·하이집트를 통일하면서 시작됐다.

나르메르가 등장하기 이전 고대 이집트는 상이집트와 하이집트라는 두 왕국으로 나뉘어 있었다. 두 왕국은 문화와 정치 체제가 서로 달라서 종종 갈등을 겪었다. 상이집트는 나일강 상류 지역, 하이집트는 나일강 하류 지역에 자리했다. 상이집트의 영토는 좁고 긴 나일강 계곡과 주변의 사막 지역이었다. 나일강의 계곡이 비교적 좁아서 토양이 비옥해 농업에 유리했다. 그래서 상이집트는 고대 이집트 초기 도시국가들과 초기 왕조의 중심지였다. 하이집트는 나일강의 하류 지역에 해당하며, 현대의 지도상으로는는 이집트의 북부 지역이다. 하이집트는 비옥한 나일 삼각주 지역을 포함하며, 나일강은 지중해로 흘

• '나르메르'는 '무자비한 메기' 또는 '파괴자 메기'로 해석된다. 이 이름은 고대 이집트의 상형문자에서 유래한 것으로, '나르Nar'는 메기catfish를 의미하고, '메르Mer'는 쳐부수거나 무자비하다는 의미다. 그의 이름은 그리스 역사가 마네토Manetho의 기록에 처음 등장하며, 이집트 고대 기록들에서는 '메네스Menes' 또는 '호르-아하Hor-Aha'라는 이름으로도 불린다.

러 들어간다. 하이집트는 삼각주의 비옥한 토지 덕분에 큰 번영을 누렸다. 고대 이집트의 수도였던 멤피스(현재 카이로)는 상이집트와 하이집트의 경계에 자리하여 두 지역을 연결하는 중요한 역할을 했다.

기원전 3150년에서 3100년 사이, 상이집트의 왕이었던 나르메르는 뛰어난 군사적 능력과 리더십을 바탕으로 하이집트를 정복하기 위해 전쟁을 일으켰다.[13] 현재 이집트 카이로 박물관에 가면 나르메르 팔레트Narmer Palette가 전시되어 있다. 높이 64센티미터, 너비 42센티미터에 방패 모양의 화강암 석판으로, 양면에 인물·동물·상형문자 등을 통해 상징적인 방식으로 나르메르의 업적이 기록되어 있다. 앞면에는 왕관을 쓴 나르메르, 세트Seth 신의 도움, 두 나라의 통일 등이 그려져 있다. 나르메르가 상이집트의 상징인 백관hedjet을 쓰고 곤봉으로 적을 제압하는 모습, 나르메르의 뒤에서 인간의 몸에 짐승의 머리를 가진 세트 신이 나르메르를 돕는 모습, 상·하이집트의 상징적인 동물인 나일악어와 황소를 묶어 끌고 가는 모습 등이다. 뒷면에는 호루스Horus 신의 승리, 네켄의 정복, 기타 상형문자 등이 그려져 있다. 하늘을 나는 매의 모습을 한 호루스 신이 적을 공격하여 승리하는 모습, 나르메르가 하이집트의 핵심 도시 네켄을 정복하는 모습, 기타 나르메르의 이름과 업적을 기록하는 상형문자 등이다.

나르메르 팔레트에 그려진 내용처럼, 나르메르는 뛰어난 전략과 군사력을 바탕으로 네켄과 데프네에서 하이집트의 주력 군대를 물리치고 이집트 역사상 최초의 파라오가 됐다. 네켄은 하이집트의 정치, 경제, 문화의 중심지였다. 고고학 발굴 결과에 따르면, 나르메르가 네켄을 정복하기 이전부터 하이집트의 왕들은 이곳에 궁전을 건축하고 살았다. 데프네도 하이집트의 중요한 도시로 행정 중심지 역할을 했으며, 오늘날 이집트 텔 데펜네가 비슷한 위치다. 나르메르와 하이집트 군대가 이곳에서 마지막 전투를 치렀고, 나르메르의 군대가 압도적인 승리를 거둠으로써 상·하이집트의 통일을 완수했다. 기원전 3100년경, 상·하이집트를 통일하고 이집트 역사상 최초의 파라오가 된 나르메르는 멤피스를 통일 이집트의 수도로 정했다.

나르메르가 멤피스를 수도로 선택한 데는 이유가 있다. 앞서 언급했듯이, 상이집트와 하이집트의 경계에 있는 도시여서 두 지역을 연결하는 중요한 역할을 할 수 있었기에 통치에 전략적으로 유리했다. 더욱이 나일강 삼각주의 비옥한 토지를 기반으로 농업과 무역이 발달하여 오래전부터 경제적 중심지였다. 멤피스는 이집트의 주요 신인 프타Ptah●를 숭배하는 사원이 있는 종교 중심지이기도 했다.

이집트 벽화에서 프타는 왕관을 쓰고, 손에 지팡이와 와스 셉터was scepter를 들고 있는 미라 형태의 남자로 그려져 있다. 와스 셉터는 고대 이집트에서 파라오의 권력과 안정을 상징하는 3개의 가지가 있는

● 프타는 고대 이집트 신화에 등장하는 삼신 중 하나로 세상의 모든 것을 말씀으로 창조한 창조신이고, 멤피스의 번영을 지켜주는 신이며, 창조의 신으로서 장인과 건축가들에게 기술과 지혜를 주는 수호신이었다. 프타는 지혜의 신이기도 해서 '진리의 주' 또는 '지혜의 주'라는 별명을 가지고 있었다. 프타의 아내는 세크메트Sekhmet, 아들은 네페르템Nefertem이다. 프타는 '마아트Ma'at, Maat, Mayet'라고 불리는 정의와 질서의 여신을 옹호하는 신으로도 여겨졌다. 마아트는 고대 이집트 신화에서 진실, 정의, 조화, 질서, 법을 상징하는 여신이다. 세계의 질서를 유지하고 악을 물리치는 역할을 담당한다. 또한 사후 세계의 심판에서 중요한 역할을 하며, 죽은 자의 심장을 저울에 올려 그의 삶이 정의로웠는지 판단하는 일도 맡는다. 이집트 벽화에서는 대체로 앉아 있는 여성의 모습이고, 머리에 타조 깃털을 꽂고 있으며, 손에는 정의의 깃털을 들고 있다. 타조 깃털은 진실과 정의를 상징하며, 정의의 깃털은 마아트의 심판을 상징한다.

막대로, 파라오의 힘과 권위를 나타내는 왕홀로 사용했다. 와스 셉터는 오시리스Osiris 신과도 관련이 있다. 오시리스는 고대 이집트 신화에서 죽음과 부활의 신이며, 사후 세계의 지배자다. 오시리스의 조각상도 종종 와스 셉터를 들고 있는 모습으로 묘사되는데, 오시리스가 와스 셉터의 힘을 가지고 있다는 것을 나타냈다. 고대 이집트인들은 와스 셉터를 생명의 나무와 관련이 있다고 믿었고, 사후 세계의 심판에서 죽은 자의 심장이 와스 셉터의 무게와 비교된다고 생각했다. 만약 심장이 와스 셉터보다 가벼우면 아아루Aaru라는 낙원으로 간다. 하지만 만약 심장이 와스 셉터보다 무거우면 암두아트Amduat라는 지옥으로 떨어진다. 오시리스가 와스 셉터를 가지고 있다는 것은 파라오가 오시리스의 후계자라는 것도 나타낸다. 그래서 이집트인들은 파라오가 살아서는 프타의 힘을 물려받고 신들의 뜻을 받아 이집트를 통치하고, 죽어서는 오시리스의 힘을 통해 영원히 살아남을 것이라고 믿었다.

나르메르는 이집트 종교의 상징인 멤피스에서 매의 머리를 가진 인간으로 묘사되는 호루스를 국가 신으로 삼고 왕권 강화를 시작했다. 호루스는 프타의 아들로 하늘과 태양의 신이며 파라오의 보호자를 상징한다. 다른 신화에서는 프타와 호루스가 동일한 신으로 여겨지기도 한다. 이집트 신화에서 프타와 호루스는 서로 협력하여 세상을 다스린다. 그래서 멤피스의 프타 사원에는 프타와 호루스가 함께 묘사된 조각상과 벽화가 있고, 파라오의 무덤에도 프타와 호루스가 함께 파라오를 보호하는 모습이 종종 발견된다.

결론적으로, 이집트인들이 야만인에게는 폭력을 거침없이 구사해도 된다는 '선민의식'이 최초의 파라오 나르메르 시절에 자리 잡았다는 얘기다. 자신들은 창조의 신을 섬기고, 창조의 신은 아들 호루스와 함께 이집트의 파라오를 선택했다. 파라오는 신의 현신이며 죽어서도 신이 된다. 통일 이집트의 수도로 정해진 멤피스는 생명의 원천, 신성하고 풍요로운 땅, 신들의 선물인 나일강 유역에 있다. 자신들은 신에게 선택된 민족이고, 비이집트인은 신에게 버림받고 신들의 뜻에 어긋나는 존재다. 이런 '야만인', '미개한 존재', '머리통을 맞아야만 정신 차리는 동물'과 함께 사는 것은 치욕스러운 일이다. 하물며 이들을 관리로 등용해서 이들의 관리·감독을 받는 세상은 상상조차 할 수 없다. 나르메르 이후 멤피스는 이집트 신왕국 시대에 수도가 테베(현재의 룩소르)로 옮겨지기 전까지 수도의 지위를 유지하면서 이집트 선민의식의 중심지 역할을 했다. 마치 유대인이 이스라엘을 자신들의 선민의식을 상징하는 유일무이한 땅으로 생각하는 것과 같다.

나르메르가 세운 통일 이집트는 제3 왕조부터 제6 왕조까지의 기간에 비약적 번영을 이뤘다.• 하지만 제6 왕조(고왕국 말기)에 이르러 이집트 각 지방에서 힘 있는 귀족들이 등장하면서 파라오의 권위를 위협했다. 제7 왕조 시기에는 70일간 파라오가 70명이나 등장할 정도로 왕조의 통일성이 무너졌다. 20년이라는 짧은 기간만 유지했던 제8

• 역사학자들은 이 기간을 이집트 고왕국 시대 또는 피라미드 시대라고 부른다. 전제군주로서 파라오의 중앙집권적인 힘이 강화되면서 '기자의 대피라미드'라고 불리는 쿠푸Khufu 왕의 피라미드 같은 위대한 건축물들이 이 시기에 만들어졌다.

왕조에서도 17명에 달하는 파라오가 통치했고, 이들의 지배권도 수도 멤피스 일대로 축소됐다. 제9 왕조 정권은 멤피스 남쪽 헤라클레오폴리스에서만 힘을 발휘할 정도로 약화됐다. 제10 왕조도 비슷했다. 그리고 마침내 제1대 파라오의 고향인 상이집트의 대도시 테베에 새로운 파라오를 자칭하며 이집트 제11 왕조가 등장했다. 이때부터 이집트는 다시 둘로 나뉘고 말았다.

제11 왕조를 세운 사람은 테베의 총독이었던 멘투호테프 1세Mentuhotep I다. 테베는 멤피스에서 나일강 상류 쪽으로 약 726킬로미터 거슬러 올라간 곳에 있다. 테베의 총독이었던 멘투호테프 1세는 멤피스의 중앙 정부가 와해된 틈을 타 이곳에서 독립 왕조를 세웠다. 이를 이집트 역사에서 제11 왕조라고 부른다. 멘투호테프 1세의 아들 인테프 1세Intep I 때부터는 공식적으로 파라오라는 칭호도 사용했다. 상이집트에 터를 잡은 제11 왕조의 파라오들은 하이집트의 제10 왕조 세력과 끊임없는 전쟁을 벌이며 남진을 계속했다.

기원전 2020년경, 제11 왕조 인테프 3세Intep III의 아들인 멘투호테프 2세Mentuhotep II가 드디어 상·하이집트로 나눠진 이집트를 재통일하고 중왕국 시대를 연다. 멘투호테프 2세는 제11 왕조의 네 번째 파라오로, 기원전 2061년부터 기원전 2010년까지 재위했다. 그가 왕위를 물려받을 시점에 제11 왕조는 남쪽으로는 나일 제1 폭포의 아비도스, 북쪽으로는 체부에 이르는 상당한 영토를 확보한 상태였다. '멘투호테프'라는 이름은 '테베의 전쟁신인 멘투가 만족하신다'라는 뜻인데, 그는 이름에 걸맞게 전쟁에 뛰어났다.

멘투호테프 2세는 아주 어린 나이에 파라오에 올랐다. 그래서 재위 14년이 되어서야 본격적으로 제10 왕조의 파라오들과 전쟁을 시작했다. 멘투호테프 2세는 하이집트 네페르카레 7세Neferkare VII, 메리카레Merikare, 와카레 케티Wahkare Khety, 네페르카레 8세Neferkare VIII 등 네 명의 파라오와 25년에 걸쳐 치열한 전쟁을 벌인 끝에 이집트 재통일에 성공했다. 그런 후 그는 '두 땅을 통일한 자'라는 뜻의 '셰마타위Shematawy'로 개명했다. 그리고 여세를 몰아 팔레스타인, 리비아, 가나안, 수단 등지에 군사들을 보내 이집트에 복속시켰다. 이렇게 멘투호테프 2세는 이집트를 재통일한 것은 물론이고, 이집트 역사상 최초로 광대한 영토를 확보한 파라오가 됐다.

군사적 폭력을 사용해서 엄청난 피를 흘리고 제국을 건설하면 반드시 후일이 두려워진다. 특히 제11 왕조처럼 권력 쟁취가 '반란'으로 시작된 왕조는 더더욱 그렇다. 멘투호테프 2세는 지방 총독의 비대한 권한을 그대로 두면 반란을 일으켜 새로운 왕조를 세울 것으로 생각했다. 그래서 제국의 모든 권력을 파라오에게 집중시키고 지방 총독들을 찍어 눌렀다. 제10 왕조가 임명한 총독들은 모조리 쫓아내고 자기 사람을 파견했으며, 매년 정기적으로 감독관을 파견해 이들을 철저하게 감시했다.

그럼에도 불구하고 여전히 제1 파라오였던 나르메르의 정통성을 확보하고 있는 제10 왕조 세력과 그 아래서 살았던 하이집트의 백성들이 마음에 걸렸다. 이들이 언제라도 왕조의 정통성을 부르짖으며 독립운동을 벌일지 몰랐다. 팔레스타인, 리비아, 가나안, 수단 등에 이르기까지 제국의 통치 영역을 넓힌 것도 부담스러웠다. 결국 답은 하나였다. 강력한 제국으로서 군사적 폭력의 힘을 오랫동안 유지하는 것이다.

멘투호테프 2세의 후임 파라오들은 국가의 부를 강화하여 강력한 군사적 폭력을 유지하기 위해 배나 청동기 제품을 만드는 기술을 절실히 원했다. 당시 청동기 기술의 확보는 제국의 흥망성쇠를 좌우하는 핵심 자원이었다. 고대 이집트문명은 구리와 금 광산은 가지고 있었지만, 주석 광산이 없었다. 그래서 주석은 주로 무역을 통해 외부에서 수입해야 했다. 이집트가 청동제 무기나 제품을 만들려면, 멀리는 아나톨리아의 아시리아 상인들이 아프가니스탄이나 이란에서 구해 온 주석을 지중해 해상 무역을 통해 재수입해야 했다. 이런 무역 경로를 고대 세계에서 '주석길'이라고 불렀다. 해상 무역을 활발하게 유지하려면 배 만드는 기술도 중요했다. 그런데 배를 만드는 기술이나 주석을 수입하는 능력 등은 야만인으로 취급했던 외국인들이 더 뛰어났다. 주석을 구해 와도 청동제 무기 제작 기술이 없으면 무용지물이다. 파라오에게는 청동기 장인이 절대적으로 필요했다.

청동기 기술은 배우려 한다고 해서 배울 수 있는 것이 아니었다. 예를 들어, 소수의 청동기 장인으로 이루어진 무리는 평생 거푸집을 들고 다녔다. 거푸집은 광물학·금속학·야금술 그리고 최첨단 과학기술의 산물로, 장인의 일급비밀이었다. 청동검을 만들기 위해 거푸집에 구리와 주석 물을 꽉 차게 붓는 방법을 익히는 데만 1년이 걸린다. 청동을 만들기 위해서는 구리와 주석을 녹여 혼합해야 하는데, 이 과정에는 1,000°C 이상의 고온이 필요하다. 또한 녹은 청동은 빠르게 응고되기 때문에 금속이 식기 전에 거푸집에 신속하게 부어야 한다. 청동검의 날을 날카롭게 만드는 것은 또 다른 기술이다. 불에 달궈 두드리고 연마하는 과정을 통해 날카로운 날을 만든다. 이 과정에서도 실수가 발생하면 검의 성능이 저하된다. 청동검을 만드는 기술은 그냥 어깨너머로 보고 흉내 낼 수 있는 차원이 아니다. 이들은 죽을 때가 되면 자식에게 비밀리에 전수했다. 자식이 없으면, 그냥 무덤까지 가지고 갔다. 그러니 이집트인들은 절대 배울 수 없었다.

솜씨 좋은 일류 장인들은 늘 수요를 따라 옮겨 다녔다. 이집트 제11 왕조 파라오들은 이들을 불러들여 군사력을 증강하고 경제를 성장시키려 했다. 어차피 반란을 일으켜 나라를 장악한 것이니만큼 제1 파라오였던 나르메르의 정통성이 없으니, 그들의 종교적 신념이나 유산을 목숨 걸고 지킬 필요가 없었다. 강력한 군사력과 경제력을 유지하여 권력을 잃지 않는 것이 급선무였다. 파라오는 기술을 가진 외국인들을 멤피스에서 멀리 떨어진 하이집트 나일 삼각주의 동북부에 있는 타니스(이 지역은 현재 텔 엘 다바Tell el-Dab'a라는 고고학 유적지로 남아 있다)에 정착시켰다.

제11 왕조 파라오에게 '관용 정책'은 다양한 이득이 있었다. 우수한 외국 기술을 흡수해 청동제 무기를 제작하여 군사적 폭력을 강화하고, 이들을 이용한 무역 활성화로 국부도 증가시킬 수 있었다. 실제로, 이들이 정착한 타니스는 곧바로 중요한 상업 중심지가 됐다. 파라오는 외국인들을 하이집트에 대거 정착시키면 자신들이 정복했던 제

10 왕조 시절 이집트인들의 세력을 약화시킬 수 있다고 생각했다. 대규모의 외국인이 이집트 땅에 살면, 문화적 혼합이 일어나서 '정통성'을 바탕으로 하는 선민의식을 희석할 수 있으리라고 생각한 것이다. 정치적으로도 이들을 중용하면 제11 왕조의 세력, 외국인 세력, 제10 왕조의 영향을 받았던 하이집트 본래 세력 간에 균형도 이룰 수 있었다. 이것이 바로 이집트 제11 왕조 시기부터 파라오들이 외국인의 거주와 등용을 서서히 늘리며 관용 정책을 쓴 이유다.

관용 정책의 한계

이집트 제11 왕조부터 시작된 '관용의 나라'로의 돌변은 제15 왕조에 이르러 절정에 달한다. 역사에서는 제11 왕조 시기부터 이집트로 대거 유입된 세력을 '힉소스'라고 기록한다. 본래는 이집트 지방으로 이주해 온 이민족들을 뭉뚱그려 칭하던 말로, 고대 이집트어 '헤까 크세웨트heqa khsewet(외국인 통치자, 외국 땅의 왕자들)'에서 유래했다. 하지만 역사가 마네토Manetho가 '양치는 목자의 우두머리들'이라는 뜻의 힉소스Hyksos로 오역하며 붙여졌다고 한다.

이집트 제11 왕조의 권력 유지 및 이익을 위해 추진된 혁명적인 관용 정책으로 힉소스들은 하이집트에 정착하기 시작했다. 이후 제14 왕조에 이르는 동안 이집트 중앙 정치에도 서서히 진출했고, 기원전 17세기에는 세력이 대규모로 확장되면서 관료·군인 등에서 강력한 집단을 형성했다. 그리고 중왕국 왕조 교체기의 혼란을 틈타 시나이 반도에서부터 나일강 동부의 삼각주 유역까지 장악하는 데 성공했다.

힉소스인들은 기술이 뛰어났다. 특히 탁월한 청동기 및 철기 제조 기술을 가지고 있었다. 이들은 조립식 활과 개량된 전투용 도끼, 투석기 등 철제 무기를 비롯한 각종 최신 무기와 도구를 도입했으며, 말이 끄는 전차로 무장하여 기동력도 갖췄다. 요새 축조술도 무척 앞섰고 전술에도 뛰어나 정치와 군사 영역에서 거대한 세력을 이뤘다. 마음만 먹으면 언제든지 정권을 잡을 수 있는 수준이었다. 그리고 마침내 제14 왕조가 상이집트 부근으로 밀려나면서 미약한 세력으로 전락하자, 반란을 일으켜 새로운 왕조를 세웠다. 바로 이집트 제15 왕조다.[14]

이집트의 최고 권력을 장악하는 데 성공한 힉소스 왕조는 토착민의 저항을 무마하기 위해 다양한 관용 정책을 구사했다. 우선 이집트식 칭호, 복식, 전통 등을 그대로 이어받았다. 이집트의 신을 비롯한 문화도 존중했다. 제15 왕조를 세운 힉소스 출신 최초의 군주는 살리티스Salitis다. 힉소스인들은 살리티스 이후 제16대 왕조에 이르기까지 108년간 여섯 명의 파라오를 내며 이집트를 통치했다(B.C. 1648~1540 추정).

하지만 이런 노력에도 불구하고 하이집트를 중심으로 이집트 제국을 실질적으로 통치하던 제15 왕조(힉소스 왕조)와는 별개로, 상이집트 테베에 이집트 제16 왕조와 제17 왕조가 연속으로 세워지면서 반힉소스 운동이 계속됐다. 제15 왕조를 이룩한 힉소스인들은 테베를 중심으로 다시 일어난 이집트 제17 왕조와 생존을 건 전쟁을 벌였다.

제17 왕조의 세켄엔레 타오 1세Seqenenre Tao I가 힉소스에 대한 반란을 시작했고, 세켄엔레 타오 2세Seqenenre Tao II는 힉소스 군주 아포피Apopi와의 전투 중 머리에 도끼와 칼을 맞고 전사했다. 그의 장남 카모세스Kamose가 왕위를 이어 해방전쟁에 돌입했다. 카모세스는 힉소스의 철제 전차군단을 급습하고 경작지를 황폐화하면서 상이집트를 장악하는 데 성공했지만, 힉소스 왕조의 수도였던 아바리스 요새는 함락하지 못했다. 그리고 원인 불명의 이유로 30대 초반에 사망한다. 카모세스의 뒤를 이어 동생 아흐모세 1세Ahmose I가 상이집트의 파라오에 올랐다.

아흐모세 1세는 나이가 어렸기에 어머니인 아호텝 1세Ahhotep I가 한동안 섭정을 했다. 성인이 되어 통치권을 물려받은 아흐모세 1세는 재위 15년부터 22년까지 힉소스 왕조와 전쟁을 벌인다. 기원전 1539년, 아흐모세 1세는 힉소스의 수도 아바리스 요새를 고립시키는 작전을 펼쳤다. 유명한 아바리스 전투Battle of Avaris다. 기원전 1540년경, 고립 전술에 버티지 못한 힉소스 왕조는 수도를 버리고 네게브사막의 사루헨으로 도주하여 성을 쌓고 끝까지 항전했다. 아흐모세 1세는 3년간 성을 포위하여 함락하고 힉소스 세력을 전부 학살했다. 이 전투로 108년에 걸친 힉소스의 이집트 지배는 끝이 났다.

힉소스를 몰아낸 후, 아흐모세 1세는 이집트 전체를 다시 통일하고 신왕국이라고 불리는 제18 왕조의 초대 파라오가 됐다. 그리고 여세를 몰아 누비아와 시리아 원정을 계속하여 영토를 넓혔다. 또한 예술을 장려하고 대규모 건축 사업을 전개하는 등 이집트의 전성시대를 열었다. 힉소스 지배 기간에 피폐해진 내수 경제를 회복하기 위해 노력했고, 정치적 안정도 이룩했으며, 카르낙 신전을 비롯한 여러 사원과 건축물을 세워 신왕국 시대가 이집트 역사에서 가장 번영한 시기가 되는 데 초석을 다졌다.

하지만 이집트인들은 이제 관용 정책을 버리고 과거의 선민의식과 문화로 되돌아갔다. 다시 비이집트인들을 극도로 배척하고 경계하기 시작한 것이다. 《구약성경》을 보면, 요셉을 알지 못하는 왕이 나와서 이스라엘 백성을 노예로 삼은 사건이 나온다. 이집트 제18 왕조부터 제19 왕조 시절의 일이다.

참고로, 이집트 역사상 가장 찬란했던 신왕국 시대는 제18 왕조부터 제20 왕조까지 약 500년간 유지됐다. 이 중에서 제18 왕조는 기원전 1550년부터 기원전 1292년까지 약 250년간 지속됐고, 이 시기에 이집트의 강력한 여성 파라오인 하트셉수트Hatshepsut, 유일신으로 종교 개혁을 추진한 아케나텐Akhenaten, 황금 마스크 투탕카멘Tutankhamun 등이 등장했다. 제18 왕조의 마지막 파라오였던 호렘헤브Horemheb가 후사를 남기지 못하고 세상을 뜨자, 당시 재상이었던 람세스 1세Ramesses I가 파라오에 오르면서 제19 왕조가 시작됐다. 특히 제19 왕조는 신왕국 시대 중에서도 최고 전성기, 황금기였다. 대규모 건축 사업이 많았고, 이 일에 이스라엘 노예를 비롯해서 비이집트인 노예들이 총동원됐다. 이들은 대규모 건축에 동원되어 과거처럼 매와 채찍을 맞아가면서 일했다. 이들에게 인권이란 없었다. 그저 야만인, 동물 취급을 받았다. 《구약성경》에는 당시 노예로 삼은 이스라엘 민족의 숫자가 너무 빠르게 늘어나는 것을 막기 위해 이집트 파라오가 이스라엘인 사내아이를 모두 죽이라고 명령하는 사건까지 나온다.

폭력으로 권력을 잡으면, 반란과 민란과 저항이 일어난다. 이를 해결하는 수단으로 관용이라는 정책이 사용된다. 이런 예는 동양에도 무척 흔하다. 거란과 몽골 제국도 반란으로 무너졌다. 고려 무신정변기에도 무신들은 자기들끼리 반란을 반복했고, 민란도 끊이지 않았다. 그래서 정권을 잡은 무신의 세력은 오래가지 못했다. 고려 명종 때 이의방은 4년, 정중부는 5년, 경대승은 4년, 이의민은 13년 만에 권력을 빼앗겼다. 하지만 고려 무신 정권의 제5대 집권자이자 최씨 무신 정권의 초대 수장이었던 최충헌은 달랐다. 아들과 손자·증손자 대까지 무려 63년간 집권했다. 이유가 무엇일까? 앞선 무인들의 시행착오를 교훈 삼아 권력을 오랫동안 유지하는 기술을 발휘했기 때문이다.

최충헌은 강력한 폭력과 뛰어난 정치력을 기본으로, '관용'이라는 놀라운 기술을 병행하는 노련함을 보였다. 다른 무신과 마찬가지로 군사적 폭력과 잔인함으로 왕을 두 번이나 갈아치웠고, 전국 곳곳에서 일어나는 민란을 잔인하고 강력하게 진압했다. 기존 무신 정권은 문신을 무자비하고 잔인하게 쓸어버렸다. 최충헌은 무신 중에서 자기에게 도전할 인물은 물론이고, 혁명 동지이자 친동생이었던 최충수가 권력을 노리자 잔인하게 숙청했다. 최고 참모였던 박진재의 권력이 커지자 아킬레스건을 잘라버리고 백령도로 귀양을 보냈다. 자기에게 대항하는 승려들도 800명이나 죽였다. 하지만 '봉사 10조'라는 개혁

안으로 새로운 비전을 제시하는 척하는 등의 정치력을 발휘했다. 무엇보다 관용의 기술을 탁월하게 사용했으며, 이규보 등 문신을 등용하여 문신과 무신의 균형을 잡았다. 최충헌이 63년이라는 장기집권에 성공한 것은 이렇게 잔인함과 관용을 균형 있게 구사했기 때문이다.

무자비함과 잔인함으로 권력을 유지하려면 반란을 제압할 군대에 돈을 퍼부어야 하고, 이를 위해서는 세금을 더 많이 거둬야 한다. 그러면 민심 이반이 심해져 권력이 위태해지고, 그 권력을 유지하려면 크고 잔인한 군사적 폭력이 필요하고, 더 많은 세금을 거둬야 한다. 이런 악순환에 빠지면 권력의 지속 가능성이 작아지고 결국 붕괴한다. 이를 막는 데는 관용이 필수적 수단이다. 도덕적이고 윤리적이어서 또는 그릇이 커서 관용을 베푸는 것이 아니다. 알렉산더 대왕도 페르시아와의 적대 관계를 넘어, 정복한 지역에서 그리스와 페르시아 문화의 융합을 장려했다. 페르시아의 행정 시스템과 관습을 일부 채택했으며, 그리스인과 페르시아인 간의 결혼을 장려했다. 이런 조치가 그의 제국 내에서 다양한 문화 간 상호 이해와 통합을 촉진했으니, 거대한 권력을 유지하는 데 필수적인 조치였다.

이익이 없으면
관용도 없다

이렇게 관용은 필요나 이익에 의해서 '선택된 미덕'이다. 고대 이집트

때처럼, 필요나 이익이 없어지면 선민의식에 밀려서 사라진다.

오늘날 선민의식의 대표적인 나라로는 이스라엘, 이란 등 중동의 몇몇 나라를 꼽을 수 있다. 하지만 미국도 트럼피즘이 득세하면서 이민자들을 야만인 취급하는 경향이 심해지고 있다. 트럼프 1기 행정부 시절에도 아이티·엘살바도르·아프리카 등에서 온 이민자를 '똥통shithole'에서 왔다고 비하하고, 이슬람권 국가 출신자들은 입국을 금지하는 등 이민 정책 강화를 공약으로 내세우기도 했다. 최근에는 이민자가 미국의 '피'를 오염시키거나 파괴한다고까지 하면서 과격한 주장을 내놓았다.[15]

이런 발언이 아니더라도, 미국 사회의 일부 구성원(유럽에 뿌리를 둔 앵글로 색슨계 청교도 백인인 미국인)은 자신들을 진정한 주류라고 여기면서 '진정한 아메리카인'과 '그렇지 않은 사람' 식의 편 가르기를 멈추지 않는다. '앵글로 색슨'이라는 용어는 5~6세기경에 영국으로 이주한 게르만족 부족인 앵글과 색슨을 지칭한다. 오늘날 영국인의 주된 조상이다. 그래서 '앵글로 색슨계'라는 단어는 자신들이 영국과 미국의 진정한 뿌리, 즉 근원이라는 표현이다.

여기에 미국 개척의 문을 연 청교도 그룹의 자부심도 선민의식 형성에 한몫했다. 미국 초기 역사에서 청교도들은 자신들을 영국의 종교 박해에서 해방되어 새로운 '약속의 땅'에서 종교적 믿음과 도덕적 의지를 실현하는 '선민'으로 여겼다. 이들은 신앙의 자유를 찾아 북아메리카 대륙에 정착했으며, 자신들의 사회와 공동체를 청교도의 믿음과 관습에 따라 건설하려 했다. 특히 19세기와 20세기 초에 유럽에서 미국으로 대규모 이민이 일어날 때, 정치적·경제적 엘리트 지위를 장악한 영국계 백인들이 유럽의 다른 나라 출신 이민자들과 자신들을 구분하기 위해 적극적으로 사용했다.

이들은 지금까지도 자신들을 미국 사회의 주류 또는 진정한 아메리카인으로 간주한다. 19세기 중반, 미국인들이 북아메리카 대륙 전체를 정복하고 개척할 당시에 자주 사용했던 'Manifest Destiny'라는 표현이 대표적이다. 문자 그대로 '명백한 운명'이라는 뜻인데, 자신들은 인디언 등 야만인을 정복하고 교화함으로써 이 땅의 문명을 발전시켜야 할 특별한 역할과 사명을 가진 선민이며, 그래서 미국의 서부 확장과 인디언 학살은 정당화될 수 있다고 했다.

일부 미국인이 자신들의 선민적 신념을 표현하면서 편 가르기를 하는 표현은 이 외에도 많다. 예를 들어 'Mainstream Americans'는 미국 사회에서 중산층, 정치적으로 중도적인 경향, 그리고 전통적인 미국의 가치와 문화를 중시하는 집단을 대표한다. 'Real Americans' 또는 'True Americans'는 자신들이 미국의 핵심 가치와 전통을 가장 잘 대표하고 보존한다고 믿는 사람들 사이에서 사용된다. 'Heartland Americans'는 종종 미국 중서부를 중심으로 하는 지역적 맥락에서 사용된다. 이 지역의 주민들은 미국의 농업적·전통적 가치를 대표한다고 여기며, 자신들이야말로 '진정한 미국'의 정신을 유지하고 있다고 자부한다.

권력을 유지하는 데는 잔인함이 기본이다. 관용은 권력의 지속 가능성을 위해 찾아낸 수단에 불과하다. 특히 국가가 베푸는 관용은 잔인함으로 획득한 권력에 대해 치러야 할 대가를 희석하려는 수단에 불과하다. 정복자의 관용은 잔인함을 감추고자 하는 세련된 기만이자 패권을 오래 유지하기 위한 전술, 잔인함의 대가를 상쇄하려는 술책이다. 자기에게 필요한 사람들만 관용으로 포용하는 것이기 때문이다. 관용이 베풀어지는 그 순간에도, 약하고 쓸모없는 사람은 죽임을 당하거나 노예로 부려진다.

화폐

다리우스 대왕,
폭력과 화폐의 힘을 결합하다

고대 페르시아 제국의 다리우스 대왕이 권력을 강화하고 오랫동안 유지하기 위해 역사상 최초로 시도한 일이 하나 더 있다. 화폐 시스템의 통일이다. 그는 권력을 강화하고 유지하려면 국내 경제의 안정이 필수임을 직감했다. 그리고 이를 위해서는 '통일된 화폐 시스템'이 필요함을 깨달았다.

다리우스 대왕은 다양한 문화와 언어를 가진 광대한 영토로 구성된 제국의 번영과 유지를 위해서는 경제적 통합이 중요하다고 생각했다. 그리고 통일된 화폐 시스템은 이런 통합을 달성하는 데 핵심 역할을 할 수 있다는 정치적 판단을 했다. 실제적으로도 하루라도 빨리 통일된 화폐 시스템을 만들어야 한다고 생각했다. 제국이 확장되면서 무역과 상업 활동이 활발해졌는데, 다양한 지역에서 사용되는 여러 화폐 때문에 무역과 상업 활동에 지장이 생겼기 때문이다. 이런 불편을 해소하고 경제 활동을 활성화하는 데 화폐 시스템 통일이 필요했다.

다리우스 대왕은 통일된 화폐 시스템을 구축하면 자신의 권력과 영향력을 제국 구석구석까지 확대하는 데도 효과적인 도구가 될 수 있다고 판단했다. 화폐 발행권을 독점함으로써 정치적 권위를 강화할 수 있기 때문이다. 군사적 필요성도 한몫했다. 제국을 계속 확장하고 샤한샤의 지위를 지속 가능하게 하려면, 강력한 군사력 유지는 필수다. 통일된 화폐 시스템은 병사들에 대한 급여 지급과 군수물자 조달을 용이하게 하여 군사력 강화에 기여할 수 있었다.

이전의 아시리아나 바빌로니아 제국에서는 통일된 화폐 시스템이 존재하지 않았다. 금, 은, 기타 귀중한 금속 또는 보리나 양털 등을 상황에 맞춰서 가치의 척도로 사용했는데 거래는 주로 물물교환 방식으로 이루어졌다. 오늘날 우리가 알고 있는 종류의 화폐, 즉 인쇄되거나 주조된 동전 또는 지폐 형태의 화폐는 존재하지 않았다(물론 이전에도 작은 국가에서는 통일된 화폐 시스템이 존재하기도 했다. 하지만 제국 단위에서 통일된 화폐 시스템은 없었다).

다리우스는 8.4그램 정도의 무게를 기본 단위로 하는 세계 최초의 표준화된 금화와 5.6그램 정도의 무게를 기본 단위로 하는 은화를 제조했다. 금화에는 자신의 이름을 따라 '다라야카dārayaka'라는 이름을 붙였다. 다라야카는 순도가 95~99%에 달하는 고품질의 금으로 만들어졌다. 당시 다른 금화에 비해 순도가 매우 높아 세계에서 가장 순수하고 정교한 금화였다. 이는 화폐의 가치를 유지하고 위조를 방지하는 데 도움이 됐다. 다라야카의 앞면에는 다리우스 1세의 초상화가, 뒷면에는 궁수 또는 군사 장비가 새겨졌다. 초상화는 왕의 권력과 권위를 상징하고, 군사 장비는 제국의 강력한 군사력을 나타냈다. 다라야카는 대량으로 발행돼 제국 전역에서 사용됐다. 또한 지중해 전역에까지 널리 퍼져 당시 국제 무역에서 중요한 역할을 했다.

은화에는 '셰켈shékel'이라는 이름을 붙였다. 셰켈이라는 이름은 새로운 게 아니다. 기원전 7세기경 시칠리아의 도시인 시라쿠사에서 처음 발행된 그리스 화폐 단위였다. 그리스 시절 셰켈은 은으로 만들어졌으며, 무게는 약 14.5그램이었다. 시라쿠사는 당시 중요한 무역 중심지여서 셰켈도 그리스 본토, 소아시아, 북아프리카에서 널리 사용됐다. 다리우스 대왕이 만든 셰켈에는 금화와 마찬가지로 앞면에 다리우스 대왕의 초상화와 뒷면에 궁수 또는 군사 장비를 새겼다. 약 5.6그램의 은으로 만들어졌으며, 순도는 약 95%였다. 표준화된 무게와 순도는 화폐의 가치를 안정시키고 위조를 방지하는 데 중요했다.

다라야카와 셰켈은 정부의 보증을 받는 공식 화폐였다. 이는 화폐의 가치를 안정시키고 사람들의 신뢰를 얻는 데 기여했다. 이렇게 페르시아 제국은 고대 세계에서 통일된 화폐 시스템을 도입한 최초의 제국이 됐다. 다리우스가 페르시아 제국의 통화 시스템을 표준화하자, 제국 내의 거래와 세금 징수에서 효율성이 높아졌다. 다라야카는 특히 높은 가치를 지니고 있어서 제국 전역에서 널리 사용됐다.

화폐 표준화로 경제 효율성이 높아지고 세금 징수가 원활해지면서 왕실의 부가 증가하자, 다리우스는 무역을 진흥하기 위해 지하에 물길을 뚫어 운하를 건설했다. 자연스럽게 강력한 해군도 보유하게 됐다. 화폐의 힘이 폭력의 힘을 강화하는 선순환이 시작됐다. 도로망도 개선해 페르시아 제국 전역으로 통하는 길목마다 역을 건설했다. 도로망이 확충되자, 식량 문제를 해결할 수 있는 시스템도 만들어졌다. 보병의 전술 활용도도 높아졌다. 이처럼 통일된 화폐 시스템을 구축하자 광대한 페르시아 제국의 경제적 통합이 촉진됐고, 장거리 교역이 활발해졌으며, 군사적 폭력의 영향력과 효율성도 높아졌다. 궁극적으로 패권국의 지위와 영향력도 탄탄한 반석 위에 올려지면서 지속 가능해졌다.

최초의
법정화폐 등장

다리우스 대왕은 통일된 화폐 시스템에 대한 아이디어를 어디서 얻었을까? 바로, 기원전 522년경 정복한 리디아Lydia 왕국에서다. 현존하는 세계 최고의 경화는 아나톨리아반도의 리디아 왕국에서 사용한 호박금electrum이다. 경화는 금속을 주재료로 만든 화폐를 말한다. 보통 동전 형태로 제작되며, 종이화폐에 비해 내구성이 탁월하다. 닳거나 변형될 가능성이 작아 오랫동안 사용할 수 있다. 경화는 금속의 특성을 이용하여 정교하게 제작하기 때문에 위조품을 만들기도 쉽지 않다. 나무나 조개 등의 재료보다 훼손될 확률이 낮아서 가치 보존 기능도 뛰어나며, 특히 금이나 은과 같은 귀금속으로 만들어진 경화는 시간이 지남에 따라 가치가 상승할 수도 있다. 경화에는 보통 왕이나 신의 형상을 새겨 국가의 위상이나 역사를 상징하기도 한다.

기원전 7세기경, 아나톨리아반도의 강력한 왕국이었던 고대 리디아 왕국은 풍부한 금광을 보유하고 있었다. 리디아 왕국은 이 금광에서 호박금을 채굴하여 경화를 만들어 국가의 통일된 화폐로 사용했다. 호박금은 금과 은의 자연 합금이다. 일반적으로 은 함량은 20~70%이며, 나머지가 금이다. 색깔은 은의 함량에 따라 연노란색에서 황동색 또는 백금색까지 다양하다. 자연에서 금광맥과 함께 발견되며, 인류가 최초로 사용한 금속 소재 중 하나다. 호박금은 금과 은이 서로 고용체를 이루기 때문에, 녹는점이 낮고 가공성이 우수하다. 또한 산화되지 않아 내구성이 뛰어나다.[16] 리디아 왕국이 호박금으로 만든 화폐는 당시 세계에서 가장 순수하고 정교한 화폐여서 매우 높은 가치 평가를 받았다. 내구성도 뛰어나고 정교하게 만들어졌기에 지중해 전역까지 널리 퍼져 당시 국제 무역에서 중요한 역할을 했고, 이후 다른 많은 제국에서 표준화된 화폐 시스템을 도입하는 데 영향을 미쳤다.

동양 최초의 법정화폐는 기원전 11세기경 중국 상나라 말기부터 서주 초기까지 사용된 '조'다. 조는 청동으로 만들어진 칼 모양의 화폐로 무게는 3~5킬로그램이었다. 주로 상품 교환의 매개체로 사용됐으며, 납세의 수단으로도 사용되어서 법정화폐의 기능을 담당했다. 법정화폐는 국가 또는 정부가 강제성을 부여하여 특정 화폐를 법적으로 유효한 지불 수단으로 인정한 화폐를 의미한다. 즉, 채무 상환이나 거래 결제 시 거절할 수 없는 화폐다. 조는 서주 시대에 들어서면서 점차 동전으로 대체됐지만, 최초의 종이화폐인 '교자交子' 발행 이전까지 중국에서 주요 화폐로 오랫동안 사용됐다.

최초의 종이화폐는 중국 송나라 시대의 교자로 알려져 있다. 송나라 시대에는 경제 규모가 커지고 국내외 무역 교류가 활발해지면서 동전 부족 문제가 심각해졌다. 동전을 생산하기 위해서는 많은 양의 금속이 필요했고, 이는 국가 재정에 큰 부담이었다. 또한 동전은 무거워서 대량으로 운반하기가 불편해 상거래 활동에도 지장을 주었다.[17] 1023년, 송나라는 이런 문제를 해결하기 위해 원래 쓰촨 지방에서 무거운 철전을 대신하는 어음으로 사용되던 교자를 인수하여 지폐로 발행했다.

종이는 가볍고 대량 생산이 가능하고 편리하지만, 곡물이나 금속처럼 고유의 가치는 지니지 않는다는 치명적 단점이 있다. 그래서 종이화폐의 가치를 보호하려면 국가가 나서서 특정 소재의 가치로써 보증해주어야 한다. 이를 '본위제'라고 하며, 금본위제·은본위제·금은복본위제 등이 대표적이다. 송나라 교자가 금이나 은, 구리 등으로 가치가 보증된 건 아니다. 송 정부는 교자를 발행할 때 '본전本錢'이라는 현금 교환용 준비금을 비축했다. 준비금의 목적은 소지자가 원할 때

언제든지 교자를 정부에서 지정한 비율로 금속 화폐(주로 은이나 구리)로 교환할 수 있다는 신뢰를 제공하는 것이었다. 어쩌면 세계 최초의 지급준비금 시스템이라고 할 수 있다. 이런 지급준비금 시스템은 교자가 단순한 약속이 아니라, 실제 가치를 지닌 화폐로 기능할 수 있게 하는 중요한 역할을 했다. 교자를 사용하는 사람들에게 신뢰를 제공함으로써 교자의 수용을 촉진했다. 그러나 송나라는 지급준비금을 항상 충분히 유지하거나 효과적으로 관리하는 데 실패했다.

송나라는 10세기 후반부터 12세기 초반까지 서하와 끊임없이 전쟁을 벌였다. 서하는 오늘날의 중국 북서부 지역에서 강력한 국가를 세운 퉁구스계 민족이다. 서하와의 전쟁이 오랫동안 이어지자 송나라 정부에 큰 재정적 부담이 발생했다. 송나라 정부는 1085년부터 토지 측량 사업도 시작했다. 이 사업은 효율적인 세금 징수와 경제 관리를 통해 국가 재정을 확보하고자 진행됐지만, 많은 비용이 소요되면서 정부의 재정 악화를 가속화했다. 송나라 시대에는 황허도 자주 범람하여 피해가 상당했다. 정부는 황허 범람을 막기 위해 둑을 보강하고 운하를 파는 등의 치수 사업도 추진해야 했다. 엄청난 노동력과 자금이 필요했다. 이렇게 막대한 비용이 지출되는 서하와의 전쟁, 토지 측량 사업, 황허 치수 사업 등 때문에 국가 재정은 점점 악화됐다.

결국 송나라 정부는 재정난을 해결하기 위해 과도한 교자 발행을 단행했다. 설상가상으로, 정부의 부패로 본전조차 빼돌려졌다. 본전이 부족해지자, 당연하게도 교자 가치가 하락했다. 교자의 관리 시스템에 문제가 생기면서 시중에서는 위조지폐가 성행했다. 교자 가치의 하락은 시장에 인플레이션을 발생시켰고, 경제는 큰 혼란에 빠졌다. 처음 송나라 정부는 교자 발행량을 감축하여 교자 가치를 안정시키려고 노력했지만 실패하고 말았다. 새로운 화폐를 발행하여 교자를 대체하려는 시도도 해보았다. 이런 노력에도 불구하고 화폐 가치 하락과 인플레이션은 멈추지 않았고, 결국 송나라는 멸망하고 말았다. 하지만 교자는 세계 최초의 종이화폐로서 역사적인 의미를 지니며, 지급준비금 시스템 마련 등과 함께 이후 다른 나라들의 화폐 시스템 발전에 큰 영향을 미쳤다.[18]

한국 최초로 관에서 주조한 법정화폐는 고려 '건원중보'이며, 철전鐵錢과 동전銅錢 두 종류로 만들어졌다. 원래 건원중보는 당나라 숙종 건원 연간(758~760)에 처음 발행된 화폐였다. 996년, 고려 성종은 이를 모방하여 앞면에는 '건원중보乾元重寶'라는 화폐명을 새기고, 뒷면에는 고려의 별호인 '동국東國'이라는 글자를 표기한 동전을 만들었다. 외형은 둥글고, 중앙에는 사각의 구멍이 뚫린 형원공방形圓孔方의 형태다. 건원중보는 10진법을 기반으로 10개의 동전을 1푼, 10푼을 1냥으로 환산하는 시스템을 사용했다. 건원중보 철전은 1002년에 목종이 교지를 내려 유통을 중단할 때까지 계속 사용됐다. 원래 목종은 건원중보의 유통을 더욱 확대하려 했지만, 주전鑄錢(쇠를 녹여 만든 돈)만을 사용하고 민간에서 화폐 대용으로 사용하는 물품화폐였던 추포麁布(발이 굵고 거친 베)의 사용을 금지하면 백성에게 큰 원성을 사게 될 것이라는 시중 한언공韓彦恭의 상소를 받아들여 유통을 중단한 것이다.

서양 최초의 종이화폐는 17세기 스웨덴에서 발행된 스톡홀름은행 지폐로 알려져 있다. 1661년, 스웨덴은 전쟁으로 재정이 피폐해져 은화가 부족했다. 이에 중량을 늘려 거래에 불편한 동화를 유통했고, 그 대신 민간은행인 스톡홀름은행이 은행권을 발행하도록 허락했다. 스톡홀름은행 지폐는 은으로 태환이 보장됐는데, 이는 지폐나 동전이 일정량의 은으로 교환될 수 있다는 의미다. 은으로 태환이 보장되면, 인플레이션에 대한 보호 기능이 있기에 가치 안정성이 확보된다. 사람들은 은이 가치 있는 상품이라는 것을 알고 있기 때문에 이를 지불수단으로 기꺼이 받아들이게 된다. 은의 공급 제한이 있어서 화폐 남발의 우려도 줄어든다. 사람들은 스톡홀름은행이 발행한 은행권을 처음에는 수용하기 망설였지만, 정부의 지원도 있고 사용하기도 편리해 점차 대중화됐다. 이런 성공 사례가 알려지자, 이후 유럽 각국에서도 종이화폐를 발행하기 시작했다.

화폐, 권력전쟁의 핵심 무기가 되다

본래 화폐는 권력전쟁의 도구나 무기가 아니었다. 그저 시장에서 거래의 필요에 따라 쓰이는 실용적 도구였을 뿐이다. 그것도 아주 오랫동안 그랬다. 고대에는 국가가 화폐의 유통에 관여하지 않고 시장에 맡겨두었다. 화폐의 종류나 기능도 다양했고, 용도도 천차만별이었다.

예를 들어, 파푸아뉴기니의 루이지아드제도에서는 남성용 화폐와 여성용 화폐가 따로 있었다. 남성용 화폐는 23종류, 여성용 화폐는 16종류로 나뉘어 서로 다른 가치를 지녔다. 사모아에서도 남성용 화폐와 여성용 화폐가 따로 있었고, 남성용 화폐가 여성용 화폐보다 더 높은 가치를 지녔다.

15세기 메소아메리카에서는 카카오를 화폐로 사용했다. 메소아메리카는 멕시코 중남부와 벨리즈, 과테말라, 엘살바도르, 온두라스, 니카라과, 코스타리카의 일부를 포함하는 문화 지역을 가리킨다. 이 지역은 고대 올멕·마야·아스테카문명을 포함하여 수많은 정교한 문명의 본거지였다. 이 중 아스테카문명 지역에서 귀족·전사·상인 등의 계급은 카카오를 식용으로 사용하고, 낮은 신분에서는 화폐로 사용했다.[19]

지역 내에서 사용되는 화폐와 무역·국제교역에 사용되는 화폐가 다르기도 했다. 예를 들어 18세기 벵골에서는 곡물의 선물거래에서는 루피 은화를 사용했으나, 지역 내 시장에서는 상대적으로 액면가가 낮은 구리·청동·철로 만들어진 화폐를 사용했다. 곡물의 선물거래에 사용되는 루피 은화와 납세용으로 사용되는 루피 은화 간에도 질적 차이가 있었는데, 후자의 가치가 더 낮았다.

금화나 은화 같은 경화와 종이화폐 등이 속속 등장했지만, 그것을 어떻게 사용해야 무기화할 수 있는지는 오랫동안 알지 못했다. 경화나 종이화폐의 부족으로 인플레이션이 발생하면 물품화폐로 문제를 해결하는 식의 화폐 시스템도 오랫동안 이어졌다. 예를 들어 중세 이후까지도 아이슬란드에서는 양모나 바칼랴우(대구), 서아프리카에서는 패화貝貨, 동북아시아에서는 쌀 등이 시장에서 화폐 기능을 했다. 14세기까지 몰디브제도에서 생산된 패화가 인도, 아프리카의 다호메이 왕국이나 콩고 왕국에서도 물품화폐로 사용됐다. 패화는 주로 조개껍데기를 가공하여 만든 화폐로, 특히 카우리 조개가 널리 사용됐으며 세계 여러 곳에서 가치를 지닌 화폐로 인정받았다. 한국·중국·일본의 지역 시장에서는 16세기까지 물품화폐가 거래에 사용됐다.

북아메리카의 13개 식민지에서도 17세기에서 18세기까지 물품화폐가 사용됐다. 본국인 영국에서 유통되는 경화는 적었고, 그마저도 대부분이 수입품 구입 대금으로 사용됐기 때문이다. 영국은 식민지가 자체적으로 화폐를 주조하는 것을 금지했다. 그래서 경화가 항상 부족했다. 영국은 물품화폐로 옥수수를 법적으로 인정해주고 식민지 전지역에서 사용되게 했다. 일부 지역에서는 모피 무역의 주요 상품이었던 비버 가죽이나 롱아일랜드의 인디언이 만든 패화가 사용되기도 했다. 담배도 무려 170년 가까이 물품화폐로 사용됐다. 그 외에도 가축이나 말린 생선, 고기, 치즈, 설탕, 럼주, 양모, 목재 등이 물품화폐로 사용되면서 식민지 곳곳에서 경화 부족에 따른 디플레이션을 완화해 주었다.[20]

이처럼 화폐는 18세기까지도 시장경제의 물가 안정과 거래의 편리함을 위해 유통됐고, 왕실 또는 개인이 부를 축적하는 수단 정도로 여겨졌다. 오랫동안 누구도 화폐를 무기로 타국을 정복하여 절대 권력의 지위를 획득하고 유지할 수 있으리라고는 꿈에도 생각하지 못했다. 화폐 시스템 통일의 필요성을 일찍 깨달은 다리우스 대왕조차도 화폐는 군사적 폭력을 강화하는 보조 도구 중에서 가장 좋은 것 정도로만 여겼다. 이런 관점에 대대적인 변화가 일어난 것은 권력 획득의 강력한 무기가 군사적 폭력에서 경제적 폭력으로 전환되면서부터다.

경제

국가 경제력을 키우는
몇 가지 원시 방법

권력 획득의 강력한 무기가 군사적 폭력에서 경제적 폭력으로 전환된 시기는 언제일까? 이에 대한 답을 찾으려면 국가 경제력을 키우는 '원시 방법' 세 가지를 이해하고 넘어갈 필요가 있다. 경제력은 권력 획득의 가장 확실한 수단인 군사적 폭력을 강화하는 역할을 한다. 물론 강력한 군사적 폭력을 획득하고 유지할 때도 경제력이 뒷받침되어야 한다. 다시 말해 강력한 군사력을 만드는 데 돈이 필요하고, 군사적 폭력을 수행하는 데 막대한 돈이 들어가며, 획득한 권력을 유지하기 위해 군사적 폭력의 힘을 유지해야 할 때도 막대한 경제력이 필수다.

제국들은 경제력을 어떻게 키우고 유지했을까? 가장 오래된 세

가지 방법이 있는데, 나는 이를 국가 경제력을 키우는 '원시 방법'이라고 칭한다. 첫 번째는 자국 내 경제를 활성화하기 위한 '시장경제 시스템의 정비'다. 하지만 이 방식으로 강대국이 되고 천하를 호령하는 샤한샤의 절대권력을 획득하여 당대 최고의 제국이 되기에는 시간이 너무 오래 걸린다. 시장경제 시스템을 탁월하게 정비하고 관리한다고 하더라도 자국 내 백성들만 먹고사는 수준에 영원히 머물 가능성이 크다. 그래서 경제 성장을 위한 다른 방법이 필요했다.

두 번째는 군사적 폭력을 사용한 '경제 약탈'이다. 전쟁을 통해 경제 수단과 경제 능력을 약탈하는 방법이다. 자국의 경제 역량을 키우는 것보다 쉽고, 돈·물자·자원을 신속히 늘릴 수 있다. 경제 약탈은 다시 두 가지로 나뉜다.

하나는 경제의 근간이 되는 땅을 빼앗아 영구적으로 식량, 자원, 물품을 합법적으로 빼앗아 오는 것이다. 고대에 자주 일어난 방식으로, 무역이 활발하여 돈과 물품이 풍성한 항구도시나 구리·금·은 등 특정 자원이 풍부하게 매장된 지역을 중심으로 이루어졌다. 특히 내륙에서 시작된 나라들이 주로 사용한 방식이다. 고대 아시리아는 메소포타미아 지역의 내륙 중심에서 시작하여, 철제 무기라는 강력한 신형 무기를 가지고 주변의 청동기 문명을 무너뜨리는 전쟁을 통해 이집트까지 이르는 주요 무역도시와 곡창지대를 장악했다. 전쟁에서 승리하면 자국 영토로 영구히 통합해도 되고, 군대를 주둔시켜 매년 공짜로 조공(세금)을 받을 수도 있다. 군대를 주둔시키고 행정 인력을 유지하는 비용이 관건이지만, 투자 대비 수십 또는 수백 배의 이익이 생긴다. 고대 제국들만이 아니라 현대 제국에서도 볼 수 있는 패턴이다. 현재 글로벌 최고의 권력을 가진 미국이 전 세계 곳곳에 군대를 주둔시키지 않는가. 당장 막대한 비용이 들어간다. 하지만 중장기적으로는 이를 뛰어넘는 이익이 발생한다. 트럼프가 미국 주둔지를 줄이는 것은 비용 대비 이익이 적은 곳뿐이었다. 트럼프 2기 행정부에서도 이런 패턴은 달라지지 않을 것이다.

다른 하나는 침략 전쟁으로 타국의 강토를 휘젓고 다니면서 식량을 약탈하고, 자원과 물품을 강탈하여 본국으로 돌아가기를 반복하는 방식이다. 이런 방식에 전적으로 의존한 제국이 거란과 몽골 제국이다. 특히 거란은 동아시아에서 최초로 주변국 정복을 시도한 제국인데, 동아시아에서 최초로 중국 본토 일부도 점령했다. 과거에는 경제력보다 군사력이 앞선 나라가 권력을 손에 쥐었다. 당시 세계 최고 군사력을 가졌던 거란은 동시대 최대 경제국인 송나라를 지배하면서 매년 막대한 양의 은과 비단을 조공으로 받았다.

거란 제국의 약탈 경제

거란 제국은 '약탈 경제'의 끝판왕이었다. 나는 거란 제국을 최고의 약탈 기술에 기반해 동아시아의 권력국이 된 나라로 분류한다. 거란 제국의 발상지는 현재 중국의 내몽골 자치구 츠펑시의 현급 행정구역인 바린좌기다. 기원전 842년, 거란족은 발해에 맞서 바린좌기에서 국가를 세웠다. 거란족의 기원은 4세기경에 랴오허강 상류인 시라무렌강 유역에서 유목 생활을 하던 몽골계와 퉁구스계의 혼혈 종족으로 추정된다. 일부에서는 동호의 후예로 보기도 한다. 동호는 고대 중국의 역사서에 기록된 몽골고원과 만주 일대에 거주하던 유목 부족들을 가리키는데, 한족은 이들을 원시적이고 야만적인 존재로 인식했다. 몽골어로 시라무렌은 '노란 강'을 뜻하는데, 그래서 중국에서는 황허와 구별하기 위해 '황수潢水'라고 불렀다. 시라무렌강은 랴오허강의 지류로 길이가 약 1,120킬로미터이며, 유역 면적은 약 22만 8,000제곱킬로미터다. 풍부한 어족 자원을 보유하고 있으며, 말이나 양들에게 식수를 공급하기에도 유리했다. 그래서 거란족뿐만 아니라 해족·습족 등 동호계 유목민족의 주요 거주지였고, 실크로드의 일부로서 중국과 몽골을 연결하는 중요한 교통로여서 훗날 여러 왕조가 중요한 거점으로 삼았다.

거란족은 한반도의 고구려 시대까지도 나라의 형태가 없이 존재했다. 916년, 당나라의 정치적 혼란을 틈타 '키탄Kitan' 또는 '질랄迭剌'이라는 부족의 족장인 야율아보기耶律阿保機가 시라무렌강 유역의 8개 부족을 통합하여 국가 이름을 '요'라고 칭하고 거란 제국을 세웠다. 야율아보기는 첫 번째 정복전쟁을 치르기 위해 중원으로 진격했다. 후당이 1차 목표였다. 오대십국 시대라는 혼란기에 그는 기병을 중심으로 한 강력한 군사적 폭력을 사용하여 빠르게 세력을 확장했다. 그다음에는 발해를 침공했다. 한 달 만에 발해의 수도를 포위했고, 불과 1년 만인 926년에 멸망시켰다. 그리고 경제 대국 송나라에서까지 세금을 거둘 정도로 동아시아 최고의 권력 국가 샤한샤의 자리에 올랐다.

기병을 기본으로 한 거란 제국의 군사력은 막강하고 매우 잔인했다. 화약이라는 강력한 무기가 나오기 전까지 군사적 폭력의 힘은 첫째 보병이 가진 무기의 발전, 둘째 보병 시스템의 체계화와 전술의 발전, 셋째 전차와 기병으로 주력군 편성 등의 과정을 거치면서 점점 강력해졌다. 기병의 위력은 상상을 초월할 정도로 막강했다. 예를 들어, 이후 13세기에 몽골이 유럽을 정복할 때는 기마부대 단 3만이면 충분했다. 기병 3만이 보병 30만보다 강력했다는 얘기다.

거란족은 무기도 최첨단 철제 무기를 사용했다. 거란족은 자신들을 '키탄' 또는 '질랄'이라고 불렀는데, 중국인들은 그들을 '치단契丹'이라고 불렀다(현대 학술 용어로는 'Khitan'이다). 중국어로 '치단'은 '흑인'이라는 뜻인데 그들이 보기에 거란족의 피부가 검었기 때문이다. 키탄은 돌궐어로 '강인한 사람들'이라는 뜻이고, 질랄은 거란어로 '철'이라는 뜻이다. 거란족은 '칼의 민족'으로 자칭했으며, 강력한 철제 무기(칼과 화살)를 사용하고 강력한 기마술을 발전시켜 누가 보기에도 '강인한 군대'를 이뤘다.[21]

거란족은 '파르티안 샷Parthian shot'이라는 강력한 전투 기술도 보유했다. 파르티안 샷은 고대 파르티아• 제국이 만든 유명한 기병 전술로, 뒤돌아서 화살을 쏘는 기병 궁술이다. 파르티아 기병들은 뒤돌아서 활을 쏘는 매우 불편한 자세에도 불구하고 매우 정확하고 효과적

• 파르티아인은 카스피해 동쪽 이란고원에 살았던 유목민으로 아케메네스 왕조 페르시아가 멸망한 후 기원전 3세기 중엽부터 기원후 3세기까지 국가를 이루고 살았다. 그들은 뛰어난 기병술로 유명했는데, 특히 파르티안 샷이라는 놀라운 활 솜씨로 메소포타미아 평원에서 인더스강 일대를 지배했다. 로마 제국과 중국, 인도를 연결하는 동서 무역로를 장악한 파르티아인은 지리적 이점을 이용하여 중계무역으로 번영했다. 하지만 영토 확장 과정에서 로마 제국과 갈등을 겪으며 쇠퇴하다가 226년 사산 왕조 페르시아에 멸망했다.

인 공격을 구사했다. 특히 후퇴하면서도 뒤로 화살을 쏘는 기술이기에 적을 교란하거나 기습 공격을 하는 데 효과적이었다. 파르티안 샷은 말을 타고 달리면서 일반적인 활의 각도인 45°가 아니라 약 60°의 각도로 뒤로 돌아서 발사한다. 상대방의 머리나 목을 조준하기 때문에 치명적인 피해를 줄 수 있다. 반면 적들은 뒤돌아서 화살을 쏘는 기병에 대처하기가 매우 어려웠다. 이런 전술적 강력함 덕분에 파르티안 샷은 이후 다른 제국의 기병술에 속속 도입됐다. 로마 제국과 사산 제국의 기병들도 파르티안 샷을 익혔으며, 중세 시대까지도 널리 사용됐다. 현대에는 정치·외교에서 '실력이 밀리더라도 의미 있는 반격을 가하는 것'을 비유적으로 이르는 표현으로도 사용된다. 거란족은 어릴 때부터 말을 타고 초원을 달리며 활쏘기 훈련을 하며 자랐기 때문에 모든 기병이 파르티안 샷을 자유자재로 구사하는 뛰어난 능력을 자랑했다.

거란 군대의 강점은 더 있다. 거란 기병들은 조랑말을 탔다. 그에 비해 중국이나 한국, 유럽에서는 기병들이 큰 말을 탔다. 큰 말은 하루에 달릴 수 있는 거리가 70킬로미터 정도인 데 비해 조랑말은 150킬로미터를 달린다. 기동력이 2배 이상이다. 거란 군대는 보급품이나 공성전 무기는 낙타로 운반했는데, 마리당 최대 200킬로그램까지 실을 수 있었다. 한번 말에 오르면 멈추지 않는 초원의 전사, 거란 군대의 신화는 이렇게 만들어졌다.

거란족은 거대한 제국을 이룬 후에도 말을 타고 이동하며 목축과 수렵을 생업으로 했다. 수도가 따로 있었지만, 거란 황제는 '날발捺鉢'

이라는 움직이는 행궁을 두고 계절에 따라 이동하면서 국가를 통치했다. 황제의 가족, 신하, 수행원들이 함께 거주했고 이동하는 동안에도 거란 제국의 정치·군사·종교 활동의 중심지 역할을 했다. 그래서 거란을 가리켜 '움직이는 국가'라고 부르는 학자도 있다.[22] 말이 끄는 수레 위에 설치된 작은 궁전인 날발은 '날개'라는 뜻을 가지고 있다. 황제가 생활할 수 있는 공간과 신하들이 업무를 볼 수 있는 공간으로 이루어져 있었으며, 여름에는 하날발, 겨울에는 동날발에서 남북의 대신을 모아놓고 국사를 의논했다. 전쟁에 나갈 때도 사용했다. 그래서 주변국들은 날발이 움직일 때마다 큰 위협을 느꼈다. 거란은 추운 겨울이 되면 자국에서는 먹을 것을 얻기 힘들어서 강력한 군사적 폭력을 휘둘러 주변국을 침략하여 곡물, 재물, 사람까지 무자비한 약탈을 반복했기 때문이다.

거란의 야율아보기는 후진이 후당을 멸망시키도록 돕는 조건으로 938년에 석경당에게 만리장성 남쪽에 있는 농경지 연운 16주를 선물로 받았다. 연운 16주는 현재의 베이징과 톈진 일대의 농경지로, 당시 매우 중요한 지역이었기에 연운 16주의 할양은 거란이 영토를 크게 확장하고 경제력을 높이는 데 큰 도움이 됐다. 그럼에도 거란은 주변국을 계속 약탈했는데, 거기에는 여러 이유가 있었다.

가장 큰 이유는 약탈을 통해 얻는 경제적 이익이 자국 내의 경제를 운영하여 얻는 것보다 크고 신속했기 때문이다. 약탈을 통한 보상이 정상적인 경제 시스템을 운용해서 얻는 보상보다 더 컸다는 뜻이다. 본래 많은 유목민족에게 약탈이 기본적 경제 활동의 일부였다는 것도 약탈을 당연시하게 했다. 유목 생활 방식은 자연 자원에 대한 의존도가 높다. 초원은 한여름엔 40℃가 넘고 한겨울엔 영하 40℃ 아래까지 떨어진다. 특히 겨울이 되면 먹을 것을 구하기 힘들어진다. 이런 상황에서 주변국을 약탈하면 필요한 자원을 확보할 수 있었고 특히 가축, 노예, 금속 자원 등을 손쉽게 얻을 수 있었다. 이리저리 떠돌아다니는 유목민들이어서 정부의 세금 징수 체계가 미비했기에 국가로서도 약탈이 중요한 재정 수입처였다.

문화적 요인도 있었다. 거란을 포함한 많은 유목민족에게 약탈과 전쟁은 명예와 용맹을 증명하는 수단이었다. 전사 문화에서는 전투와 약탈을 통해 개인의 지위와 명성을 높일 수 있었기 때문이다. 군사적 목적도 있었다. 약탈로 주변국의 경제를 황폐화하면 자신들의 군사적 우위를 유지하기 쉽고, 주변국을 압박하는 효과도 컸다. 정치적 불안도 이유다. 거란은 정치적으로 불안정한 상황이었다. 내부적으로 권력 다툼과 반란이 계속 일어났고, 외부적으로는 송나라와 대립했다. 이런 상황에서 주변국을 약탈함으로써 힘 있는 부족들의 욕구를 채워주고 정치적 안정을 유지하려고 했다.

급기야 거란 제국은 군사적 폭력을 사용한 '경제 약탈'을 효과적으로 하기 위해 군대의 기본 편재도 특이하게 구성했다. 기본 편재 안에 약탈 전용 병사가 있었는데 이와 달리 거란군 1조의 기본 편재는 전투를 담당하는 정군 1명, 보급을 담당하는 타초곡가정 1명, 물품 관리와 운반을 담당하는 수영포가정 1명, 군마 3필로 구성한 것이다. 정군은 거란군의 핵심으로, 활·칼·창 등의 무기를 사용하여 적을 공격하는 전투를 담당했다. 타초곡가정은 정군의 보급을 지원하는 역할을 맡았는데, '타초곡'이라는 말은 '풀을 베듯 곡식을 훑어버린다'라는 의미다. 이들은 점령지 이곳저곳을 다니며 곡식과 말이 먹을 건초와 물을 찾았는데, 이런 행위가 모두 약탈이었다. 한마디로 '약탈 전용 병사'인 셈이다. 수영포가정은 약탈한 무기와 식량, 물 등을 관리하고 운반하는 역할을 했다. 군마 3필은 전투, 보급, 물품 운반 등을 지원하는 데 쓰였으며 유사시에는 식량 대용이 되기도 했다. 거란군은 약탈할 식량이나 물이 없을 때는 말의 정맥 근처에 미세한 상처를 내서 말의 피를 먹었다. 만약 적들이 모든 식량과 물품을 완전히 불태워서 없애버리는 청야淸野 전술을 사용하는 바람에 극한의 상황에 몰리면, 군마 3필 중 가장 약한 말부터 도축하여 그 자리에서 조리해 먹거나 고기를 말려서 보관하는 등 대체식량으로 사용하며 버텼다.

약탈의 가장 세련된 원시 방법,
무역

하지만 군사적 약탈에 경제 성장을 의지하면, 제국을 오랫동안 유지하기 힘들다. 약탈할 곳이 더는 없으면 곧바로 국력이 쇠퇴한다. 또 다른 약탈 국가에 멸망을 당하거나, 약탈당한 국가가 국력이 약해진 이들에게 복수하기도 쉽다. 그래서 제국들은 자국의 경제력을 키우는 세 번째 원시 방법으로 '무역'을 선택한다. 그러나 제국이 되기 위해서는 '순수한 무역'만으로는 부족하다. 약탈과 무역을 교묘하게 결합해야 한다. 그러면 '경제' 자체를 새롭고 세련된 폭력의 도구로 만들 수 있다. 대표적인 예로 대항해 시대를 들 수 있다. 대항해 시대에 유럽에서는 패권국이 포르투갈, 스페인, 네덜란드, 영국 등으로 빠르게 순환됐다. 하지만 패권국이 권력을 획득하고 유지하는 데 사용한 무기는 동일했다. 군사적 폭력을 배경으로, 무역과 약탈을 결합한 새로운 폭력이다. 패권국들은 이런 일련의 과정을 매우 세련되게 구사했다.

15~16세기, 유럽인들은 세계 문명과 글로벌 패권 시스템에 변혁을 가져온 사건을 일으켰다. 이른바 아프리카·아시아·아메리카 대륙으로 향하는 '신항로 개척'을 경쟁적으로 벌인 대항해 시대의 시작이다. 대항해 시대 또는 신항로 개척 사건이 발생한 데는 여러 가지 이유가 있다. 근본적인 이유는 생존이고, 그다음은 국부 증대이며, 최종 목적은 글로벌 절대 권력의 획득이다.

대항해 시대는 1497년 이베리아반도 서쪽 끝에 있는 인구 100만 명의 작은 나라 포르투갈이 시작했다. 원래 포르투갈은 포르투갈레 백국Condado Portucalense이라고 불릴 정도로 매우 작고 약한 나라였다. '백국'은 포르투갈을 통치하는 사람의 작위가 겨우 백작에 불과해서 붙여진 별칭이다. 이런 포르투갈이 항로 개척에 나서게 된 이유와 과정, 대항해 시대의 출발을 이해하기 위해 포르투갈의 역사를 잠시 살펴보도록 하자.

포르투갈의 역사는 기원전 2세기까지 거슬러 올라간다. 당시 이베리아반도를 지배하는 나라는 로마 제국이었다. 로마 제국이 멸망한 이후에는 여러 게르만 부족이 지배했고, 8세기에는 무어인Moors이 이베리아반도를 정복했다. 711년, 타리크 이븐 지야드Tariq ibn Ziyad가 이끄는 무어인 군대가 지브롤터해협을 건너 이베리아반도에 상륙했다. 북아프리카의 이슬람 세력인 무어인은 당시 이베리아반도를 지배하고 있던 게르만 계통인 비시고트 왕국Visigothic Kingdom을 순식간에 축출했다. 756년에는 아브드 알라흐만 1세Abd al-Rahman I가 코르도바에 우마이야 왕조를 다시 세우고(시리아의 다마스쿠스를 기반으로 하던 우마이야 왕조는 750년 아바스 왕조에 멸망했다) 이베리아반도 대부분을 정복했다. 무어인이라는 용어는 일반적으로 북아프리카의 베르베르인Berbers과 아랍인, 그리고 그들의 후손을 포함하는 이슬람교도들을 지칭한다. 이들은 8세기부터 15세기까지 약 700년간 이베리아반도 대부분을 지배했다. 특히 8세기부터 10세기까지 스페인 안달루시아 지방을 중심으로 한 코르도 칼리프국Caliphate of Córdoba을 중심으로 세계에서 가장 선진적인 문화와 과학을 발전시켰다.

이베리아반도를 장악한 이슬람 지배자들은 기독교도에게 지즈야jizya(인두세)를 부과하는 등 차별 대우를 일삼았다. 이베리아반도의 기독교인들은 이에 반감을 품고 무어인 세력을 축출하기 위한 장기적 군사 저항인 '레콩키스타'를 시작했다. 722년, 코바동가 전투Battle of Covadonga에서 펠라요Pelayo가 이끄는 소규모 기독교 군대가 아스투리아스 지역에서 무어인에 대항해 첫 승리를 거둔다. 이후 펠라요는 그곳에 기독교 왕국을 세우고 점차 영토를 확장하면서 레콩키스타의 핵심 역할을 한다.

850년경, 아스투리아스Asturias 왕국의 왕 오르도뇨 1세Ordoño I가 로드리고Rodrigo라는 귀족을 카스티야 최초의 백작으로 임명했다. 군사 지휘력이 뛰어났던 로드리고는 카스티야 백작으로서 아스투리아스 왕국의 국경을 방어하고 무어인과의 전쟁에서 승리하면서 백작령의 영토를 확장해나갔다.

868년경, 갈리시아 귀족 출신인 비마라 페레스Vímara Peres도 남하하여 아스투리아스 왕국의 영향력이 미치지 않는 변방인 도로강 이남에서 무어인을 무찔렀다. 이 일로 오르도뇨 1세로부터 포르투갈레 백국의 초대 백작 작위를 받는다. 그는 포르투를 수도로 정하고 지역 통치권을 행사하기 시작했으며, 이후 포르투갈레 백국은 서서히 독립성을 강화해나갔다. 910년, 아스투리아스는 레온Leon 왕국으로 이름을 바꾸고 북서부 쪽으로 영토를 확장해갔다(레온은 현재 스페인 북서부 지방이다). 1065년, 레온 왕국의 왕 알폰소 6세Alfonso VI의 동생인 카스티야의 백작 페르난두 1세Fernando I가 레온 왕국에서 독립을 선언했다. 1085년, 페르난두 1세는 무어인과 전투를 벌이면서 스페인 중부의 역사적이고 문화적으로 중요한 도시인 톨레도를 탈환하고 강력한 왕국의 기틀을 완성했다.

이베리아반도를 점령한 이슬람 세력은 초기에는 각 지역에 총독을 파견하여 직접 지배했지만, 시간이 지나면서 토착 귀족들에게 자치권을 부여하고 세금을 징수하는 권한을 주는 등 협력하여 지배하는 방식으로 전환했다. 그 대신 토착 귀족들은 이슬람 세력을 군사적으로 지원하고 이슬람교를 수용해야 했다. 당시 토착 귀족들의 계급은 공작, 후작, 백작, 남작 등으로 구분되어 있었다. 이 중 백작의 지위는 공작과 후작보다는 낮았지만, 남작보다는 높았다. 백작은 자신이 다스리는 지역에서 군사적·행정적 권한을 가지고 있었으며, 그 지역의 주민들에게 세금을 징수하고 재판을 진행하는 등의 역할을 했다.

백작의 지위는 아들이나 딸에게 세습되는 것이 일반적이었다. 아스투리아스 왕국의 왕도 무어인을 내쫓은 지역에서 백작의 지위를 인정하고 그 전통을 그대로 이어가게 했다. 1128년, 알폰소 엔리케스Alfonso Henriques라고도 알려져 있는 알폰소 1세Alfonso I가 포르투갈레 백국 백작의 작위를 물려받는다. 그는 1109년 포르투갈 백작 엔히케 데 보르고냐Henrique de Borgonha와 테레사 데 레온Teresa de Leão 사이에서 태어났고, 레온 왕 알폰소 6세의 사위가 되어 스무 살에 백작의 지위를 계승했다. 1139년 7월 25일, 알폰소 1세는 포르투갈 남부 알렌테주 지방에서 발생한 오리크 전투Battle of Ourique에서 무어인 왕조 알모라비드Almoravid 군대를 대파한다. 이 전투의 승리 이후 알폰소 1세는 레온 왕국으로부터 포르투갈의 독립을 선언하였으며, 코임브라를 수도로 삼고 스스로 왕의 자리에 올랐다. 포르투갈에서는 지금도 오리크 전투를 국가 독립과 건국의 상징적 사건으로 기념한다.

그러나 레온 왕국은 포르투갈의 독립을 인정하지 않았고, 두 나라 사이에 갈등이 시작됐다. 알폰소 1세는 포르투갈 왕국의 독립을 국제적으로 인정받고자 애썼다. 교황 인노켄티우스 2세Innocentius II로서는 이베리아반도 남부 지역의 기독교 재정복 운동(레콩키스타)에 포르투갈이 필요했기에 두 왕국 사이에 중재를 섰다. 1143년 10월 5일 스페인 사모라에서 알폰소 1세와 레온 왕은 사모라 조약Treaty of Zamora을 맺는다. 레온 왕국은 포르투갈의 독립을 인정해주고, 그 대신 조공을 받는 조건이었다. 그러나 이 조약에도 불구하고, 포르투갈은 오랫동안 유럽 주요 강국으로부터 공식적으로 독립을 인정받지 못했다.

1179년 5월 23일에 이르러서야 교황 알렉산데르 3세Alexander III가 〈교황 칙서Manifestis Probatum〉를 발표하여 알폰소 1세의 왕위를 공식적으로 인정하고, 포르투갈 왕국의 독립을 축복하고 교황령의 보호를 약속해준다. 그 대신 포르투갈 왕은 가톨릭교회의 권위를 인정하도록 요구받았다. 이 시대에 교황의 칙령은 독립을 가장 높은 수준에서 공식적으로 인정받는 행위였다. 즉, 포르투갈이 독립국이자 주권국임을 국제적으로 승인받았다는 의미다. 이후 레온 왕국은 북서쪽으로 진군하면서 무어인을 정복하는 데 주력했고, 포르투갈은 남쪽으로 진군하면서 최남단 해안인 알가르브까지 영토를 확장했다.

대항해 시대,
새로운 폭력을 발견하다

대항해 시대는 겉으로 보기에는 새로운 무역 항로를 개척하고, 전 세계를 하나의 무역권으로 만들어준 기점이라고 평가할 수 있다. 하지만 권력의 관점에서 보면 다른 평가가 나온다. 나는 대항해 시대를 유럽의 패권국가들이 새로운 경제적 이익을 얻기 위해 고대나 중세보다 더 세련된 방식으로 '침략자'이자 '약탈자'로 변신한 시대라고 본다. 포르투갈이 그 포문을 열었고, 스페인과 네덜란드를 거쳐 영국에 이르기까지 중세 이후 근대의 유럽 제국들은 권력과 이익을 획득하는 약탈의 새로운 방법, 침략의 새로운 방법, 폭력의 새로운 방법을 고도로 발전시켰다. 그래서 나는 이 시대를 '새로운 폭력을 발견한 시대'라고 부른다.

포르투갈이 이 시대의 문을 어떻게 열었는지 좀 더 깊은 이야기로 들어가 보자. 1179년 포르투갈은 국제적으로 독립을 인정받았지만, 14세기 말까지 이베리아반도 서남부 변방의 작은 나라에 머물렀다.

1383년, 포르투갈 왕 페르난두 1세가 사망하고 그의 외동딸 베아트리스Beatriz가 왕위를 계승했다. 베아트리스는 카스티야 왕 후안 1세Juan I와 결혼했고, 이는 두 왕국의 합병을 의미했다. 하지만 많은 포르투갈 사람이 카스티야의 지배에 반대했고, 이에 후안 1세가 포르투갈 왕위를 차지하기 위해 3만 명의 군대를 이끌고 포르투갈을 침공했다. 1385년 8월 14일, 포르투갈 군대는 알주바로타에서 후안 1세가 이끄는 카스티야 군대와 맞붙었다. 이때 포르투갈 군대를 지휘한 사람은 주앙 1세João I였다. 주앙 1세는 6,500명의 포르투갈 군대를 이끌고 5배나 되는 약 3만 명의 카스티야 군대를 격파했다. 이 전쟁의 승리로 포르투갈은 독립을 유지할 수 있었다.

포르투갈에서 후안 1세를 쫓아낸 주앙 1세는 1383년부터 1385년까지 왕위 계승 전쟁에 뛰어들었고, 상업 부르주아 세력의 지원을 받아 왕위에 오르는 데 성공한다. 이것이 포르투갈에서 무척 유명한 왕조 중 하나인 아비스Avis 왕조의 시작이다. 아비스 왕조라는 이름이 붙게 된 이유는 주앙 1세가 포르투갈의 전통적 십자군인 '아비스 기사단Ordem de Avis'의 대장이었기 때문이다. 아비스 기사단은 1147년 성지 예루살렘을 방문하는 순례자들을 보호하기 위해 설립된 십자군 기사단이었다. 초기 명칭은 '에보라의 성모 마리아 수도회'였는데 나중에 '아비스의 성 베네딕트 군사 기사단'으로 이름을 바꿨다. 레콩키스타에도 참여하여 이베리아반도에서 무슬림 세력과 맞서 싸웠다. 다른 십자군 기사단들이 해체된 후에도 아비스 기사단은 포르투갈 왕국의 군사 기사단으로서 오랫동안 명맥을 유지하면서 지중해 및 대서양의 해상 무역로를 지키면서 해적의 공격으로부터 포르투갈 상선을 보호했다. 그리고 1385년 알주바로타 전투Battle of Aljubarrota에서 대장 주앙 1세의 지휘 아래 카스티야 군대를 격퇴했다.

이렇게 등장한 포르투갈의 아비스 왕조는 세계 문명과 글로벌 패권 시스템에 변혁을 일으킨 사건의 주역이 된다. 그리고 그 주인공은 1394년에 태어난 엔히크Henrique 왕자로, 주앙 1세와 필리파 드 랭커스터Philippa of Lancaster의 셋째 아들이다. 그는 '항해 왕자 엔히크Infante Dom Henrique, o Navegador'로 활약하면서 아프리카부터 아시아, 남아메리카에 이르기까지 광대한 식민지를 확보해 포르투갈을 세계 최강국으로 만들었다. 그리고 이 과정에서 권력과 이익을 획득하는 약탈의 새로운 방법, 침략의 새로운 방법, 폭력의 새로운 방법을 선보였다.

엔히크 왕자는 포르투갈의 생존을 지켜야 한다는 막중한 책무에 고민했다. 그가 찾은 해법은 인구 150만 명의 작은 도시국가에 불과하지만 해양 상업 대국으로 인정받은 베네치아였다. 베네치아는 13세기부터 200년 넘게 그리스·터키 등과 무역을 하면서 유럽과 아시아를 잇는 중계무역으로 유럽 최고 부자 국가의 반열에 올랐다. 작은 섬나라 베네치아의 수입 경제 규모는 프랑스의 5배였고, 선박 3,300척에 선원 3만 6,000명을 보유했다. 전쟁이 일어나면, 선박과 선원은 곧바로 최강의 해군으로 변모했다.

베네치아를 부국으로 만든 수입품은 '후추'라는 향신료였다. 후추는 적은 양으로도 음식의 맛을 환상적으로 바꾸는 마법의 가루로, 방부제·약·방향제 등으로 다양하게 쓰였다. '검은색 황금'으로 불리는 이 1등 무역품에 유럽은 열광했다. 후추 한 줌의 가격은 돼지 15마리, 사파이어 반지 2개, 말 3마리의 가격에 맞먹었다. 인도에서 아랍을 거쳐 유럽으로 먼 길을 돌아와야 해서 가격이 150배까지 폭등하기 때문이었다. 유럽에서 후추를 먹는다는 것은 힘과 부의 상징이 됐다. 베네치아는 유럽으로 들어가는 후추를 비롯해서 모든 향신료 무역의 80%를 독점했다.

엔히크 왕자는 후추를 미래 먹거리로 판단하고 그 시장의 전쟁에 뛰어들었다. 아시아라는 거대한 시장도 염두에 뒀는데, 1400년부터 1750년까지 중국의 인구는 인도와 유럽을 합친 것보다 많았다. 인도의 인구만 하더라도 유럽 전체보다 많았다. 인구는 곧 시장의 규모다. 아시아 경제가 최고조에 달했던 1750년에는 세계 경제에서 중국이 차지하는 비중이 33%에 달했으며 인도는 23%, 유럽은 23%, 기타

21%였다.[23] 세계 생산의 70%가 중국과 인도를 중심으로 한 동양에서 이루어졌다.

하지만 포르투갈의 계획에는 엄청난 장벽이 하나 있었다. 1453년 5월 29일, 유럽과 아시아를 잇는 무역로의 핵심 관문이었던 콘스탄티노플이 오스만 제국의 술탄 메메트 2세에게 함락된 것이다. 비잔틴 제국 최후의 수도였던 콘스탄티노플의 함락은 중세와 근대의 전환점이 되는 역사적 사건이다. 동시에 유럽이 아시아로부터 고립된 사건이기도 하다. 오스만 제국은 베네치아의 영토였던 크레타섬을 점령하고, 이집트의 맘루크Mamluk 왕조까지 무너뜨리면서 유럽을 완전히 고립시켰다. 유럽 지중해 국가들의 해상 무역권은 완전히 붕괴했다. 또한 바르바리Barbary 해적을 지원하여 지중해 앞바다도 장악했다.

오스만 제국은 베네치아를 손아귀에 쥐고, 유럽의 경제를 흔들기 시작했다. 명목상으로는 유럽에 판매하는 아시아 상품의 독점권을 베네치아에 주었다. 이는 베네치아에 큰 이익을 가져다주었지만, 동시에 유럽의 다른 국가들은 오스만 제국에 대한 의존도가 높아졌다. 그리고 오스만 제국은 베네치아 상인들에게 높은 세금을 부과하여 베네치아의 실제 이익을 감소시키고 자국의 수입을 증가시켰고, 유럽 내에서 베네치아의 정치적 영향력에도 제한을 가했다. 유럽의 다른 국가들에 대한 오스만 제국의 영향력을 강화하려는 술책이었다. 오스만 제국의 베네치아 정책은 곧바로 유럽 경제에 큰 영향을 미쳤다. 유럽 국가 간에 경제적 불균형이 심화됐고, 오스만 제국과의 무역을 통해 이익을 얻기 위해 서로 경쟁함으로써 갈등도 커졌다.

하물며 포르투갈은 유럽 대륙의 서쪽 끝에 있었다. 콘스탄티노플이나 베네치아에서 가장 멀리 떨어져 있어서 심한 고립 상태였다. 고립이 심해질수록 경제는 더 깊이 추락했다. 1255년에 수도를 리스본으로 이전하고 새로운 변화를 꾀했지만, 국토의 전체 면적은 9만 2,152제곱킬로미터로 한반도의 약 5분의 2에 불과했고 인구도 150만 명 정도로 아주 적었다. 땅조차 척박하여 농작물을 안정적으로 생산할 수 없어서 오랫동안 가난을 면치 못했다. 스페인 옆에 붙어 있는 변방국이고 군사적으로도 유럽 최약체 국가였다. 육상 무역로가 막히자, 포르투갈은 경제적으로 더는 버틸 수 없었다. 국가의 생존과 경제 재건을 위해 모험이 필요했다.

엔히크 왕자는 포르투갈이 살길은 후추 시장으로 진출하는 것이고, 그곳으로 갈 수 있는 유일한 길은 바다라고 생각했다. 하지만 바닷길도 만만치 않았다. 당시 유럽 대륙에는 원양 항해 지식이나 기술이 전무했다. 해안을 따라 조심스레 겨우 이동하는 연안 항해술이 전부였다. 중국과 인도에 대한 정보도 오래된 몇몇 여행 기록에 적힌 단편적인 내용이 전부였다. 아메리카 대륙은 존재 자체도 몰랐다. 바닷길을 통해 인도까지 가는 건 아프리카 대륙을 돌아서 가는 먼 여정이었다. 곳곳에 미지의 위험이 도사리고 있었다. 이런 방식으로는 아프리카를 돌아 머나먼 아시아까지 갈 수 없었다. 성공 가능성은 극히 희박했다. 유럽인이 가진 지도에는 먼바다에 수많은 괴물이 살고 있다는 표시가 되어 있을 정도였다. 바다의 끝도 절벽으로 표시됐다. 지구가 둥글다는 것을 이론적으로는 알고 있었지만, 먼바다 끝에 가면 엄청난 낭떠러지가 있을지도 모른다는 공포감을 그렇게 드러낸 것이다.

하지만 엔히크 왕자는 최악의 위기를 혁신, 도약, 변혁의 원동력으로 만들 수 있는 뛰어난 군주였다. 태양과 별의 위치를 보면서 바닷길을 건너던 방식을 버려야 한다고 생각하고, 과거와는 다른 접근법을 모색했다. 1419년 엔히크 왕자는 남부의 항구도시 사그레스에 세계 각처의 유능한 탐험가, 기술자, 천문학자, 지리학자 등을 불러 모았다. 인도 항해를 반드시 성공시켜야 했다. 이를 위해 이슬람 문물과 지식을 과감하게 받아들였다. 아랍 상인들은 국제 무역의 육로와 해상로 모두에서 전문가였다. 실크로드는 험한 사막길을 통과하기에 언제나 큰 위험이 따랐다. 육로 운송 수단인 낙타 1마리의 하루 수송 능력은 50킬로그램에 불과했고, 하루 평균 이동 거리도 40킬로미터밖에 안 됐다. 8세기부터 아랍 상인들은 대규모 상품을 한 번에 운반해 비용을 줄이기 위해 계절풍을 타고 인도까지 항해하는 해양 실크로드를 개척했다. 큰 배 1척은 수백, 수천 마리의 낙타 몫을 거뜬히 해냈다. 아랍 상인들은 유향과 커피 등을 싣고 1만 5,000킬로미터에 달하는 먼 바닷길을 지나 아시아 동쪽 신라까지 오가면서 차, 향신료, 면화 등을 유럽으로 실어 날라 엄청난 부를 쌓았다. 엔히크 왕자는 이슬람의 나침반, 아스트롤라베astrolabe(고대 그리스의 천체 관측기), 사분의 등 각종 기구를 받아들여 정확한 방위 측정을 도모했다. 이슬람의 원양 항해술도 적극적으로 배웠다.

1497년 7월 8일, 포르투갈의 수도 리스본에서 바스쿠 다가마Vasco da Gama를 선장으로 한 3척의 배가 출항했다. 인류 역사를 바꾼 이 배들의 이름은 플로레스호, 상가브리엘호, 베르투호였다. 이 출항은 유럽과 아시아 간 직접적인 해상 무역로 개척의 역사적 기점이면서 다른 한편으로는 새로운 폭력을 발견한 시대의 기점이기도 했다.

바스쿠 다가마와 그의 함대는 아프리카 서해안을 따라 남하한 뒤, 희망봉 남단을 돌아 인도양으로 진입했다. 1498년 5월 20일에는 현재의 인도 케랄라주 캘리컷에 도착했다. 유럽인이 바다를 통해 인도 땅에 역사상 첫발을 내디딘 사건이고, 유럽-인도를 잇는 해상로를 확보함으로써 포르투갈을 절체절명의 위기에서 구해냄과 함께 유럽 국가들이 글로벌 무역 네트워크를 구축하는 출발점이 된 사건이다. 하지만 아시아의 관점에서는 유럽 국가들의 식민지로 전락하는 비극적 역사의 출발점이었다.

포르투갈의 신항로 개척은 처음에는 생존을 위한 순수한 무역을 목적으로 시작됐다. 하지만 시간이 지나면서 순수한 무역은 막강한 군사적 폭력을 앞세운 불공정한 약탈로 변질해갔다. 포르투갈은 바스쿠 다가마의 항해 덕에 아랍 상인을 거치거나 오스만 제국이 조정하는 베네치아 루트를 통하지 않고 아시아 상품의 해상 무역을 독점할 수 있다면 엄청난 이익을 거둘 수 있음을 알게 됐다. 막대한 이익과 권력이 눈에 보이자, 포르투갈은 엄청난 속도로 식민지를 확대했다. 독점 무역을 통해 벌어들인 돈으로 군대를 키웠다. 그리고 유럽의 화약과 소총 등 진일보한 군사적 폭력을 배에 싣고 인도로, 아시아로 내달렸다.

포르투갈은 바스쿠 다가마에 이어 페드루 알바르스 카브랄Pedro Álvares Cabral, 페르디난드 마젤란Ferdinand Magellan과 같은 유명한 탐험가들을 연달아 내보내 아프리카와 아시아에 식민지를 건설하고 세계를 지배해나갔다. 식민지 곳곳에서 향신료를 비롯해 수많은 상품, 금과 은 등을 불공정 거래로 약탈했다. 문자 그대로 신항로 개척, 겁 없는 도전정신, 글로벌 무역 네트워크라는 세련된 단어로 포장된 약탈적 무역으로 유럽 최고 강대국의 자리에 올랐다.

권력, 그것이 가져다주는 이익 앞에서는 공정함이나 옳고 그름의 기준도 달라진다. 한 예로, 2024년 2월 29일 이스라엘군은 팔레스타인 가자시티 서쪽 나부시 교차로에서 구호품 트럭에 몰려든 수천 명의 민간인을 향해 무차별 총격을 가해 최소 104명이 사망하고 750여 명이 부상당하는 참사를 일으켰다. 이스라엘군이 발포한 이유는 어이가 없다. 너무 가까이 접근했다는 것이다.[24] 이스라엘은 2023년 3개월 동안 하마스 테러 집단을 몰살시킨다는 명분으로 가자지구에서 수많은 민간인과 수천 명에 달하는 어린이의 생명을 빼앗았다. 자국민을 살리고, 자국을 지킨다는 명분이다. 포르투갈도 '권력에는 희생이 따르는 법이다'라는 말을 명분으로 내세우며 유럽의 패권을 획득하고 막대한 부를 쌓는 과정에서 발생한 폭력, 잔인함, 불공정을 미화했다. 아이러니하게도, 순례자를 보호하기 위해 만들어졌던 포르투갈의 아비스 기사단조차 포르투갈의 식민지 개척 함대를 적극적으로 지원했다.

바스쿠 다가마는 포르투갈의 영웅이고, 대항해 시대의 문을 연 유럽인의 자랑이며, 인도에 가톨릭교회를 설립하고 많은 사람을 개종시킨 독실한 가톨릭교도였다. 하지만 잔혹하고 무자비한 인물이라는 평가도 받았다. 그는 인도에서 무슬림 상인들을 학살하고 그들의 부와 재물을 빼앗았으며, 많은 아시아 사람을 본국으로 끌고 가 노예로 부렸다. 거란 제국이 중국 본토와 고려 땅을 침범해 곳곳을 약탈하며 식량과 물자, 그리고 수많은 여인과 아이들을 노예로 끌고 간 것과 별반 차이가 없다. 거란 제국은 거칠고 무식하고 잔인한 군사적 폭력으로 약탈을 자행했고, 포르투갈은 세련된 무역으로 포장했을 뿐이다.

1460년, 엔히크가 사망했다. 하지만 포르투갈의 야심과 욕망은 더 커졌다. 1500년 3월 9일, 포르투갈의 탐험가이자 군인이었던 페드루 알바르스 카브랄은 13척의 배와 함께 리스본을 출발해서 인도로 향했다. 1500년 4월 22일, 카브랄의 함대는 우연히 남아메리카의 한 해안에 도착했다. 카브랄은 그곳을 '베라 크루즈의 땅Terra da Vera Cruz'으로 명명했다(이곳이 '브라질'이라고 불리게 된 이유다). 카브랄은 현지 원주민들과 접촉하는 한편, 포르투갈 왕 마누엘 1세Manuel I에게 이 땅을 발견했음을 알리는 서신을 보냈다. 그러고는 자기 마음대로 이 땅을 포르투갈의 영토로 선포하고, 몇몇 선원을 남겨 첫 번째 유럽인 정착지를 설립하도록 지시했다. 포르투갈은 곧바로 후속 군대를 보내 브라질을 자국의 식민지로 확립했다. 브라질은 포르투갈의 새로운 영토가 됐고, 중요한 경제적 자원을 약탈당하는 거대한 식민지로 전락했다.

이 일은 유럽 국가들 사이의 식민지 확보 경쟁에 불을 붙였다. 포르투갈은 브라질 해안에 파드랑Padrão(표석)을 세워 이 땅이 자신들의 영토임을 주장하고, 이곳에서 생산된 사탕수수·커피·금 등을 자기들 마음대로 유럽에 수출했다. 파드랑은 '표준'이나 '기준점'을 뜻하는 포르투갈어로 포르투갈 탐험가들이 새로 발견한 땅이 자국 영토임을 표시하기 위해 목재 또는 돌로 만든 십자가를 가리킨다. 여기에는 발견된 장소의 지리적 좌표와 발견 날짜, 포르투갈 왕의 이름 등이 새겨진다. 포르투갈은 아프리카, 아시아, 남아메리카 곳곳에 파드랑을 세우고 영토 주권을 주장했다.

카브랄은 아프리카 동해안도 탐험했고, 인도까지 항해하는 새로운 해로도 개척했다. 1500년 9월, 카브랄의 함대는 인도의 캘리컷에서 아랍 상인들의 선단과 마주쳤다. 이곳은 본래부터 아랍 상인들이 활발히 활동해온 주요 무역 중심지 중 하나였다. 하지만 그들의 눈에 아랍 상인들은 더 이상 선의의 경쟁자가 아니었다. 적이었다. 카브랄은 포르투갈의 인도행 항로 독점권을 강화하기 위해 아랍 선박을 무자비하게 공격했다. 배를 나포하고 보물을 탈취했다. 이 사건으로 포르투갈과 아랍 상인들 간의 군사적 긴장이 커지기 시작했다.

1509년 2월, 포르투갈은 후추의 국제 무역 독점권을 두고 아랍 세력과 인도 디우 앞바다에서 마지막 전쟁을 벌였다. 하지만 전쟁은 너무나 싱겁게 끝났다. 아랍 연합의 갤리선 함대 100여 척이 포르투갈의 캬라크선 함대 18척에 허무하게 무너진 것이다. 이유는 간단하다. 군사적 폭력의 차이 때문이다. 아랍 함대를 무너뜨린 포르투갈은 인도와 유럽 간의 후추 무역을 독점하는 데 성공하고 중국의 마카오, 인도의 고아, 남아메리카의 브라질, 아프리카의 앙골라와 모잠비크 등까지 식민지로 거느리며 유럽 최대 부국이자 해양 패권국의 지위를 확정 지었다.

무역 약탈의 규모에 따라 달라지는 패권 양상

이후 스페인 제국이 포르투갈을 제치고 대항해 시대 제2의 패권국으로 등극한다. 어떻게 이런 일이 발생했을까?

1230년, 카스티야의 왕인 페르난두 3세Fernando III가 레온 왕국을 상속받으면서 두 왕국이 카스티야-레온 왕국으로 합병됐다. 이베리아반도의 기독교 국가 중 가장 강력한 정치적 단위를 형성하는 데 결정적 계기가 된 사건이다. 카스티야-레온 왕국이 훗날 스페인 왕국의 모체가 되기 때문이다. 페르난두 3세는 무어인과의 전투에서 연전연승을 기록하며 세비야와 코르도바 같은 주요 도시를 정복했다. 이런 공로를 인정받아 로 페르난두 3세는 사후에 '성인'이라는 칭호를 받는다.

이베리아반도의 북동부에는 레콩키스타를 주도하는 또 다른 기독교 왕국이 있었다. 아라곤Aragón 왕국이다. 아라곤 왕국은 원래 프랑크 왕국에 속하는 마르카 히스파니카의 일부였다. 마르카 히스파니카는 현재의 스페인 카탈루냐 지방, 아라곤 지방, 나바라 지방, 리오하 지방 일부를 포함했다. 북쪽으로는 피레네산맥이 있고, 남쪽으로는 에브로

강이 있으며, 동쪽으로는 지중해가 있고, 서쪽으로는 아스투리아스 왕국이 있었다. 8세기 말부터 9세기 초에는 카롤링거 왕조의 보호를 받는 바르셀로나 백작과 같은 국경 지방의 귀족들이 이 지역의 영토를 분할해서 지배했다. 마르카 히스파니카는 10세기에 들어서면서 여러 개의 백작령으로 나뉘었고, 11세기에는 백작들이 점차 독립적인 권력을 행사했다.

1035년, 아라곤 백작 라미로 1세Ramiro I가 아라곤 왕을 자칭하면서 아라곤 왕국이 역사의 무대에 등장한다. 하지만 1097년 뛰어난 군사 지도력을 가진 바르셀로나 백작 라몬 베렝구에르 3세Ramon Berenguer III가 등장한다. 그는 1112년 프로방스 백작령을 상속받아 카탈루냐와 프로방스를 연합했고, 1131년 아라곤 왕국의 여왕 우라카 1세Urraca I와 결혼하여 카탈루냐와 아라곤을 통합해버렸다. 1150년, 교황 에우제니오 3세Eugenius III가 아라곤 왕국을 카스티야 왕국과 동등한 지위로 인정했다. 그리고 마르카 히스파니카의 나머지 백작령들도 아라곤 왕국과 카스티야 왕국에 나뉘어서 병합된다. 14~15세기, 카스티야 왕국과 아라곤 왕국은 서로 연합하여 이베리아반도에서 이슬람 세력을 몰아내는 데 힘을 쏟는다.

1479년, 아라곤 왕국 페르난두 2세Fernando II와 카스티야 왕국 이사벨 1세Isabel I의 결혼으로 이베리아반도는 통합을 향한 중요한 발걸음을 내디딘다. 1492년, 두 연합 왕국은 그라나다Granada 왕국(현재 알람브라 궁전이 있는 지역)을 정복함으로써 이베리아반도에서 무어인의 지배를 종식한다.

여기서 한 가지 궁금증이 든다. 아라곤 왕국의 페르난두 2세와 카스티야 왕국의 이사벨 1세, 이 부부 중에 누가 더 뛰어난 군주였을까? 무어인의 지배를 끝장내는 데 누가 더 큰 공을 세웠을까?

둘 다 뛰어난 지도자였지만, 각자 강점과 약점이 있었다. 페르난두 2세는 뛰어난 외교적 능력과 정치적 사고력을 가진 군주였다. 그는 이탈리아와 전쟁을 치르고 프랑스와의 경쟁 관계를 유지하며 유럽 정치에서 큰 영향력을 행사했으며, 아메리카 대륙 정복을 지휘하여 제국의 영토를 크게 확장했다. 한편 이사벨 1세는 강력한 리더십과 종교적 열정을 가진 인물로, 1474년부터 1504년까지 카스티야 왕국의 여왕으로 재위했다. 스페인 왕국의 통합을 이끈 중요한 인물이고, 쉰셋의 나이로 사망할 때까지 스페인을 유럽 강국으로 만드는 데 중요한 역할을 했다. 그녀는 매우 지적이고 잘 교육받은 여성이었다. 다섯 자녀를 두었지만, 그중 둘은 어려서 사망했다. 이런 아픔 속에서도 이사벨 1세는 1492년 그라나다 왕국을 정복하여 700년간 이어진 레콩키스타를 완수하는 데 한몫했고, 크리스토퍼 콜럼버스Christopher Columbus의 항해를 지원하여 아메리카 대륙을 발견하는 데도 기여했다. 스페인 내에서 종교 개혁을 진압하고 가톨릭교회의 권력을 강화하여 '가톨릭 여왕'이라는 별칭도 얻었다. 이런 이유로 그녀는 스페인 역사상 무척 중요한 여성 지도자 중 한 명으로 기록된다.

둘 중 누가 더 뛰어난 인물인지는 평가 기준에 따라 다를 수 있다. 정치적 업적에 초점을 맞춘다면 페르난두 2세의 업적이 더 크지만, 두 왕국의 통합에 초점을 맞춘다면 이사벨 1세의 역할이 더 컸다. 그녀는 강력한 리더십으로 두 왕국의 통합을 이끌었다. 이처럼 그녀가 지도자로서의 행보를 보일 수 있었던 것은 아라곤 왕국과 카스티야 왕국이 혼인동맹으로 합쳐졌지만, 1492년까지 공식적으로 통합을 선언하지 않았기 때문이다. 하지만 1492년 10월 12일 콜럼버스가 아메리카 대륙을 발견하면서 상황이 달라졌다.

1492년, 포르투갈이 다양한 항로를 개척 중이라는 소식에 자극을 받은 스페인 왕과 왕비는 이탈리아 제노바 출신의 평민에 불과했던 탐험가 콜럼버스를 전폭적으로 지원했다. 콜럼버스에게 스페인 귀족 신분과 제독 계급을 하사했으며, 신대륙을 발견하면 그 땅에서 얻은 수입의 10%와 모든 무역 거래의 8분의 1도 보장해주겠다고 약속했다. 그 땅을 스페인이 식민지로 삼게 될 경우 콜럼버스는 총독이 될 수도 있었다. 이런 약속의 대가로 콜럼버스는 금과 향료의 보고인 '아시아'라는 신대륙을 발견해서 스페인 여왕에게 바치기로 했다.

1492년 8월 3일 금요일 8시, 스페인 살테스 항구를 출발한 콜럼버스는 유럽에서 중국으로 가는 새로운 바닷길을 찾기 위해 포르투갈과 정반대 방향으로 신항로 개척을 시작했다. 산타마리아호, 핀타호, 니냐호 등 3척의 배에 120명의 선원을 태우고 유럽의 서쪽 항로인 대서양으로 방향을 잡았다. 그는 대서양을 건너 유럽 서쪽으로 5주 동안 5,680킬로미터를 항해하면 일본, 중국, 인도에 포르투갈보다 먼저 도착할 수 있으리라고 생각했다(포르투갈에서 중국까지 실제 거리는 1만 7,075킬로미터다). 그의 생각은 틀렸지만, 결과는 대성공이었다. 콜럼버스의 잘못된 계산은 뜻밖에 아메리카 바하마제도의 산살바도르섬으로 이끌었다. 육지에 도착한 콜럼버스는 금은보화를 찾는 데는 실패했지만, 원주민들이 피우던 담배와 해먹을 비롯해 온갖 진귀한 물건을 배에 싣고 스페인으로 금의환향했다.

사실 콜럼버스는 이 계획을 포르투갈 왕실에 먼저 제안하고 후원을 요청했다. 하지만 다양한 해양 루트 개척으로 노하우가 쌓인 포르투갈 왕실은 신빙성이 적다는 이유로 후원을 거절했다. 콜럼버스는 고국인 이탈리아, 그리고 영국 등에도 투자를 요청했다. 하지만 모두 거절당했다. 1492년 4월, 낙심한 콜럼버스에게 낭보가 들려왔다. 아라곤 왕국의 페르난두 2세와 카스티야 왕국의 이사벨 1세가 혼인동맹을 맺고 이베리아반도에 마지막 남은 무어인 세력 그라나다 왕국을 정복했다는 소식이었다. 이에 따라 스페인은 포르투갈이 대박을 쳤다고 알려진 대서양으로 관심을 돌릴 여유가 생겼다. 콜럼버스는 곧장 스페인 왕실로 달려갔고, 스페인 왕실은 콜럼버스의 제안을 단숨에 받아들였다.

콜럼버스는 계획을 실행에 옮겼다. 그리고 1492년 10월 12일 새벽, 2개월이 넘는 항해 끝에 현재의 미국 플로리다주 남쪽 해안에 있는 바하마제도의 섬들과 쿠바를 발견했다. 콜럼버스는 죽을 때까지 자신이 발견한 대륙이 인도라고 생각했다. 그래서 육지에 상륙해서 만난 이들을 인도인이라고 생각하고 '인디언'이라고 불렀다.

이 발견은 스페인 왕국에 새로운 영토와 부를 안겨주었고, 두 왕국의 통합을 더욱 가속화했다. 1493년 1월 19일, 바르셀로나 조약Treaty of Barcelona이 체결되면서 아라곤 왕국과 카스티야 왕국은 공식적으로 연합 왕국을 형성했다. 하지만 두 왕국은 여전히 자체적인 법률, 의회, 통화를 유지했다. 연합 왕국의 명칭은 '스페인 왕국'이었지만 1516년 카를로스 1세Carlos I가 왕위에 오르기 전까지 페르난두 2세와 이사벨 1세는 '아라곤 왕'과 '카스티야 왕'이라고 불렸고, 카를로스 1세에 이르러서야 '스페인 왕'이라는 칭호를 사용했다. 카를로스 1세가 연합 왕국의 이름을 '스페인'으로 공식화한 이유가 있다. 가장 중요한 이유는 포르투갈을 비롯한 유럽의 강대국들과 전 세계 최고 권력국가의 자리를 둘러싼 경쟁에서 승리하기 위해 새롭고 강력한 국가 이미지를 구축할 필요가 있었다는 것이다. 이 외에 아메리카 대륙에서 발견된 새로운 영토를 일컬을 명칭이 필요하다는 부수적 이유도 있었다.

종교, 무역 약탈의 명분을 제공하다

1493년 3월 15일, 스페인은 로마 교황 알렉산데르 6세Alexander VI에게 콜럼버스가 새로 발견한 땅(아메리카와 그 서쪽 전체)을 자국 영토로 인정해달라고 요청했다. 포르투갈이 가만히 있을 리 없었다. 스페인이 그 땅을 전부 차지하면 포르투갈의 해양 패권에 강력한 위협이 될 것이기 때문이다. 이때의 포르투갈은 예전에 독립국 지위를 인정받기 위해 전전긍긍하던 나라가 아니었다. 해상 무역을 독점하여 막대한 부를 쌓아 교황청을 움직일 수 있게 됐고, 강력한 해양 군사력도 가지고 있어서 누구도 함부로 대하지 못했다.

1493년 5월 4일, 교황 알렉산데르 6세는 〈인터 케테라Inter Caetera〉를 포함한 일련의 칙령을 발표한다. 〈인터 케테라〉에는 스페인이 발견하긴 했지만 모든 미지의 땅을 포르투갈에도 나누어준다는 내용이 담겨 있었다. 그럼에도 이 칙령은 스페인에 유리하게 작성됐고, 서인도제도와 콜럼버스가 발견한 신대륙의 대부분을 스페인에 주었다. 스페인이 다양한 정치적 물밑 작업을 수행한 결과였다. 교황 알렉산데르 6세가 스페인 발렌시아 출신이었기에 스페인 왕실은 교황과의 긴밀한 관계를 통해 자신들의 요구를 효과적으로 전달할 수 있었다. 스페인 왕 페르난두 2세와 왕비 이사벨 1세가 콜럼버스가 신대륙을 발견하자마자 교황에게 이 사실을 알리고, 새로운 영토에 대해 서둘러 권리를 주장한 것도 한몫했다. 스페인은 새로운 땅을 기독교화해야 한다는 임무를 강조하며, 교황청에 적극적으로 호소했다. 교황청은 700년간 이어진 레콩키스타를 완수하고, 스페인 내에서 종교 개혁을 진압하고 가톨릭교회의 권력을 강화하여 '가톨릭 여왕'이라는 별명으로도 불리는 이사벨 1세의 요청을 무시할 수 없었다.

이에 포르투갈이 강력하게 반발했고, 스페인과의 영토 분쟁으로 번졌다. 1493년, 교황 알렉산더 6세는 분쟁을 해결하기 위해 인터 카에테라Inter caetera 교서를 발행하여 스페인과 포르투갈 간의 경계선을 설정하는 중재안을 제시했다. 하지만 이 중재안은 양국 모두에 불만이었다. 스페인과 포르투갈은 1년간 다시 협의했다. 새로운 경계선은 카보베르데 제도에서 서쪽으로 약 1,770킬로미터 떨어진 지점에 설정됐고, 이 경계선의 서쪽은 스페인에, 동쪽은 포르투갈에 할당되었다. 이것이 1494년 6월 7일에 체결된 토르데시야스 조약Treaty of Tordesillas이다. 이 조약으로 포르투갈은 브라질의 동부 해안을 포함한 아메리카 대륙의 일부를 확보할 수 있었고, 스페인은 나머지 대부분의 아메리카 대륙을 자신의 영토로 확정 지을 수 있었다. 토르데시야스 조약은 대항해 시대의 국제적인 영토 분할에 중요한 이정표가 됐다.

하지만 이 조약은 원주민들의 권리를 완전히 무시하고 '약탈적 무역'을 교황청이 나서서 용인해준 최악의 칙령이었다. 이 칙령으로 유럽 제국들의 무역 약탈이 정당화됐고, 세련된 외교와 국가적 행위로 포장돼버렸다.

1493년 9월 25일, 첫 번째 신대륙 탐험에서 얻은 성과에 고무된 콜럼버스와 스페인 왕실은 17척의 배에 1,200명의 선원 및 이주민을 싣고 두 번째 항해를 시작했다. 그들은 재방문한 신대륙에서 서슴없이 전쟁을 벌였다. 명분은 있었다. 첫 번째 탐험 때 콜럼버스는 그 땅을 식민지로 삼으려고 39명의 선원을 남겨두었다. 스페인 왕실이 콜럼버스에게 그 땅을 스페인이 식민지로 삼게 될 경우 총독이 될 수도 있다는 무언의 약속을 했기 때문이다. 하지만 세상사는 자기 뜻대로 되지 않는다. 식민지에 남겨둔 선원들이 원주민을 약탈하고 강간하는 등 악행을 일삼았고, 화가 난 원주민들이 그들을 모두 죽어버렸다. 이 사건을 빌미로 콜럼버스는 원주민과 전쟁을 시작했다. 노예 사냥도 본격적으로 시작했다. 열네 살 이상의 원주민 남자는 3개월마다 금을 바쳐야 한다고 협박했다. 설상가상으로 원주민들은 콜럼버스의 탐험선을 통해 유럽에서 건너온 새로운 전염병에 걸려 죽어갔다. 신대륙은 난장판, 잔인한 약탈장이 됐다.

콜럼버스 이후에도 스페인은 아메리카 대륙에서 식민지 건설을 계속했다. 멕시코, 페루, 칠레 등의 나라에 식민지를 건설하고 노예 매매, 농장 경영, 약탈 등을 계속하면서 국가의 영토와 부를 늘려갔다. 그런데도 유럽에서는 토르데시야스 조약으로 이런 행위들이 공인된 행위, 정당한 행위, 종교적으로 전혀 가책을 받지 않아도 되는 행위로 자리 잡았다.

스페인,
절대 권력의 자리를 탐하다

1519년 1월 12일, 신성 로마 제국의 황제 막시밀리안 1세Maximilian I가 예순 살의 나이로 사망했다. 합스부르크Habsburg 왕가 출신으로 '마지막 기사'라는 별칭을 얻을 만큼 뛰어난 군인이었고, 유럽 정치에 큰 영향력을 행사했던 황제다. 막시밀리안 1세는 합스부르크 왕가의 영토 확장을 위해 결혼과 전쟁을 이용했다. 그는 부르고뉴 공국의 마리아와 결혼하여 네덜란드와 프랑슈콩테를 영토로 편입했다. 세 번의 결혼으로 15명의 자녀를 두었는데, 자녀들을 헝가리와 보헤미아 왕국의 왕녀들과 결혼시켜 동유럽과의 관계도 강화했다.

신성 로마 제국의 황제 자리는 유럽 정치에 엄청난 영향력을 행사하는 상징적 지위다. 이런 자리가 공석이 되자, 국가 간에 치열한 경쟁이 시작됐다. 스페인 왕 카를로스 1세도 유럽 정치의 중심에 서고 포르투갈을 견제하기 위해 신성 로마 제국의 황제 자리가 반드시 필요했다. 직전 황제 막시밀리안 1세는 프리드리히 3세Frederick III 황제와 포르투갈 레오노르Leonor 왕녀의 아들이었다. 자신들이 이베리아반도에서 이슬람 세력을 쫓아내는 데 국력을 소모하는 동안 포르투갈은 해양 패권을 손에 거머쥐고 막대한 부를 쌓고 있었다. 이베리아반도의 주인을 자처하는 스페인 왕국으로서는 자존심 상하는 일이었다. 전 세계를 호령하는 최고 권력 국가의 자리는 스페인이 가져야 했다.

카를로스 1세는 신성 로마 제국 황제로 등극하기 위해 정치적으로 치밀한 사전 작전을 펼쳤다. 그는 부유한 할머니 마리아 드 부르고뉴로부터 상속받은 재산을 사용하여 막대한 선거 운동 자금을 조달했고, 유럽의 다른 왕족들로부터 대출도 받았다. 그 돈으로 선거인들에게 뇌물과 땅을 주고, 직위를 남발하며 선거 운동을 벌였다. 또한 프랑스와 포르투갈의 영향력을 견제하면서 유럽의 다른 국가들과 외교적 협상을 벌여 지지를 얻어냈고, 영국과 교황의 지지도 확보했다. 가장 강력한 경쟁자인 프랑스 왕 프랑수아 1세Francis I는 전쟁을 벌여 제거해버렸다. 독일 합스부르크 왕가 내부의 다른 경쟁자들도 제거했다. 그는 동생 페르디난트 1세Ferdinand I를 보헤미아와 헝가리의 왕으로 앉히면서 독일 내부의 지위를 강화했다. 이런 노력 끝에 1519년 6월 28일에 카를로스 1세는 스무 살의 젊은 나이에 신성 로마 제국의 황제로 선출되어 유럽에서 매우 강력한 군주 중 한 명으로 등극한다.

이 무렵, 스페인의 해양 세력 확장에도 새로운 이정표가 만들어졌다. 페르디난드 마젤란이 최초로 세계를 일주하는 항해를 성공적으로 완수한 것이다. 마젤란은 포르투갈 출신의 유명한 탐험가로 젊은 시절부터 해상 탐험에 관심을 가졌고, 포르투갈 왕실에서 여러 해상 원정에 참여했다. 하지만 포르투갈 왕실과 불화를 겪으면서 스페인 제국을 위해 활동하게 됐다. 1519년 9월 20일, 마젤란은 스페인 세비야에서 5척의 배와 함께 인도로 가는 새로운 서쪽 항로를 찾기 위한 대원정을 시작했다. 1520년 11월, 마젤란은 남아메리카 대륙 남단에 있는 해협을 발견하고 이를 통과한다(이 해협은 나중에 그의 이름을 따서 '마젤란해협'이라고 불리게 된다). 그는 해협을 통과한 후, 유럽인으로서는 최초로 태평양을 항해했다. 아시아로 가는 새로운 항로를 찾기 위해 수개월 동안 바다를 항해했지만, 1521년 4월에 필리핀에서 원주민과 전투를 치르던 와중에 사망하고 만다. 이렇게 마젤란은 세계 최초로 지구 한 바퀴를 항해한 원정대를 이끌었으나, 중도에 사망함으로써 그 자신이 여정을 끝마치지는 못했다.

그의 죽음 후에 후안 세바스티안 엘카노Juan Sebastián Elcano가 선장을 맡아 원정대는 항해를 계속했다. 1522년 9월 6일, 스페인에서 출항했던 5척의 배 중 하나인 빅토리아호가 세계 일주를 완수하고 스페인 세비야로 돌아온다.•

• 나머지 4척의 배는 폭풍우, 거친 바다, 그리고 적대적인 원주민들과 전투를 벌이면서 침몰하거나 망가졌다. 빅토리아호는 16세기에 흔했던 나오nao라는 유형의 배였다. 나오는 무역과 전쟁 모두에 사용되던, 3개의 돛을 가진 커다란 배를 말한다. 일반적으로 대포로 무장했으며 약 150명의 선원이 탑승했다. 빅토리아

과학사에서는 1519~1522년 마젤란의 세계 일주 항해를 지구가 구체라는 것을 증명하는 중요한 사건으로 해석한다. 세계 지도를 다시 그리게 했으며, 세계 일주가 가능하다는 것을 확인시켜주었다. 대서양에서 태평양으로 무역 경로를 확장하고, 최초로 필리핀을 발견하고, 남아메리카 대륙의 남단을 돌아 아시아로 가는 서쪽 항로를 발견한 쾌거다. 동시에 패권의 역사라는 관점에서는 스페인이 식민지를 확장하여 절대 권력의 권좌로 나아가는 길을 한 발짝 앞당겨준 결정적 사건이었다.

최고의 단계로 올라선 무역 약탈의 기술

식민지 개척이 늘어나고 장기화되면서 유럽 제국들이 무역을 세련된 약탈 도구로 포장하는 기술도 발전했다. 식민지 개척 초기에는 군사적 폭력을 앞세워 강제로 빼앗거나 헐값으로 구매하여 무역이라는 형식을 통해 유럽 국가들에 팔아서 막대한 이익을 남겼다. 그다음은 식민지의 생산품들을 적당한 값에 사주고, 세금을 통해 부를 회수하는

호는 배수량이 약 85톤으로 나오 유형의 배 중에서는 비교적 작은 편이었다. 나무로 만들어졌고 길이 약 27미터에 폭이 약 7미터였으며, 단일 갑판이었고, 6개의 대포로 무장하고 45명의 선원이 탑승했다. 하지만 원래 선원 중 18명만 생존해 귀환했다. 마젤란 함대의 다른 배들만큼 크거나 강력하지는 않았지만 그나마 빠르고 기동성이 뛰어나서 살아 돌아온 모양이다(이 배는 현재 스페인의 국보이며 마드리드 해군 박물관에 전시되어 있다).

방식으로 발전했다.

스페인은 무역 약탈의 기술을 한 단계 더 발전시켰다. 1545년, 스페인은 남미 페루의 안데스산맥 해발 4,000미터에서 포토시 은광을 발견했다(당시 볼리비아는 페루 부왕령에 속했다). 세계 최대 규모의 은광이었다. 원주민들은 이 지역을 잉카의 대지 신인 '파차마마Pachamama'의 것이라고 여기며 신성시했다. 하지만 스페인 정복자들은 이 지역을 '부의 산'이라는 뜻의 '세로 리코Cerro Rico'라고 부르면서 은을 마구잡이로 채굴했다.

스페인은 이 은을 이용하여 새로운 국제 무역 시스템을 구축했다. 말이 국제 무역 시스템이지 내용을 들여다보면 기존에 파편적으로 존재하던 무역 약탈의 방법과 경로를 하나로 묶어서 시너지를 내는 시스템이었다. 스페인은 남미에서 값싼 노동력으로 채굴한 은을 강탈하다시피 확보한 후, 그 은을 가지고 아시아와 아메리카로 가서 향신료·도자기·비단 등 유럽인들이 좋아하는 물건들을 헐값에 대량으로 구매했다. 그리고 이것들을 유럽으로 가지고 가서 팔아 폭리를 취했다. 그야말로 천재적이며 교묘한 약탈 시스템이었다.

스페인은 무역을 식민지에서만 약탈의 도구로 사용한 것이 아니다. 유럽의 다른 국가들에 대해서도 마찬가지였다. 일단 스페인은 아시아와 아메리카에서 생산된 상품들을 유럽으로 수출하면서 높은 관세와 세금을 부과하여 다른 나라들의 무역을 방해했다. 무역 장벽도 높였다. 또한 아메리카의 은과 아시아의 비단이 모두 자국 항구 세비야를 통과하도록 강요했다. 유럽의 다른 나라들이 이 무역에 참여하려면 세비야를 통과해야 했다. 스페인은 높은 관세와 세금을 통해 막대한 부수입을 얻는 효과를 거뒀다. 유럽 시장에 유입되는 상품의 양을 조절할 수 있어서 가격 결정자 역할도 할 수 있었다.

이처럼 한 단계 더 교묘하게 발전시킨 무역 약탈 시스템은 스페인에 막대한 부의 원천이 됐다. 나아가 스페인이 대항해 시대에 유럽의 무역 패권을 장악하는 데 결정적인 역할을 했다. 스페인은 은을 이용하여 군사적 폭력의 규모도 키워서 유럽에서 절대적 권력의 지위로 올라설 기반을 탄탄하게 마련했다.

스페인은 포토시에서 채굴한 은의 일부를 가지고 스페인 본국과 식민지 현지에서 '페소 데 오초Peso de Ocho'라고 불리는 은화를 대량으로 생산했다. 은화를 대량으로 공급할 수 있는 여건이 마련되자 페소 데 오초는 전 세계 무역에 사용하는 기축통화로 자리를 잡았고, 근대사회 국제 금융 시스템의 기반을 형성하는 모델이 됐다. '페소 데 오초'는 '여덟 조각pieces of eight'이라는 뜻이다. 양면에 왕의 초상화와 십자가 도장이 새겨졌고, 무게는 약 27.07그램이며, 순도는 90% 정도였다. 미국 달러의 기원이 된 화폐라고 평가돼 '스페인 달러'라고 부르기도 한다.

포토시 은광 이후 멕시코, 볼리비아 등 다른 지역에서도 은광이 발견돼 스페인은 국제 금융과 무역 활성화로 엄청난 경제적 이익을 얻었다. 하지만 식민지 원주민들의 희생은 가중됐다. 포토시에서는 원주민들을 강제 노동에 동원해 은을 채굴했는데 열악한 노동 조건과 수은 중독 등의 질병으로 헤아릴 수 없을 만큼 많은 사람이 사망했던 것이다. 원주민들이 포토시 은광을 '사람 잡아먹는 산'이라고 부를 정도였다.

포토시 외에 멕시코의 사카테카스, 페루의 세로 드 파스코 등에서 대규모 은광이 발굴되어 스페인은 유럽 전체 은 생산량의 80% 이상을 차지하게 됐다. 그런데 막대한 규모의 스페인 은이 흘러 들어가는 곳마다 물가 폭등이라는 문제가 발생했다. 특히 중국의 피해가 컸다.

스페인과 중국의 무역 불균형은 매우 심각했다. 스페인은 엄청난 규모의 은을 중국으로 가져가서 차, 도자기, 비단 등 유럽에서 판매할 물건들을 사들였다. 반면 중국은 스페인을 통해 구매할 물건이 별로 없었다. 중국 내에서 유럽 제품에 대한 수요가 상대적으로 적었기 때문이다. 표면적으로 스페인은 대중국 무역에서 적자 규모가 점차 커졌다. 스페인은 대규모 은을 중국에 지불 수단으로 사용하여 무역적자를 계속 메울 수밖에 없었다. 그럴수록 더 많은 은이 중국으로 들어갔다. 중국은 수출이 늘어서 막대한 은을 벌어들였지만, 넘치는 은의 일부를 수입을 통해 다시 내보내지는 못했다. 스페인과의 무역에서 막대한 규모의 매출을 올리면서 대규모 은이 유입됐고, 단기적으로 이는 내수 경제의 일부 부문에서 현금흐름을 증가시켜 경제 발전을 촉진했다. 하지만 중국은 은을 화폐로 사용했기 때문에 장기적으로는 물가 상승이라는 경제 폭탄을 맞게 됐다.

설상가상으로, 16세기에는 일본에서도 이와미 은광 등 대규모 은광이 발견됐다. 당시 일본에는 은 제련 기술이 없었기에 일본인들은 은광석 덩어리를 배에 싣고 조선으로 건너와서 제련해 갔다. 일본 역사에서도 '은의 시대'라고 불릴 만큼 막대한 양의 은이 시장에 흘러나오기 시작한 시기는 1533년 이후다. 일본 하카타의 거상 가미야神屋는 조선에서 은 제련 기술자를 초청하여 납(연)과 은을 분리해서 추출하는 '연은 분리법'을 배운다.

과거에는 은광석에서 은을 추출할 때 '파티오patio 공법'이라는 기술을 사용했다. 채굴한 은광석을 넓은 평지에 잔뜩 부어놓고, 그 위에 수은을 뿌린 뒤 사람이 밟거나 노새 등이 뛰어다니게 하면 수은에 은이 녹아서 분리되는 방식이다. 간단하다는 장점이 있지만, 사람이나 노새 등이 수은 중독으로 죽어 나간다.

새로 개발된 연은 분리법은 원리가 간단하고 좀 더 안전했다. 원리는 납과 은의 녹는점 차이를 이용하는 것이다. 은광석에는 납과 은이 섞여 있는데, 납의 녹는점은 327°C로 은의 녹는점 962°C보다 훨씬 낮다. 연은 분리법을 통해 은을 추출하는 과정을 단순화하면 다음과 같다. 은광석을 잘게 부순다. 분쇄된 광석을 용광로에 넣고 녹이면, 납이 먼저 녹아 액체 상태가 되고 은은 고체 상태로 남아 분리된다. 액체 상태의 납을 제거하고 남은 은을 정제하면 순수한 은을 얻는다. 연은 분리법은 기존의 파티오 공법보다 추출률이 높아 경제적 효율성이 클 뿐만 아니라 제련하는 기술자들도 상대적으로 안전하다. 제련 과정도 간단하고, 저렴한 비용으로 대량 생산도 할 수 있다.

거대한 은광들과 최신식 제련술이 결합하자, 일본은 은을 연간 200톤씩 수출하면서 단번에 세계 은 생산량의 3분의 1을 담당하며 은 수출 2위 국가로 부상했다. 일본은 막대한 은을 가지고 중국에서 비단, 도자기 등을 더 많이 사들였다. 대규모 은 생산은 일본 내에서 상업과 농업의 발전을 촉진했다. 특히 사무라이(무사)와 다이묘(영주)들의 재정적 기반을 강화했다. 얼마 가지 않아 중국 정부는 중국 남쪽 해양 세력이 왜구와 손잡고 힘을 키울 것을 염려해서 일본과의 은 무역을 엄격하게 통제하기 시작했다. 그러자 일본은 유럽으로 시선을 돌려 스페인, 네덜란드의 상인들과 거래했다. 일본이 자국에서 채굴된 은으로 스페인과 포르투갈에서 무기를 구매하면, 이들은 그 은으로 중국에서 상품을 구입했다. 중국에는 그만큼 은이 늘어났다.

중국만이 아니라 인도를 비롯한 몇몇 아시아 국가는 막대한 규모의 은이 밀려들면서 화폐 가치 하락을 피할 수 없었다. 주요 물품들을 스페인이 유럽으로 죄다 가져가는 바람에 물건은 부족하고 돈은 넘쳐나면서 물가가 지독하게 상승했다. 주택을 포함해 식량과 의류 등 생필품 가격이 급등했다. 당시 중국을 비롯한 유럽 식민지 내에서 스페인의 은화 가치는 최대 12분의 1까지 하락했다. 중국 내에서 평상시 은:금 가격은 1:10을 유지했지만, 은 가치가 폭락하면서 1:83까지 기록하기도 했다. 유럽의 물가도 상승했지만, 식민지 내에서 발생하는 인플레이션 심화와는 비교할 바가 못 됐다. 물가 상승은 스페인과 식민지, 스페인과 유럽의 다른 국가 간 빈부격차를 심화했다. 스페인 은광 소유자와 상인들은 막대한 부를 축적했지만 대부분 사람은 생활고에 시달렸고, 심각한 물가 상승은 사회 불안을 야기했다. 노동자들은 임금 인상을 요구하며 파업을 벌였고, 폭동이 빈번하게 발생했다.

이미 경제적으로 큰 이득을 거두고 있음에도 스페인 제국의 욕심은 끝이 없었다. 1571년 10월 7일, 스페인의 함대는 레판토 해전Battle of Lepanto에서 오스만 제국 함대를 격파했다. 레판토 해전은 스페인이 중심이 되어 신성 동맹(베네치아, 교황령 등이 포함된 기독교 연합) 함대와 오스만 제국 주력 함대 사이에 벌어진 대규모 해상 전투다. 지중해에서 오스만 제국의 해상 패권을 저지하여 유럽의 국가들이 해상 무역과 군사 이동의 자유를 확보하느냐 마느냐가 달린 중요한 전투였다. 하지만 속내를 들여다보면 이 전투는 스페인의 은광 이권과 연관성이 깊다. 당시 오스만 제국은 지중해를 장악하여 유럽 국가들의 은 유통을 방해하려 했다. 스페인은 1545년 페루와 멕시코에서 대규모 은광이 발견된 이후, 은을 안전하게 운반해 올 해상 수송로 확보가 절실했다. 막대한 양의 은을 싣고 드넓은 바다를 건너 스페인 본국까지 오는 길목에는 해적들과 오스만 제국 함대들의 위협이 상존했다. 스페인은 해상 무역권을 장악하고 오스만 제국을 견제하기 위해 동맹국들을 끌어들여 레판토•에서 전면전을 치르게 된다.

1571년 10월 7일, 레판토섬 앞에 스페인-베네치아 연합 함대와 오스만 제국의 대규모 함대가 함포·총·활로 무장한 채 긴박하게 대치했다. 스페인-베네치아 연합 함대는 함선 수 200척, 병력 약 6만 명 규모였다. 오스만 제국 함대는 함선 230~250척, 병력 약 7만 5,000명

• 레판토섬은 그리스 서부 해안의 작은 섬으로 이오니아해와 코린트만 사이에 있으며, 해변과 올리브 나무 밭으로 유명하다. 길이 약 30킬로미터에 너비 약 10킬로미터이며, 인구는 1만 명 정도다.

이었다. 스페인-베네치아 연합 함대 사령관은 돈 후안 데 아우스트리아Don Juan de Austria였고, 오스만 제국 함대 사령관은 알리 파샤Ali Pasha였다. 전투가 시작되자 돈 후안이 이끄는 스페인 함대가 오스만 제국 함대의 중심 돌파를 시도했다. 동시에 베네치아 함대가 오스만 제국 함대의 측면에 소나기처럼 함포를 집중했다. 오스만 함대도 맞대응을 했다. 하지만 오스만의 주력 함대인 갤리어트는 스페인의 갤리선보다 화력이 약했다.

오스만 제국의 갤리어트는 스페인의 갤리선보다 크고 무거운 데다 병력도 많이 실었기 때문에 근접 전투가 벌어질 때는 속도와 회전성, 기동성이 현저히 떨어졌다. 게다가 노의 수도 적었다. 반면 스페인은 무역 독점으로 얻은 막대한 부로 최신식 군함으로 중무장하고 있었다. 스페인의 갤리선은 오스만 제국의 갤리어트보다 작아서 병력은 적게 탑승했지만 단단하고 높이가 낮았다. 그만큼 무게를 줄일 수 있어서 움직임이 빨랐다. 스페인의 갤리선은 노의 수가 많고 3명의 노잡이가 1개의 노를 젓는 방식으로, 노의 수가 적고 5명의 노잡이가 1개의 노를 젓는 방식을 사용하는 오스만의 갤리어트보다 효율적이었다. 또한 오스만 제국의 주력 함대보다 더 큰 포탑을 더 많이 탑재하여 먼 거리에서도 공격할 수 있었다. 특히 측면 개포식 대포는 동시 집중 사격을 퍼부을 수 있었다. 스페인은 오스만 제국의 함선을 멀리서 포위하고 대포와 머스킷 총 등의 화력을 집중했다. 반면 오스만 제국의 함선들은 대포를 정면 공격 위주로 배치해서 대응력이 현저히 떨어졌다. 스페인 함대는 해상전을 위한 해군 병력 체제를 만들었지만, 오스만 함대는 대규모 병력을 바다를 통해 육지로 실어 날라서 육상 전투를 치르는 구식 방법에 머물러 있었던 것이다.

스페인 연합 함대의 파상공세에 오스만 제국 함대의 지휘관 알리 파샤가 전사했고, 오스만 함대의 지휘 체계는 혼란에 빠졌다. 오스만 제국의 피해는 상당했다. 병력 8,000명이 사망했으며, 50척의 함선이 침몰하고 137척이 나포됐다. 스페인-베네치아 연합 함대는 돈 후안의 지휘력과 스페인 군함의 화력 우세에 힘입어 대승을 거뒀고, 오스만 제국은 이 전투에서 대패하면서 해군력에 큰 손실을 봤다. 그 결과 지중해 해상 세력의 균형추가 스페인으로 기울면서 스페인은 은 수송로의 안전을 확보할 수 있었다.

중요한 것이 하나 더 있다. 스페인은 가장 강력한 적인 오스만 함대를 무너뜨리기 위해 '신성 동맹'이라는 외교 전술을 사용했다는 점인데, 이 동맹의 최대 수혜자는 스페인 자신이었다.

포르투갈을 한입에 집어삼켜 해상 무역을 장악하다

유럽 최고의 권력을 차지할 날을 호시탐탐 노리고 있던 스페인에 생각보다 일찍 기회가 찾아왔다. 그 기회는 천하를 호령하던 포르투갈이 유럽 패권국의 지위를 너무 허망하게 내주면서 시작됐다.

1580년, 아비스 왕조의 마지막 왕인 세바스티앙 1세Sebastião I가 모로코의 왕과 식민지 전쟁을 일으킨다. 1580년 8월 4일, 세바스티앙 1세는 알카세르 키비르 전투Battle of Alcácer Quibir에서 전사했다. 그에게 후손이 없었기에 포르투갈에서는 왕위 계승을 두고 내분이 일어났다. 그때 세바스티앙 1세의 삼촌뻘이던 스페인의 국왕 펠리페 2세가 포르투갈 왕위를 주장하고 나섰다.

펠리페 2세는 스페인의 국왕이자 신성 로마 제국의 황제였다. 그의 아버지는 신성 로마 황제 막시밀리안 1세의 손자이자 스페인 왕국 합스부르크 왕조의 시초인 카를 5세Karl V다. 펠리페 2세는 어머니 이사벨라가 포르투갈 왕 마누엘 1세의 딸이라는 점을 근거로 포르투갈 왕위 계승권을 주장했다. 해양 대국, 유럽의 강대국으로 부상한 포르투갈을 한입에 털어 넣을 절호의 기회라고 생각했다.

펠리페 2세는 1556년 아버지 카를 5세가 물러남으로써 스페인 왕위를 계승했는데, 혼인동맹을 통해 스페인 제국을 확장하는 전략을 능숙하게 구사했다. 1558년, 그는 영국 여왕 메리 1세Mary I와 결혼하여 영국 왕위에도 올랐다. 하지만 1558년 메리 여왕이 사망하자 영국 왕위를 엘리자베스 1세Elizabeth I에게 되돌려주어야 했다. 이런 전력이 있는 펠리페 2세는 왕위 계승자가 없던 포르투갈을 노렸다. 어머니 이사벨라의 혈연관계를 들먹이는 주장이 통하지 않자, 1581년 군사적 폭력을 사용하여 포르투갈 왕위에 강제로 올랐다. 그리고 포르투갈을 스페인 제국의 영토에 강제로 편입했다. 그래도 양심은 있었던지 포르투갈 왕이 되고 난 이후 '필리프 1세Filipe I'라는 이름을 사용했다. 그리고 포르투갈이 자체적인 법률과 통화, 정부를 유지할 수 있도록 허락했다.

이런 유화 정책에도 불구하고 반발은 쉽게 가라앉지 않았다. 포르투갈의 일부 귀족은 스페인의 지배에 반발하여 저항 운동을 펼쳤다. 1583년 7월, 펠리페 2세는 약 60척의 함선과 병력 2만 명 규모의 스페인 함대를 이끌고 포르투갈 아조레스제도의 테르세이라섬을 공격했다. 스페인 함대는 알바로 데 바산Álvaro de Bazán•이라는 당대 최고의 해군 지휘관이 맡았다. 그는 1571년 레판토 해전에서는 스페인 함대를 지휘하여 오스만 함대를 격파한 영웅 중 한 명이었다. 뛰어난 전략과 리더십으로 유명했고, 혁신적인 해상 전술을 개발해 스페인 해군을 강력한 군대로 만든 주역이었다. 반면 스페인 함대에 맞선 포르투갈 함대는 약 30척의 함선과 6,000명의 병력에 불과해 절대적으로 열세였다. 펠리페 2세가 포르투갈을 병합한 데 불만을 품은 일부 귀족의 군대였다. 포르투갈 함대는 테르세이라섬 주민들의 지지도 얻지 못해서 지정학적 불리함도 안고 있었다.

처음부터 승리는 스페인 함대로 기울어져 있었고, 스페인 함대는 테르세이라섬을 점령했다. 이 전투로 포르투갈 합병을 반대하는 잔존 세력은 완전히 와해됐다.

스페인 해군은 레판토 전투에 이어 테르세이라섬 전투에서도 승리함으로써 '무적함대'라는 칭호를 얻는다. 하지만 모든 걸 얻기만 한

• 알바로 데 바산은 1526년 스페인 귀족 가문에서 태어났다. 1540년대에 신성 로마 제국의 황제 카를 5세 휘하에서 군 생활을 시작했고, 1560년대에는 지중해에서 활동하는 오스만 제국 함대를 비롯한 수많은 해적과 싸워 승리했다.

건 아니다. 포르투갈 함대가 배수진을 치고 강력하게 저항하는 바람에 전투는 이틀 동안이나 치열하게 진행됐다. 스페인 함대가 승리하기는 했지만, 사생결단을 하고 덤벼드는 포르투갈 함대를 제압하는 과정에서 많은 함선과 병력을 잃었다. 이는 이후 영국과의 전쟁에서 불리하게 작용하는 나비 효과를 낳는다.

대항해 시대 이후 무역에서는 육로보다 해로가 우선시됐다. 신항로 개척과 원거리 항해 기술의 발전으로, 육지가 비포장도로라면 바다는 고속도로와 같은 역할을 하기 시작했다. 육지 무역로는 24시간 이동할 수 없다. 가다 쉬다를 반복해야 한다. 반면 바다는 24시간 쉬지 않고 대량의 화물과 사람을 실어 나를 수 있다. 그래서 바닷길을 잡고 잘 활용하는 개인·집단·국가가 부를 얻고 권력을 장악하는 데 매우 유리한 고지를 선점하게 된다. 물류의 규모가 커지고 이동 속도가 빨라지면, 자연스럽게 화폐의 유통 속도도 빨라진다. 유통 속도가 빨라지면, 화폐의 영향력은 그만큼 커진다. 이런 과정을 통해 자연스럽게 제1 기축통화가 부상한다. 앞으로 인류가 우주에 사람을 보내고 하늘에 더 크고 빠른 비행기를 띄워도, 바닷길을 장악하는 것은 여전히 최고 우선순위가 될 것이다.

근현대
패권 획득의 정석

스페인은 고도화된 무역 약탈로 경제를 발전시켰고, 강력해진 경제력으로 군사적 폭력의 규모와 잔인함을 키워 결정적인 순간에 포르투갈을 한입에 집어삼켰다. 그리고 국제적으로 인정받기 위해 온갖 정치적 술수를 발휘했다. 자국의 이익을 극대화하기 위해 동맹국의 힘도 사용했다. 나는 이 과정에서 근현대의 샤한샤 자리에 오르는 정형화된 패턴 또는 정석이 만들어졌다고 평가한다.

테르세이라섬 전투를 끝으로, 대항해 시대의 첫 번째 해양 제국 포르투갈과 이베리아반도의 강대국 스페인의 합병이 마무리됐다. 포르투갈은 너무나 허무하게 무너졌고, 스페인은 거대한 패권국가를 한입에 집어삼켰다. 단숨에 포르투갈을 집어삼킨 펠리페 2세는 앉은자리에서 아메리카, 아프리카, 아시아에 걸쳐 광대한 영토를 지배하는 샤한샤의 지위에 올랐다. 하지만 인간의 욕망은 끝이 없다. 그의 눈에는 한순간에 거대해진 제국의 영토보다는 아직도 정복하지 못한 나라, 아직도 더 많은 것을 약탈할 수 있는 나라만 보였다. 그러나 욕망과 달리 16세기 후반 스페인은 무적함대 파괴 등의 사건을 겪으며 쇠퇴의 길로 들어선다.

욕심이 지나치면 독이 된다. 스페인의 욕심은 다른 나라들의 반발을 불러일으켰다. 하지만 욕하면서 배운다는 말이 있다. 특히 네덜란드와 영국 등의 신흥 해양 국가들은 스페인의 무역 약탈에 맞서기 위해 적극적으로 해상 무역을 발전시키는 과정에서 스페인의 경제적 악행과 교묘한 약탈 수법을 답습했다. 그리고 훗날 영국은 스페인이 만든 패권 획득 방법의 정석을 따라 스페인을 누르고 글로벌 최고 권력 국가의 자리에 오른다.

스페인과 경쟁하기로 마음먹고 힘을 기르기 시작한 북해의 영국, 네덜란드 등은 포르투갈과 스페인 양국이 맺은 토르데시야스 조약도 하나씩 무시했다. 1588년, 영국은 국제 해상 무역로를 장악했던 스페인의 무적함대를 무너뜨리고 유럽의 새로운 강대국으로 부상했다. 그리고 스페인과 포르투갈이 획득한 식민지 영토와 이권에 도전해 몇 번의 전쟁을 치르면서 상당 부분을 빼앗았다.

영국의 욕심은 포르투갈이나 스페인을 능가했다. 심지어 중국(청나라)에서 도자기와 비단을 사 올 때 지불하는 은조차도 아까워했다. 그래서 중국에서 기술자들을 끌고 와 도자기와 비단을 직접 생산했다. 하지만 영국은 유럽인들이 좋아하는 중국의 차를 수입하기 위해 막대한 양의 은화를 중국에 지불해야 했다. 중국은 영국에 차 1근을 팔아서 은 13~15냥의 이윤을 남겼다. 당시 은 1냥은 서민의 한 달 생활비였다. 1834년, 중국 광저우 최고 무역상이었던 오병감伍秉鑑(당시 대외무역을 중개하던 13행 중 하나인 이화행怡和行의 주인)은 1,782만 은원銀元의 자산을 가지고 있었다. 중국 1년 국가 재정 수입의 절반에 해당했고, 같은 시기 미국 최고 부자보다 4~5배 많았다.[25]

영국은 중국에 엄청나게 쌓여가는 은도 모조리 빼앗기로 작정하고, 중국을 무너뜨리기 위해 새로운 전략을 고안했다. 바로, 아편이었다. 영국의 치밀한 전략으로 중국 광저우에서만 수십만 명의 아편 중독자가 생겨났다. 중국 황제는 임칙서林則徐를 광저우로 파견해서 아편 근절을 시도했다. 임칙서는 아편 밀수 거래를 엄벌하고 영국 상인이 가진 아편 2만 상자를 빼앗아 바다에 던져버렸다. 양이 얼마나 많았던지, 바다에 버리는 데만 24일이 걸렸다고 한다.

놀랍게도 이 역시 영국의 함정이었다. 1839년, 광저우 앞바다에서 영국 상선 2척과 29척의 중국 함대 사이에 전투가 벌어졌다. 그 유명한 '아편전쟁'이다. 중국 해군은 영국의 배가 2척에 불과하고 그것도 상선이라고 얕잡아 보았다. 하지만 전투가 시작되고 얼마 가지 않아 상황의 심각성을 알아차렸다. 영국의 상선은 일반 상선이 아니라 강력한 전투 능력을 갖추고 있었다. 중국 함대 26척은 모두 침몰했다. 동인도회사가 직접 개발한 영국 상선 네메시스호는 선체는 철로 둘러싸였고, 증기기관과 강력한 함포로 무장했다. 반면 중국 함대는 목선이었고, 돛과 구식 대포밖에 갖추지 못했다. 이후 영국은 3년 간의 전쟁을 치르며 중국을 무역 식민지로 만드는 데 성공했다.[26]

영국의 욕심은 인도에도 뻗쳤다. 영국은 인도산 면직물의 국제 무역을 독점하고 싶어 했다. 이제 불공정 무역도 아까웠고 거의 공짜를 원했다. 영국은 무력을 동원해 인도를 식민지로 삼았다. 인도 내에서 조세 징수권을 발동하여 막대한 세금을 징수하고, 그 돈으로 인도 면화를 사서 영국으로 보내는 방식을 고안했다. 놀라운 발상이었다. 영국의 욕심은 이 정도로 충족되지 않았다. 인도에서 거의 공짜로 빼앗아 온 면화로 인도 면직물을 모방하는 기술을 개발하는 데 골몰했다.

그리고 마침내 면직물을 대량으로 직조하는 기술을 개발해냈다. 하지만 부족한 것이 있었다. 생산성이다. 때마침 영국에서 석탄을 사용해 동력을 발생시키는 증기기관이 발명됐다. 영국은 이 신기술을 이용해서 자국 내 면직물 생산성을 40배 높여서 세계 최고의 면직물 수출국으로 도약했다. 사실 영국의 산업혁명도 이 같은 약탈 무역의 기반 위에서 이룩한 성과였다. 산업혁명 초기 영국은 국가 수입의 7%를 산업화에 투자했는데, 그중 80~85%가 식민지에서 착취한 부였다.

영국은 면직물 국제 무역을 완전히 장악하기 위해 경쟁자들도 모두 제거했다. 인도의 면직물 생산기지였던 벵골에 있는 모든 방직기를 부수고, 인도인 면직 기술자들의 엄지손가락을 잘라버렸다. 인도 내의 면직물 시장도 장악했다. 인도는 면화를 재배하는 농장으로 전락했다. 인도산 면직물 수출에는 72~100%까지 관세도 붙였다. 반면 영국산 면직물을 인도에 수출할 때는 0~2.5%의 관세만 부과했다. 인도인도 인도산 면직물을 구매하지 않았다. 영국에 면직물 산업을 송두리째 빼앗긴 인도의 경제는 추락하고 말았다(1840년 전 세계 GDP의 24.5%를 차지했던 인도 경제는 영국에서 독립하던 1952년에는 3.8%로 쪼그라들었다). 영국은 식민지에서 빼앗아 온 설탕·면화·은·아편 등으로 부국의 기틀을 마련했고, 이를 기반으로 군사력을 키워 20세기까지 세계 최고의 패권국가 지위를 유지했다.

이처럼 영국은 스페인이 만든 정석을 그대로 따라 했다. 아니, 더 발전시켰다. 영국과 네덜란드는 해상 무역과 거점 확보를 총괄하는 동인도회사라는 회사를 세워서 경제적 약탈의 수준을 최고로 높이는 새로운 방식을 개발했다.

권력 중의 권력, 샤한샤는 절대로 둘일 수 없다. 얼마 못 가서 영국과 네덜란드는 신시장을 두고 최후의 승자를 가리는 영란전쟁을 벌인다. 영국은 아프리카, 남아시아, 북아메리카 등의 이권을 두고 프랑스와도 전쟁을 벌였다. 마지막 승자는 영국으로 확정됐고, 새로운 해상 무역로의 패권을 거머쥔 영국은 '해가 지지 않는 나라'라는 대영제국의 최전성기를 맞이한다.

2개의 전쟁을 동시에 치르다가 몰락의 길로 들어선 국가들

스페인의 패권이 무너질 무렵에 일어난 일들을 간단히 정리해보겠다. 스페인의 포르투갈 병합은 유럽의 정치적 균형에 영향을 미쳤다. 스페인의 영향력이 커지면서 프랑스, 영국 등 유럽의 다른 나라들은 스페인에 강한 경쟁의식을 갖게 됐다. 스페인의 펠리페 2세는 네덜란드의 독립전쟁(1568~1648)을 진압하려 했지만 실패했고, 이 전쟁이 스페인 제국의 쇠퇴를 가속화했다. 그 와중에 스페인 무적함대가 영국 함대에 패배하는 등 어려움을 겪었다. 결정타는 포르투갈의 재독립이었다. 스페인은 포르투갈을 60년 동안이나 지배했지만, 내부 불만을 잠재우는 데 실패했다. 포르투갈의 귀족, 상인, 일반 국민들 사이에서 스페인의 과도한 세금 부과, 상업 정책, 군사적 참여 요구에 대한 불만이 끊이지 않았다.

경제적 약탈도 언젠가는 반드시 대가를 치르게 되어 있다. 1640년 포르투갈의 '복원전쟁Restoration War'이 발발했고, 독립을 위한 이 전쟁은 1668년까지 이어졌다. 1640년 12월 1일, 리스본에서 브라간사의 공작Duke of Braganza을 지지하는 귀족들이 스페인 지배에 반기를 들고 반란을 일으켰다. 반란이 성공해 귀족들은 공작을 포르투갈의 왕으로 추대했으며, 그는 후에 주앙 4세João IV로 기록된다. 이 승리는 포르투갈에는 독립전쟁의 시작을 알리는 신호탄이었고, 스페인에는 막대한 국력을 소모하게 되는 장기적 악몽의 서막이었다.

브라간사의 공작을 지지하는 귀족들은 리스본의 주요 거점을 빠르게 장악하고 스페인 지배자들을 체포하거나 추방했다. 이 사건은 큰 피해 없이 신속히 진행되어 포르투갈 인민 사이에서 널리 지지를 받았고, 이후 포르투갈 전역으로 독립의 불길이 퍼져나가는 데 동력이 됐다. 포르투갈 왕 주앙 4세는 독립을 국제적으로 인정받기 위해 활발한 외교 활동을 펼쳤고, 28년 가까이 이어진 전쟁으로 스페인은 막대한 국력을 소모했다.

당시 스페인은 네덜란드와 팔십년전쟁(1568~1648)을 치르면서 상당한 국력을 소모한 상태였다. 가톨릭의 수호자를 자칭하던 필리페 2세는 종교 개혁을 통해 탄생한 개신교를 믿던 네덜란드와 심각한 갈등을 빚었다. 높은 세금, 종교적 박해, 그리고 외국 통치자에 대한 반감이 결합하여 네덜란드에서 반란의 기운이 점차 강해졌다. 그리고 1568년 네덜란드 윌리엄 오렌지William of Orange 공작이 이끄는 소규모 군대가 스페인에 대항하여 반란을 시작했다. 초기에는 큰 성공을 거두지 못했지만, 시간이 갈수록 네덜란드 곳곳에서 동참하는 세력이 나타났다. 휴전과 전투가 장기간 반복되면서 스페인은 네덜란드 북부에서부터 통제력을 잃기 시작했다. 1579년, 네덜란드 북부 지방 세력이 위트레흐트 동맹Union of Utrecht을 통해 연합을 결성하면서 네덜란드 독립을 성공시킬 굳건한 기반이 마련됐다. 이렇게 네덜란드와 장기 전쟁을 치르는 와중에 포르투갈의 독립전쟁이 터진 것이다. 스페인은 2개의 전쟁을 동시에 수행해야 하는 최악의 상황에 빠졌다. 하지만 만약 두 전쟁에서 모두 이겼다면 얘기가 달라졌을 것이다.

프랑스, 영국과 같은 유럽의 다른 나라들은 스페인의 힘을 약화할 절호의 기회라고 생각하고 포르투갈과 네덜란드의 독립을 적극적으로 지지했다. 포르투갈과 네덜란드 양국도 이들 국가와 동맹을 구축하거나 우호 관계를 형성하여 국제적인 지지를 확보했다. 결국 스페인은 2개의 전쟁을 동시에 수행하는 데 실패했다. 1648년, 뮌스터 조약Treaty of Münster이 체결됨으로써 네덜란드는 독립에 성공했다. 1668년, 포르투갈도 리스본 조약Treaty of Lisbon을 통해 공식적으로 독립을 인정받았다.

이 2개의 전쟁으로 17세기 유럽 국가들 사이의 권력 균형에 중요한 변화가 발생했다. 스페인은 막대한 국력을 소모하며 대응했지만, 결국 네덜란드와 포르투갈을 모두 잃게 됐다. 전쟁에서 패했기 때문에 소모된 국력을 보상받을 곳이 없었다. 특히 포르투갈의 독립이 결정타였다. 포르투갈 합병이 스페인을 단숨에 샤한샤의 자리에 올려놓았듯, 포르투갈의 독립은 스페인이 패권을 상실하는 데 급격한 전환점이 됐다. 그래서 쇠퇴의 길을 막을 수 없었다. 스페인의 절대패권은 급속하게 무너졌다. 설상가상으로, 독립한 포르투갈이 네덜란드 및 영국과의 경쟁에서 패배해 그들의 영향 아래로 넘어가면서 스페인의 절대권력에 도전하는 국가들의 힘만 키워주었다.

현재 글로벌 패권국가는 미국이다. 하지만 미국은 2개의 전쟁을 동시에 수행하는 상황을 피하려고 노력 중이다. 이 책을 여기까지 읽어온 당신은 그 이유를 충분히 알 것이다. 중국 왕조 중 엄청난 부국이자 군사적 강대국이었던 명나라도 2~3개의 전쟁을 동시에 치르다가 몰락의 길을 걸었다.

만력제 시절, 명나라의 1년 세수는 은 400만 냥가량이었다. 그런데 조선의 임진왜란에 군대를 파병하고 최소 780만 냥에서 최대 2,000만 냥의 은을 소진했다. 그 직전에 서북쪽 보바이哱拜의 난을 진압하면서 이미 180만 냥의 은을 소진하고 상당 규모의 병력을 잃은 상태였다. 임진왜란 직후에는 곧바로 먀오족苗族 양응룡楊應龍의 난을 진압해야 하는 상황에 빠지면서 은 200만 냥을 추가로 소진했다. 명나라는 평소에도 북쪽을 방어하고 남쪽의 일본 해적을 막는 데 은을 많이 사용했다. 본래 중국 왕조의 정부들은 국경 지역의 오랑캐를 막는 데 해당 지역의 실력자들에게 은을 주어서 국방을 대신하게 했다. 말 잘 듣는 오랑캐로 말 안 듣는 오랑캐를 제어하는 이이제이以夷制夷 전략이다. 명나라는 이렇게 임진왜란 전후로 3개의 전쟁을 수행하면서 국고를 소진했고, 시중에는 돈이 메말라서 디플레이션이 발생했다. 이런 상황에서 농민이 주축이 된 이자성李自成의 난이 일어났고, 이이제이 전략의 대가로 교역권을 받았던 북방 경계 토호들(만주족)도 막대한 은을 축적하여 국력을 키워 명을 대항해서 전쟁을 일으켰다. 그 결과 명나라는 임진왜란 발발 50년 만에 멸망했고, 만주족의 청나라가 들어섰다.

지금까지 설명한 권력의 역사를 이해한다면, 미국이 '중동과 중국' 또는 '러시아와 중국'이라는 2개의 전쟁을 동시에 수행하는 것을 얼마나 두려워하는지 충분히 통찰할 수 있을 것이다. 미국은 평상시에도 국방비로 연간 1,000조 원을 지출한다. 무력 전쟁은 '쩐의 전쟁'이다. 경제가 어려워지면 군사력도 약해진다. 2개의 전쟁이 동시에 터지고, 막대한 비용을 지출한 전쟁에서 모두 패하면 그것으로 끝장이다. 그래서 미국은 러시아-우크라이나 전쟁에 절대로 직접 개입하지 않는다. 미국 입장에서는 중국과 전면전을 벌여서도 안 된다. 이스라엘과 하마스의 전쟁이 중동전쟁으로 확대돼선 안 된다. 확전이 되더라도, 절대로 직접 개입하면 안 된다. 베트남전쟁 때처럼, 직접 수행해선 안 된다. 전쟁은 언제나 대리전으로 치러야 한다. 약세에 있는 국가와의 전쟁이라도 장기전으로 끌고 가선 안 된다. 아프가니스탄전쟁에서 외교적 신뢰가 추락하는 걸 감수하고도 미국이 철수한 이유다.

미국이 북한을 만만히 보지 못하는 이유도 같다. 한반도 북쪽 지형은 아프가니스탄만큼이나 게릴라전에 유리하다. 북한은 핵무기도 30발이나 가지고 있다. 김정은이 똬리를 틀고 있는 평양은 지하가 하마스의 가자지구 지하 미로보다 복잡하고 정교하고 단단하다. 김정은을 놓치는 순간, 한국·일본·미국은 핵 폭격을 피할 수 없다. 막대한 경제력 소모가 일어나고, 결국 스페인 몰락의 전철을 밟게 된다.

AMERIQU
CANADA
NOUVEAU MEXIQUE
SEPTENTRIO-
FLORIDE
NALE
Golfe de Mexique
Mexique
MEXIQUE
Havane
Cuba
PASS
FIQUE
CANCER
LIPTIQUE
MER DE SUD
Cartagene
TERRE FERM
220 230 240 250 260 270 280 290 300 310
GNE EQUINOCTIAL QUI DIVISE LE GLOBE EN
NAL ET MERIDIONALE ET PASSE PAR LE
LA ZONE TORRIDE
PÉROU
Lima
PROVINC
AMER
AMAZON
MER
DE CAPRICORNE
DU SUD, OU
CHILI
Imperial
PAR
RANDE MER PACIFIQUE

3장

패권의 법칙

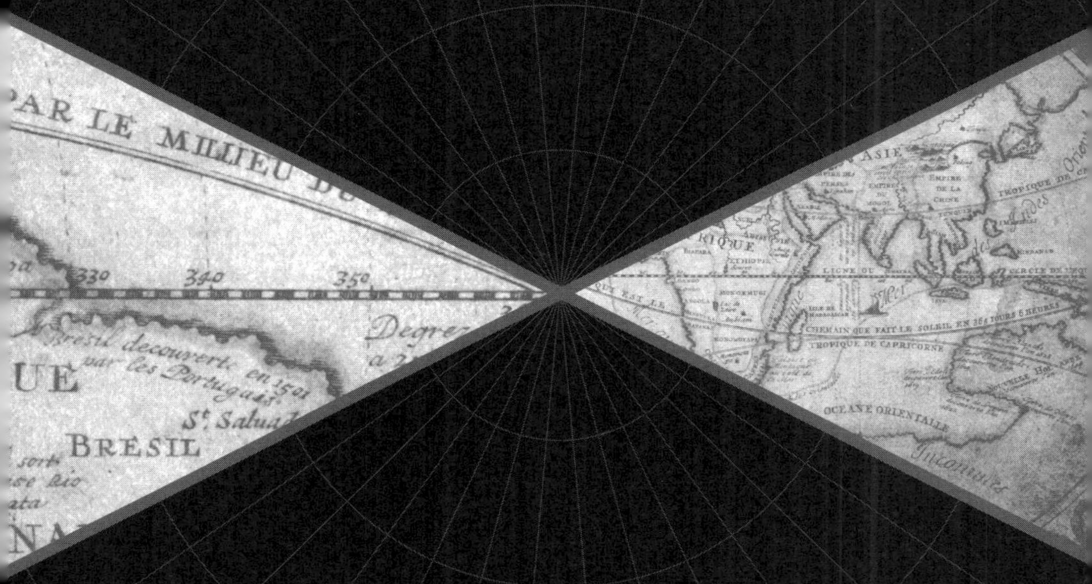
PAR LE MILIEU DU
330
340
350
Bresil decouverte en 1501 par les Portugais
BRESIL
CHEMAIN QUE FAIT LE SOLEIL EN 36 1/2 JOURS 6 HEURES
TROPIQUE DE CAPRICORNE
OCEANE ORIENTALLE
EMPIRE DE LA CHINE

21세기 절대 권력을 둘러싼 전쟁

앞서 설명한 것처럼, 폭력이 화폐의 힘과 결합하면 어떤 위력을 발휘하는지를 최초로 깨달은 인물이 페르시아 제국의 다리우스 대왕이다. 하지만 그조차도 화폐 시스템을 표준화하면 강한 군사력과 샤한샤의 지위를 유지하는 데 매우 유용하다는 정도만 알았다. 즉 제국의 무역과 상업 활동을 촉진할 수 있고, 국가 권력과 영향력을 제국 구석구석에 확산시키는 데 효과적이라고만 생각한 것이다. 다리우스 대왕은 화폐 발행권을 정부가 독점하면 황제의 정치적 권위를 강화할 수 있고, 샤한샤 지위를 지속 가능하게 해주는 강력한 군사력을 유지하는 데 용이하다는 정도로만 알았다.

로마 제국, 대항해 시대의 포르투갈·스페인·네덜란드도 이런 수준의 이해에서 벗어나지 못했다. 화폐에 대한 다리우스의 생각을 정교하게 발전시키는 수준에 머물렀을 뿐이다. 산업혁명으로 19세기부터 20세기 초까지 세계에서 가장 강력한 권력 국가의 자리에 있었던 대영제국조차도 자국의 화폐가 군사적 폭력을 능가하는 힘을 가진 엄청난 무기가 될 수 있다는 사실을 깨닫지 못했다. 이 놀라운 잠재력에 최초로 눈을 뜨고, 실제로 그 힘을 적극적으로 구사하기 시작한 나라가 미국이다. 하지만 미국도 1980년대 이전까지는 화폐가 군사적 폭력을 뛰어넘는 위대한 무기라는 사실을 몰랐다. 그 대신 무역을 약탈의 수단에서 '공격용 무기'로 변신시키는 데 성공했다.

화폐의 힘에 눈뜬 미국

20~21세기 절대 권력의 지위를 누리고 있는 미국이 어떻게 국제무대에 등장하게 됐는지를 간단히 살펴보자. 17~18세기, 유럽 국가들은 북아메리카 지역에서 식민지 확보 경쟁을 벌였다. 프랑스와 영국을 비롯한 몇몇 나라가 인디언과의 전쟁에서 승리하고 북아메리카 대륙을 지배했다. 하지만 원주민을 몰아내고 신대륙에 성공적으로 정착한 유럽 이주민들도 본국에서 거둬들이는 높은 세금과 강압적 통제에 점점 불만이 커졌다. 이에 1776년 〈독립선언서〉를 발표하고 독립전쟁을 시작해 8년간 전쟁을 이어갔다.

1783년, 미국 이주민들은 파리 조약Treaties of Paris 체결로 영국으로부터의 독립을 승인받고 자주국가 수립에 성공했다. 1787년, 이들은 연방 헌법 제정과 민주주의 정치 체제를 구축했다. 19세기에 접어들면서 미국 이주민들은 프랑스의 나폴레옹에게 1,500만 달러를 지불하고 루이지애나를 매입(1803)한 것을 시작으로 서부 개척(1803~1900)을 진행하면서 풍부한 자원과 영토를 확보하고, 철도 건설과 산업 혁명을 일으켜 경제 성장의 계기를 마련했다.

이렇게 힘을 키우던 미국에 마침내 세계 강대국으로 도약할 기회가 왔다. 1868년 10월 10일, 쿠바에서 카를로스 마누엘 드 세스페데스Carlos Manuel de Céspedes가 이끄는 세력이 스페인으로부터의 독립을 부르짖으며 전쟁을 일으켰다.

사실 쿠바의 대스페인 독립전쟁은 1808년에 시작됐다. 1808년, 스페인은 본토에서 나폴레옹의 침공을 받았다. 이때를 틈타 라틴아메리카의 스페인 식민지 곳곳에서 독립운동이 일어났다. 스페인 본국이 약화돼 식민지와의 연락이 두절된 기회를 틈탄 봉기들이었다. 쿠바도 마찬가지였다. 1808년 7월 24일, 쿠바 출신 크리올로criollo(스페인계 백인 후손) 일부가 자치정부 수립을 목표로 쿠바 하바나에서 반란을 일으켰다. 이들은 1808년 8월 12일 쿠바 자치정부 설립을 선언했지만 오래가지 못했다. 1809년 스페인 군대가 반란 진압에 나섰고, 1810년에 쿠바 자치정부는 해체되고 만다.

이후에도 쿠바에서는 몇 차례 반란이 일어났지만 본격적인 대스페인 독립전쟁은 1868년 10월 10일에 시작됐다. 이 전쟁은 1878년까지 약 10년간 지속돼 '십년전쟁'이라고도 불린다. 1878년 2월 10일, 쿠바의 잔혼 지역에서 쿠바와 스페인 간의 평화 조약이 체결된다. 이른바 '잔혼 평화 조약Pacto del Zanjón'이다. 이 조약으로 스페인은 쿠바인에게 스페인 시민권을 부여하고, 자치정부 설립도 약속한다. 완전한 독립은 아니고 자치권에 그쳤지만, 당시로서는 큰 성과였다. 하지만 스페인은 약속을 이행하지 않았다. 1895년, 쿠바 독립의 국민적 영웅 호세 마르티José Martí가 쿠바혁명당Partido Revolucionario Cubano을 설립하고 독립전쟁을 재개한다. 이때 미국이 개입했다.

초기에는 미국도 중립을 선언했다. 하지만 미국 내에서 쿠바 독립 운동 지지 여론이 높아지면서 상황이 점차 바뀌었고, 그 와중에 결정적인 사건 하나가 발생한다. 1898년 2월 15일, 미국 군함 메인호가 쿠바의 아바나 항구에서 원인불명의 폭발로 침몰한 것이다. 이 사건을 계기로 미국 내에서 스페인에 대한 적대감이 고조됐고, 결국 1898년 4월 25일 미국은 쿠바 독립을 지원한다는 명분으로 스페인의 식민 지배에 군사적 개입을 시작했다. 이미 국력이 기운 스페인은 떠오르는 군사 강대국 미국의 적수가 되지 못했다.

1898년 7월 3일, 미국 보병도 산티아고 데 쿠바 전투Battle of Santiago de Cuba에서 스페인 군대를 격파했다. 미국은 여세를 몰아 산티아고 항구에서 스페인 카리브해 함대를 완전히 포위했다. 그 유명한 '산티아고 해전'이다. 7월 3일, 스페인 함대 사령관 파스쿠알 세르베라 이 토페테Pascual Cervera y Topete는 포위망을 돌파하려 시도했지만, 사령관 윌리엄 샘슨William Sampson과 윈필드 스콧 슐레이Winfield Scott Schley가 지휘하는 미 해군에 발각되어 대패하고 말았다. 그리고 7월 17일 오전, 남은 함대들이 도망을 시도했지만 미 해군의 대규모 포격을 받자 곧바로 항복했다. 이 전투에서 미 해군은 단 한 명의 사상자도 없었고, 스페인 함대는 함선 8척이 침몰하고 1,700여 명의 사상자가 발생했다. 결국 스페인 함대의 세르베라 사령관은 항복했고, 미국은 카리브해 제해권을 장악한다.

1898년 12월 10일, 미국은 파리 조약The Treaty of Paris을 중재하면서 쿠바를 독립시켰다. 이때까지도 미국은 절대패권국으로 가는 기본 능력인 '군사적 폭력'만 가지고 있었다. 하지만 파리 조약을 계기로 미국은 '약탈적 무역'의 힘을 갖게 된다. 국가 간의 전쟁에서 순수한 목적은 없다. 미국은 파리 조약을 통해 쿠바를 사실상 미국의 영향력하에 잡아두고 쿠바 시장을 독점하는 데 성공했다. 동시에 스페인으로부터 푸에르토리코, 괌, 필리핀 등의 식민지를 차례로 양도받았다. 미국이 이 국가들을 독립시키지 않았으니 스페인으로부터 약탈적 무역을 인계받은 셈이다.

미국과 스페인의 전쟁은 유럽 대륙이 글로벌 패권을 상실한 반면 미국이 글로벌 패권을 장악하는 과정의 서막에 불과했다. 1914년, 유럽 대륙에서 제1차 세계대전(1914~1918)이 벌어졌다. 유럽 국가들은 전쟁으로 폐허가 됐지만, 미국은 산업혁명을 통해 폭발적으로 증가한 생산력을 사용할 계기를 맞았다. 미국은 자국 본토에 아무런 피해도 당하지 않은 채 연합국이 승리하는 데 기여하며 국제적 영향력을 확대했다. 특히 전후 워싱턴 회의(1921~1922)를 개최하고, 국제연맹 설립에 참여하면서 세계 질서를 주도할 발판을 마련했다.

그리고 1939년, 유럽에서 제2차 세계대전(1939~1945)이 벌어졌다. 대영제국을 비롯한 유럽 국가들은 제1차 세계대전 때보다 더 큰 손실을 봤다. 미국도 진주만에서 다소 피해를 봤지만, 세계 전쟁에 본격 참여하면서 군사력과 경제력을 압도적으로 강화했다. 특히 핵무기 개발에 성공함으로써 무너지기 직전인 유럽과 아시아를 히틀러와 무솔리니, 일본 군국주의의 손아귀에서 건져냈다.

그렇게 미국은 인류 역사상 최초로 유럽과 아시아 두 지역에서 동시에 '전면 전쟁'을 벌이고, 두 전쟁에서 모두 승리한 군사적 초강대국이 됐다. 1948년, 미국은 마셜 플랜Marshall Plan을 계기로 유럽 재건까지 이끌면서 전 세계 무역과 경제를 주도하고, 외교적으로도 패권국의 자리에 등극했다. 미국은 여세를 몰아 1950~1953년에 치러진 한국전쟁에서도 압도적인 군사력과 경제력을 보여주었다.

하지만 천하의 미국도 국력을 총집결한 전면전을 5년 간격으로 세 번 연속하기는 무리였다. 미국은 만만히 보았던 베트남과 1955~1975년에 치른 전쟁에서 참패했다. 이때부터 미국의 압도적 군사력에 균열이 가기 시작했다.

이 틈을 비집고, 21세기 절대 권력의 지위에 도전하는 첫 번째 국가가 등장한다. 바로 소련이다. 절대패권 국가 미국과 2인자 소련이 대결하던 시기를 '냉전 시대Cold War'라고 한다. 제2차 세계대전이 끝난 후부터 소련이 해체될 때까지 미국 및 서유럽 국가들의 동맹과 소련 블록 사이에 벌어진 적대 대결 상황을 의미한다. 초기에 미국과 소련 양국은 동유럽의 정치 체제, 원자력 관리를 두고 경쟁했으나, 1948년 미국이 마셜 플랜을 내놓고 1949년에 NATO를 결성하자, 소련도

WTO를 결성해 맞대응했다. 이로써 냉전이 군사적 폭력 경쟁으로 전환되면서 절정으로 치달았다. 다행히 냉전 시대 내내 두 진영 간의 군사적 전면전은 없었지만, 한국전쟁과 베트남전쟁에 개입하면서부터 긴장이 극도에 달했다. 냉전 시기를 거치면서 전 세계는 역사상 가장 규모가 크고 잔인한 군사적 폭력을 갖추게 됐다.

유럽 대륙을 넘어 세계를 뒤흔든 두 차례의 세계대전

소련의 모체는 러시아 제국이다. 러시아는 제국 말기에 일본과의 전쟁에서 패배하고 국내 혁명운동까지 일어나 꼴이 말이 아니었다. 그럼에도 제1차 세계대전에 뛰어들었다. 유럽 강대국으로서 위상을 유지하고, 슬라브 민족의 보호자라는 역할에 책임을 져야 한다고 생각했기 때문이다. 유럽에서 오스만 제국의 힘이 약해진 것을 기회로 삼아 발칸반도와 오스만 제국의 영토를 획득하려는 야욕을 가지고 있었고, 국내의 관심을 세계 전쟁으로 돌려 국내 혁명운동의 조짐을 잠재우려는 목적 또한 있었다. 독일이 러시아의 적국인 오스트리아-헝가리 제국과 동맹을 맺고 있어서 독일과의 전쟁을 피할 수 없게 됐다는 부수적인 이유도 있다. 하지만 이런 의도와 목표는 하나도 성공하지 못했다. 막대한 전비 소모가 뒤따르면서 국가 재정이 몰락의 길을 걸었기 때문이다. 설상가상으로, 두 차례의 국내 혁명이 연달아 발생했다.

1917년 2월에 일어난 첫 번째 혁명은 노동자들과 병사들이 중심이 되어 일어났다. 혁명의 성공으로 러시아 제국의 니콜라이 2세Nikolai II 차르(황제)가 퇴위당하고, 임시정부가 수립됐다. 러시아의 전쟁 지도력은 약화됐고, 전쟁에 대한 국민들의 지지도 감소했다. 임시정부가 전선을 이어받았으나, 전황은 더욱 나빠졌다. 임시정부도 오래가지 못했다. 1917년 3월, 러시아 제국의 붕괴를 계기로 블라디미르 레닌Vladimir Lenin이 스위스 등지의 망명 생활에서 돌아왔다. 레닌은 1917년 4월에 '4월 테제April Theses'를 발표하며 무산계급 혁명과 전제정치 타도를 주장했다. 같은 달 28일에 볼셰비키당이 휘하에 무장 세력인 '적위대Red Guards'를 구성했다. 1917년 10월 25일, 레닌은 적위대를 이끌고 임시정부를 전복하는 두 번째 혁명을 일으켰다. 그리고 여세를 몰아 11월에 세계 최초의 사회주의 독재 정부인 '인민위원회의'를 수립했다.

하지만 레닌이 이끄는 볼셰비키당의 권력은 불안정했다. 임시정부의 군대 장교, 귀족, 자본가 등이 '백군White Army'을 조직하여 미국과 일본의 지원을 등에 업고 볼셰비키당에 대항했다. 러시아의 권력이 불안해진 틈을 타 다른 나라 군대들이 침략하는 일도 벌어졌다. 볼셰비키당의 적위대는 노동자, 농민, 병사 등으로 구성되어 있어서 이들을 제압하지 못했다. 그리하여 레닌은 안으로는 반란을 진압하고, 밖으로는 세계대전을 지속하는 것은 불가능하다고 판단했다.

1918년 1월 15일, 레닌은 '사회주의 조국의 방위에 관한 테제'를 발표하며 붉은 군대 창설을 지시, 1월 28일 볼셰비키 중앙위원회 위원인 레온 트로츠키Leon Trotsky를 총사령관으로 하는 '노동자와 농민의

붉은 군대Workers' and Peasants' Red Army'가 공식 창설된다. 붉은 군대는 징병제를 전격 실시하여 대규모 지상군의 면모를 갖춘 군대였다.

제1차 세계대전이 계속되던 가운데 1918년 3월 3일, 레닌은 국민의 희생을 강요하고 국가의 경제적 부담을 가중시킨다는 명분을 내세워 독일과 브레스트-리토프스크 조약Treaty of Brest-Litovsk을 체결하고 동부전선에서 철수해버렸다. 이 조약은 러시아에 매우 불리했다. 러시아는 독일의 동맹국인 오스트리아-헝가리 제국 및 불가리아와의 전쟁을 중단하고, 독일에 우크라이나·벨라루스·발트 3국 등의 영토를 할양하고, 전쟁 배상금도 지불해야 했다. 반면 독일은 동부전선에서 러시아의 위협이 제거되자, 서부전선에서 영국과 프랑스를 압박하는 데 집중할 수 있게 됐다. 레닌은 독일과의 조약에서 막대한 손해를 감수하더라도 자국 내 반혁명 세력과의 전쟁에서 승리하는 것이 더 중요하다고 판단했다.

이른바 '적백내전'이라고 불리는 내부 전쟁은 1918년부터 1922년까지 지속됐다. 적백내전 초기, 볼셰비키당의 휘하 군대인 적위대는 '인간은 모두 평등하다'라는 마르크스주의 이념에 따라 계급제를 없앴다. 단, 총괄 지휘하는 장군 계급은 예외로 두었다. 군의 계급은 '병사, 장군' 이 둘밖에 없었다. 나머지 지휘관은 사병 중에서 선거로 뽑았고, 이들에게 '분대장, 소대장, 중대장, 대대장' 같은 직책을 부여했다. 하지만 계급은 동일했다. 문제는 이런 군대로는 전쟁에서 이기기 힘들다는 것이었다. 전투가 벌어지면, 통제가 불가능하기 때문이다. 전투에 책임을 지는 사람도 없고, 누구도 명령이 제대로 수행되는

지 관심을 갖지 않는다. 적위대가 연패하는 건 당연했다. 하지만 백군의 지휘 구심점이 약했던 탓에 적위대가 점차 승기를 잡아 1922년 12월 30일, 볼셰비키당은 백군을 진압하는 데 성공하고 '소비에트 사회주의 공화국 연방(소련)' 건국을 선언했다(붉은 군대에 계급 제도가 도입된 시기는 1935년이다).

그 이전인 1922년 4월 16일, 레닌은 이탈리아 제노바에서 열린 경제 회의에서 독일과 라팔로 조약Treaty of Rapallo을 맺는다. 양국 간의 외교 관계를 정상화하고, 서로의 영토와 정부를 인정하고, 전쟁 배상금을 상쇄하고, 상호 간의 무역과 경제 협력을 증진한다는 내용이었다. 제1차 세계대전에서 패한 독일은 공군과 해군을 보유할 수 없게 됐고, 중장비 제조 및 보유도 제한됐다. 레닌은 러시아 군수산업의 발전을 위해 독일의 기술과 자원이 필요했고, 독일은 제재의 그물을 벗어날 비밀 창구가 필요했다. 양국의 이해관계가 정확하게 맞아떨어지는 지점이다.•

1924년 1월 21일 새벽, 레닌이 쉰셋의 나이로 모스크바 근교 고루키 자택에서 사망했다. 1922년 5월에 뇌졸중 증세를 처음 보인 이후 뇌졸중이 세 번 반복되면서 반신마비 상태로 지내다가 말기 뇌경

• 독일과 러시아 간 교류 및 산업 협력을 성공시킨 인물은 독일의 뛰어난 군사 전략가 한스 폰 제크트Hans von Seeckt 장군이었다. 1921년, 그는 'R'이라는 비밀 조직을 설립했다. 러시아와 협력하여 군사 기술 개발, 무기 생산, 군사 훈련 등을 진행하는 것을 목적으로 했다. 1926년 R 조직의 존재가 발각되어 해체될 때까지, 독일에서 파견된 기술자들은 소련에 선진적인 군수산업 기술을 전수했다. 그 대신 독일은 패전의 대가로 봉쇄된 각종 중장비와 군용기 생산을 소련에서 비밀리에 계속할 수 있었다.

색으로 체력이 종합적으로 쇠진해 사망에 이르렀다.

레닌의 죽음 이후 권력 투쟁에서 승리한 사람이 이오시프 스탈린Iosif Stalin이다. 레닌의 최측근 중 한 명이었고 볼셰비키 활동가였다. 1922년에 레닌이 처음 뇌졸중 증세를 보이자 공산당 서기장에 올라 권력을 실질적으로 장악했다. 1924년 레닌이 죽자, 최대 정적이며 붉은 군대를 장악한 트로츠키와의 권력 투쟁에서 승리해 최고 지도자가 됐다. 1936년, 스탈린은 미하일 투하체프스키Mikhail Tukhachevsky 등 군부 수뇌부를 숙청하고 군 통수권을 완전히 장악했다. 1940년에는 권력 투쟁에서 밀려 멕시코로 망명해 숨어 살던 트로츠키까지 암살하고, 강력한 일인독재 체제를 구축했다.

스탈린이 소련의 권력을 안정시켜갈 무렵, 제2차 세계대전이 발발했다. 1939년 9월 1일, 독일의 히틀러가 폴란드를 전격 침공했다. 히틀러는 폴란드를 침공하기 전에 중요한 사전 작업을 하나 했다. 8월 23일, 스탈린과 독·소불가침조약Nazi-Soviet Non-Aggression Pact을 맺은 것이다. 조약에 서명한 이들의 이름을 따서 '몰로토프-리벤트로프 조약Molotov-Ribbentrop Pact'이라고도 하는데, 핵심은 '독일과 소련 간 상호불가침'이다. 히틀러는 1918년의 브레스트-리토프스크 조약 당시처럼 유럽 동부전선에서 러시아의 위협을 사전에 제거하고 서부전선에서 영국과 프랑스를 압박하는 데 집중하고 싶어 했다. 당시는 소련이 독일에 많은 것을 양보했지만, 이번에는 독일이 소련에 많은 것을 양보해야 했다. 독일은 발트해 국가들과 폴란드 동부 지역을 소련의 영향권으로 인정해주었다. 스탈린이 필요로 하는 경제 협력도 약속했다.

이제 막 정권을 안정시키는 데 성공한 스탈린도 유럽 국가들이 독일과 충돌하여 국력을 소모하기를 바랐기 때문에 조약은 순조롭게 이뤄졌다.

독·소불가침조약 서명의 잉크가 마르기도 전에 독일 군대는 폴란드를 기습 침공하며 제2차 세계대전을 시작했다. 독일의 폴란드 침공 이틀 후(1939년 9월 3일), 영국과 프랑스가 독일에 선전포고를 했다. 하지만 오랫동안 전쟁을 준비해온 히틀러의 군대를 막기에는 역부족이었다. 1940년 4월, 덴마크와 노르웨이가 독일에 점령됐고 5월에는 네덜란드, 벨기에, 룩셈부르크가 독일에 넘어갔다. 프랑스는 독일의 공격에 대응하여 방어선을 구축하고 반격을 시도했다. 하지만 독일의 강력한 군사력과 빠른 진격을 막지 못했고, 1940년 6월 22일 항복을 선언했다. 독일 입장에서는 서부전선이 사실상 종료된 셈이었다.

만약 히틀러가 여기서 전쟁을 끝냈다면 이후 역사는 완전히 달라졌을 것이다. 미국과 소련의 냉전이 아니라, 미국과 독일(히틀러)·소련(스탈린)·이탈리아(무솔리니) 연합의 대결이 됐을지도 모른다. 1940년 9월, 한국, 중국, 필리핀과 인도까지 식민지로 삼는 데 성공한 일본이 베를린에서 독일 및 로마와 동맹을 맺었던 것을 생각한다면 일본 역시 이들 연합에 힘을 더했을 것이다. 이런 구도의 대결이라면, 미국이 압도적 힘을 바탕으로 패권국의 자리에 오르지 못했을 것이다. 하지만 독일은 소련을 침공하는 실수를, 일본은 미국을 전쟁으로 끌어들이는 실수를 저지르고 만다.

1941년 6월 22일 새벽, 독일은 '바르바로사 작전Unternehmen

Barbarossa'을 통해 소련 국경 전역에서 일제히 기습 침공을 했다. 제2차 세계대전의 동부전선이 만들어진 것이다. 스탈린은 독일을 믿었던 자신의 실수에 매우 화가 나서 며칠 동안 국민 앞에 얼굴도 보이지 않았다.

하지만 이미 늦었다. 독일 전차부대는 북쪽의 레닌그라드(상트페테르부르크), 중앙의 모스크바, 남쪽의 우크라이나와 캅카스로 동시에 진격했다. 독일은 1941년 6월 22일부터 12월까지 진행된 이 작전의 이름을 신성 로마 제국 프리드리히 1세의 별명이었던 '바르바로사(붉은 수염)'에서 따왔다. 목표는 유럽 쪽에 있는 소련 영토를 정복하는 것이었다. 사실 히틀러는 1941년 초부터 소련 침공 작전을 구상했고, 소련 병력을 4주 안에 분쇄할 수 있을 것으로 계산했다. 초기에는 성공적이었다. 이른바 '청색 작전Fall Blau'을 펼치면서 소련의 코카서스 지역 유전지대를 빠르게 점령했으니 말이다. 독일군 일부는 소련 남부 지역으로 진격하면서 에너지와 식량 등의 전쟁 물자가 소련군에게 전달되지 못하게 막았고, 일부는 동쪽으로 진격해 스탈린그라드(볼고그라드) 입구까지 도달했다.

하지만 소련 군대도 예전의 전력이 아니었다. 소련은 제1차 세계대전과 적백내전을 거치면서 군사학과 군사사상을 크게 발전시켰다. 내전 과정에서 소수의 전력으로 광대한 공간을 방어하는 방법도 익힌 상태였다. 물론 12월 모스크바 전투Battle of Moscow 직전까지 약 5개월간 소련군은 전사자, 비전투 손실, 부상 및 실종, 포로 등을 합해 최소 600만 명에서 최대 1,100만 명의 전력 손실을 봤다. 전투기와 전차의 손실도 각각 2~3만 대에 육박했다.• 스탈린은 전선이 모스크바 코앞까지 밀리자 전 산업 총동원 체제를 명령했다.

1941년 10월 초, 독일군 3개 집단군이 모스크바 공략을 개시했다. 하지만 소련의 최고 비밀 무기가 작동했다. 바로, 기온 급강하와 악천후다. 10월 중순, 맹렬한 추위로 독일군 진격이 지체되기 시작했다. 11월 16일, 바자노프 소련군 방어선이 궤멸하며 모스크바가 위협받게 됐지만 11월 말, 스탈린의 집결 명령을 받은 시베리아 방면군(소련군 예비 병력)들이 모스크바로 모여들었고, 스탈린은 1941년 6월 독일이 기습 공격을 시작하자 곧바로 시베리아, 동아시아 지역에서 방면군 증원을 준비했다. 시베리아 방면군은 총 63만 명의 병력으로 구성, 주요 부대는 16군, 19군, 20군, 26군, 58군 등이었다. 이들은 모스크바가 함락당할 위협에 빠지자 11월 말부터 12월 초 사이에 기차를 이용해 모스크바 전선으로 급히 이동했다. 스탈린은 시베리아 방면군이 보유한 최신 T-34 전차 1,000여 대도 함께 불러들였다. 남아 있는 소련의 전력을 모두 쏟아부은 셈이다.

1941년 12월 5일, 소련군 총사령관 게오르기 주코프Georgii Zhukov는 모스크바 방면에서 독일군에 대한 대규모 반격인 '모스크바 반격작전' 또는 '모스크바 공세'를 개시한다. 총 100만 명의 병력, 1,000대의 전차, 7,500문의 대포가 동원됐고 12월 5일부터 6일 동안 약

• 이런 손실은 독일 전차부대의 막강한 전력이 주요인이었다. 하지만 스탈린이 정권을 안정화하는 과정에서 군대 내의 불만 세력과 정적들을 대대적으로 숙청해 조직력과 지휘력이 매우 약화된 것도 또 다른 원인이었다.

1,900문의 대포로 독일군 진지에 포격을 가했다. 그 와중인 8일부터는 기차로 속속 도착한 시베리아 방면군이 독일군 측면을 강타했다. 모스크바 서남서 방면의 칼리닌 전선과 서부전선의 예비대는 독일군 후방을 공격했다.

결국 독일군은 12월 중순 대규모 철수 작전을 시작했고, 소련군은 독일군이 1941년 10월부터 5개월간 확보한 지역을 단 5주 만에 수복했다. 독일군은 모스크바 공략 실패 이후 최대 300킬로미터까지 후퇴했다.

비슷한 시기인 1941년 12월 7일, 일본 해군이 미국령 진주만을 기습 공격한 일을 계기로 미국도 제2차 세계대전에 뛰어들었다. 독일군 지휘부는 바르바로사 작전이 실패로 끝나자 소련을 군사적으로 정복하는 건 불가능하다는 것을 깨달았다. 특히 미군이 개입한 이후로는 소련 정복이 아니라 전선 안정화를 목표로 작전을 수정했다. 이렇게 소련은 스탈린 체제하에 독일의 막강 전차부대를 막아내고 제2차 세계대전의 승전국 연합에 동참하면서 군사적 폭력의 수준을 대폭 향상시켰다.

제2차 세계대전 말기, 소련군은 500여 개 보병사단과 50여 개 전차군단을 보유했고, 총병력도 1,000만을 넘을 정도였다. 전쟁이 끝난 후 소련군은 병력을 감축했지만, 독일 전차부대와 싸우면서 얻은 교훈(전차는 육상전의 제왕이다)을 충실히 받들어 전차사단을 중심으로 한 완전 기계화에 집중했다. 그 결과, 냉전의 최절정기에 소련군은 비록 병력은 500개를 넘던 사단이 210개로 감축되긴 했지만, 보병만으로 구성된 일반사단은 전혀 없고 특수부대를 제외한 군 전체 시스템을 기계화 보병이나 전차사단으로만 구성하게 됐다. 냉전 기간에 소련의 항공기 숫자는 미국을 훨씬 앞질렀다(그럼에도 실제 전력은 미국에 크게 뒤졌다).

제2차 세계대전에서 소련 공군을 지휘한 알렉산드르 노비코프Alexander Novikov는 니키타 흐루쇼프Nikita Khrushchyov에게 대규모 공군 건설을 제안했다. 하지만 흐루쇼프는 국방비 감축을 이유로 거절했다. 그 대신 모스크바 방어에 집중하여 대공미사일과 대공무기 개발에 집중했다. 핵무기를 기반으로 ICBM, IRBM을 개발하고자 한 것이다. 전통적인 대륙 국가였던 소련은 육군이나 공군에 비해 해군은 상대적으로 미약했다. 부동항, 즉 1년 내내 얼지 않는 항구도 거의 없었기 때문에 대규모의 해군을 운용하기도 어려웠다.

이후에도 소련 해군은 항모전단을 구성해 미 해군의 항모전단과 직접 대결하는 전략을 구사하지 않았다. 소련 근해로 다가오는 미국의 함대를 원거리에서 미사일로 요격하는 전략이 중심이었다. 항공모함도 소련이 망하기 1년 전에 겨우 1척을 운용했다. 하지만 냉전 시대에 이르러 소련의 해군 전력은 세계 2위를 유지할 정도로 크게 발전한다.

냉전 시대,
인류 공멸의 위기로 치닫다

핵으로 무장한 나라와 적대적 관계를 맺고 있지만 극도의 공포감으로 서로를 공격할 수 없는 상태, 그러면서도 모든 외교와 법과 일상이 전시인 상태를 '냉전'이라고 부른다. 차갑게 얼어붙은 전쟁이라는 얘기다. 냉전은 전 세계 모든 나라에 영향을 미친다. 이 땅에 사는 이들 중 영향을 받지 않는 사람은 한 명도 없다. 평화롭지만 평화롭지 않은 상태, 방아쇠는 당기지 않지만 파괴·적대감·사악한 세력·위협하는 적이 존재한다. 직접적인 군사 충돌은 거의 일어나지 않지만 전 세계가 매일 위험한 전쟁 속에 살아간다. 24시간 전시인 상태다. 일찍이 이런 전쟁은 없었다. 핵무기가 개발된 이후 새롭게 등장한 매우 이상한 전쟁이다. 전통적인 전쟁과 전혀 다르다.

미국과 소련 간 냉전은 언제부터 시작됐을까? 정확한 시점을 특정하기는 어렵지만 대체로 1946년 3월 영국의 윈스턴 처칠 총리가 한 '철의 장막Iron Curtain' 연설을 계기로 본다. 이 연설 이후 미국을 대표로 하는 서방의 민주주의 세력과 소련 간의 적대적 대립이 표면화됐다. 처칠은 연설에서 "유럽 대륙에 철의 장막이 내려져 있다"라는 표현을 사용하며, "발트해의 슈테틴에서부터 아드리아해의 트리에스테에 이르기까지" 소련의 지배 아래 놓이게 됐다고 평가했다. 스탈린을 겨냥해서는 "소련은 철의 장막 뒤에서 서방에 비밀스러운 세계가 되었다"라고 맹렬히 공격했다. 처칠은 소련의 동유럽 지배와 팽창주의를 경계하고, 영국과 미국이 연합해 소련의 영향력 확대를 저지해야 한다고 목소리를 높였다. 명분으로는 '이념 차이'를 전면에 내세웠다.

미국의 트루먼 대통령도 가세했다. 1947년 3월 12일, 그는 미국 의회에서 '트루먼 독트린Truman Doctrine'을 발표하고 소련 봉쇄 정책을 시작했다. 트루먼 독트린의 핵심은 공산주의 세력의 확대를 막기 위해 자유와 독립을 지원한다는 것이다. 1947년 6월, 미국은 마셜 플랜을 발표하면서 미국과 소련 진영 간 경제적 분리를 시작했다.

왜 미국과 유럽은 소련에 대해 이토록 강경하게 나간 걸까? 그만한 이유가 있었다. 1945년 제2차 세계대전이 끝나자, 소련은 군대를 앞세워 단 3년 만에 동유럽의 주요 국가들에 공산 정부를 세웠다. 그런 다음에는 공산주의와 소련의 체제를 세계적으로 확산시키고 독일과 프랑스 등 서유럽 국가들에 영향력을 확대하고자 지속적으로 시도했다. 소련은 1948년 6월 24일부터 1949년 5월 12일까지 서베를린에 전면적인 물자 공급 봉쇄 조치를 단행했다. 냉전 시기 양 진영이 최초로 직접 대결하게 된 사건이다. 이런 가운데 1949년 4월 4일, 미국과 유럽은 NATO를 창설하고 냉전 시대를 군사적 진영 대결 구도로 확대했다. 1949년 8월, 소련도 첫 번째 핵실험을 성공시키면서 핵 군비 경쟁으로 맞받아쳤다.

스탈린은 이미 1942년부터 비밀리에 핵무기 개발 프로그램을 진행해왔다. 제2차 세계대전 중에는 핵 개발을 위해 독일과 영국 국적을 가진 소련의 이론물리학자이자 공작원 클라우스 푹스Klaus Fuchs를 포섭하기도 했다. 푹스는 맨해튼 프로젝트의 정보 일부를 넘겨 소련의 핵 개발에 도움을 줌으로써 전후 세계 질서와 핵 균형에 상당한 영향을 미쳤다. 제2차 세계대전이 끝난 후, 스탈린은 'RDS-1'이라는 명칭의 비밀 핵무기 프로그램을 진행하면서 핵무기 개발을 다시 독려했다. RDS는 러시아어 'Reaktivnyi Dvigatel Specialnyi'의 약자로, '특수 제트 엔진'이라는 의미다. 미국의 핵 개발 성공에 밀릴 수 없다는 의지였다.

그리고 NATO가 창설된 지 4개월 후, 소련은 핵실험을 성공시킨다. 1946년부터 시작된 RDS-1 작전은 약 3년에 걸쳐 준비됐고, 약 6만 명의 인원이 동원됐다. 스탈린은 소련의 대부분 자원을 동원하고 천문학적 비용을 투여했다. 1949년 8월 29일, 카자흐스탄 동부 세미팔라틴스크 지역의 폴리곤사막에서 첫 번째 핵실험이 진행됐다. 핵실험 당일 소련은 주변 800킬로미터 이내 지역 주민들을 모두 소개하고, 감시를 위해 1만 5,000명의 병력을 배치했다. 오전 7시, 위력 20킬로톤의 핵탄두가 22미터 높이의 철탑 꼭대기에 설치됐다. 먼지를 적게 일으켜 방사성 물질의 오염 범위를 줄이기 위해서였다. 결과는 성공적 폭발이었다.

1953년 3월 5일, 스탈린이 사망했다. 공식적인 사망 원인은 뇌출혈이었다. 스탈린 사후 흐루쇼프가 소련 공산당 서기장에 올랐다. 흐루쇼프는 스탈린의 독재와 인권 침해를 비판하고, 그의 정책을 수정하는 등의 개혁을 단행했다. 냉전을 완화하기 위해 표면적으로는 미국과의 관계를 개선하려고 노력했지만, 그 역시 미국과 서방의 집중견제에 위협을 느끼기는 마찬가지였다. 1955년 5월 14일, 흐루쇼프는 동유럽 위성국들과 집단방위동맹을 맺었다. 폴란드 수도 바르샤바에 모인 동유럽 8개국의 군사동맹 조약기구 WTO로, 정식 명칭은 '우호협력상호원조조약'이다. 흐루쇼프의 목적은 두 가지였다. 첫째, NATO에 맞서는 것이다. 둘째, 동유럽 위성국들을 묶어서 완충지대를 만드는 것이다. NATO 세력과 직접적으로 대결하게 될 가능성을 우려했기 때문이다.

1959년 10월, 미국은 NATO 동맹국인 터키에 SM-78 주피터 중거리 핵탄도미사일 15기를 배치했다. 사정거리 약 2,400킬로미터로 당시 소련 영토 대부분을 위협할 수 있었다. 이렇게 한 데는 몇 가지 이유가 있다. 첫째, NATO 동맹국의 안보를 보장하기 위해서다. 미국은 핵무기 배치를 통해 NATO 동맹국에 대한 안보 공약을 이행하려고 했다. 둘째, 소련이 유럽에 핵 공격을 할 가능성을 염두에 둔 대비책이다. 셋째, 소련 영토를 직접 타격할 수 있는 위치에 핵미사일을 배치함으로써 소련의 공격을 억제하고자 했다. 이것들은 표면적인 이유이며, 숨은 이유가 한 가지 더 있었다.

1959년 1월 1일, 쿠바에 혁명이 일어났다. 쿠바를 통치했던 독재자 풀헨시오 바티스타Fulgencio Batista의 억압과 부패, 경제적 불평등 심화, 이에 따른 국민들의 불만 증가가 원인이었다. 바티스타는 1901년 1월 16일 쿠바 바네스에서 태어났고, 1933년에 군사 쿠데타를 일으켜 이전의 독재 정권 헤라르도 마차도Gerardo Machado를 내쫓고 권력을 잡았다. 1944년, 그는 민간인에게 정권을 이양하고 일선에서 물러났다. 하지만 1952년 다시 군사 쿠데타를 일으켜 권력을 찬탈하고 본격적인 독재 체제를 수립했다. 그는 교육 및 의료 시스템을 확대하고, 문맹률을 감소시키고, 쿠바 관광 산업을 발전시키고, 도로·교량·공항 등 인프라를 확충하는 업적들을 쌓았다. 하지만 반대 세력 탄압, 언론 자유 제한, 인권 침해, 부패 스캔들뿐만 아니라 정권 유지를 위해 부정 선거를 저지르고 쿠바 경제를 미국에 종속시켰다는 비판을 거세게 받았다.

1953년 피델 카스트로Fidel Castro, 체 게바라Che Guevara 등이 바티스타의 독재에 반대하여 몽카다 병영을 공격했지만 실패하고 멕시코로 망명을 떠났다. 1956년 12월, 쿠바로 귀환한 이들은 게릴라전을 시작했다. 카스트로가 이끄는 82명의 반군은 시에라 마에스트라산맥 지역에 근거지를 마련한다. 반군의 세력이 점차 확대되자, 1958년 5월부터 7월까지 바티스타는 정부군 1만 2,000여 명을 투입하여 대대적인 공세를 시작했다. 하지만 피델 카스트로, 체 게바라, 카밀로 시엔푸에고Camilo Cienfuego 등이 이끄는 반군은 산악지대 작전에서 유리한 게릴라 전술을 펼치며 바티스타군의 대규모 공격을 효과적으로 물리쳤다. 이 전투를 계기로 바티스타 정권은 큰 타격을 입었고 반군 세력은 급속히 확대됐다. 승기를 잡은 카스트로의 반군은 수도 아바나로 진격했다.

1959년 1월 1일, 바티스타는 권력 재장악 7년 만에 패배를 인정하고 가족과 함께 도미니카공화국으로 망명했다. 아바나에 입성한 카스트로 반군은 군중의 환영을 받으며 반바티스타 혁명의 완수를 선언하고 사회주의 새 정부 수립을 천명했다. 카스트로의 혁명이 성공한 후 쿠바와 미국의 관계는 급속히 악화됐다.

카스트로는 쿠바 혁명의 핵심 명분으로 미국의 경제적 지배와 착취를 지목하며 반미 노선을 강력히 견지했다. 그는 바티스타 독재 정권 시절 쿠바 경제가 미국 기업과 자본에 종속됐다고 주장했다. 미국 자본이 쿠바의 농업·식품·광산·관광 등 주요 산업을 좌지우지하면서 쿠바 국민이 빈곤에 시달리게 됐다고 비판했다. 그는 "쿠바는 더 이상 미국의 식민지가 아니다", "미국의 제국주의적 착취에서 벗어나야 한다"라고 선언하면서 미국 기업의 국유화, 미군 기지 폐쇄 등 반미 조치를 연거푸 시행했다.

미국은 건국 초기부터 쿠바를 '가족'에 비유하면서 쿠바를 자신의 영향력 아래에 두려고 했다. 미국과 쿠바의 관계는 19세기 미국의 노예 제도와 연결되는데, 쿠바가 미국 남부의 노예 제도를 유지하는 데 중요한 역할을 했다. 1898년, 미국은 스페인과의 전쟁에서 승리한 이후 쿠바에 대한 정치적·경제적 영향력을 확대했다. 1901년, 미국은 강압적으로 쿠바 헌법을 수정한다. 이른바 '플랫 수정안Platt Amendment'으로, 쿠바에 대한 미국의 군사적 개입 권한을 부여하면서 쿠바의 주권을 제한하고 미국의 일방적인 개입과 간섭을 정당화한다는 내용이 담겼다. 쿠바 정부는 미국이 동의하지 않는 한 어떤 나라와도 조약을 체결할 수 없고, 미국은 쿠바 내 기지를 확보하고 중재권을 행사할 수 있으며 쿠바 국내 정책에도 간섭할 수 있었다. 사실상 쿠바를 미국의 식민지에 준하는 상태로 만든 것이다. 1934년, 군사 쿠데타를 일으켜 정권을 잡은 바티스타가 미국과 새로운 조약을 맺으면서 플랫 수정안은 가까스로 폐기됐다. 하지만 미국은 바티스타의 군사독재 정권을 지지해주는 명분으로 쿠바에 대한 영향력을 유지했다. 이런 상황에서 1959년 쿠바 혁명이 일어나 한순간에 반미로 돌아선 대사건이 벌어진 것이다.

반미를 외친 카스트로에게는 국가 재건을 위한 새로운 지원자가 필요했다. 그가 선택한 나라는 전 세계 군사력·경제력 2위인 소련이었다. 흐루쇼프 서기장도 미국을 견제하기 위해 서반구의 동맹국 확보를 간절히 바라고 있었기에 양국의 관계는 빠르게 개선됐다(1960년 2월, 소련과 쿠바 간 첫 번째 무역협정이 체결된다). 쿠바가 사회주의 체제로 전환함으로써 라틴아메리카 전역에 반제국주의, 민족해방 운동의 열기가 더해졌다. 미국은 소련을 더욱 강하게 견제할 필요를 느꼈다. 그래서 1959년 10월 터키에 핵미사일을 배치한 것이다.

1962년, 소련은 이 일을 문제 삼아 플로리다에서 불과 200여 킬로미터 떨어진 쿠바에 핵미사일을 배치한다고 선언했다. 이것이 그 유명한 '쿠바 미사일 위기'다. 소련은 미국이 터키와 유럽에서 모스크바를 타격할 수 있는 핵무기를 갖고 있는데도 별다른 반격 수단을 갖지 못하는 데 큰 위기감을 느끼고 있었다. 1962년 9월, 소련은 쿠바에 핵미사일 배치를 시작한다. 참고로, 1992년 쿠바 아바나에서 열린 한 학술대회에서 소련 전직 장성의 충격적인 증언 하나가 공개됐다. 쿠바 미사일 위기 당시 소련이 쿠바에 실제 핵탄두가 장착된 전략 핵미사일 9기를 배치했다는 것이었다. 증언자는 아나톨리 그리브코프

Anatoly Gribkov 장군이었다. 그는 당시 소련 최고사령부의 극비 작전 내용을 공개하면서 쿠바에는 중거리 미사일 42기가 실제 배치됐다고 밝혔는데, 그중 9기의 미사일에는 현역 핵탄두(퇴역 또는 해체를 준비 중인 것 외에 실제 사용할 수 있는 핵탄두)가 장착되어 있었다고 증언했다. 핵탄두 1기의 위력은 1945년 히로시마에 떨어진 원자탄에 조금 못 미치는 수준이었다. 그의 증언 이전에는 핵무기 없이 재래식 미사일만 배치된 것으로 알려져 있었다.

1962년 10월 15일부터 28일까지 불과 17일 동안 미국 케네디 대통령과 소련의 흐루쇼프 서기장은 쿠바 미사일 사태를 두고 무력 전쟁 직전까지 거침없이 내달린다. 10월 15일, 미군의 U-2 정찰기가 쿠바에 미국 동부 지역을 타격할 수 있는 소련의 지대지미사일이 배치되는 것을 감지했고, 백악관은 엄청난 혼란에 빠졌다. 당시 케네디는 대중의 인기를 얻고 있긴 했지만, '유약하고 경험 없는 대통령'이라는 꼬리표를 떼고 싶어 했다. 그는 터키에 배치한 핵미사일로 소련을 위협하면서 두 가지 선택지를 두고 고민했다. 하나는 미사일 기지만 공습하는 것이었고, 다른 하나는 전면전을 벌이는 것이었다. 위기 발발 초기에 소련의 흐루쇼프가 양국이 동시에 터키와 쿠바에서 핵미사일을 철수하자는 제안을 한 적이 있다. 이 제안을 들은 미국의 백악관과 군대 매파들이 언성을 높이며 이번 기회에 쿠바에 대규모 공습을 하자고 주장한 것이다.

10월 22일, 케네디가 선택한 것은 그중 어느 것도 아니었다. 쿠바를 공습하는 대신 해상을 봉쇄하라는 명령을 내렸다. 미사일을 반입하는 소련의 선박들이 쿠바로 들어오지 못하게 막는 작전이었다. 당시 백악관이 얼마나 우왕좌왕하고 정보가 부족했는지를 단적으로 보여주는 선택이었다. 10월 24일, 소련 선박들이 봉쇄선에 접근하자 미국이 공격 명령을 내리는 위기 상황이 발생한다. 하지만 결국 공격 명령은 취소됐고, 소련 선박들도 회항했다.

애초에 미국은 상황을 잘못 판단했다. 흐루쇼프가 쿠바에 미사일을 배치하는 것은 미국을 턱밑에서 위협하여 미·소 대결의 사활이 걸린 베를린을 장악하려는 큰 전략의 일부라고 본 것이다. 하지만 흐루쇼프는 쿠바와 베를린을 연계하려는 생각이 추호도 없었다. 미국의 오판은 더 있다. 백악관, 군대, 정보기관 모두 소련이 쿠바에 핵을 실제로 배치했다는 사실을 꿈에도 알지 못했다. 당시 미국 국방성 장관이었던 로버트 맥나마라Robert McNamara는 30년이 지나서야 "우리는 쿠바에 핵탄두가 있다고 믿지 않았습니다"라고 증언했다. 맥나마라는 1980년대 후반 자신의 회고록과 인터뷰를 통해 당시 상황을 소상히 공개했다. 주요 내용은 이런 것들이었다. '위기 직전 미국은 소련의 의도를 제대로 파악하지 못한 채 군사 작전 준비만 했다. 미국은 위기 당시 소련이 쿠바에 전술 핵무기를 배치했다는 사실을 알지 못했다. 케네디 대통령이 이를 알았다면 쿠바를 선제공격했을 가능성이 크다. 당시 양측 모두 핵전쟁 위험을 과소평가했기 때문에 전면전이 벌어졌을 것이다.' 그는 최종적으로 "지구상에서 가장 위험한 일주일이었다"라고 평가했다.

1962년 10월 23~25일, 소련과 미국의 대표단이 빠르게 협상을 진행했다. 그리고 26일, 흐루쇼프가 케네디에게 쿠바에서 미사일을 철수할 의사가 있다는 서한을 보냈다. 27일, 케네디도 쿠바에 대한 봉쇄를 해제하기로 했다. 28일, 미국과 소련은 양국이 터키와 쿠바에서 동시에 핵미사일을 철수하기로 최종 합의했다. 우크라이나 출신 하버드대 역사학 교수인 세르히 플로히Serhii Plokhy는 《핵전쟁 위기》라는 저서에서 "케네디와 흐루쇼프 둘 다 쿠바 위기가 미국과 소련의 핵전쟁으로 비화될 것을 두려워했던 것이 전면 충돌이 발생하지 않은 결정적 요인"이라고 진단했다.

1962년 11월, 소련은 쿠바에서 미사일을 철수하기 시작했다. 미국도 1963년 4월 말에 약속대로 터키에서 주피터 미사일을 철수했다. 공식적인 이유는 미사일 노후화였지만, 실제로는 소련의 요구로 쿠바 위기 당시의 합의를 이행하기 위해서였다. 1963년, 흐루쇼프는 직접 쿠바를 방문해 카스트로와 정상회담을 가졌으며 막대한 경제 원조와 무기 지원을 아끼지 않았다. 그즈음 맥나마라는 핵전쟁을 예방하기 위해 미국과 소련의 직접 소통을 위한 핫라인(워싱턴-모스크바 직통전화) 설치를 주도했다. 미국과 소련의 소통 부재가 긴장을 키웠다는 사실을 체감했기 때문이다. 1963년 6월, 맥나마라는 소련을 방문해 당시 소련 국방상인 로디온 말리노프스키Rodion Malinovsky와 회담을 가졌다. 이 자리에서 양국 정부가 직접 소통할 수 있는 핫라인 설치를 제안했다. 같은 해 8월 30일, 미·소 핫라인이 드디어 가동을 시작했다.

케네디와 흐루쇼프 두 지도자는 히로시마와 나가사키를 경험한 인물들이다. 냉전 시대 미국과 소련은 수소폭탄 실험을 통해 고도화된 핵무기의 파괴력이 어느 정도인지도 알고 있었다. 두 강대국이 전면적 핵전쟁을 시작하면 인류가 공멸한다는 사실도 직감하고 있었다. 이런 두려움과 공포가 쿠바 미사일 사태의 극단적 최후를 막았다.

무역이라는 칼

무역을 약탈 수단에서
공격용 무기로 진화시킨 미국

앞서 냉전에 대해 살펴봤다. 핵으로 무장한 나라들이 적대적 관계를 맺고 있지만 공포감 때문에 서로를 공격할 수 없는 상태다. 냉전을 끝내는 방법은 무엇일까? 두 가지다. 하나는 권력을 둘이 똑같이 나눠 갖는 것이다. 이런 해법은 매우 이상적이지만 현실에서는 결코 일어나지 않는다. '권력'은 아버지와 아들 관계에서도 절대로 나눠 가지는 법이 없다. 인류 역사상 단 한 번도 없었고, 앞으로도 없을 것이다. 냉전을 끝내는 다른 해법은 군사적 폭력이 아닌, 새로운 무기를 활용해서 상대의 도전을 완전히 제어하는 것이다.

그렇다면 미국은 소련의 도전을 어떻게 무너뜨렸을까? 이제 군사적 폭력은 사용이 불가하다. 패권국과 도전국 간의 핵전쟁은 인류의 공멸을 부른다. 만약 살아남는다고 하더라도 원시 시대로 돌아가야 한다. 아인슈타인은 핵전쟁의 위험성을 이렇게 말했다.

> 제3차 세계대전에서 인류가 어떤 무기로 싸울지는 모른다. 하지만 제4차 세계대전에서는 막대기와 돌멩이로 싸울 것이다.

한국전쟁 당시 중국과 북한에는 핵무기가 없었다. 전쟁이 치러진 장소도 미국 본토에서 약 1만 킬로미터 떨어진 동아시아의 한구석이었다. 그래서 미국은 군사 대국 중 하나였던 중국과 전면전을 치를 수 있었다. 하지만 소련은 달랐다. 군사적 폭력으로 무너뜨릴 수 있는 나라가 아니었다. 쿠바 미사일 사태로 그 사실은 더욱 명확해졌다. 미국은 공멸하지 않고 소련만을 무너뜨릴 새로운 전쟁, 새로운 무기를 찾아야 했다.

미국이 소련을 무너뜨리기 위해 선택한 비장의 무기는 '무역'이었다. 너무 뻔한 얘기 아닌가? 아니다. 미국은 무역이라는 도구를 약탈의 수단에서 아주 강력한 '공격용 무기'로 변신시켰다. 그러기 위해서는 한 가지 사전 작업이 필요했다. 무역 동맹 구도의 재편이다(현재 미국이 공급망 재편 전략을 구사하는 것도 이때 얻은 교훈이 기반이 됐을 것이다).

먼저 미국은 소련의 무역 동맹에 균열을 일으키고자 했다. 1972년 2월 21일, 미국의 리처드 닉슨 대통령이 중국을 전격 방문한다. 그리고 베이징 및 상하이에서 마오쩌둥 주석과 역사적인 정상회담을 열고 '상하이 코뮤니케Shanghai Communique'를 발표한다. 중국은 1949년 중화인민공화국 수립 이후 미국과 적대 관계를 유지해왔다. 그런데 닉슨은 일찍이 '닉슨 독트린Nixon Doctrine'을 발표하고 전면전까지 치른 중국과 전격 손을 잡기로 했다.

1969년 7월 21일에 발표된 '닉슨 독트린'에는 미군이 베트남에서 철수한다는 점을 비롯해 아시아 전략의 급격한 변화가 담겨 있다. 닉슨은 베트남전쟁을 실패로 규정하고 점진적 철수를 실시했으며, 이를 계기로 아시아 국가들이 자립할 것을 촉구했다. 이후로는 아시아에서 군사적 개입을 줄이고 경제개발 지원을 강화하는 쪽으로 전략적 대전환을 꾀했다. 아시아의 문제는 아시아인의 손으로 해결해야 한다는 관점이었다. 닉슨이 이런 독트린을 발표한 이유는 분명했다. 표면적으로는 베트남전쟁 장기화로 미국 국민의 지지가 감소하고 경제적 부담이 증가했다는 점이다. 미국의 군사 개입에 대한 아시아 국가들의 불만이 증가했다는 것도 한 가지 이유다. 하지만 속내는 아시아에서 소비되는 미국의 국력을 아껴 소련을 본격적으로 공격하기 위해서였다. 그런 연장선에서 이제 중국과 소련의 관계에 균열을 일으키고자 한 것이다.

상하이 코뮤니케에는 다음과 같은 내용이 담겨 있었다. 미국과 중국은 평화공존 5원칙에 기초해 상호 이해와 신뢰 구축에 합의한다. 미국은 타이완을 두고 '하나의 중국' 원칙을 인식한다. 미·중 관계 정상화를 위해 상호 교류를 증진하고 협력을 강화한다. 베트남전쟁의 평화적 해결을 위해 양국이 협력한다.

휘청이는 2인자,
소련의 경제적 위기

이 무렵 중대한 사건이 하나 발생한다. 1차 오일쇼크다. 1차 오일쇼크 이전 소련 경제는 여러 가지 이유로 추락하고 있었다. 여기서 잠깐, 소련의 경제 발전과 위기 상황을 정리해보자. 레닌부터 스탈린, 레오니트 브레즈네프Leonid Brezhnev에 이르기까지 소련은 미국에 대응하기 위해 경제 발전에 애를 썼다. 당시 미국은 소련의 2배에 달하는 국력을 자랑하고 있었다. 제2차 세계대전에서 소련의 생산시설은 반 이상 파괴됐지만, 미국은 피해가 거의 없었다. 소련이 단시일 안에 미국의 경제력을 따라잡는 것은 불가능해 보였다. 이런 격차를 극복하기 위해 레닌이 꺼내 든 전략은 무엇이었을까?

레닌은 1921년 신경제정책NEP을 실시했다. 러시아의 적백내전으로 아사자가 속출하자, 국가가 직접 시장을 감독하는 국가자본주의 정책으로 방향을 잡은 것이다. 레닌은 곡물 징발을 중단하는 대신 농업 산출물로부터 세금을 걷고, 농민들이 농작물을 보유하고 거래할 수 있게 했다. 공공 부문과 민간 부문의 공존을 용인하고, 국가 산업의 완전 국유화도 중단했다. 레닌의 NEP는 큰 성공을 거뒀다. 그러나 1924년 레닌이 사망하면서 내부 의견이 NEP 지지파와 반대파로 크게 갈렸다. 반대파들은 NEP를 포기하고 중공업을 우선 발전시켜 빠른 산업화를 목표로 해야 한다는 주장을 내세웠다.

레닌 사후 정권을 잡은 스탈린은 '빠른 산업화' 모델을 채택했다.

그리고 1928년 제1차 5개년 계획을 시작으로, 일련의 경제 계획을 추진하며 중공업을 중심으로 한 산업화를 진행했다. 10년 내에 서방 선진 공업국을 따라잡는다는 목표를 내세우면서 국가가 모든 경제 활동을 통제했다. 먼저 강제적인 농업 집단화를 실시했다. 농민들의 토지를 강제로 몰수하여 대규모 농장을 조직하고, 농민들에게 곡물 생산 할당량을 부과하고 강제로 징수했다. 반면 중공업, 특히 기계 제조 산업에 집중적으로 투자했다. 노동자들에게는 높은 노동 강도를 요구했다. 결과는 대성공이었다. 소련은 단기간에 눈부신 경제 성장을 이루면서 완전히 자국의 자원에만 의지해 세계 2위 산업 강국으로 부상했다. 중화학공업 생산량도 세계 5분의 1이나 차지했다. 1950년대에는 완전한 전후 복구를 이룩했다.

이쯤 되면 유럽과 미국이 왜 소련을 두려워하게 됐는지 알 수 있을 것이다. 유럽 각국은 두 차례의 세계 전쟁을 치르면서 국가 기반시설과 경제 시스템이 완전히 붕괴했다. 전쟁에서는 이겼지만, 군사력마저 와해됐다. 반면 소련은 군사력이 강화됐고 상당한 전쟁 경험도 쌓았다. 미국을 바짝 뒤쫓으며 핵무기 개발에도 성공했다. 군사적 폭력 규모가 전 세계 2위로 올라섰고, 빠른 산업화 전략의 대성공으로 경제 규모 역시 세계 2위가 됐다.

이런 소련 경제가 1960년대 중반부터 휘청거리기 시작한다. 그 원인을 다음 몇 가지로 정리할 수 있다.

• 첫째, 무리한 공업화 정책의 부작용이다. 소련은 제2차 세계대전

이후 농업 중심의 경제구조를 공업 중심으로 전환하기 위해 무리한 공업화 정책을 추진했다. 이 과정에서 자원 낭비와 비효율성이 발생해 생산성이 저하됐다. 스탈린의 빠른 산업화 전략에는 치명적인 약점도 있었다. 국내 자본을 충분히 마련하지 못한 상황에서 농민들로부터 대량의 노동력과 식량을 빼앗자 거센 반발이 일어났다. 농민들의 적극적인 생산 의지가 상실되면서 농업 생산량이 급격히 줄었다. 소련은 얼어붙은 땅이 많았지만 경지면적이 세계 1위였고, 우크라이나라는 비옥한 흑토지대에서 유럽 전체 밀의 4분의 1이 생산되고 있었다. 과거 러시아 제국은 1775년(미국 독립전쟁기)과 1807년(틸지트 조약Treaties of Tilsit)에 우크라이나에서 생산되는 밀을 영국과의 외교협상에서 최고의 카드로 사용하기도 했다. 농업 시스템이 효율적으로 운영되기만 했다면 식량은 충분히 자급자족할 수 있었다. 하지만 농업 시스템이 부실했다. 밀의 소비 구조도 엉망이었다. 밀로 만든 빵을 원가 수준에 팔자, 농민들이 그 빵을 가축의 사료로 사용했다. 이런 이유로 소련은 전 세계에서 가장 넓은 국토를 보유하고 있었지만 자급자족에 실패하면서 식량 수입국으로 전락했다. 그리고 반복되는 식량위기는 심각한 경제위기를 불러왔다.

- 둘째, 과도한 국방비 지출이다. 제2차 세계대전 이후 미국은 핵무기의 억지력을 믿고 재래식 군사력을 대폭 감축했다. 반면 소련은 재래식 상비군을 여전히 대규모로 보유하고 있었다. 유럽에서 전쟁이 발발할 경우 재래식 군사력의 강점을 적극적으로

이용해 빠르게 점령하여 전쟁을 종결한다는 구상을 유지했기 때문이다. 이런 전략은 소련군을 두려움의 대상으로 만들어주었다. 하지만 공짜는 없다. 이런 전략에는 과도한 국방비 지출이 필수다. 소련의 국방비 지출은 국가 전체 예산의 20~50%까지 달했다. 당시 소련은 특수한 몇몇 국가를 제외하면 세계 최고의 군사비를 지출하는 나라였다. 이는 소련의 경제에 큰 부담을 주었고, 다른 분야에서의 투자와 발전을 저해했다.

- 셋째, 서방의 경제 제재다. 1946년 3월 처칠 총리가 '철의 장막' 연설을 하고, 1947년 3월 미국의 트루먼 대통령이 '트루먼 독트린'을 발표하고, 1947년 6월 미국이 마셜 플랜(미국과 소련 진영 간 경제적 분리)을 발표한 일 등을 계기로 소련을 향한 봉쇄 정책이 시작됐다. 이 때문에 소련은 해외에서 필요한 자원과 기술을 확보하기 어려워졌고, 경제 성장이 서서히 둔화됐다. 경제 봉쇄로 물자난이 발생하자 국민들은 암시장에서 국가가 지정한 가격보다 더 높은 가격에 물자를 구매해야 했다. 휴지 등 생필품을 사기 위해서도 상점 앞에서 줄을 서는 것이 일상이 됐다.
- 넷째, 소련 내부에 만연한 관료주의와 부패로 경제 효율성이 떨어졌다. 이 외에도 출산율 저하와 인구 유출로 노동력이 부족해지면서 산업의 모든 영역에서 생산성이 하락했다.

이상의 요인들이 복합적으로 작용해 소련 경제는 추락하고 있었다. 소련 경제가 1960년대 중반부터 휘청거리기 시작하자, 흐루쇼프의 뒤를 이어 권력을 장악한 브레즈네프는 '코시긴 개혁'이라는 새로운 경제개발 계획을 단행한다. 이는 알렉세이 코시긴Aleksei Nikolaevich이 추진한 것으로, 농업 생산성 향상과 공업화 촉진을 목표로 했다. 기업에 생산 계획 수립과 가격 결정 등의 측면에서 자율성을 확대해주었고, 기업 및 노동자의 생산성 향상을 유도하기 위해 물질적 인센티브 제도도 도입했다. 이윤 지표를 도입하여 기업 운영 평가 기준으로 활용했으며, 생산 비용을 반영하여 일부 상품 가격을 인상하는 등 가격 개혁도 실시했다. 그 결과 소련은 농업 생산량이 증가하고 공업 부문의 발전도 다시 시작됐다. 경제 성장률도 소폭 상승하고, 기업 효율성도 상당히 개선됐다.

하지만 스탈린 시절부터 구축된 계획경제 시스템의 기본이 계속 유지되면서 개혁 범위가 제한됐고, 관료주의 및 부패 문제를 제대로 해결하지 못해 성장에 한계가 있었다. 개혁 지표와 시장 메커니즘이 충돌했다는 점도 문제다. 소련식 계획경제에서는 소비재를 포함해서 모든 물자의 생산량을 중앙 당국에서 직접 결정했다. 하지만 국가가 개개인의 소비재 양까지 파악하는 건 쉬운 일이 아니다. 원가로 판매하던 빵이 비싸지는 등 소비재 가격이 줄줄이 인상되자 국민의 불만이 커졌다. 제1차 코시긴 개혁이 실패로 돌아갔지만, 브레즈네프는 제2차 코시긴 개혁도 밀어붙였다. 결국 소련의 경제 성장률은 3% 이하 수준으로 하락하면서 저성장에 빠지고 말았다. 소련 정부가 계획경제 시스템을 포기하지 못한 이유는 분명하다. 중앙 정부에 경제적 권력을 집중시키려면 계획경제 체제가 가장 적합했기 때문이다.

소련은 세계 최대의 자원 부국이었다. 현재도 러시아 수출의 핵심은 군수산업이 아니다. 무기 수출이 경제에 도움이 되긴 하지만 그 규모는 생각보다 크지 않다. 현재도 최대 수출 품목은 석유, 천연가스 등을 포함한 다양한 천연자원이다. 이 외에도 드넓은 영토를 발판으로 석탄, 철광석, 동, 니켈, 망간, 아연, 코발트, 텅스텐, 수은, 보크사이트, 금, 티타늄, 알루미늄, 석영, 다이아몬드, 우라늄, 희토류 등 대부분 자원을 보유하고 있다.

19세기 러시아 제국 시절부터 소련은 세계 최대의 유전인 카스피해 유전을 보유하고 있었다. 카스피해는 세계에서 가장 큰 호수라는 위용을 자랑하는데, 세계 3대 유전지로 불릴 만큼 엄청난 양의 석유와 천연가스가 매장되어 있는 동유럽의 보물이다. 카스피해에는 약 170억 톤의 석유, 480조 세제곱미터의 천연가스가 매장되어 있는 것으로 추정된다. 세계 전체 석유 매장량의 약 10%, 천연가스 매장량의 약 18% 규모다. 1970년대에도 소련은 석유, 천연가스, 수력, 원자력 등 전 세계 에너지의 20% 이상을 생산했다. 소련의 석유 매장량은 미국, 사우디아라비아 다음으로 세계 3위다. 1970년 당시에는 중동을 능가하는 최대 산유국이었다. 러시아 혁명(1917)과 적백내전(1917~1922) 시절 잠시 3위로 밀려났지만, 1927년에 2위 자리를 회복했다.

소련의 천연가스는 매장량 기준으로 압도적인 세계 1위다. 코로나19 팬데믹과 러시아-우크라이나 전쟁 기간, 러시아는 천연가스를 무기로 유럽을 공격했다. 이른바 '블러드 오일blood oil'이다. 유럽이 러시아의 천연가스에 볼모로 잡힌 역사는 오래됐다. 제2차 세계대전 시기, 스탈린은 히틀러와의 전쟁을 치르기 위해 천연가스의 대대적 개발을 명령했다. 히틀러는 소련을 침공하면서 군수 에너지 공급에 타격을 주기 위해 소련의 주요 탄광지대를 점령했다. 석탄 지역을 독일에 빼앗긴 스탈린은 대안으로 천연가스 공급을 대폭 늘리기로 하고, 가스 파이프라인을 대대적으로 구축했다. 전쟁이 끝난 후, 시베리아 등에서 막대한 천연가스 매장이 확인됐다. 스탈린의 뒤를 이어 권력을 잡은 흐루쇼프는 천연가스를 서방에 수출할 방안을 모색했다. 때마침 서유럽도 전후 재건을 하면서 산업이 활성화돼 천연가스 공급 부족이 시작됐다. 1960년대 중후반, 소련은 독일·프랑스·이탈리아·오스트리아·핀란드 등과 천연가스 수출 협정을 맺었다. 유럽은 이것이 소련과 러시아로 이어지는 악연의 시작임을 알지 못했다.

20세기 중반, 소련은 발전된 석유 탐사 기술과 광대한 영토를 활용하여 석유와 천연가스 생산량을 급격히 늘렸다. 예를 들어 1946년 바슈키르 ASSR의 로마쉬키노 유전(매장량 20억 톤), 1948년 타타르 ASSR의 알라티르 유전(매장량 10억 톤), 1960년 서시베리아 유전(매장량 약 350억 톤), 1965년 메기온 유전(매장량 50억 톤) 등에서 석유 및 천연가스 채굴을 시작했다. 1950년대 후반부터는 자국과 이웃 공산권 위성국들에만 수출하던 원유를 미국 등 서방 국가에도 수출하기 시작했다. 석유와 천연가스 등의 에너지로 서방과 관계를 개선하여 봉쇄를 약화하고, 에너지로 외교적 우위를 유지하려는 속셈이었다.

오일쇼크를 호재로 부활한 소련, 무역 동맹을 강화해가는 미국

이런 소련에 오일쇼크는 호재였다. 1973년 오일쇼크가 발발하자, 소련의 원유 생산량은 곧바로 1위로 올라섰다. 1973년 10월 17일에 발발한 1차 오일쇼크의 원인은 같은 해 10월 6일에 시작된 제4차 중동전쟁이었다. 1장에서 봤듯이, 중동에서는 총 네 번의 전쟁이 벌어졌다. 한 번은 이집트 내에서 벌어진 쿠데타가 원인이었고, 나머지 세 번은 이스라엘과 중동 국가들의 전면전이었다. 이 중 제4차 중동전쟁은 이집트의 기습 공격으로 시작됐지만, 미국의 지원을 받은 이스라엘의 반격으로 승자 없이 휴전으로 마무리됐다.

이런 결과는 이집트와 시리아는 물론이고 중동 국가 전체에 수치감을 주었다. 아랍권 국가들은 보복을 다짐했다. 먼저 그들은 석유 카르텔인 OPEC를 결성하고 정치적 결속을 강화했다. 그다음으로, 페르시아만의 6개 산유국이 담합하여 석유 가격 인상과 감산에 일제히 돌입했다. 이들의 전략은 매우 정교했다. 과거에도 중동 국가들은 원유 수출을 무기로 사용해본 적이 있다. 1967년 제3차 중동전쟁 때다. 제3차 전쟁에서 6일 만에 패전하는 수모를 당하자, 원유 수출을 중단하며 서방 국가들에 보복을 시도했다. 하지만 복수심만 앞섰을 뿐 전략이 부재했다. 산유국들이 담합하여 '원유 수출 전면 중단'이라는 강력한 카드를 빼 들었지만, 곧바로 대체 자원들이 공백을 메웠다. 대체 자원인 천연가스·석탄 등의 생산량이 증가했으며, 석유 수입국의 대응도 빨랐다. 수입국들은 석유 비축량을 늘리고, 신속히 대체 에너지원을 개발했다. 동시에 이란, 아프리카, 인도네시아, 미국 등 다른 산유국들이 증산에 나서면서 중동산 원유 공백을 순식간에 메워버렸다. 전면 중단은 중동 국가들에도 큰 타격이었다. 매출 손실뿐만 아니라 원유 폐공 및 재가동 비용도 만만치 않았기 때문이다. 결국 막대한 피해만 떠안고 허무하게 끝이 났다.

하지만 이번에는 달랐다. 사우디아라비아가 중심이 되어 일사불란하게 움직였다. OPEC 회원국의 참여율도 높였다. 1967년의 뼈저린 실패를 교훈 삼아 전면 중단이 아니라 5% 감산 카드부터 사용했다. 1973년 10월 17일, OPEC는 국제 원유 고시 가격을 17% 전격 인상하고, 이스라엘이 점령지에서 철수하고 팔레스타인 권리가 회복될 때까지 매달 전월 대비 5%씩 원유 생산을 줄인다고 협박했다. 원유 시장의 구조적 불균형도 중동 국가들에 유리하게 작동했다. 1960년대 말까지 세계 석유 시장은 매우 안정돼 있었고, 유가 폭등이나 폭락과 같은 우려는 거의 없었다. 베트남전쟁이 길어지면서 미국의 석유 비축량은 갈수록 줄어드는 반면 미국과 유럽을 중심으로 전 세계 경제 성장률이 높아지면서 산업과 소비 영역에서 석유 수요가 꾸준히 증가했다. 배럴당 2.9달러였던 원유(두바이유) 고시 가격은 순식간에 4달러를 돌파, 1974년 1월에는 11.6달러까지 올랐다. 2~3개월 만에 무려 4배나 폭등한 것이다. 원유 가격이 상승하자 중동과 별 관계가 없는 베네수엘라도 가격 인상에 동참했다. 세계 경제는? 제2차 세계대전 이후 가장 심각한 불황에 직면했다. 미국 경제도 스태그플레이션의 늪에 빠졌다.

1차 오일쇼크는 OPEC가 1974년 3월에 원유 감산을 중단하면서 진정됐다. 하지만 1978년에 2차 오일쇼크가 발생했다. 원인은 최대 산유국 중 하나인 이란에서 일어난 혁명이었다. 당시 이란은 팔라비 왕조의 지배하에 있었다. 팔라비 왕조는 독재정치를 하면서 친미 정책과 서구화 정책을 추진했지만 심각한 경제 양극화가 발생해 국민들의 반발이 컸다. 1978년, 유전 노동자들이 팔라비 왕정 타도를 외치면서 파업을 시작했고 이때부터 국제 유가가 불안정해졌다. 그러던 1978년 12월 아야톨라 호메이니가 이슬람 혁명을 일으켰고, 이듬해 2월 팔라비 왕가가 이란을 떠나 망명하면서 호메이니 세력이 정권을 완전히 장악하게 됐다. 호메이니는 이슬람공화국을 수립한 후 미국과 즉시 단교하고, 서방에 석유 수출을 중단하는 등의 조치를 단행했다. 당시 이란은 세계 석유 공급 15%를 담당하고 있었는데 호메이니의 조치로 배럴당 13달러대였던 유가는 순식간에 20달러를 돌파하게 됐다. 석유업자들의 매점매석과 투기성 시장 조작까지 횡행했다. 원유의 현물 가격이 폭등하고, 연이어 장기 계약에 기초한 원유 가격도 급상승했다.

두 차례의 오일쇼크로 미국과 전 세계는 큰 충격을 받았지만, 소련의 경제는 활황으로 돌아섰다. 두 번의 오일쇼크를 거치면서 원유 가격이 1960년대 대비 12배 이상 폭등했기 때문이다. 밀 등의 곡물 가격도 덩달아 상승하면서 소련 경제는 빠르게 회복됐다. 막대한 오일 머니가 쏟아져 들어오자, 소련의 GDP가 미국의 67%에 이르렀다.

경제적 자신감을 얻은 소련은 군비 경쟁을 재개하고 미국을 다시 추격하기 시작했다.

1979년 12월 27일, 소련은 T-62 탱크를 앞세우고 8만 5,000명의 병력을 투입하여 아프가니스탄을 전격 침공했다. 소련의 8개 사단과 특공대는 일주일 만에 아프가니스탄 전역을 장악하고 페르시아만 접경까지 진격했다. 아프가니스탄은 지정학적으로 가치가 높다. 실크로드의 관문이고 중동과 동아시아의 에너지를 수송하는 데도 중요한 지역이다. 1970년대 아프가니스탄은 무함마드 다우드 칸Mohammed Daoud Khan이 군부 쿠데타를 일으켜 입헌군주제를 전복하고 아프가니스탄공화국을 수립한 상태였다. 하지만 수십 년간의 내전과 정치적 불안정, 가뭄 등으로 경제가 피폐해져 있었다. 여기에 오일쇼크까지 더해져 경제가 회복 불능의 상황에 직면했다. 결국 1978년 4월 27일 마르크스-레닌주의 성향의 아프가니스탄 인민민주당PDPA 당원들이 쿠데타를 일으켜 다우드 칸 정권을 무력으로 축출했다. 지정학적 요충지인 아프가니스탄이 고스란히 소련의 손으로 들어오는 순간이었다.

하지만 소련의 미소는 오래가지 못했다. 1979년에는 무자헤딘Mujahideen을 중심으로 한 이슬람 저항 세력이 일어나면서 극심한 대립이 벌어졌고, 아프가니스탄 정세는 심하게 요동쳤다.

소련은 세 가지 이유에서 아프가니스탄의 안정이 필요하고 판단했다. 첫째, 아프가니스탄이 계속 공산 정부의 지배를 받게 해야 지정학적 이점을 계속 활용할 수 있다. 둘째, 아프가니스탄 내 이슬람 저항 세력이 득세하면 소련 내에 있는 이슬람 지역(중앙아시아)에서 극단적

이슬람 무장 세력의 부흥을 자극할 위험이 생긴다. 이를 선제적으로 차단해야 한다. 셋째, 무자헤딘 세력은 이슬람 원리주의를 내세웠지만 친서방 성향을 보였고 미국 등 서방 국가들이 무자헤딘에 자금과 무기를 대거 지원했다.

이런 이유로 소련이 아프가니스탄을 전격 침공한 것이다. 무자헤딘 세력은 강력히 저항했지만, 화학무기까지 사용하는 소련군의 적수가 되지 못했다. 무자헤딘 세력은 다양한 부족과 정치 세력으로 구성되어 있었고, 통일된 지휘 체계가 없었다. 결국 소련의 공격을 받은 지 단 3일 만에 대부분 지휘관이 체포당했다. 남은 세력은 산악지대로 도망쳐 게릴라전을 시작했다.

소련의 아프가니스탄 침공으로 국제 석유 가격은 더 상승했다. 1980년 9월, 이란의 호메이니 정권도 이라크를 전격 침공했는데 이로 인해 국제 유가는 30달러 벽마저 돌파했다. 1981년 1월에는 두바이유 기준으로 39달러의 정점에 도달했다. 세계 경제는 다시 충격을 받았고 미국 경제에도 스태그플레이션이 재발했다.

소련이 경제 회생을 바탕으로 전쟁을 재개하자, 미국은 무역 동맹을 중동으로도 확대해야 한다고 판단했다. 1960년대까지 미국은 중동 전략에서 소극적 행보를 보였다. 1945년 2월, 프랭클린 루스벨트 대통령이 사우디아라비아 국왕과 '석유와 안보의 교환'을 약속했으나 정작 중동에 무기를 판매하는 것 말고는 큰 관심이 없었다. 당시 영국이 중동에서 지배적 힘을 발휘하고 있었기 때문이기도 하다. 그런데 1971년, 영국 군대가 재정난을 이유로 중동에서 철수하고 중동 지역에 갑자기 힘의 공백이 발생한다. 이때도 미국의 닉슨 대통령은 중동에 전략적 가치를 크게 두지 않았다. 단지 무기 판매 시장이 커졌다는 정도로만 인식했다. 1972년 5월, 닉슨은 중동에서 미국의 군사적 대리인으로 이란을 선택하고 첨단 무기를 제한 없이 판매했다. 그는 이란 등에 첨단 무기를 판매하면 수출 증가로 흑자 규모가 커질 뿐 아니라 소련이 중동으로 남하하지 못하도록 그들이 막는 효과도 있을 것으로 생각했다. 이런 틈을 타고 중동의 맹주 사우디아라비아가 아랍국가의 힘을 규합할 줄은, 그로 인해 1차 오일쇼크가 발발할 줄 전혀 몰랐다.

설상가상으로, 1971년 8월 15일 닉슨이 금태환 제도를 폐지한 이후로 미국 달러화 가치가 급락했다. 기축통화 지위가 흔들렸다. 닉슨 행정부는 달러 가치 폭락과 유가 폭등이라는 두 가지 위기를 극복하기 위해, 1974년 6월에 사우디아라비아와 비밀협정을 맺는다. 국제 원유 대금 결제를 달러로 통일하고, 사우디아라비아는 석유 판매 대금으로 미국 무기를 구매한다는 내용이었다. 이를 통해 미국은 달러 가치 하락 위기를 극복하고 '페트로달러petrodollar' 시대를 열었다. 동시에 소련을 공격할 새로운 무역 동맹국을 확보했다.

무역 장벽으로
적의 목을 조르다

미국은 소련을 무너뜨리기 위한 '무역 동맹 구도 재편'이라는 사전 포석을 완료했다. 우선 중국과 소련의 관계에 균열을 일으켜 중국이 소련 경제를 돕지 못하게 해놓았다. 중동에서는 사우디아라비아와 손을 잡고 소련 경제의 핵심인 석유 및 천연가스 시장을 교란할 준비도 완료했다. 이제 무역이라는 도구를 아주 강력한 공격용 무기로 사용할 일만 남았다. 무역을 공격적으로 사용하면 약탈의 효과를 얻는다. 반대로, 무역을 방어적으로 사용하여 무역 장벽을 만들면 적을 잔인하게 질식사시킬 수 있다. 무역 약탈은 해당 국가를 무너뜨리지는 않는다. 죽지 않을 만큼 숨을 붙여놓고 수십, 수백 년 동안 피를 빨아먹는 전략이다. 반면 무역 장벽을 만들어 적을 질식사시키는 전략은 목표가 완전히 다르다. 무역이 질식하면 경제가 질식하고, 경제가 질식하면 군사력도 질식한다. 그러면 나라가 망한다. 미국은 거대한 무역 장벽으로 소련을 포위하여 질식사시키는 작전을 시작했다. 상황도 유리하게 흘러갔다.

소련 정부는 오일 가격 상승으로 엄청난 돈을 벌어들였지만, 부를 관리하는 데는 실패했다. 넘쳐나는 돈을 비효율적인 산업에 쏟아부었고, 관료들의 부패가 심해지면서 빈부격차가 극심해졌다. 게다가 아프가니스탄까지 침공하면서 국력 손실의 늪에 빠져버렸다. 반대로, 미국에는 미·소 냉전 시대를 완전히 끝장낼 기회가 만들어졌다. 물론 소련 경제가 한순간에 무너질 만큼 그 기반이 허술하진 않았다. 특히 가계 경제가 상당히 탄탄했다. 1980년대 소련 국민의 평균 월급은 200루블 정도였는데, 사회주의 국가의 특성상 교통비나 주거 임차료 같은 물가가 매우 낮았다. 책값이나 문화적 소비에 들어가는 비용도 비교적 저렴했다. 그래서 당시 소련 사람들의 생활은 여느 중진국 못지않았다. 각 가정이 수천 루블의 예금 자산을 보유해서 잠재 구매력도 컸다. 이런 소련 경제를 무너뜨리기란 생각보다 쉽지 않은 일이었다. 그래서 미국은 철저하고 정교한 공격을 준비했다.

두 번의 오일쇼크 폭풍우가 지났고, 전열을 재정비한 미국은 준비한 칼을 꺼내 들었다. 1980년 1월 23일, 지미 카터 대통령이 '카터 독트린Carter Doctrine'을 발표했다. 핵심은 소련의 침략으로부터 페르시아만 지역을 보호하기 위해 미국이 군사력을 포함한 모든 수단을 사용한다는 것이었다. 1979년에 소련이 아프가니스탄을 침공하자 카터는 무엇보다 페르시아만 지역을 장악하지 못하게 해야 한다고 판단했다. 카터 독트린에는 다음과 같은 내용이 담겨 있었다.

- 미국은 페르시아만 지역을 중대한 이익으로 간주한다.
- 외부 세력의 페르시아만 지역에 대한 공격은 미국에 대한 공격으로 간주한다.
- 미국은 페르시아만 지역에 대한 외부 세력의 공격을 막기 위해 군사력을 포함한 모든 수단을 사용할 것이다.

카터 독트린에 따라 미국은 1980년 4월에 이란과의 외교 관계를 단절했다. 그리고 같은 해 모스크바 올림픽도 동맹국과 함께 보이콧했다(미국은 2022년 중국 베이징 동계 올림픽에서도 같은 행보를 보였다). 카터는 아프가니스탄전쟁에 소련의 발이 오랫동안 묶여서 국력을 소모하기를 원했고, 이 전략의 총괄을 중앙정보국CIA에 맡겼다. 이른바 'CIA가 주도한 아프가니스탄 대리전쟁 또는 비밀전쟁'이 시작됐다. CIA는 훗날 '곰 덫'이라고 불리는 전략을 구사했다. 아프가니스탄에 개입한 소련을 '곰'에 비유하고, 그들이 아프가니스탄전쟁에 계속 말려들게 된 상황을 '덫'에 빗댄 표현이다.

먼저 CIA는 사우디아라비아를 비롯한 중동 내 이슬람 무장 세력이 아프가니스탄전쟁에 개입하게 하고, 산악지대를 중심으로 게릴라전을 펼치는 무자헤딘 세력에 대한 미국의 지원을 정당화하기 위해 '지하드Jihad(신의 전쟁) 지원'이라는 명분을 내세웠다. '지하드'는 이슬람교에서 '성스러운 전쟁'을 의미하는 용어다. 종교적 감성을 자극하는 이 용어를 사용함으로써 아프가니스탄 내부에 있는 게릴라와 국민들에게도 지지를 얻었다.•

그다음으로, CIA는 아프가니스탄 무자헤딘에 군자금과 스팅어

• 실제로, 훗날 미국 9·11 테러를 주도한 사우디아라비아의 건설업계 부호 집안 출신인 오사마 빈 라덴Osama Bin Laden도 편안한 생활을 포기하고 아프가니스탄 산악지대로 가서 아프가니스탄 공산당 정부와 싸우는 게릴라 지도자가 됐다. 빈 라덴은 가문의 막대한 자금을 기반으로 10여 년간 저항운동을 성공적으로 이끌면서 아랍 세계에서 영웅이 됐다. 빈 라덴도 당시에는 미국과 긴밀한 협력 관계를 맺고 CIA의 지원을 받았다. 아이러니하게도, CIA가 사용한 '지하드'라는 용어는 이슬람 극단주의의 성장에 영향을 미쳤다. 훗날 이들은 미국과 서방 국가에 대한 테러 등 폭력적인 행위를 정당화하는 데 이 용어를 사용했다.

미사일 등의 무기를 계속 제공했다. 파키스탄은 훈련기지와 보급로를 제공했고, 사우디아라비아는 주요 자금원 역할을 맡았다. CIA는 무자헤딘이 단숨에 승리하기보다는 소련이 아프가니스탄에서 스텝이 꼬여 최대한 오래 곤란한 상황을 겪도록, 그래서 군사적·경제적으로 힘을 최대한 소진하도록 하는 데 집중했다. 미국이 아프가니스탄에서 소련을 견제하자 전쟁은 장기전으로 변했다. 결국 소련은 미국, 파키스탄, 사우디아라비아를 등에 업은 무자헤딘의 격렬한 저항에 휘말리면서 1989년 2월 전격 퇴각할 때까지 9년 동안 막대한 국력을 소모했다.

하지만 이런 군사 작전은 예비 작업에 불과했다. 미국의 진짜 무기는 아직 등장하지 않았다. 소련에 결정적 한 방을 날린 인물은 카터의 후임 로널드 레이건이었다. 레이건은 캘리포니아 주지사를 거쳐 미국의 대통령에 오른 정치인이다. 1980년 대선에서 민주당의 지미 카터를 상대로 승리하고 1984년 월터 먼데일을 상대로 재선에 성공하여 1981년부터 1989년까지 대통령직을 수행했다. 레이건은 소련에 대한 강력한 무역 장벽을 만들어 적을 잔인하게 질식사시키는 공격을 본격 시도한다. 먼저 그는 '별들의 전쟁Star Wars'이라고 불리는 우주 군비 경쟁을 촉발했다. 소련도 막대한 예산을 투입해 대응할 수밖에 없었다. 강력한 정보 전쟁도 벌였다. 소련의 내부 정보를 수집하고, 이를 이용하여 소련의 정책에 영향을 미치려는 속셈이었다. 하지만 레이건의 가장 강력한 공격은 1982년 11월 29일에 단행한 것으로, 소련의 경제적 숨통을 끊어놓을 수 있는 전략 문서 'NSDD-66'에 서명한 일이다.[1]

당시 소련은 아프가니스탄전쟁에서 고전을 거듭하며 막대한 군비 지출로 힘겨워하고 있었다. NSDD-66의 핵심은 크게 두 가지로 요약된다. 첫째는 소련의 경제 성장을 가로막는 조치로 에너지 가격 하락 유도, 소련의 기술 및 금융 접근 제한, 소련의 군수산업 생산 저해 등이다. 다른 하나는 소련 내부의 불안을 조성하는 조치로 반체제 운동 지원, 소련 국민들의 불만 자극, 소련 위성 국가들의 독립 지원 등이다. 특히 이 중 첫 번째는 재편한 동맹국과 함께 소련을 전면 포위하는 강력한 무역 장벽을 세워 경제적으로 완전히 고사시키는 공격이었다.

미국은 유럽, 사우디아라비아, 캐나다 등 미국의 동맹국에 소련과의 원유·천연가스 매입 계약과 첨단 기술 및 장비의 수출을 금지하고 제한했다. 소련은 두 번의 오일쇼크 기간에 원유와 천연가스 수출로 큰 이익을 얻었고, 이는 군사력을 강화하고 아프가니스탄에서 전쟁을 지속하는 데 사용됐다. 최대 장점은 곧 최대 약점이 될 수 있다. 소련 경제의 최대 약점은 석유와 천연가스 수출에 대한 의존도가 매우 높다는 것이었다. 미국의 의중을 간파한 유럽 국가들은 이 작전에 동의했다. 하지만 에너지 부분에서 유럽 국가들의 협력은 부분적으로만 이루어졌다. 서독 등 일부 국가가 소련의 천연가스에 크게 의존하고 있었기 때문이다. 그 대신 중동이 미국 편에 섰고, 특히 사우디아라비아가 적극적으로 협력했다.

사우디아라비아는 OPEC를 움직여 석유 공급량을 급격하게 늘렸다. 국제 원유 가격이 폭락했다. 당시 소련은 유가가 배럴당 1달러 오를 때마다 연간 10억 달러의 추가적인 수입을 얻었다. 이는 달리 말하면, 유가가 1달러 하락할 때마다 수입이 10억 달러씩 줄어든다는 뜻이다. 미국은 사우디아라비아가 석유 가격을 하락시켜주면 첨단 무기 등의 군사적 지원을 한다는 밀약을 맺었다. 사우디아라비아와 OPEC 입장에서는 괜찮은 거래였다. 가격을 하락시키더라도 미국이 소련의 석유와 천연가스 수출을 막아주면 유럽 국가들이 수입을 늘릴 것이기 때문에 손해 보는 장사가 아니었다. 1980년대 서방 기술력으로 사우디아라비아를 비롯한 중동의 원유 채굴 채산성도 크게 향상돼 가격 하락을 견딜 수 있었다.

사우디아라비아는 석유 생산량을 4배 늘렸다. 이란, 이라크, 소련은 전쟁 중이라서 감산을 할 수 없었다. 비OPEC 국가들도 높은 석유 가격만 믿고 증산을 지속하던 상황이었다. 오일쇼크 기간에 폭등했던 국제 원유 가격이 폭락했다. 공급은 4배로 늘고 수요는 줄어드니 당연한 현상이었다. 원유 가격이 하락하자 미국은 전략적 비축유 구매량을 하루 22만 배럴에서 14만 5,000배럴로 35%가량 줄였다. 공급이 늘어나는 상황에서 국제 수요 규모를 줄여 가격 하락 효과를 극대화하려는 전술이었다. 서유럽과 일본 등 미국의 동맹국들도 전략 비축유 구매량을 줄였다. 캐나다 역시 미국과 긴밀한 관계를 유지하기 위해 미국 정부의 요구에 적극적으로 동참했다. 캐나다는 소련과의 경제 교류를 대폭 줄였다. 때마침 1년 전인 1981년에 마거릿 대처 영국 총리가 런던에 국제석유거래소를 설립했다. 1983년에는 뉴욕 상품거래소에서도 원유 거래를 시작했다. 거래소가 많아지면 수요자의 영향력이 커진다. 게다가 1981~1982년에 세계적으로 경기가 침체되면서 석유 소비국의 수요가 크게 줄었다. 결국 국제 원유 가격은 배럴당 7달러까지 폭락했다.

소련에 대한 첨단 기술과 장비의 수출 금지 및 제한도 노림수가 분명했다. 미국이 앞장섰다. 1975년 미국의 대소련 첨단 기술 제품 수출은 32.7%였는데 1983년에는 5.4%로 줄였다. 소련이 첨단 기술을 발판으로 군수산업을 발전시키고 경제 성장을 견인하는 것을 막기 위한 조치였다. 기술 교류 단절은 소련의 신산업 추진에도 큰 영향을 주었다.

예를 들어 소련은 제2차 세계대전 이후부터 디지털 컴퓨터 개발에 착수했다. 1950년, 오늘날 키예프에 있었던 전자기술대학에서 범용 프로그래밍이 가능한 'MESM'이라는 소형 전자계산 장비 개발에 성공했다. 1955년에는 5,000개의 진공관으로 구성되고 유럽에서 가장 빠른 연산 속도를 자랑하는 'BESM-1'이라는 대형 컴퓨터도 제작했다. 1956년 12월에는 스텔라 컴퓨터를 완성했고, 1960년대에는 미르-1·2·3 모델을 대량 생산해 소련 전역과 여타 사회주의 국가에 보급할 정도였다. 1962년에는 진공관을 사용하지 않고 순수하게 반도체를 기반으로 하는 '민스크-2'라는 중규모 컴퓨터도 개발했다. 진공관 없는 컴퓨터 개발은 미국보다 2년이나 빨랐다. 1965년부터는 프랑스 등 유럽 국가들이 소련에 손을 내밀고 컴퓨터 연구와 학술 자료 공유를 요청할 정도였다. 하지만 거대한 기술 장벽이 세워지면 자동 기계와 정보 산업 등 신산업에서 혁신이 멈춘다. 기존 산업에서의 유지·보수나 개선도 방해받는다. 그만큼 소련 내의 제품과 서비스 공급에 차질이 발생해 경제 성장이 저해될 수밖에 없다. 실제로, 소련 국민의 생활 수준이 저하되고 사회적 불만이 커졌다.[2]

소련은 당황했다. 아프가니스탄전쟁을 시작으로 소련 군대의 무덤으로 변해갔고, 에너지 가격이 폭락하면서 무역수지는 악화됐다. 설상가상으로, 체르노빌 원자력 발전소 폭발 사고가 발생해(1986) 이를 수습하는 데 천문학적인 비용이 지출됐다. 소련은 압도적인 자원을 보유했지만 낙후된 기술과 설비 탓에 자원 산업의 경쟁력도 갈수록 뒤처졌다. 미국의 숨 막히는 무역 장벽 공격이 진행되는 동안 소련의 정치 상황도 급박하게 돌아갔다.

1982년 11월 10일, 아프가니스탄 침공을 명령했던 브레즈네프가 심근경색으로 사망했다. 당시 그의 나이 일흔다섯이었다. 그의 뒤를 이어 최고 지도자가 된 사람은 KGB 출신으로 강력한 리더십과 엄격한 규율로 유명한 유리 안드로포프Yuri Andropov였다. 안드로포프는 무너지는 소련을 다시 세우기 위해 국가 기관의 부패 척결, 노동 규율 강화, 미국과의 관계 개선을 시도했다. 기강 단속 강화로 생산 효율성이 일시적으로 높아지면서 경제 성장률이 4%대로 반등하기도 했다. 하지만 오래가지는 못했다. 안드로포프가 불과 집권 2년 만인 1984년 2월에 갑자기 사망했기 때문이다. 공식적인 사망 원인은 신장 질환으로 발표됐다. 하지만 그의 짧은 재임 기간과 KGB 출신이라는 배경 그리고 당시 소련의 정치 상황 등을 고려할 때, 암살 가능성도 제기됐다. 그의 후임으로 콘스탄틴 체르넨코Konstantin Chernenko가 선출됐다. 하지만 그 역시 불과 1년 만인 1985년 3월 10일 사망한다. 공식적인 사망 원인은 심근경색이었지만, 그의 건강 상태에 대한 자세한 정보는 공개되지 않았다. 이전부터 폐와 심장 질환, 당뇨병 등을 앓고 있어서 정치적 압박으로 건강이 갑자기 악화됐을 가능성도 있고, 암살당했다는 주장도 있다. 1985년, 그의 후임으로 소련의 마지막 지도자인 미하일 고르바초프Mikhail Gorbachev가 선출됐다.

이렇게 미국은 1980년 카터의 '카터 독트린'을 시작으로 1982년 레이건의 'NSDD-66' 서명을 거치며 잔인하고 정밀한 '무역 장벽을 통한 질식사' 전략을 차근차근 진행했다. 그동안 소련에서는 무려 네 명의 지도자가 교체됐다. 그만큼 정치적으로도 불안정과 혼란이 극에 달했다는 의미다.

1985년, 소련의 마지막 지도자이며 페레스트로이카(개혁)·글라스노스트(개방)의 상징인 고르바초프가 소련 공산당 중앙위원회 총장으로 선출됐다. 고르바초프는 1931년 러시아 남부 스타브로폴 지방에서 태어났다. 모스크바대학교에서 법학을 전공한 후, 소련 공산당에 입당하여 1980년대 초 정치국 위원으로 선출될 정도로 빠르게 출세한 인물이다. 권좌에 올라서자마자 경제 개혁, 정치 개혁, 언론 자유 확대, 미국과의 관계 개선 등을 추진했다. 그의 개혁개방 정책으로 경제 성장률이 한때 5%대까지 반등하는 등 초기에는 성과를 냈다. 하지만 '코메콘COMECON'이 무너지면서 계획이 틀어지기 시작했다.

코메콘은 1949년 1월 5일에 소련 주도로 탄생한 동유럽 국가들의 경제협력체다. 미국과 서방의 경제협력체에 대응하기 위해 소련 주도로 동유럽 사회주의 국가들을 규합한 것이다. 소련, 동독, 폴란드, 체코슬로바키아, 헝가리, 루마니아, 불가리아, 쿠바, 몽골, 베트남 등이 회원국이었다. 이들 국가는 소련의 경제·무역에서 주요 파트너가 되어 기술 및 자원 공유, 공동 투자 사업 추진, 경제개발 계획 조율 등을 함께했다. 물론 코메콘을 통한 경제 교역과 협력은 서방 협력체보다 열등했다. 회원국들의 소득 수준도 전반적으로 낮은 편이었다. 소련은 사회주의 동맹국들과 우호적인 관계를 유지하기 위해 석유, 석탄, 천연가스 같은 천연자원을 저렴하게 공급해서 큰 이익을 남기지 못했다. 그래도 있는 것이 없는 것보다는 나아서 큰 이익은 내지 못해도 물자나 돈의 흐름이 주는 효과를 얻었다.

그런데 1989년 베를린 장벽이 붕괴하면서 동유럽 국가들이 차례로 민주화되자, 코메콘은 유명무실해졌다. 코메콘이 와해되자 소련은 중요한 시장과 자원 공급원을 잃었고, 수출은 감소했으며, 미국과 서방 국가들에 더욱 의존해야 하는 절박한 상황에 몰렸다. 경제 성장률은 마이너스로 추락하고, 연간 200억 달러의 적자를 기록하면서 휘청거렸다.

상대적으로 탄탄했던 가계 경제도 정부의 정책 실패로 무너지기 시작했다. 페레스트로이카 정책 말기, 소련 정부는 불경기를 극복하기 위해 시장경제 요소를 적극적으로 도입했다. 하지만 시장이 정상화되기 이전에 경제에 대한 정부의 통제력이 빠르게 힘을 잃었다. 기업이 생산량을 자율적으로 정하고 합작 기업을 설립하는 등 자율성은 늘었지만, 정부가 가격을 통제하는 시스템이 여전히 남아 있어서 곳곳에서 삐그덕거렸다. 국영 기업을 비롯한 생산자들은 국가가 정한 낮은 가격에 시장에서 파는 것보다 암시장을 통해 판매할 때 더 높은 이익을 얻을 수 있었다. 그래서 지하경제가 급속히 팽창했고 계획경제 시스템은 사실상 마비됐다. 물자는 부족하고 암시장만 활개 치자 가계 경제마저 흔들렸다. 총체적 난국이었다.

미국은 고르바초프가 개혁개방과 미국과의 관계 개선에 진심이라는 것을 알았다. 하지만 냉전 시대 최대 도전자 소련을 침몰시킨다는 목표는 포기하지 않았다. 미국은 마지막 한 방을 준비했다. 비틀거리는 소련 경제에 '달러 금융 지원 금지'라는 비수를 꽂았다. 소련에 차관을 제공하지 못하도록 OECD에 압력을 가한 것이다. 유가가 하락할수록 소련의 외화 보유액은 급감했다. 국가 부도 일보 직전이었다. 미국은 소련과의 군비 경쟁도 일부러 격화하여 남은 경제력마저 소진케 했다. 달러화의 가치도 평가절하하여 소련이 벌어들인 달러의 실질 구매력을 하락시켜버렸다. 미국과 동맹국의 언론이 소련의 국가채무 상환 위험을 거론했고, 소련 경제는 신용경색에 빠지기 일보 직전이었다. 경제가 침몰하면 민심이 등을 돌리고 정치적 분쟁이나 쿠데타가 발발할 것이 거의 확실했다. 소련 정부는 미국에서 달러를 빌려야만 국가부도를 막고 내수 경제의 생명을 유지할 수 있었다.

결국 고르바초프는 항복을 선언할 수밖에 없었다. 1989년 12월 2일과 3일 미하일 고르바초프 소련 공산당 서기장과 조지 H.W. 부시 미국 대통령은 지중해의 몰타섬에서 정상회담을 열었고, "냉전은 끝났다"라고 선언했다. 1980년부터 미국의 무역 장벽 공격이 본격적으로 진행된 지 10년 만에 소련이 백기를 든 것이다. 이 회담에서 두 지도자는 냉전 시대의 종식 선언과 더불어 군비 경쟁 완화 및 군축 협정 체결, 유럽의 분단 해소 및 독일 통일 지원, 인권 개선 및 경제 협력 증진 등을 발표했다.

미소 띤 얼굴로 비수를 꽂다

미국은 끝까지 잔인했다. 소련의 백기 투항에도 공격을 멈출 마음이 없었다. 1991년 8월 19일, 소련에 군사 쿠데타가 일어났다. 그간 고르바초프의 개혁 정책은 효과를 내지 못하고 경제적 어려움과 정치적 불안정, 공산당의 권위 약화만 야기했다. 공산당 보수파가 이에 불만을 품고 고르바초프가 크림반도로 휴가를 떠난 틈을 이용해 들고일어난 것이다. 군부 강성파들은 1980년대 중반부터 핵탄두 감축과 같은 군축 정책에도 불만이 많았다. 쿠데타 주도자들은 고르바초프를 크림반도 별장에 연금한 후 국가비상사태위원회를 구성하고 국가 권력을 장악한다고 선언했다.

하지만 삼일천하에 불과했다. 쿠데타에 반대하는 시민들이 모스크바 거리로 나와 시위를 벌였다. 시위를 이끈 사람은 보리스 옐친Boris Yeltsin이었다. 그는 쿠데타를 비난하는 연설을 하면서 시민들의 저항을 촉구했다. 그리고 쿠데타 세력과 대결하기 위해 비상위원회를 구성하고 군 병력의 지지도 확보했다. 결국 쿠데타에 참여했던 상당수의 군인이 시민들의 편으로 돌아서면서 쿠데타 세력은 3일 만에 고립되고 말았다(이때 정치적 영향력을 확대한 옐친은 1991년 12월 러시아 최초의 대통령으로 선출됐다). 고르바초프는 3일 만에 권좌에 복귀했지만, 소련의 붕괴는 더욱 가속화됐고 공산당의 권위는 회복 불능 상태에 빠졌다. 소련에는 다양한 민족이 공존했는데, 경제가 붕괴하자 민족 간 갈등이 극심해졌다. 각 공화국의 독립 요구가 화산처럼 분출했고, 마침내 1991년 12월 8일 벨라루스·러시아·우크라이나 3개 공화국이 독립국가연합CIS 창설을 선언했다.

이때다 싶었던 미국은 소련이 패권국 지위에 영원히 도전하지 못하도록 마지막 비수를 꺼내 들었다. 가장 잔인한 공격인 '소리장도笑裏藏刀'(웃음 속에 칼을 감추고 있다는 뜻의 사자성어) 계책이다. 미소를 띤 채 도움을 주는 척하면서 숨이 넘어가기 일보 직전인 소련의 심장에 비수를 깊숙이 꽂아 넣은 것이다(이후에도 미국은 독일, 일본 등 최대의 적들에게 소리장도 전략을 구사하면서 하나씩 섬멸해나갔다).

1991년 12월 15일, 미국은 외환위기에 몰린 소련에 단기 국채 10억 달러를 빌려주었다. 만기 1년에 연이율 15%로 상환 부담이 엄청난 차관이었다. 경제 개혁을 계속해야 한다는 부수 조항도 달았다. 겉으로는 소련의 경제 개혁을 지원하기 위해 국채를 제공한 것처럼 보이지만, 사실상 높은 금리를 통해 소련의 경제 개혁에 압박을 가한 것이다. 이미 연간 200억 달러씩 적자를 내는 소련 정부에 10억 달러는 새 발의 피, 언 발에 오줌 누기였다. 고르바초프의 개혁 정책과 미국의 차관 지원에도 불구하고 소련 경제는 계속 악화됐다.

1991년 12월 한 달 동안에만 소련을 구성하는 15개 공화국 중 11개 공화국이 독립을 선언했다. 결국 12월 25일 저녁 7시 32분(한국 시각으로는 12월 26일 새벽 2시 32분), 고르바초프는 TV 방송을 통해 소련 대통령직에서 사임한다고 밝혔다. 사임 연설에서 그는 소련의 붕괴를 공식 발표하고, 역사적 흐름을 거스를 수 없다는 아쉬움을 표했다. 그리고 소련 국민들에게 개혁과 민주주의를 계속해서 추구할 것을 당부하면서 연설을 마무리했다. 다음 달, 미국은 소련의 후신 국가들에 40억 달러를 지원했다. 참고로, 1985년까지도 소련은 세계 3위에 달하는 3억 인구의 힘과 압도적인 세계 최대 자원 부국의 이점을 기반으로 GDP 기준 세계 2위를 유지했다. 1986년에 일본과 독일에 추월당했지만, 붕괴 전년도인 1990년에도 세계 3~4위를 유지했다(물론 미국과 비교할 때 GDP가 3분의 1 수준으로 격차가 벌어지긴 했다). 이런 소련이 군사적 전면전 없이, 핵전쟁 없이 무너진 것이다. 미국을 중심으로 유럽과 동맹국, 국제사회가 적극적으로 연합하여 거대한 무역 장벽이라는 새로운 무기의 막강함을 보여준 사례다.

여러 나라가 동맹하여 경제·무역·금융·기술·산업에 거대한 장벽을 쌓으면 핵폭탄보다 무서운 무기가 된다. 나는 이를 '경제 봉쇄 전쟁'이라고 부른다. 경제 봉쇄 전쟁은 약탈이 목적이 아니다. 고사, 질식사가 목적이다. 이렇게 소련히 해체된 이후 강대국들은 '더 이상 땅은 필요 없고, 경제 봉쇄 전쟁이면 충분하다'라는 것을 깨달았다.

경제는 두 얼굴을 가진다. 경제의 선한 얼굴은 인류가 서로 싸우지 않고 자원과 상품들을 교환하는 평화로운 행위다. 삶을 풍요롭게 하는 합리적이고 중립적인 행위다. 그러나 또 다른 민낯이 있다. 국제 사회에서 핵전쟁을 두려워하는 인류가 선택한, 새로운 영토와 패권을 둘러싼 전쟁의 핵심적인 도구라는 점이다. 경제가 무너지면 군대도 약화되고, 국가의 몰락을 피할 수 없다.

명나라 말기 만력제 시절 잦은 동궁 건축, 장기간의 전쟁, 반복된 자연재해, 농업 생산성 감소로 국가 재정이 파탄 났다. 특히 임진왜란(1592~1598)은 명나라 재정에 치명적인 타격을 입혔다. 중앙 정부와 지방 관리들의 부패도 심해서 조세 회피와 탈루 등이 횡행했다. 군사력을 유지하는 데는 막대한 비용이 든다. 모집, 훈련, 장비, 식량, 급여 등 모든 면에서 재정 지원이 필수적이다. 군사력 유지에 필요한 자금이 부족하면, 병력 모집과 훈련조차 제대로 이루어지지 않는다. 만력제 말기, 후금이 선전포고를 하고 2개의 성을 빼앗았다. 만력제는 후금을 정벌하기 위해 요동 지역으로 21개 위소(1위소는 5,600명) 규모의 군대를 보내려고 했다. 하지만 심각한 재정 부족 탓에 필요한 병력의 절반도 모집하지 못했다. 명나라의 재정적 약점은 전략적 결정과 군대의 배치와 이동 속도에도 영향을 미쳤다. 장비와 식량의 부족은 군사들의 사기를 저하시켰다. 결국 명나라는 재정난과 군사력 약화로 후금과의 전쟁에서 패배를 거듭했다. 이 사례는 국가의 경제력이 군사력에 미치는 근본적인 중요성을 잘 보여준다. 경제적 안정은 충분한 군사력을 유지하고 적시에 동원하는 데 필수적이다. 이는 오늘날에도 여전히 유효한 교훈이다.

화폐라는 총

대적할 수 없는 무기가 된 화폐의 위력

절대 권력을 획득한 국가들은 최대의 이익과 최대의 힘을 얻기 위해 새로운 무기 개발을 멈추지 않는다. 직접 사용하느냐 아니냐 하는 문제와는 별개로, 군사적 폭력의 규모와 잔인함의 수준을 계속 향상시킨다. 미국은 무역 장벽이라는 무기를 사용한 경제 봉쇄 전쟁으로 소련을 붕괴시켰다. 하지만 여기에 만족하지 않고, 더 강력하고 새로운 무기를 찾아 나섰다. 그리고 경제 봉쇄와 경제 약탈 전략을 동시에 사용하면 파괴력이 극대화된다는 것을 깨달았다. 그 대신 이번에는 무역이 아니라 화폐를 사용한 약탈이다. 미국은 화폐를 무기로 사용하면 약탈 전쟁의 새로운 국면이 열린다는 것에 눈을 떴다.

미국이 화폐가 군사적 폭력을 뛰어넘는 위대한 무기가 될 수 있다는 사실을 발견한 것은 우연이었다. 미국은 절대 권력에 두 번째 도전장을 던진 일본과 독일을 주시했다. 일본과 독일은 소련처럼 군사력을 키워서 미국을 무너뜨릴 생각은 없었다. 그 대신 경제력을 앞세워 미국을 추월할 속셈이었다. 미국도 이들 두 나라를 군사적 폭력을 사용해서 제압하려고 하지 않았다. 이 나라들이 미국의 우방으로 돌아선 지도 오래됐을 뿐 아니라 군사적 폭력은 지불해야 할 대가가 크기 때문이다. 그래서 미국은 소련을 무너뜨린 신무기인 '무역 공격' 카드를 다시 꺼내 들었다. 그런데 이 과정에서 우연히 화폐의 강력한 힘을 발견한다.

1945년, 일본은 2개의 원자폭탄을 맞고 무조건 항복했다. 미국은 일본이 다시는 군사적 위협이 되지 못하고, 아시아 또는 전 세계 어디에서도 전쟁을 일으키지 못하게 할 계획을 세웠다. 일본의 군사적 폭력을 와해하고 경제력을 약화하는 것이 주요 정책 중 하나였다. 미국은 일본의 군수산업 시설들을 완전히 해체하고 무기 생산을 금지했다. 이를 통해 일본의 재무장 능력 자체를 원천적으로 봉쇄했다. 일본의 중화학공업 시설에 대한 강력한 구제를 실시해서 군수산업 전환 가능성도 원천 차단했다. 또한 전쟁 배상금 명목으로 일본 내의 산업 및 발전 설비 50%와 공장 1,100여 개를 전승국으로 이전시켰다. 석탄, 철강 등 핵심 자원의 생산과 배급 등 자원 사용도 철저히 통제했다. 무기와 군사시설이나 중장비를 만들지 못하도록 철강 생산량을 250만 톤으로 제한했고, 자동차 생산도 금지했다. 일본의 수출입도 엄격히 규제하여 경제 활동에 필요한 자원과 물자의 유입을 차단했다. 전략물자 생산 기업들은 강제로 해체하거나 지주회사 체제를 해체함으로써 경제력이 집중되지 못하게 했다. 일본 정부에는 막대한 전후 처리 비용을 부과함으로써 경제 재건에 오랜 시간이 걸리도록 했다.

결과는 즉각 나타났다. 1946년 일본의 생산량은 1945년 대비 40%나 감소했다. 통화 가치가 급락해서 하이퍼인플레이션이 발생하고, 식량·의류 등 필수 물자가 부족해지면서 국민들의 생활이 극도로 어려워졌다. 이런 정책이 장기간 지속되면 일본 경제는 거의 마비 상태에 놓이고, 전쟁 이전 수준을 회복하기까지 상당한 시간이 걸릴 판이었다.

하지만 일본에 극적인 반전의 순간이 찾아왔다. 제2차 세계대전이 끝난 직후, 소련은 군대를 앞세워 동유럽의 주요 국가들에 공산 정부를 세우기 시작했다. 그리고 더 나아가 아시아에도 공산주의 물결을 확산시키려는 야심을 보였다. 1947년 3월 12일, 트루먼 대통령은 공산주의 세력의 확대를 막기 위해 자유와 독립을 지원한다는 것을 골자로 하는 '트루먼 독트린'을 발표하고 소련 봉쇄 정책을 시작했다. 미국은 일본 경제의 몰락은 아시아 전체의 경제 불안정을 야기하고 공산주의 확산으로 이어질 수 있다고 판단했다. 그래서 일본을 아시아에서 소련의 확장을 막는 가장 중요한 기지로 삼기로 계획을 변경한다. 만약 아시아에서 민주주의 세력과 공산주의 세력 간의 전쟁이 일어날 경우, 일본은 곧바로 미국의 병참기지로 사용될 수 있다. 이를 위해서는 경제 억제 정책을 그만두고 일본을 강력한 경제 동맹국으로 재건하는 것이 유리했다. 1947년 6월, 미국은 마셜 플랜을 발표하면서 일본의 경제 회복을 적극적으로 지원하는 정책으로 전환한다.

1948년에 한반도의 북쪽에 공산 정권이 들어섰다. 미국은 마음이 급해졌다. 정부의 재정 고문이던 조지프 도지Joseph Dodge를 일본으로 보내 '도지 라인Dodge Line'이라는 경제 정책을 실시한다. 도지 라인에는 일본 내 인플레이션을 억제하고 경제 성장을 촉진하는 정책들이 대거 포함되어 있었다. 예를 들어 과도한 재정적자를 해소하기 위해 정부 지출을 대폭 줄이고, 세금을 인상하여 재정 안정화를 도모했다. 예산 삭감과 지출 감축은 단기적으로는 공공 부문의 직원 해고와 사회서비스 축소를 초래했지만, 장기적으로 일본 경제의 기초를 강화하는 데 기여했다. 일본의 통화 가치 안정을 위해 통화량을 감축하고 금리를 인상하는 등 긴축 정책도 펼쳤다. 금융 시스템도 개혁했다.

이런 정책 덕택에 초인플레이션이 진정됐다. 1949년 100%까지 치솟았던 인플레이션율이 1950년에는 25%로 빠르게 낮아졌다. 일본 산업을 몰락시켰던 규제를 대부분 해제했고, 철강·자동차·석유화학 등 중화학공업 육성 정책을 실시하여 군수물자 생산 기반을 마련했다. 다양한 산업에서 임금 인상을 억제하여 생산 비용을 낮추고, 기술 이전을 통해 생산성도 향상시켰다. 경쟁력이 떨어지는 산업은 과감히 구조조정을 하고, 경쟁력 있는 산업을 육성했다. 고정환율제도도 실시했다. 당시 일본은 변동환율제도를 실시하고 있어서 일본 경제가 추락하는 만큼 엔화 가치도 계속 하락했다. 도지는 환율을 1달러당 360엔으로 고정하는 정책을 도입했다. 이는 일본의 수출 경쟁력을 강화하고 외국 자본의 유입을 촉진하는 데 도움을 줬다. 무역 자유화도 추진하여 일본의 대외 무역을 활성화했다. 그 결과 일본 경제는 빠르게 안정됐다.

1949년, 중국 내전에서 공산당이 승리했다. 미국은 일본 경제 부흥 정책에 속도를 더했다. 이어 1950년 한국전쟁, 1965년 베트남전쟁이 벌어지자 일본은 미군의 군수기지로 전환됐다. 일본 전체가 전시 지원 체제로 전환되면서 600억 달러 상당의 막대한 전쟁 물자 생산이 시작됐다. 일본이 제2차 세계대전에서 패함으로써 파산 직전까지 몰렸던 마쓰시타, 토요타 등의 기업들은 미군으로부터 군용트럭을 비롯한 다양한 군수물자의 생산 주문을 받으면서 급성장했다. 일본 경제 전반에 대호황이 일어났다. 미국 정부는 1975년까지 일본에 2만 5,000여 건의 각종 기술도 이전해주었다. 미국과 일본의 이런 밀월 관계는 1985년까지 이어졌다.

과유불급이라고 했던가. 지나침보다 차라리 모자람이 나았을 것이다. 일본 경제는 1955년 이후 18년 동안 무려 두 자릿수 성장률을 기록하며 '일본의 기적'이라는 고도성장기를 구가했다. 그러자 일본은 딴마음을 품기 시작했다. 군사적 폭력으로는 미국에 패했지만, 경제력으로 미국을 정복할 수 있다는 위험한 욕망이었다. 미국이 일본의 경제를 대부흥기로 이끌어준 데는 분명한 이유가 있었다. 일본이 아니라 미국 자신을 위한 일이었다. 일본은 미국의 이익에 도움이 되어야 했다. 만약 일본이 미국의 지위에 위협이 된다면 일본을 대하는 미국의 태도는 순식간에 달라질 것이다.[3]

1970년대에 들어서면서 일본의 전자제품, 철강, 반도체, 자동차, 방직 제품, 화학섬유 제품 등이 미국 및 세계 시장에서 큰 영향력을 발휘하기 시작했다. 소니, 파나소닉, 샤프와 같은 회사에서 혁신적인 전자제품들이 쏟아져 나오기 시작했다. 일본 자동차 기업들도 품질과 연비 면에서 높은 평가를 받으며 자동차 종주국이라고 자부하는 미국을 위협했다. 철강과 반도체 분야에서도 일본은 세계적인 경쟁력을 갖췄다. 한국전쟁과 베트남전쟁을 거치면서 기반을 다진 일본 조선업은 유럽의 아성을 위협했다. 방직 제품과 화학섬유 제품 분야에서도 글로벌 시장에서 상당한 점유율을 확보하며 성장했다.

미국은 긴장했다. 아시아에서의 공산주의 확산을 막기 위해 일본을 이용하려고 했을 뿐 자국 산업의 강력한 경쟁자를 만들어낼 생각은 없었기 때문이다. 미국은 일본 경제가 더 위협적인 수준으로 커지기 전에 기세를 꺾어야 한다고 생각했다. 미국이 꺼내 든 공격 무기는 '무역'이었다. 1974년, 미국 의회는 '미국 무역법 제301조(슈퍼 301조의 전신)'라는 법안을 긴급 제정하고 일본에 무역 공격을 가했다. 미국 무역법 제301조는 미국이 외국의 불공정 무역 관행으로 무역 및 투자에서 피해를 보는 경우 발동할 수 있었다. 법안은 지식재산권 침해, 수출 보조금 지급, 시장 접근 제한, 내국화 정책 등을 불공정 무역 관행의 예로 거론했다. 외교 협상이나 조정을 우선으로 하지만, 미흡할 경우에는 강력한 보복 조치를 취할 수 있도록 설계했다. 보복 조치로는 관세 부과, 수입량 제한, 정부 조달 시장 제한, 미국 기업의 투자 제한, 서비스 제공 제한 등이 예시됐다. 적용 대상을 불공정 무역 관행을 가진 불특정 국가로 명기했지만, 다분히 일본을 목표로 한 법안이었다. 미국 정부는 일본의 고정환율제를 강제로 폐지하고 변동환율제로 바꾸어 엔-달러 환율을 266엔까지 낮추는 공격도 단행했다.

이런 강력한 조치에도 불구하고, 일본의 수출은 기세가 꺾이지 않았다. 엔화가 절상되어 가격 경쟁력이 약화되자 일본 기업은 생산성 향상과 원가 절감을 통해 빠르게 경쟁력을 회복했다. 일본의 방직 제품과 화학섬유 제품이 미국 시장의 60%를 잠식했다. 방직, 전자 제조업체들이 일본에 밀리면서 타격을 입자 미국 내 실업률이 지속적으로 상승했다. 미국의 방해에도 불구하고 일본은 미국을 능가할 잠재력을 가진 첨단 기술 국가로 성장했다. 1980년대에 들어서자, 일본의 반도체 기업들이 미국 반도체 기업들과의 치킨 게임에서 우위를 점하기 시작했다. 두 번의 오일쇼크 충격까지 겹치면서 미국은 내수 경제가 침체하고 물가가 치솟아 스태그플레이션이 발생했다. 1970년대 후반부터 오르기 시작한 물가는 1980년 초에 이르자 연간 인플레이션율이 15%에 이르렀다. 총실업률이 8%를 넘었고, 청년 실업률은 그보다 3배나 높았다. 달러 가치가 폭락했다.

1978년, 다급해진 미국은 경제 붕괴를 막기 위해 살인적인 긴축을 선택한다. 미 연방준비제도이사회FRB 폴 볼커Paul Volcker 의장은 글로벌 인플레이션을 해소하고 미국의 스태그플레이션 위기를 극복한다는 명분으로 전무후무한 기준금리 인상을 단행했다. 달러 가치도 인위적으로 평가절상했다. 이런 극약처방의 결과 1981년 13.5%까지 달했던 살인적 물가는 1982년에 3.2%로 하락했다. 하지만 장기간 이어진 고금리로 수많은 기업과 은행이 도산했다. 실업률이 10%를 넘었다. 자고 나면 오르는 금리 때문에 부동산 가격이 폭락했다. 농민들은 20%가 넘는 고금리 탓에 빚더미에 올라앉았고, 자살하는 사람이 속출했다. 고금리에 달러마저 강세로 돌아서자 미국 제조 업체의 대일본 경쟁력은 더욱 약화됐다. 미국 정부의 재정적자는 1,000억 달러에 육박했고, 무역수지 적자도 1,090억 달러에 이르렀다. 무역수지 적자의 상당수는 대일무역에서 발생했다. 1985년에는 미국의 대일무역 적자가 429억 달러까지 치솟았다. 같은 해 일본은 GDP가 미국의 3분의 1 수준까지 성장하며 세계 2위의 경제 대국이 됐다.

이런 와중에 일본은 헐값에 쏟아져 나오는 미국 부동산과 부도 직전의 회사를 마구잡이로 사들였다. 미국이 경기 대침체 속에서 허우적거리는 동안 토요타, 혼다 등 일본의 자동차 회사들은 자동차 종주국 미국 본토에서 24%의 시장 점유율을 기록하며 미국 회사들을 압도했다. 포드자동차는 역사상 최악인 15억 달러의 적자를 기록했고, 미국 자동차 산업의 심장인 디트로이트의 실업률은 20%를 넘어섰다. 1984년부터는 미국의 반도체 기업들이 저가 정책을 앞세운 일본 반도체 기업의 치킨 게임에 속절없이 붕괴하기 시작했다. 디트로이트의 자동차 신화, 반도체 신화가 무너지고 있었다. 아니, 미국의 제조업 신화가 무너지고 있었다. 미국 경제는 일본이 부상하는 만큼 침몰 중이었다. 글로벌 샤한샤 미국이 일본의 경제 공격, 가격 후려치기를 앞세운 무역 약탈 공격에 속절없이 무너질 판이었다.

미국의 대일본 무역적자는 눈덩이처럼 불어났고, 미국 근로자의 일본을 향한 분노는 극에 달했다. 이때 일본이 미국의 '역린'을 건드리는 대실수를 하고 만다.

일본이 건드린 역린은 미국 화폐의 글로벌 지위였다. 1985년, 세계 2위의 경제 대국이라는 자신감에 넘친 일본 정부는 외환심의회에서 '엔의 국제화에 대해'라는 문건을 발표하고 엔화를 기축통화로 만들겠다는 의도를 공식화했다. 일본은 세계 2위로 올라선 경제 대국의 지위를 확고히 하며, 자국의 높은 저축률과 풍부한 자본의 힘을 글로벌 금융과 무역 분야로도 확대하려고 했다. 이를 위해서는 엔화가 달러에 버금가는 안정적이고 신뢰할 수 있는 기축통화, 즉 국제 금융 시스템에서 미 달러와 함께 주도적인 역할을 담당하는 지위를 얻어야 했다. 일본은 아시아 국가들에 대규모 엔화 차관을 제공하고 수도인 도쿄에 역외 금융 시장까지 설립했다(2012년부터 중국이 국제 금융 시장에서 일본의 이 전략을 모방했고, 그 때문에 미국과 정면으로 패권전쟁을 치르게 됐다). 일본 정부가 막강한 경제력을 기반으로 기축통화 역할을 감당하겠다는 의지를 표명하자, 곧바로 세계 각국은 외환보유액에서 엔의 비중을 높이기 시작했다. 이는 곧 달러가 타격을 입는다는 뜻이다. 미국의 이익에 직접적인 위협이 발생한 것이다.

곧바로 미국은 이 조치를 패권국 지위에 대한 노골적이고 공식적인 도전으로 받아들였다. 미국은 과거 진주만 기습을 떠올리며, 이제는 일본이 군함과 비행기가 아닌 제품·자본·화폐로 미국 본토와 금융의 중심지인 맨해튼을 직접 공격하고 나섰다고 받아들였다. 미국 정부와 의회는 일본의 헛된 망상을 단번에 깨뜨려야 한다고 느꼈다.

눈에는 눈, 이에는 이. 미국은 일본의 화폐를 직접 공격하기로 했다. 이때부터 미국 달러의 무서운 힘이 전 세계에 드러나고, '화폐전쟁'이라는 새로운 패권전쟁 방식이 역사에 등장한다.

화폐전쟁은 무역전쟁보다 빠르고 파괴적이다

'화폐전쟁'은 경제전쟁의 끝판왕이다. 무역전쟁은 약탈 전략이든 무역 장벽 전략이든 느리고 오랜 시간이 필요한 방식이다. 반면 화폐전쟁은 무역전쟁보다 빠르고 거세다. 충격의 여파도 무역 장벽을 능가한다. 한순간에 국가를 부도 상황까지 몰고 갈 수 있다. 화폐를 무기로 상대를 공격하는 전투 방법 중에는 두 가지가 대표적이다. 하나는 상대의 화폐 가치를 인위적으로 상승 또는 하락시켜 이득을 보는 방법이다. 상대의 화폐 가치를 인위적으로 상승시키는 것은 자국의 화폐 가치를 하락시켜 이득을 보아야 할 때 사용한다. 반대로 상대의 화폐 가치를 인위적으로 하락시키는 것은 상대의 금융 시장을 쑥대밭으로 만들 목적으로 사용한다. 이 방식은 '환율 시장' 공격으로 시작되고 '무역전쟁' 효과를 거쳐서 종국에는 상대국의 경제 시스템을 초토화하는 데까지 나아갈 수 있다.

환율이란 국가 간에 돈을 교환하는 비율을 말한다. 환율 움직임을 보면 그 나라 경제의 대외적인 가치를 쉽게 알 수 있다. 한국·일본·

중국처럼 대외 의존도가 높은 나라, 즉 원자재를 수입하고 수출을 많이 하는 나라는 환율이 국가 경제의 사활을 가르는 요소다. 수출 경쟁력, 물가, 환차익과 환차손을 극대화하는 환 헤지, 주식 및 부동산과 채권 가격의 변화 등이 모두 환율과 밀접하게 연결되어 있기 때문이다. 한국만 보더라도 환율 상승이 유가 상승보다 물가에 미치는 영향이 4배나 크다. 이런 환율을 강제로 조정하면 국가의 경제 기반이 흔들린다. 경제 시스템을 근본부터 바꿔야 할 수도 있다.

화폐를 무기로 사용하여 상대를 공격하는 또 다른 전투 방법은 자국의 화폐를 국제 무역 시장이나 금융 결제에서 강제로 사용하게 하거나 강제로 사용하지 못하게 해서 이득을 보는 방법이다. 강제로 사용하게 하면 상대국을 자국의 화폐, 국채, 금융 시장에 종속시키는 효과가 나타난다. 반대로, 강제로 사용하지 못하게 하면 국제 무역과 금융 시스템에서 퇴출하여 고립시키는 효과가 나타난다.

1985년 9월 22일 미국은 일본, 서독(당시 독일연방공화국), 프랑스, 영국의 재무장관과 중앙은행 총재들을 뉴욕의 플라자호텔로 불러들였다. 이를 'G5(5개국 재무장관 회의)'라고 한다. 공격 대상은 일본과 서독이었고, 미국의 지원군은 이들 두 나라로부터 무역 피해를 보고 있는 프랑스와 영국이었다. 미국은 프랑스와 영국을 의자 뒤에 세워두고, 일방적으로 만든 합의서에 서명하도록 일본과 서독을 협박했다. 이른바 '플라자 합의서Plaza Accord'다. 서명을 하지 않으면 환율 조작국으로 지정돼 무역 보복 등의 강제적 조치를 당할 것이 뻔했다. 최악의 경우 일본과 서독은 미국·프랑스·영국 시장은 물론이고 미국 동맹국의 시장 전부를 잃을 수도 있었다.

일본과 독일은 속으로 피눈물을 흘렸다. 하지만 선택의 여지가 없었기에 결국 서명했다. 합의서의 내용은 (1978년 폴 볼커의 금융 시장 대학살 이후) 과도하게 강해진 미국 달러의 가치를 하락 조정한다는 것이었다. 다시 말해 외환 시장 개입에 의한 달러화 강세를 시정한다는 얘기다. 조정 방식은 일본 엔화와 서독의 마르크화를 강제로 평가절상하는 것이다. 달러 가치를 하락시키면 거대한 경상수지 적자를 줄일 수 있다는 미국의 속내가 반영된 합의서다. 미국 기업들의 해외 시장 경쟁력이 높아지면 국내 실업률이 낮아지면서 노동자들의 분노도 누그러뜨릴 수 있다. 추가로 G5 국가들은 환율 시장의 안정을 위해 협력하기로 합의했다. 5개국이 외환 시장에서 달러를 팔고 자국 통화를 사는 등의 환율 개입을 상당 기간 수행하는 것이다. 화폐로 공격하는 전투 방법을 최초로 사용한 셈이다.

플라자 합의의 결과는 상당히 빠르게 나타났다. 합의 후 달러는 주요 통화 대비 가치가 크게 하락했다. 특히 일본 엔과 독일 마르크 대비 달러 가치가 크게 떨어졌다. 그러자 미국 제품의 해외 시장 경쟁력이 즉시 높아졌고, 이는 수출 증가로 이어졌다. 일본 및 서독에 대한 무역수지 적자가 완화되면서 경상수지 적자도 줄어들었다. 미국 경제의 회복은 국제 금융 시스템의 안정에도 기여했다. 반대로, 엔화와 마르크화의 가치 상승으로 일본과 유럽의 수출 기업은 큰 부담을 떠안게 됐다. 특히 일본은 수출 기반 경제에 큰 타격을 받았다.

플라자 합의의 효과를 극대화하기 위해 미국은 일본과 독일을 뉴욕으로 부르기 전에 몇 가지 선제 조치를 취할 정도로 화폐전쟁을 정교하게 설계했다. 먼저 제임스 베이커James Baker 재무장관이 달러 가치의 상승이 미국과 전 세계 경제 전반에 매우 부정적인 영향을 미친다는 명분을 흘렸다. 만약 일본과 독일이 저항하면 수출문을 닫아버리겠다는 분위기도 만들었다. 플라자 합의가 채택되자, 5개국은 공동으로 외환 시장에 개입해서 달러를 투매했다. 일본의 엔화는 1주일 만에 달러화 대비 약 8.3%, 독일의 마르크화는 7% 절상됐다. 미국은 무려 2년 동안 환율 공격을 지속했고, 달러의 가치를 30% 이상 급락시키는 데 성공했다. 플라자 합의 직전 1달러에 242엔이었던 엔화는 1987년 4월경 달러당 130엔으로 평가절상됐다. 이후에도 G5 국가들은 환율 정책에 대한 협력을 1990년대 초반까지 지속했다. 1995년경 달러당 엔화 가치는 100엔 밑으로 추락했다. 미국 제품들의 수출 경쟁력은 상대적으로 올라갔고, 일본에 쌓인 달러 채무도 연기처럼 사라졌다. 일본은 다양한 대책을 시도하면서 내수 시장을 키워 충격을 줄이려고 노력했다. 하지만 대응책으로 실시한 금융 완화 정책이 부동산과 주식 시장의 거품만 일으켰고, 1991년 자산 시장 대붕괴가 일어나면서 침몰의 길로 들어섰다. 그렇게 '잃어버린 30년'이라는 지옥 같은 상황에 빠졌다. 이것이 화폐전쟁의 위력이다.

미국이 거대한 무역 장벽을 세워서 소련의 항복을 받아내는 데는 얼마나 걸렸을까? 미국이 무역 장벽 공격을 본격적으로 진행한 시간만 10년이었다. 사전 준비 작업, 그러니까 1972년 닉슨 대통령이 중국을 전격 방문하여 소련의 무역 동맹에 균열을 일으켰을 때부터 따지면 무려 28년이나 걸린 셈이다. 하지만 화폐전쟁을 벌여 일본의 항복을 받아낸 것은 불과 며칠 만의 일이고, 1991년 일본의 경제를 붕괴시키는 데까지도 단 6년밖에 걸리지 않았다.

미국은 이때 경험한 위력을 기억하고, 화폐전쟁 방식을 중국에도 사용했다. 그 시작은 오바마 대통령 때였다. 오바마는 미국인들에게 중국 제품이 생각만큼 싸지 않다는 인식을 심으려고 했다. 아니, 중국 제품의 가격을 올려 미국 제품에 반사이익을 안겨주고자 했다. 그래서 화폐 공격을 감행했다. 오바마 행정부는 위안화 가치를 강제로 높이기로 했다. 일단 강력한 협박 카드를 꺼내 들었다. 중국을 '환율 조작국'으로 지정하고 '슈퍼 301조'를 발동한 것이다. 환율 조작국 지정은 미국 상무부가 해당 국가의 통화 정책이 미국 기업에 불이익을 준다고 판단할 경우 마음대로 지정할 수 있다. 미국 기업이 불이익을 받았다는 기준은 다음과 같다.

- 상대국이 자국 통화 가치를 인위적으로 저평가하여 수출 경쟁력을 높이는 정책을 시행했다는 증거가 나타난다.
- 상대국이 자국 외환 시장 개입을 통해 통화 가치를 조작하는 행위를 한다.
- 상대국이 자본 이동 제한 등 외환 시장 규제를 시행한다.

환율 조작국으로 지정되면 경제적·정치적·기업적 불이익이 뒤따른다. 경제적 불이익은 관세 부과, 수입쿼터 제한, 정부 조달 시장 접근 제한 등이다. 그 결과 해당 국가의 신용 등급 하락, 자본 유출, 통화 가치 변동성 증가 같은 후폭풍이 밀려온다. 정치적 불이익도 크다. 해당 국가의 국제적 신뢰도가 하락하여 외교적 입지가 약화되거나 심한 무역 분쟁에 휘말리게 되고, 국제사회에 외교적 긴장감이 고조될 수 있다. 기업의 불이익도 막대하다. 수출 감소라는 직격타를 맞게 되고, 국제 자금의 투자가 위축되면서 최악의 경우 사업 운영이 불가능해질 수도 있다.

물론 이런 조치가 시행되기 전에 '슈퍼 301조'가 먼저 발동된다. 슈퍼 301조는 미국 의회가 1974년 일본을 겨냥해서 만든 무역법을 한 단계 업그레이드한 무역 보복법이다. 미국 무역대표부USTR에 외국 정부의 불공정 무역 관행을 조사하고 해결할 권한을 부여한 법이기도 하다. 환율 조작은 대표적인 불공정 관행으로 꼽힌다. 미국 정부는 환율 조작 혐의 등 불공정 무역 관행을 일삼는다고 의심되는 국가를 협상 대상국으로 지정한다. 일단 협상을 통해 해결하자는 선의의 노력 의지를 보여주는 것이다. 만약 협상이 결렬되면 미국 정부는 그 국가를 환율 조작국, 불공정 무역 시행 국가로 지정하고 관세 부과, 수입 쿼터 설정, 정부 조달 시장 제한 등의 강력한 보복 조치를 가한다. 실제로 미국 정부는 1980년대에는 일본의 자동차 수출을 제한하기 위해 슈퍼 301조를 사용했고, 1990년대에는 중국의 지식재산권 침해 문제를 해결하기 위해 슈퍼 301조를 발동했다. 환율 조작국으로 지정되어 슈퍼 301조가 발동되면 상대국은 미국에 수출하는 모든 품목에 27.5%의 추가 관세를 물어야 한다.

오바마 행정부가 중국을 향해 '환율 조작국 지정'과 '슈퍼 301조 발동' 협박을 하자, 중국은 어쩔 수 없이 위안화 절상을 시작했다. 2011년 1월 10일 달러당 6.6350위안이었던 위안화 환율이 2011년 7월 21일에는 6.4506위안까지 절상됐다. 곧바로 중국 수출 기업에 타격이 가해졌다. 광둥성 등의 수출 전진기지에 있는 기업들이 생산 원가 상승의 부담을 이기지 못해 도산하기 시작했다. 당시 중국에서는 근로자의 임금도 빠르게 상승하고 있었다. 기업들은 치솟는 임금 때문에 수출 제품에 대해 최대 5% 정도밖에는 가격을 인하할 여력이 없었다. 결국 수출 물량을 줄여야 했고, 기업들의 순이익률은 1.47%로 하락했다. 공업 평균 순이익률 평균을 밑도는 수치다. 위안화가 계속 절상되자, 원자재 수입 가격은 올라가고 수출 경쟁력은 떨어지면서 순이익률이 1.44%까지 더 하락했다.

한편 미국 내에서 중국 제품의 가격은 상승했다. 그만큼 미국의 제조업은 회생할 시간 확보와 매출 향상이라는 이득을 얻게 됐다. 공장과 회사를 중국에서 본국으로 되돌리려는 미국 기업들이 늘어나면서 미국 내 일자리도 많아졌다. 미국 내에서 중국 제품의 가격이 올라가면 미국의 물가가 상승할 것이라는 지적도 일부 있었다. 오바마 행정부는 이런 비판을 무시했다. 단기적으로는 충격이 있겠지만, 미국 내 일자리가 늘고 미국 기업의 경쟁력이 향상되는 것이 정치적으로 더 유리했기 때문이다. 그리고 가격이 상승하는 중국 제품 대신 베트남이나 태국 등의 나라에서 대체재를 수입해 물가를 안정시키면 된다는 생각이었다.

금융 핵폭탄

일본의 도전과 침몰

미국이 화폐전쟁을 일으켜서 단 6년 만에 일본 경제를 침몰시킨 데는 '새로운 용병'의 역할도 컸다. 과거 군사적 폭력의 시대에 수많은 제국이 용병을 고용했는데, 화폐전쟁에서도 마찬가지다. 하지만 군사적 용병이 아니라 금융 용병이다. 미국 정부가 고용한 최고의 금융 용병은 '월가'였다. 플라자 합의 성공으로 대일본 환율 공격을 성공시킨 미국은 그 정도의 승리에 만족하지 않았다. 화폐전쟁에서 부수적으로 사용되는 또 다른 무기를 꺼내 들었다. 바로, 기준금리다.

플라자 합의가 이뤄진 지 만 2년 후인 1987년 10월 19일, 뉴욕 증시가 폭락했다. 이를 '검은 월요일Black Monday'이라고 부르는데, 대공황의 계기가 된 1929년 10월 24일 '검은 목요일Black Thursday'과 유사하다고 하여 붙여진 이름이다. 이날 하루 다우존스공업지수DJIA는 22.6%(508포인트)나 폭락했고, S&P500지수도 하루 낙폭으로는 최대치인 19.4%나 급락했다. 미국 증시 사상 최대의 낙폭이다. 하루 동안 전 세계적으로 1조 7,000억 달러가 증발했다. 폭락의 방아쇠는 FRB의 기준금리 인상이었다. 금리 인상은 기업들의 자금 조달 비용을 증가시키고, 주식 시장의 유동성을 감소시켜 주가 하락을 초래하는 트리거다.

폭락의 원인은 복잡했다. 기본적으로, 1980년대 초반부터 6년 연속 상승세를 보이며 주가가 과도하게 올랐다는 증시 과열 우려가 있었다. 1980년대 후반 미국에서는 기업들의 인수·합병M&A이 활발하게 이루어지면서 자금 조달을 위한 차입 투자가 과도하게 진행됐다. 1986년부터는 미국 내 군소 저축은행들의 파산이 시작됐다. 컴퓨터를 이용한 자동 매매가 그 원인 중 하나로 꼽힌다. 1980년대부터 프로그램 매매에 컴퓨터를 활용한 자동 매매 시스템이 도입됐는데, 초창기라서 프로그램 오류 탓에 매도 주문이 과도하게 발생해 주가가 폭락했다는 분석이다. 그 외에도 미국의 대통령 선거를 앞두고 정치적 불안이 고조되고 있었고, 미국의 무역적자가 지속적으로 확대되면서 달러화 약세 우려가 나타났다. 이란-이라크 전쟁의 확대도 한몫했다. 이 전쟁은 1980년 9월에 발발했는데, 1987년 들어 이란혁명수비대가 쿠웨이트 유전지대를 공격하면서 전쟁이 주요 산유국들로도 확대되는 것은 아닌가 하는 긴장감이 시장을 강타했다. 오일쇼크의 충격이 채가시지 않은 상황에서 원유 공급 차질 가능성이 대두됐고, 미국 내 인플레이션율이 2배 이상 급등하면서 물가에 대한 공포가 확산됐으며, 여기에 기준금리 인상 폭과 속도에 대한 우려가 더해졌다.

'검은 월요일' 사태 직후인 1987년 10월 26일, 미국 베이커 재무장관이 돌연 도쿄를 방문해 일본의 나카소네 야스히로中曽根康弘 총리에게 금리를 인하하고 엔화를 추가로 평가절상해야 한다고 압박했다. 이유는 두 가지였다. 하나는 일본이 금리를 낮추면 투자자들이 금리가 낮은 일본 돈을 빌려 상대적으로 금리가 높은 미국의 주식과 부동산 시장에 투자할 것이기에 미국 자산 시장을 구하는 데 도움이 되리라는 계산이었다. 다른 하나는 일본의 무역흑자를 더욱 억제하고 미국의 무역적자를 해소하여 시장 안정을 도모하려는 것이었다. 일본으로서는 밑지는 장사였다. 나카소네는 처음에는 강력하게 거부했다. 하지만 최대의 수출 시장이자 패권국인 미국의 심기를 건드릴 순 없었다.

1987년 11월 말, 일본 중앙은행은 공정할인율을 0.5% 인하하고 기준금리도 2.5%까지 인하했다. 1988년 5월에는 엔화 가치를 큰 폭으로 평가절상했다. 미국의 요구를 들어주고 수출 시장에 대한 지속적인 보장을 받는 것이 낫다고 판단한 것이다. 환율과 금리 변동 때문에 발생하는 부작용은 기술 개발이나 원가 절감을 통해 충분히 해결할 수 있다고 믿었다. 수출 경쟁력은 다소 떨어졌지만, 일본 기업과 투자은행들은 가치가 대폭 상승한 엔화를 가지고 미국 국채, 부동산, 주식, 파산하는 기업들을 더욱더 많이 사들였다.

하지만 일본 경제가 치러야 하는 부작용은 나카소네의 예상보다

켰다. 낮은 금리로 대규모로 풀린 자금의 상당량이 일본의 증시와 부동산으로 무섭게 흘러 들어갔다. 수출 경쟁력이 떨어지자, 일본 기업들은 본업보다는 부동산 투자에 열을 올렸다. 단기적인 투자 수익을 통해 수출 감소로 발생한 손해를 만회하려는 유혹에 빠진 것이다. 일본 기업과 가계의 대출 규모는 1980년대 초에 GDP 대비 50%에서 1980년대 말에는 GDP와 거의 비슷한 수준까지 증가했다. 기술 개발이나 신사업에 대한 투자는 뒷전이었다. 그만큼 일본 기업의 혁신도 후퇴했다. 반대로 부동산 거품은 무섭게 부풀었다. 일본 부동산 시장의 시가총액만으로 미국을 몇 번이나 사고도 남을 정도로 폭등했다. 도쿄증권거래소도 3년 만에 300%나 폭등해 세계에서 시가총액이 가장 큰 거래소가 됐다. 자산 시장이 폭발하자 소비도 흥청망청했다. 숫자놀음과 자산 버블 덕분에 일본의 1인당 GDP는 1986년 1만 6,704달러에서 1995년 4만 2,336달러로 급격히 상승했다. 내수 시장은 더 커지고 국가와 국민 모두 더 잘살게 된 것처럼 보였다.

미국의 압박에도 불구하고, 모든 것이 잘 굴러가는 듯했다. 1988년, 일본 단기 대출 시장이 세계에서 가장 규모가 큰 시장이 되고 세계 10위권 은행 순위를 일본 은행들이 독차지할 정도였다. 일본 은행들의 수익은 점점 더 커졌다. 그럴수록 일본 은행과 기업의 미국 투자 열풍은 더욱 거세졌다. 1989년, 소니가 컬럼비아픽처스를 34억 달러에 인수했고, 미쓰비시는 록펠러센터를 14억 달러에 매입했다. 1980년대 말 기준 일본이 매입한 미국 부동산 자산은 무려 5,589억 1,600만 달러에 달했다. LA 번화가 부동산의 절반을 일본인이 사들였고,

하와이 투자의 96%를 일본이 휩쓸었다. 미국 전체 부동산의 10%를 일본인들이 구입한 것이다. 일본의 기업들도 값싼 엔화를 대출받아 1985년부터 1990년까지 외국 대기업 21개를 인수·합병했다. 전 세계가 일본의 경제에 찬사를 보냈다. 일본의 눈부신 성장 덕분에 미국도 경제 회복의 가닥을 잡아갔다. 폭락의 충격에서 벗어나 제조업과 금융권을 회복시킬 활로도 열었다.

일본 정부와 경제인들은 플라자 합의의 굴욕, 미국 재무장관의 기준금리 인하와 엔화의 추가 평가절상 협박을 슬기롭게 극복했다고 자부했다. 굴욕적이긴 했지만, 미국과 일본이 동시에 이득을 본 엄청난 묘수처럼 보였다. 국제 언론도 일본을 '전 세계의 경제 회복을 주도하는 나라'라고 평가했다. 일본은 우쭐했다. 하지만 엄청난 착각이었다. 이 모든 것은 대침몰 직전에 일어난 마지막 불꽃이었다.

미국, 정교하게 설계된 금융 핵폭탄을 투하하다

1988년 4월 20일, 달러라는 무서운 무기를 등에 업은 미국 정부의 금융 용병들은 미국과 일본의 화폐전쟁에 종지부를 찍을 마지막 전투를 준비했다. 미국의 금융 용병인 월가 투자 회사는 일본 내각이 축배를 들 때 성문 앞에 트로이의 목마 하나를 몰래 던져두었다. 바로 '닛케이225 풋옵션'이다.

1980년 초, 모건스탠리는 미국 정부와 월가를 대표해서 일본 금융 시장 개방을 촉구했다. 1981년에는 미국 정부의 금융 개방 압력을 등에 업고 일본 최초의 외국계 증권 회사를 설립했다. 우선 모건스탠리는 일본 기업들의 해외 진출을 지원하는 당근을 제시했다. 미국 정부의 지속적인 금융 개방 압력으로 1985년 4월 1일 일본 의회는 '옵션거래소법'을 제정하고 옵션거래를 공식 허용했다.

1987년 10월, 모건스탠리는 서서히 금융 용병으로서 본색을 드러냈다. 일본 장외 시장에서 최초로 주가지수 풋옵션을 발행한다. 닛케이 225 주가지수를 기초로 하는 풋옵션이었다. 명분은 투자자들에게 새로운 투자 상품과 하락 방어 전략을 제공한다는 것이었다. 옵션은 1년 만기(옵션 행사가 가능한 마지막 날짜), 행사 가격(매수자가 기초자산을 매도할 수 있는 가격) 3만 8,000엔이었다. 주가지수 풋옵션이 등장한 배경은 일본 경제의 성장과 투자자들의 자신감 증가 덕분이었다. 1980년대 후반 일본 경제는 급격히 성장했으며, 이에 따라 투자자들의 투자 심리가 매우 강세였다. 투자자들은 주가가 계속 상승할 것으로 믿었고, 하락 가능성에 대한 우려는 상대적으로 적었다.

풋옵션은 매수자가 특정 시점에 미리 정해진 행사 가격으로 기초자산을 매도할 수 있는 권리를 부여하는 금융 상품이다. 매수자는 옵션 프리미엄(매수자가 옵션 매도자에게 지불하는 비용)을 지불하고, 옵션 매도자는 프리미엄을 받는 대신 옵션 행사 시 기초자산(주식, 주가지수, 채권, 외환 등 옵션의 대상이 되는 자산)을 매도해야 하는 의무를 부담한다. 풋옵션의 핵심 역할은 주식 가격 하락에 대비해 일종의 보험을 드는 것이다. 즉, 주식 가격 하락장에 대한 방어 전략이다. 풋옵션을 매수하면 주식 가격이 하락할 경우 옵션을 행사하여 손실을 줄일 수 있다. 예를 들어 닛케이225 지수가 3000포인트일 때 2900포인트 행사가의 풋옵션을 매수했다고 하자. 만기일에 닛케이225 지수가 2900포인트 미만으로 떨어지더라도 행사가 이하의 하락에 대해서는 손실을 보지 않는다. 하락 리스크를 헤지할 수 있는 보험인 셈이다.

반대로 만기에 주가지수가 행사 가격보다 높다면, 투자자는 그 가격에 풋옵션을 행사할 인센티브가 없다. 풋옵션을 행사해서 손실을 보는 것보다 아예 권리를 포기하는 것이 유리하기 때문이다. 권리를 포기하면 이미 지불한 옵션 프리미엄 금액만 최종 손실로 확정된다. 보험 만기까지 사고가 나지 않으면 지금까지 낸 보험료는 돌려받지 않고 계약이 종료되는 것과 같은 원리다. 풋옵션도 채권이나 주식처럼 매수 후 다른 투자자에게 양도하여 프리미엄 수익을 얻을 수도 있다. 즉, 풋옵션 상품은 손실은 '옵션 프리미엄 금액'으로만 제한되고, 주식 시장이 하락할 경우 손실을 어느 정도 방어할 수 있는 매력적인 상품이다.

1988년 4월 20일, 모건스탠리는 일본 증권거래소에도 닛케이225 풋옵션 상품을 공식 출시한다. 옵션 만기, 행사 가격, 옵션 프리미엄 등 다양한 거래 조건도 제공했다. 같은 해, 살로몬브라더스 등 외국계 투자은행들도 장외 시장에서 일본 투자자들에게 주가지수 풋옵션을 판매하기 시작했다. 옵션 만기도 1개월, 3개월, 6개월, 1년 만기 등으로 다양해졌다. 출시 초반, 닛케이225 풋옵션은 거래 규모가 크지 않았다. 하지만 일본 주식 시장이 거침없이 상승하자 투자자들의 생각이 달라졌다. 주식 시장이 상승을 계속하면, 닛케이225 풋옵션을 매수했던 투자자들은 옵션 프리미엄 비용만 날렸다. 하지만 그들은 기뻐했다. 풋옵션이라는 하락 방어 보험을 들어놓은 덕에 주식 시장에서 공격적인 투자를 할 수 있어서 상승장을 놓치지 않았기 때문이다.

1985년 12월 31일 13934.84포인트였던 닛케이225는 1989년 12월 29일에 38915.87포인트까지 거침없이 치솟았다. 그러자 풋옵션 시장의 거래가 폭발했다. 일본의 많은 투자자가 풋옵션이라는 하락 방어 전략을 믿고 일본 주식 시장의 추가 상승에 과도하게 베팅했다. 그들은 이렇게 생각했다. '일본 경제가 붕괴할 가능성은 거의 없기 때문에 주가 폭락 사태는 없을 것이다. 앞으로 더 상승할 가능성이 크다. 물론 큰 폭의 조정은 언제든지 올 수 있다. 하지만 풋옵션을 사두었으니 그 이하로 일시적으로 폭락해도 전혀 문제가 없다.' 이런 안일한 생각이 시장을 지배하기 시작했다. 일본 투자자들은 더욱 공격적으로 변했다. 물론 당시 일본 주식 시장이 너무 올랐다고 판단한 사람들도 있었는데, 이들도 풋옵션을 샀다. 폭락이 올 상황을 방어하고자 한 것이다. 주식이 오를 것으로 믿는 사람이든 하락할 것으로 믿는 사람이든 모두가 풋옵션을 사는 기현상이 발생했다. 모건스탠리는 닛케이225 콜옵션과 풋옵션을 동시에 매수하는 '콜 앤 풋 전략'도 개발했다. 여기서 '콜옵션'은 풋옵션과 정확하게 반대로 작동하는 파생상품이다.

1989년 말, 미국 투자은행들은 오랫동안 준비해온 행동을 개시했다. 증권거래소에 '닛케이지수 풋 워런트NPWs'라는 새로운 금융 상품이 돌연 등장했다. NPWs는 여러 국제 거래소에 동시에 또는 연달아 상장됐다. 미국과 유럽, 특히 런던증권거래소에서는 규제 차익regulatory arbitrage(국가 또는 시장 간 규제 환경상 차이를 이용하여 이익을 얻는 전략)을 활용하려는 전략으로 상장됐다. 당시 일본 금융 시장은 상대적으로 규제가 엄격했던 반면 런던은 '빅뱅' 이후 규제가 완화되어 금융 혁신에 유리한 환경이어서 새로운 금융 상품을 더 쉽고 빠르게 출시할 수 있었고, 일본보다 더 유리한 마진 조건을 적용받고 유리한 세금 혜택을 얻을 수 있었다. 그래서 일본을 겨냥한 파생상품을 유럽이나 미국에서 출시한 것이다.

나는 이것을 월가가 정밀하게 준비한 '금융 핵폭탄'이라고 부른다. 제2차 세계대전이 막바지에 이르렀을 때, 미국은 2개의 핵폭탄을 투하해도 일본이 항복하지 않으면 도쿄에 세 번째 원자폭탄을 투하할 계획이었다. 다행히, 일본은 무조건 항복했다. 이후 미국은 어떤 전쟁에서도 원자폭탄을 사용하지 않았다. 그 대신 수십만 명을 죽일 생물학적 살상력은 없지만 한 나라의 경제를 송두리째 날려버릴 가공할 위력을 가진 새로운 핵폭탄을 개발했다. 핵폭탄을 개발한 곳은 월가이고, 첫 번째 금융 핵폭탄의 이름이 'NPWs'였으며, 투하 장소는 도쿄 한복판이었다. 금융 용병들의 실력을 과소평가하지 말라. 일개 헤지펀드 회사 하나가 한 국가의 최고 금융 전문가들로 구성된 중앙은행을 이긴 일이 많다. 예를 들어, 1992년 10월 월가 투자자 조지 소로스George Soros는 파운드화 위기가 발발하자 영국 중앙은행을 상대로 환투기 전쟁을 벌여 10억 달러의 이익을 거두었다.

NPWs는 이전에 판매된 닛케이225 풋옵션과 비슷해 보였다. 기초자산도 닛케이225 주가지수이고, 하락 위험을 헤지하는 것이 목적이고, 만기 시 미리 정한 가격(행사 가격)에 매도할 권리가 부여된다는 것도 같았다. 만기까지의 기간은 6개월 이상의 중장기였다. 그러나 둘 사이에는 중요한 차이가 하나 있었다. NPWs는 기존의 풋옵션보다 레버리지가 과도하다는 점이다. 레버리지가 과도하면, 증시가 급락했을 때 손실 방어 효과가 크게 줄어든다. 그럼에도 이전에 판매된 닛케이225 풋옵션 상품의 인기가 이어져 NPWs라는 새로운 투자 상품에 대한 과잉 기대감이 형성돼 날개 돋친 듯 팔렸다. 당시 엔화 강세 추세여서 외국인 투자자들의 엔화 매수 수요가 컸던 것도 한몫했다. 이들은 NPWs를 엔화 매수 투기 수단으로 사용했다. NPWs 판매 수수료가 높아서 일본 은행과 증권 회사 등 기관이 적극적인 마케팅을 펼친 것도 판매를 극대화했다.

1990년, 절대 하락하지 않을 것처럼 보였던 일본 주식 시장이 급락했다. 일본 채권 시장도 패닉에 빠졌다. 5년 동안 4배나 급등해서 4만 포인트를 넘었던 닛케이지수는 1만 포인트까지 속절없이 무너졌다. 75% 폭락이었다. NPWs 투자자들은 대규모 손실을 봤다. 물론 하락을 방어하는 풋옵션 상품이기에 행사 가격 아래로 내려가는 부분에서 발생하는 추가 손실은 방어할 수 있었다. 그래서 일반 주식을 들고 있던 투자자보다 손실을 덜 본 건 맞다. 하지만 과도한 레버리지가 문제였다. NPWs 상품은 프리미엄이 작았기에 레버리지가 지나치게 높았다. 프리미엄이 작으면 조금의 지수 변동에도 NPWs의 가치가 크게 영향을 받는다. 이것을 '구조적 문제' 또는 '위험 요소'라고 부른다.

구체적인 예를 들어보겠다. 닛케이지수가 3만 포인트일 때 행사가격 2만 6,000엔, 잔존만기 6개월, 프리미엄 100엔인 NPWs를 샀다고 해보자. 만기까지 가는 동안 닛케이지수가 3만 5000포인트까지 상승했다면, 만기까지 9000포인트(35,000-26,000) 이상 내려가야 한다. 그러지 않으면 NPWs 투자자는 프리미엄 100엔 전액 손실을 본다. 반대로, 지수가 2만 5000포인트까지 하락했다면 이론적으로는 1,000엔(26,000-25,000)의 이익을 실현할 수 있다. 문제는 만기까지 가는 동안 사고팔기가 반복되면서 가격이 계속 바뀐다는 것이다. 손실 방어라는 본래 목적과 달리 투기 상품으로 전락했다는 얘기다. 보유자가 바뀔 때마다 가격이 오르락내리락한다.

만약 닛케이지수가 계속 상승했다면, 최종 만기 시에 들고 있는 사람은 (옵션 매매 과정에서 발생한 개인적 시세 차익을 제외하고) 옵션 프리미엄 비용 100엔만 손실 보면 된다. 하지만 닛케이지수가 폭락하면 얘기가 달라진다. 만기 전 옵션 매매 과정에서 발생한 개인적 손실에 행사 가격(26,000) 이전까지의 손실이 더해진다.

그럼에도 NPWs 투자자의 최종 손실 규모는 순수한 주식 투자자보다 적었다고 볼 수 있다. 그나마 다행이 아니냐고 하는 사람도 있을 것이다. 맞다. 하지만 여기서 세 가지 문제를 짚어봐야 한다.

- 첫째, NPWs가 지나치게 높은 레버리지를 지녔던 탓에 이론상

손실 방어 효과를 제대로 누릴 수 없었다.

- 둘째, NPWs 상품의 하락 방어(헤지) 효과를 믿고, 일본 전체가 과도한 공격성을 띠며 주식 상승장에 베팅했다. 레버리지가 큰 만큼 비용도 적었기 때문에 더 많은 상품이 팔려나갔다. 그만큼 공격성이 더해졌고, 버블도 비례해서 커졌다. 즉 비이성적인 주식 시장으로 돌변했다. 비이성적인 가격에서 갑자기 추락하는 바람에 손실 폭이 엄청났다. 결과적으로 NPWs를 통해 손실을 어느 정도는 막았지만, NPWs를 사지 않고 보수적인 투자를 했다고 가정했을 때보다 더 큰 손실을 입고 만 셈이 됐다.
- 셋째, NPWs는 일본 닛케이지수의 추가 하락을 부추긴 요인 중 하나가 됐다. 주식 시장 하락 추세가 계속되자 NPWs 투자자들이 큰 손실을 봤고, NPWs 포지션을 청산하기 위해 기초자산인 주식을 매도해야 했다. 이 과정에서 주식 매도 물량이 늘어나 주가의 추가 하락 압력으로 작용했다. 일부 NPWs 투자자는 과도한 레버리지를 사용했는데, 손실이 커지자 증거금 추가 요구(마진콜) 등을 받아 차입 자금을 상환해야 했다. 마진콜에 응할 형편이 안 되는 투자자들의 주식 강제 매도가 이어지며 주가 하락세가 가속화됐다. 게다가 NPWs로 인한 다양한 손실 사례가 알려지자, 일반 개인 및 기관 투자가들의 투자 심리가 크게 위축됐다. 주식 시장 전반에 위험자산 기피 현상이 빠르게 확산되면서 이번에는 비이성적인 주식 매도가 시작됐다. NPWs 사태로 금융 상품에 대한 불신이 높아지자 외국인 투자자들도 덩달아 일

본 주식을 급매했다. 이렇게 NPWs 투자 손실은 직접적 매도뿐 아니라 투자 심리 저하, 신용경색, 시장 신뢰 하락 등을 불러와 일본 증시의 추가 하락을 부채질했다.

근본적인 이유는 일본 투자자들의 탐욕이었다. 하지만 월가 금융 용병들의 교묘한 전투 전략도 한몫했다. 모건스탠리, 골드만삭스 등 미국의 투자 회사들은 일본에서 닛케이 주가지수 선물을 대량으로 팔아 치운 후, 그에 기반한 옵션 계약을 덴마크의 투자들에게 팔았다. 덴마크 투자자들은 그 계약을 일본 사람들에게 되팔았고, 미국 정부의 금융 용병들은 일본 주식을 시장에 내던졌다. 일본 주식 시장의 하락에 베팅하면서 미국과 유럽의 다양한 투자자들에게 옵션 계약을 매도하여 리스크를 분산하고, 유럽 시장에서 이익을 극대화하는 전략이었다. 글로벌 금융 시장에서 국경을 넘나드는 트레이딩과 헤지 전략을 사용한 대표적인 사례로 꼽히며, 금융 상품을 여러 지역의 투자자들에게 재분배하는 방식이었다. 또한 당시 미국과 유럽 투자자들 사이에서 일반적인 파생상품 거래 전략이기도 했다. 일본 증시는 완전히 붕괴했고, 월가는 양쪽에 상품을 팔아서 막대한 수수료를 챙겼다.

금융 핵폭탄이라는 치명적 무기에 얻어맞은 일본 경제는 그날로 끝장이 났다. 빌린 돈으로 투자했던 개인과 세계 10위권을 휩쓸었던 일본의 대형 은행을 포함한 기관 투자가들이 자본금의 몇 배에 달하는 손실을 보면서 힘없이 무너졌다. 1995년, 일본 정부는 은행업의 불량자산이 50조 엔을 넘었다고 발표했다.

1년 후에는 부동산 시장도 붕괴되기 시작했다. 일본 부동산 시장은 1985년 이후 51개월 연속 상승해왔다. 하지만 1991년을 정점으로 13년 동안 계속 하락했다. 주택은 60%, 상업용 부동산은 87%나 폭락했다. 일본 중앙은행은 금융 및 자산 시장의 위기가 기업과 내수 시장 전반으로 퍼지는 것을 막기 위해 기준금리를 계속 낮췄다. 하지만 시장금리는 반대로 폭등했다. 누구도 일본 경제를 믿지 못하는 상태까지 갔기 때문이다. 1997년 일본 중앙은행이 기준금리를 제로 가까이 내렸는데도 콜금리는 20%를 넘었다. 1990~1996년에 주식과 부동산 시장에서 6조 달러의 손실이 났다. 연평균 1만 4,000개의 일본 기업이 파산했고, 세계 10대 은행을 싹쓸이했던 일본 은행들은 단 하나만 남고 전부 퇴출당했다. 일본의 금융 시스템 자체가 완전히 망가지고 말았다. 마구잡이로 사들였던 미국의 부동산과 기업들도 헐값에 미국 자본에 되팔아야 했다. 미국 정부의 금융 용병들은 앉은자리에서 손쉽게 어마어마한 약탈 효과를 얻었다.

천신만고 끝에 살아남은 일본 기업들은 해외로 공장을 이전했다. 산업 공동화 현상이 발생했다. 1985년 3%에 불과했던 일본 기업의 해외 생산 비중은 1999년에는 14%까지 증가했다. 일본 정부도 필사적으로 노력했다. 10회에 걸쳐서 총 130조 엔(약 1조 4,000억 달러)의 자금을 시장에 퍼부었다. 환율 시장을 방어하기 위해서다. 무너지는 건설업을 살리기 위해 사람이 살지도 않는 곳에 도로와 철도를 깔고, 바다를 매립해서 토지를 만들었다. 하지만 백약이 무효였다. 부채는 GDP 대비 198%까지 올라갔다. 일본 경제가 입은 총손실 규모는 제2

차 세계대전 때 발생한 재산 손실과 맞먹는 수준에 이르렀다. 세계 최고의 권력 미국에 도전한 대가로 일본 경제는 이렇게 침몰했다.

달러를 등에 업은 금융 용병, 전 세계를 약탈하다

이후 미국과 미국의 금융 용병들은 화폐전쟁과 금융 약탈의 대상을 아시아 전역으로 확대했다. 나는 금융 용병들의 공격 방법을 '진화타겁趁火打劫' 전술이라고 표현한다. 진화타겁은 '남의 집에 불이 난 틈을 타서 도둑질을 한다'는 뜻으로, 삼십육계 중 하나다. 월나라 왕 구천이 오나라를 침몰시킬 때 사용한 전술이다. 구천은 매일 쓸개 맛을 보면서 복수의 기회를 엿보고 있었다. 기회가 왔다고 생각되는 순간, 미녀 서시를 오나라 부차에게 보내 방탕하게 만들고, 술에 빠져 판단이 흐려지게 하고, 다른 나라와의 전쟁을 부추겨서 국력을 낭비하게 했다. 그리고 오나라에 재해가 발생해서 백성들이 굶어 죽는 일이 발생하자, 이 기회를 놓치지 않고 단번에 쳐들어가 오나라를 무너뜨리고 부차를 자살하게 했다. 미국의 금융 용병들은 진화타겁의 대가다. 적의 내부 경제위기나 외환위기 같은 어려운 상황을 놓치지 않고 단번에 공격하여 승리를 거둔다.

1997년 7월 2일, 태국이 IMF 구제금융 580억 달러를 받았고 밧화의 평가절하가 시작됐다. 7월 11일에는 미국의 금융자본에 외환 시장을 개방했다. 7월 28일, 홍콩 주식 시장 폭락이 발생했다. 8월 14일에는 인도네시아 루피아화의 평가절하가 시작됐고, 8월 17일 IMF에 430억 달러의 구제금융을 신청했다. 8월 17일에는 러시아 루블화의 평가절하가 시작됐다. 10월 20일에는 한보철강 부도를 시작으로 한국에 금융위기가 발생했고, 결국 12월 3일에 외환위기가 발생하여 IMF에 구제금융을 요청해야 했다. 12월 24일에는 필리핀과 타이완이, 이듬해 8월 28일에는 싱가포르가, 같은 해 10월 14일에는 파키스탄이 줄줄이 외환위기에 빠지면서 IMF에 구제금융을 신청했다. 이후에도 스리랑카, 방글라데시, 몽골, 라오스, 베트남, 미얀마 등 아시아 국가들이 외환위기에 빠져 IMF 구제금융을 받았다.

이때도 월가 금융 용병들의 활약이 대단했다. 1990년대 중반 태국, 말레이시아, 인도네시아 등 동남아시아 국가들은 저임금·저비용 생산기지로 부상하기 시작했다. 일본과 유럽 은행들은 이들 국가에 막대한 대출을 시행해주었다. 특히 일본에서 저금리로 쏟아져 나오는 엔화가 달러로 환전되어 물밀듯 흘러 들어갔다.

예를 들어 1984년 태국의 외환보유액은 19억 달러에 불과했지만, 1996년에는 377억 달러로 1,884% 증가했다. 그러나 1995~1997년 달러 대비 엔화 환율이 급속히 추락하자, 달러에 고정되어 있던 아시아의 다른 국가들이 일본 제품과의 수출 경쟁에서 밀리기 시작했다. 더욱이 태국을 비롯해 말레이시아·인도네시아 등 동남아시아 국가들 내부에서는 충분한 검증을 거치지 않은 채 미래의 기대치만 가지고 이뤄지는 무분별한 대출이 성행했으며, 이 돈은 투기에 쓰였다.

1986~1995년, 과도한 건설 붐이 일면서 상업용 부동산이 400% 이상 증가했다. '태국을 대표하는 새는 크레인'이라는 농담이 회자될 정도였다.

1996년에 이르자, 비생산적이고 비효율적인 곳에 투자한 결과가 가시화되면서 대규모 대출 손실이 시작됐다. 유럽과 일본의 투자자들은 태국의 주식을 서서히 팔았다. 태국 중앙은행의 외환보유액도 점점 바닥을 드러냈다. 그리고 1997년 3월 3일 태국 중앙은행은 자국의 금융 회사 9곳, 주택담보대출 회사 1곳에서 유동성 문제와 자산 부실 문제가 있다는 분석을 내놓았다. 밧화의 위기가 표면화된 것이다.

월가 투자자들은 이 기회를 놓치지 않았다. 조지 소로스가 태국 은행과 금융 회사의 주식을 대량으로 매도했다. 곧이어 다른 헤지펀드와 힘을 합쳐서 밧을 대량으로 매도했다. 고정환율제에 묶여 있던 태국 밧을 대상으로 소로스를 중심으로 한 헤지펀드들의 연합 공격이 벌어졌다. 태국은 결코 작은 나라가 아니다. 영국이나 프랑스보다 인구가 많고, 역사도 오래된 나라다. 하지만 월가 금융 용병들의 공격에는 속수무책이었다. 1997년 5월, 월가의 공격으로 밧은 사상 최저치까지 폭락했다. 태국 중앙은행은 싱가포르와 손잡고 120억 달러의 자금을 마련해서 금융 용병들에게 반격을 가했다. 밧을 집중 매입하고, 단기 대출을 중지하고, 기준금리를 대폭 인상했다. 5월 20일, 밧의 가치가 정상으로 회복됐다. 금융 용병들은 태국 시장에서 기준금리가 대폭 인상되고 갑작스러운 금융경색이 벌어지면서 이자 비용이 상승해 3억 달러의 손실을 봤다. 태국 정부의 승리가 눈앞에 보였다. 하지만 착각이었다.

이대로 물러설 월가가 아니었다. 6월 말, 소로스를 위시한 금융 용병들은 더 많은 자금을 끌어모아서 밧에 2차 공격을 감행했다. 당황한 태국 정부가 450억 달러를 긴급 투입했지만 900억 달러를 퍼부은 이들을 감당하지 못하고 무너졌다. 태국 금융 시장은 아수라장이 됐고, 금융 쓰나미의 물결은 동남아 시장을 차례차례 휩쓸었다. 1997년 6월 달러당 24.5밧이었던 밧화는 1997년 7월에는 41밧으로 폭락했다. 1997년 7월 2일, 태국 정부는 고정환율제를 포기하고 항복을 선언했다. 그러자 밧화는 더 크게 폭락했다. 소로스를 중심으로 한 금융 용병들은 불과 몇 개월 만에 40억 달러를 챙겨서 유유히 태국을 떠났다.

태국발 금융위기는 인도네시아의 루피아화도 집어삼켰다. 6월에 달러당 2,380루피아였는데 7월에 1만 4,151루피아로 폭락했다. 한 나라의 모든 생산 활동에서 창출된 부가가치의 총합을 의미하는 국민총생산GNP은 2,050억 달러에서 340억 달러로 쪼그라들었다. 필리핀도 크게 다르지 않다. 달러당 26.3페소였던 것이 42페소로 폭락했고, GNP도 300억 달러가 사라졌다. 말레이시아의 경우 달러당 2.5링깃이었던 것이 한 달 만에 4.1링깃으로 폭락했고, GNP도 350억 달러가 사라졌다. 한국도 달러당 850원이던 환율이 1,290원으로 폭락했고, 4,300억 달러에 달하던 GNP가 2,830억 달러로 줄어 들었다. 1990년 당시 동남아 외환 시장과 증권 시장에서 발생한 총손실은 1,000억 달러를 넘는 것으로 추정된다. 이 위기는 러시아까지 번졌고, 러시아도 루블화가 흔들리는 것을 시작으로 1998년 여름에는 금융 시스템마저 완전히 붕괴했다.

아시아 국가들의 금융위기 및 외환위기는 고정환율제도의 취약성, 단기 외채의 급증, 부동산 및 주식 시장의 거품, 투명성 부족과 같은 다양한 내부적 요인으로 촉발됐다. 하지만 그 속내를 들여다보면 미국이 일본을 공격했을 때의 수법과 비슷한 일들이 자행됐음을 발견하게 된다. 이들 나라는 IMF 구제금융을 받는 과정에서 미국 달러화에 대한 종속성이 심화되는 상황에 빠졌다. 예를 들어 IMF는 구제금융 지원 조건으로 금융 시장 개방, 자본 시장 자유화, 기업 구조조정 등을 요구했다. 그 결과 미국 금융기관들이 아시아 시장에 진출할 기회가 많아졌고, 이는 달러 자본의 유입을 가속했다. 위기에 빠진 국가들은 앞으로 외환위기를 반복하지 않아야 한다는 압박감 때문에라도 미국 달러를 과도하게 확보해야 했다. 경제 회복을 위해 단행한 수출 강화 전략도 미국 달러 의존도를 높였다. 달러 의존도가 높아질수록 각국의 경제는 달러 환율 변동에 더욱 민감해졌다. 외부 충격에 취약해졌고, 미국 연준의 기준금리 정책에 더욱 단단하게 묶여버렸다. 이런 모든 과정과 결과가 달러화에 대한 종속의 심화다.

반면 위기 상황에서 외국 투자자들, 특히 월가의 일부 금융기관은 저평가된 아시아 국가들의 자산을 대량으로 매입할 기회를 얻었다. 이런 상황을 일각에서는 '양털 깎기sheep shearing'라고 묘사하기도 했다. 경제적 어려움을 겪고 있는 국가의 알짜 기업과 산업을 장악하고 저렴한 가격에 매입해 큰 이익을 얻는다는 의미에서다. 조지 소로스는 당시의 상황을 이렇게 설명했다.

나는 금융시장에서 통용되는 규칙에 따라 투기 행위를 했을 뿐이다…… 나는 금융시장의 합법적인 참여자다. 도덕적인 기준으로 내 행동을 평가하지 말라. 이는 도덕과는 별개의 문제이다.[4]

달러, 플라자 합의 이전에는 애물단지였다

제1 기축통화로 불리는 달러는 미국이 세계를 지배하는 강력한 무기 중 하나다. '달러 패권'이라는 용어로 미국의 절대적 힘을 표현하기도 한다. 달러는 국제 무역과 금융에서 지배적 통화로서의 위치를 굳건히 하면서 미국의 샤한샤 지위를 유지해준다. 국제사회에서 제1 기축통화국의 지위를 얻으면, 그 자체로 국제 화폐의 기준 또는 표준이 돼 막대한 이득을 얻는다. 무엇보다 샤한샤 국가가 국제사회에서 경제적·정치적 영향력을 행사할 수 있게 해준다. 그래서 나는 제1 기축통화를 황제의 권한을 증명하는 '옥새'에 비유한다.

하지만 한때 미국에서 달러는 애물단지 취급을 받았다. 특히 플라자 합의 이전까지는 최대의 위험 요소였다. 사전적으로 '몹시 애를 태우거나 성가시게 구는 물건이나 사람'을 '애물'이라고 한다. 달러가 딱 그랬다. 미국이 어렵게 손에 쥔 샤한샤의 지위를 잃기 일보 직전까지 몰고 갔기 때문이다.

미국의 달러가 제1 기축통화국 지위에 올라선 실제 시점은 제1차 세계대전이 끝난 직후인데, 국제사회에서 공식적으로 인정받은 시기는 제2차 세계대전이 끝나고 브레턴우즈 체제가 시작되면서다. 대부분의 국가에는 고유한 화폐가 있다. 이름도, 단위도 서로 다르다. 국가 간에 무역을 하려면 서로 다른 국가의 법정화폐들 간에 적정 가치를 매겨야 한다. 무엇이든, 가치를 평가하려면 '기준'이 필요하다. 화폐에서도 기준 또는 평가의 근본 축이 되는 화폐를 '기축통화'•라고 부른다.

제1차 세계대전이 발발하기 이전인 1913년 기준 영국의 파운드화는 전 세계 외환보유액의 48%를 차지했고, 세계 교역의 60%에 사용됐다. 기축통화국이 되려면 강력한 경제력과 군사력, 정치적 안정성뿐만 아니라 인플레이션 변동이나 국내 정치적 상황에서 화폐 가치의 안정성도 갖춰야 한다. 발전된 금융 시스템과 선진화된 금융 시장도 필수이고, 다수의 나라가 사용에 참여하는 네트워크도 있어야 한다.

하지만 제1차 세계대전을 치르면서 영국의 경제가 몰락의 길로 들어섰다. 영국만이 아니라 프랑스, 러시아 등 유럽의 강대국들 역시 경제력, 군사력, 정치적 안정성을 잃었다. 인플레이션 변동성이 커지고 국내 정치적 상황이 혼란에 빠지면서 화폐 가치의 안정성도 흔들렸다. 금융 시스템도 무너졌다. 이제 유럽에 기축통화 지위를 담당할 조건을 모두 충족할 수 있는 나라는 없어졌다. 전 세계를 통틀어 미국

• 이 단어가 최초로 등장한 시기는 1960년이다. 벨기에 출신으로 미국 예일대 교수였던 로베르 트리팽 박사는 이 단어를 자신의 저서《금과 달러 위기》에서 처음으로 공식 사용했다. 당시 트리팽 교수는 기축통화로 미국의 달러화와 영국의 파운드화를 들었다. 현재 기축통화에는 달러화, 엔화, 유로화 등이 있다. 기축통화의 숫자가 증가하면서 상대적으로 영향력과 힘이 센 통화를 제1 기축통화라고 부르기 시작했다.

이 유일했다. 자연스럽게, 국제 무역과 금융 시장에서는 미국의 화폐 달러가 영국의 파운드와 함께 기축통화의 역할을 담당하기 시작했다.

이후 또 한 번의 세계 전쟁이 터졌다. 유럽은 초토화됐다. 모든 것을 밑바닥부터 다시 쌓아 올려야 할 판이었다. 영국의 파운드는 더 이상 기축통화로 사용할 수 없게 됐다. 반면 미국은 산업혁명을 성공적으로 수행하여 경제 성장과 기술 발전을 이끌었고, 두 차례의 세계대전 승전국 중에서 가장 적은 피해를 봤다. 오히려 미국은 세계대전 기간에 경제 성장률이 사상 최고치를 경신했다. 각종 군수물자의 공급량이 증가하면서 모든 산업에 활력이 불어넣어졌기 때문이다. 또한 미국은 다른 승전국들에 비해 압도적으로 큰 규모의 금도 보유했다.

제2차 세계대전 종전 직전인 1944년 7월 1일, 미국 뉴햄프셔주 브레턴우즈에서 44개국 대표들이 모여 새로운 국제 통화 제도에 대해 논의했다. 전후 복구 속도를 높이려면 승전국 간에 통화 가치 평가절하 경쟁이나 무역 거래 제한 등을 피해야 한다. 국제 무역 결제와 금융 거래에서 통화 가치를 안정화하는 것도 필수다. 44개국 연합 통화금융회는 공식적으로 미국 달러화를 제1 기축통화로 사용하기로 합의했다. 그 대신 미국은 막대한 달러 유동성을 발행하여 전후 유럽의 재건을 담당해주기로 약속했다. 그들은 제1 기축통화의 기준 가치를 먼저 설정했다. 44개국 연합 통화금융회는 35달러를 금 1온스(약 31.1그램)와 같은 가치라고 결정했다. 이런 방식을 '금본위제'라고 부른다.

금본위제는 화폐의 가치를 일정량의 금으로 정의하는 통화 시스템이다. 금본위제는 다시 금화금본위제와 금핵금본위제로 나뉜다. 금화금본위제는 금화가 실제로 유통되던 시기의 제도다. 지폐나 다른 화폐 소지자는 언제든 실제 금화로 자유롭게 교환할 수 있다. 예를 들어 100원짜리 지폐는 100원짜리 금화와 동일한 가치를 가진다. 화폐 발행량이 금 보유량으로 제한되므로 중앙은행은 보유하고 있는 금 이상의 화폐를 발행할 수 없다. 이 제도를 처음 공식적으로 도입한 나라는 영국이었다. 1694년 최초의 근대적 은행권을 발행한 영국은 은행권의 금화금본위제를 실시했다. 하지만 1790년대부터 프랑스와 전쟁을 치르느라 물가가 급등하고 금 보유량이 급감하자, 1797년에 은행권의 금 태환을 일시 정지했다. 18세기, 영국은 식민지인 브라질 미나스제라이스주에서 대규모 금광을 발견했다. 이를 계기로 1816년 화폐법을 제정해 본위화폐인 소브린 금화를 주조했으며, 금본위제를 재개하고 국제적으로도 확산시켰다.

금핵금본위제는 금이 핵에 비유되어서 생긴 이름이다. 실제 금화를 사용하지 않고, 중앙은행이 금을 보유하고 지폐를 발행하는 방식이다. 시장에는 은행권이나 지폐 등 보다 경제적이고 편리한 화폐를 유통하고, 금은 중앙은행에서 직접 보유한다. 지폐 소지자는 언제든지 중앙은행에서 일정량의 금과 교환할 수 있다. 하지만 실제 금으로 교환하는 경우는 드물고, 대부분 지폐가 화폐로 사용된다. 화폐 단위의 가치도 금과 연계하여 유지된다. 금핵금본위제는 태환할 경우에 금지금金地金(화폐를 발행하는 바탕이 되는 금)으로 하느냐 금환金換으로 하느냐에 따라 다시 두 가지로 나누어진다. 먼저, 금지금으로 태환하면 금지금본위제다. 이 제도를 처음 주장한 사람은 만유인력의 법칙으로 유명한 과학자 아이작 뉴턴Isaac Newton이다. 1717년 9월, 뉴턴은 영국 왕립조폐국의 국장으로 재임하면서 화폐 보고서를 통해 황금 가격을 온스당 3파운드 17실링 10펜스로 정하고 금으로 태환하자고 건의했다. 그는 정부와 은행의 신용을 담보로 돈을 찍어낼 수 있는 시스템도 중요하지만, 은행권에 대한 국제적 신뢰도를 높이려면 금 함유량에 따라 고정적인 교환 비율을 형성하는 것이 중요하다고 주장했다. 역시 계산이 철두철미한 과학자다운 발상이었다.

그리고 금환으로 태환하면 금환본위제다. 이 제도는 신뢰할 만한 국제 금융 중심국에서 발행된 금환을 나머지 국가의 중앙은행들이 매매함으로써 화폐 단위와 금의 등가 관계를 유지시키는 방식이다. 즉 제2차 세계대전 직후 미국 브레턴우즈에서 44개국 대표들이 모여 채택한 미국 달러화에 대한 제도는 금본위제 중에서 금핵금본위제이고, 금핵금본위제 중에서도 금환본위제였다. 브레턴우즈 체제는 기본적으로 금 1온스당 35로 달러의 가치를 고정하는 고정환율제도를 유지하지만, 환율을 상하 1% 범위에서 조정할 수 있다는 유연성도 허용했다. 국제수지에서 근본적인 불균형이 발생하면 그 이상의 변동을 용인하는 예외 조항도 두었다.

44개국 대표들은 IMF와 국제부흥개발은행IBRD의 창설도 합의했다. IMF는 국제 통화 협력과 환율 안정, 환율 조정, 경제 성장과 낮은 실업률 조성을 돕는 역할을 담당하기로 했다. 회원국의 요청이 있을 때 기술 및 금융 지원을 하고, 경제 정책 평가도 해주고, 경제위기에 처한 회원국에 자금도 지원해준다. 회원국의 환율 정책 감시와 환율 조작 방지라는 책무도 맡았다. 특별인출권SDR 제도도 만들었다. IMF 가맹국이 국제수지 악화에 빠져 위험할 때 담보 없이 필요한 만큼의 외화를 인출할 수 있는 권리다. 현재 IMF는 SDR의 가치를 5년마다 표준 바스켓 방식standard basket system으로 결정한다. 2016년 10월 3일부터는 중국 위안화가 추가돼 미국 달러화, 유로화, 영국 파운드화, 일본 엔화 등과 함께 5개의 통화가 표준 바스켓을 구성하고 있다. IBRD에는 저개발 지역의 개발을 돕는 책임을 부여했다.

1944년 7월 호기롭게 출발한 브레턴우즈 체제의 희망은 오래가지 못했다. 1950년대 말부터 미국 경제가 정체되기 시작했다. 국제수지는 만성적 대규모 적자 상태에 빠졌다. '트리핀 딜레마'가 작동한 것이다. 달러는 점점 애물단지가 되어갔다.

제1 기축통화의 결정적 약점, 트리핀 딜레마

제1 기축통화는 양날의 검이다. 장점이 많지만, 치명적인 단점도 있다. 장점부터 살펴보자. 제1 기축통화가 되면 다음과 같은 다양한 이익을 얻는다.

- 첫째, 환율 평가를 할 때 지표로 사용된다.
- 둘째, 다른 통화로 교환해서 사용할 필요가 없기에 환전 수수료

자체가 없다.

- 셋째, 국제 무역 결제에서 가장 많이 사용된다.
- 넷째, 그 자체가 대외 준비자산이기 때문에 발행 국가에는 외환 위기가 없다. 당연히, (이론적으로) 외환보유액이 필요치 않다.
- 다섯째, 세계 각국이 대외 준비자산 목적으로 다량 보유해야 하기 때문에 통화 발행 규모를 비약적으로 늘릴 수 있다.
- 여섯째, 화폐 발권 이익이 막대하다. 이른바 '시뇨리지 효과 seigniorage effect'로, 사실 이것이 가장 큰 이익이다. '시뇨리지'는 프랑스어로 '주조차익'을 뜻하는 단어다. 모든 나라의 중앙은행은 화폐에 액면가로 적힌 교환 가치에서 화폐를 발행하는 데 들어간 비용을 뺀 몫을 이익으로 갖는다. 화폐 발행과 관리에 약간의 비용을 투입하면서 중앙은행(또는 국가)이 거두는 이익인 셈이다. 예를 들어 100달러짜리 지폐 1장을 발행할 때 1달러의 비용이 든다면, 이때 얻는 화폐 발권 이익은 99달러다. 옛날에는 왕이나 황제가 화폐의 시뇨리지를 독점했지만, 오늘날에는 중앙은행이나 정부가 효과를 독점한다. 화폐 발권 이익은 발행 통화 규모를 늘릴수록 증가한다. 제1 기축통화 지위를 가지면, 통화 발행 규모를 자국을 넘어 전 세계를 대상으로 늘릴 수 있다. 어마어마한 시뇨리지 효과를 얻을 수 있다는 뜻이다.
- 일곱째, 자국의 재정적자에도 불구하고 국채 발행에 큰 어려움을 겪지 않는다. 전 세계 중앙은행들이 달러뿐만 아니라 달러 표시 자산 매수도 늘리기 때문이다. 이런 흐름은 위기가 발생해도

마찬가지다. 화폐 지배력과 금융 지배력이 전 세계에 미치기 때문에 제1 기축통화국에서 경제위기가 발생하면 전 세계가 그 영향을 받는다. 글로벌 경제위기다. 이때 제1 기축통화국은 글로벌 경제위기를 발생시킨 장본인임에도 경제위기 속에서 자금을 조달하는 데 어려움이 없다. 오히려 글로벌 경제위기가 발생하면 제1 기축통화의 가치가 상승하는 효과를 본다. 전 세계적으로 위기가 발생하면 '상대적으로' 믿을 만한 제1 기축통화국의 화폐와 국채에 대한 의존도가 더 높아지기 때문이다. 경제적으로 약한 나라들은 달러와 미 국채가 부족하면 경제위기가 곧바로 금융위기로, 금융위기가 외환위기로 확대된다.

- 여덟째, 경제위기가 발발해도 가장 먼저 회복될 가능성이 크다. 글로벌 경제위기가 제1 기축통화의 가치를 높이면서 해외 자금의 국내 유입이 촉진되고, 그만큼 주식이나 채권 시장의 위기 극복 속도도 빨라진다. 이에 따라 실물 시장의 위기도 비교적 단기간에 극복된다.
- 마지막으로, 강력한 통화의 힘을 바탕으로 (평상시든 위기 상황이든 상관없이) 전 세계 통화 정책과 금융 흐름을 좌지우지할 힘이 생긴다. 제1 기축통화국이 기준금리를 올리면 다른 나라들도 따라 올려야 하고, 기준금리를 내리면 다른 나라들도 따라 내려야 하기 때문이다.

이와 같은 다양한 이익에도 불구하고 제1 기축통화에는 치명적인 단점이 있다. 제1 기축통화국은 전 세계 무역과 금융 거래 시장에 기축 화폐가 유통되는 데 부족함이 없도록 '대량'으로 발행해야 한다. 문제는 화폐 발행 규모를 늘릴수록 다음과 같은 세 가지 큰 단점이 부각된다는 것이다.

- 첫째, 화폐량이 늘어나는 만큼 액면 가치가 하락한다.
- 둘째, 화폐량이 늘어나는 만큼 자국 내에서 거래되는 상품 가치가 상승해 인플레이션율이 상승한다.
- 셋째, 화폐량이 늘어나는 만큼 화폐의 구매력(통화의 액면 가치)이 하락해 수입 비용이 늘어나고 무역수지 적자 가능성이 커진다.

이런 단점들이 누적되면 기축통화국의 경제와 금융 시스템에 치명적 위기가 발생한다. 만약 제1 기축통화국이 이런 치명적 위험에 빠지지 않기 위해 통화 발행량을 줄이거나 무역흑자를 늘린다면 어떻게 될까? 전 세계를 돌아다니는 기축통화가 본국으로 흡수되어 전 세계 무역 결제나 금융 거래 시장에서 사용되는 기축통화의 양이 부족해진다. 국제 무역이나 금융 시장에서 달러 사용에 제약이 발생하면, 국제 무역 결제나 금융 거래에서 달러 결제를 기피하는 국가들이 늘어난다. 그만큼 기축통화의 신뢰도는 하락한다. 이를 그대로 방치하면, 제1 기축통화 지위를 빼앗긴다. 기축통화국의 경제와 금융 시스템에서 발생하는 치명적 위험에 빠지지 않으려고 발버둥을 치면, 반대편에서 또 다른 치명적 위험이 기다리는 셈이다. 기축통화국의 중앙은행이 국제 결제 수단으로서 국제 유동성 공급원 역할과 자국 내의 경제적 안정성을 위해 통화량을 관리하는 역할 사이에서 궁지에 몰린 형국이다. 이런 상황을 '트리핀 딜레마'라고 부른다.

대부분의 제1 기축통화국은 트리핀 딜레마에 빠지면 결국 막대한 무역수지 적자를 감내하는 쪽을 선택한다. 무역수지 적자가 증가하면 정부부채가 늘어나고, 그만큼 화폐 가치가 하락하는 악순환이 지속된다. 뾰족한 수를 찾지 못한다면 자국 경제와 금융 시스템이 붕괴할 날만 기다려야 한다. 그러다가 결정타를 가하는 사건이 발생하면 한순간에 제1 기축통화국 지위를 잃게 된다.

1960년, 트리팽 교수는 제1 기축통화인 달러가 과잉 공급되면 달러 가치가 떨어지면서 신뢰도가 하락하고 브레턴우즈 체제의 근간인 고정환율제가 붕괴할 것으로 예측했다. 불과 4년 후, 그의 예측은 현실이 됐다.

1964년, 미국은 베트남과 전쟁을 시작했다. 미국은 베트남전쟁에 필요한 자금을 공급하기 위해 달러 발행량을 크게 늘렸다. 막대한 전비를 쏟아부었지만, 전쟁은 길어지고 승리는 요원했다. 전쟁에서 승리하지 못하면 발행한 달러 유동성을 생산적으로 회수할 방법이 없어진다. 국가 신뢰도에도 상처를 입는다. 각국이 보유해야 하는 외환 관련 자산 중에서 가장 중요한 것이 금과 달러다. 하지만 준비된 금의 양은 적은데 대외 단기 달러 채무 잔고의 비율이 악화되자 달러 붕괴 위기가 수면 위로 부상했고, 달러의 지위에 대한 국제적 의심이 커지자 달러 가치가 하락했다. 달러 가치 하락은 미국 내 인플레이션율을 높이고, 높아진 물가는 미국 실물경제에 충격을 주었다. 미국 내에서는 금융위기 조짐까지 보였다. 각국은 보유한 달러와 금의 교환을 강력히 요구했다. 미국은 이를 감당할 수 없었다. 1971년 8월 15일, 미국 닉슨 대통령은 달러의 금태환 중지를 선언했다. 브레턴우즈 체제는 막을 내렸고, 달러 가치는 추가 폭락했으며, 국제 금융 시장은 엄청난 혼란에 빠졌다.

미국은 그 이전에도 달러를 애물단지로 여긴 적이 있다. 제1차 세계대전이 벌어지자, 미국은 전쟁 비용을 마련하기 위해 달러 유동성을 크게 늘렸다. 1929년에는 미국에 대공황마저 발생했다. 다우지수가 87% 폭락했고, 기업과 은행들이 줄줄이 파산했다. 미국 경제가 붕괴하기 시작했고, 위기는 미국을 넘어 유럽 각지로 퍼졌다. 각국은 위기의 전염과 확대를 막기 위해 국경을 걸어 잠그고 강력한 보호무역 조치를 실시했다. 그러자 수출 시장이 마비됐다. 또 다른 악순환의 시작이었다. 속절없이 무너지는 경제를 그대로 두면 미국은 끝장난다. 미국은 막대한 돈을 시장에 풀기로 했다. 추락하는 경제와 막대하게 늘어나는 통화량으로 달러의 신뢰도는 더욱 추락했다.

1932년, 프랭클린 루스벨트가 당시 국가 경제를 파산 직전까지 몰고 간 현직 대통령이었던 허버트 후버를 누르고 미국 대통령으로 선출됐다. 루스벨트는 추락하는 미국을 구원하기 위해 취임 직후 100일 동안 전례 없는 연방 입법을 주도하고, 실업자와 농부들을 구제하고, 막대한 달러 지출이 필요한 '뉴딜New Deal 정책'을 시행했다. 미국 경제는 1933년부터 가까스로 개선의 기미가 보였고, 달러 가치도 일시적으로 상승했다. 하지만 미국 내외에 풀린 달러 유동성은 금본위제를 유지할 수 없을 만큼 늘어나 있었다.

1933년, 루스벨트 대통령은 금본위제를 폐지했다(1931년에 영국이 먼저 폐지했다). 경제 회복으로 어렵게 끌어올린 달러 가치가 다시 추락했다. 다른 국가들이 미국을 따라 금태환 제도를 포기하자 국제 금융 시장은 엄청난 혼란에 빠졌다. 각국 통화 간 환율에 대해서는 시시각각 변동되는 변동환율제도가 표준이 되어버렸다. 금본위제가 붕괴하고 질서와 원칙이 없는 변동환율제 환경이 되자, 전 세계 실물경제마저 걷잡을 수 없는 혼란에 빠졌다. 각국 통화 가치의 변동성은 더욱 커졌고 관세 장벽도 높아졌다. 수입할당제, 수입허가제 등 비관세 수단에 의한 보호무역주의가 난무했다. 각국은 경쟁적으로 환율 평가절하를 단행했다. 대영제국·스칸디나비아·포르투갈·일본을 중심으로 하는 파운드 블록, 북중남미 국가를 중심으로 한 달러블록 같은 각종 블록이 새로운 장벽을 형성했다. 투기가 들끓었고, 글로벌 경기 침체는 장기화됐다. 전 세계가 엉망이 됐다. 이렇게는 못 살겠다고 외치던 독일이 다시 전쟁을 일으켰다. 1939년부터 1945년까지 진행된 제2차 세계대전으로 미국은 달러 유동성을 한 번 더 급격하게 증가시켜야 했다.

1914년부터 1943년까지 30년 동안 달러 가치는 반토막이 났다. 달러 붕괴가 초읽기에 들어가는 듯했다. 달러 가치가 붕괴하면 미국도 함께 침몰하게 생겼다. 정말이지 달러는 애물단지였다. 다행히, 전쟁이 미국과 EU의 승리로 끝났다. 1944년, 미국 루스벨트 대통령은 서둘러 44개국을 브레턴우즈로 불러 모아 달러 붕괴 위기를 막고, 국제 시장에서 통화 체제를 안정화하는 데 가까스로 성공했다.

달러, 위기를 극복하고 암살자의 비밀 무기가 되다

1971년 8월 15일, 달러와 금의 교환이 정지됨으로써 브레턴우즈 체제하의 달러환본위제는 유명무실해졌다. 닉슨 행정부는 금태환 요청에 대응하지 못해 벌어지는 뱅크런bank run(대규모 예금 인출 사태)은 가까스로 막았지만, 달러의 금태환 중지를 선언함으로써 일어난 달러 가치의 추가 폭락과 국제 금융 시장의 엄청난 혼란을 해결해야 했다. 이를 방치하면 1933년 금본위제 폐지 이후 벌어졌던 일들이 재현될 것이 뻔했다. 국제 금융 시장이 패닉에 빠지고 각국이 변동환율제도를 도입하면서 질서와 원칙이 사라진 환경 아래서 보호무역주의가 난무하고, 전 세계 실물경제마저 걷잡을 수 없는 혼란에 빠질 판이었다. 전 세계가 엉망이 되면 전쟁이 다시 일어날 수도 있었다. 달러 가치는 다시 반토막이 날 것이고, 그러면 미국은 결국 침몰할 것이다. 그가 꺼내 든 임시방편 카드는 새로운 국제통화조정협정이었다.

1971년 12월, 닉슨 대통령은 선진 10개국 재무장관들을 워싱턴에 있는 스미스소니언 박물관에 불러 모았다. 그 자리에서 각국은 '금태환 정지로 붕괴된 고정환율제도를 재건한다'는 합의하에 브레턴우즈 체제를 수정한 '스미스소니언 협정Smithsonian agreements'이라는 새로운 국제통화조정협정을 체결했다. 주요 내용은 다음과 같다.

- 첫째, 고정환율 체제를 절대적으로 유지한다.
- 둘째, 금에 대한 달러의 평가를 순금 1온스당 35달러에서 38달러로 7.895% 절하하고 이에 따라 다국 간 평가 재조정을 실시한다.
- 셋째, 변동환율 폭을 상하 2.25%로 확대한다.

하지만 스미스소니언 체제Smithsonian system도 임시방편에 불과했다. 설상가상으로, 1973년 1차 오일쇼크가 발생했다. 불과 2~3개월 만에 국제 원유 가격이 4배나 폭등하면서 스태그플레이션이 미국과 전 세계를 강타했다. 물가가 천정부지로 치솟는 만큼 달러 가치는 추락했다. 스미스소니언 협정에서 합의한 새로운 금태환 조건을 이해하는 것도 불가능해졌고, 달러가 끝장나는 것은 시간문제였다. 달러가 끝장나면, 미국의 지위도 보장할 수 없다. 절체절명의 위기였다.

1974년 6월, 닉슨 대통령은 헨리 키신저Henry Kissinge 국무장관을 비밀리에 사우디아라비아로 급파했다. 키신저 장관은 칼리드 빈 압둘아지즈 알사우드Khalid bin Abdulaziz Al Saud 사우디아라비아 국왕과 미국을 구할 결정적인 밀약을 맺는 데 성공했다. 이를 '키신저-사우디 밀약'이라고 하는데, 주요 내용은 다음과 같다.

- 사우디아라비아는 석유 가격을 안정적으로 유지하고, 미국은 그 대가로 사우디아라비아의 안보를 보장한다.
- 미국은 사우디아라비아에 대규모 무기를 판매하고, 사우디아라비아를 도와 이스라엘과의 평화 협상 및 중동 정세 안정을 위해 협력한다.
- 앞으로 국제 원유 결제에 미국 달러를 100% 사용한다(이른바 '페트로달러 협약'이다).

이 약속이 공개되자 붕괴 위기를 맞았던 달러는 한 번 더 기사회생한다. 1974년 8월 9일, 달러와 미국 경제의 위기를 나락에서 구했던 닉슨 대통령이 워터게이트 사건으로 사임했다. 다음 대통령으로 제럴드 포드Gerald Ford가 취임했다.

1976년 11월, 포드 대통령은 자메이카 수도 킹스턴에서 열린 IMF 잠정 위원회에서 고정환율제도 폐지를 단행했다. 이른바 '킹스턴 체제Kingston system'의 출범이다. 오일쇼크 이전에는 변동환율제도로 인한 무역 질서 혼란이 우려됐지만, 1970년대 들어 석유 파동 등으로 국제 경제가 불안정해지면서 고정환율제도가 경제위기 대응의 걸림돌이 됐다. 이에 따라 킹스턴 체제에서는 변동환율제도를 도입하여 환율의 변동 폭을 확대할 필요가 있었다. 오일쇼크가 발생하자 1973년 3월에 유럽공동체EC 국가들이 공동변동환율제ERM를 도입했고, 5월에는 일본도 변동환율제를 도입했다. 6월에는 미국도 이미 사실상 변동환율제를 운용하고 있었다. 킹스턴 체제에서는 이런 상황을 공식화하여 환율제 선택에 자율권을 주고 변동환율제하에서 약점을 보완한다는 데 중점을 두었다. 이제 각국은 자국의 경제 여건(경제 규모, 교역량, 대외 의존도, 외채 규모 등)에 따라 환율제도를 자유롭게 선택할 수 있게 됐다.

하지만 미국의 진짜 속내는 따로 있었다. 달러-금 관계의 완전한 차단이었다. 미국은 페트로달러 협약으로 국제사회에서 달러의 안정적 수요를 확보한 상태였다. 포드 행정부는 킹스턴 체제를 통해 더 이상 금 보유량과 상관없이 달러를 무한정으로 찍어낼 수 있는 환경을 완성하길 원했다. 킹스턴 체제에서는 환율 조작 목적으로 각국 정부가 외환 시장에 개입하는 것은 허용하지 않는다는 조항이 있었다. 이것도 미국에 유리한 조항이었다. 특정 국가의 외환 시장 개입 여부를 판단하는 데는 사실상 미국의 입김이 가장 셌기 때문이다. 이렇게 달러의 전무후무한 위기는 완전히 극복됐다.

페트로달러 협약과 킹스턴 체제 설립 이후 미국은 달러를 원하는 만큼 발행하기 시작했다. 이제는 달러 가치가 하락하는 것도 큰 문제가 아니었다. 달러 가치가 하락하더라도 각국의 통화들 역시 해당 국가의 경제력을 바탕으로 가치가 계속 변하니 문제 될 것이 없었다. 미국이 다른 나라들보다 '상대적'으로 앞서기만 하면, 달러의 구매력(명목 가치)이 얼마나 하락하든 뱅크런이 일어날 일은 없었다. 거칠 것이 없어지자 달러 발행 규모의 고삐도 풀렸다. 로마공화국 말기, 로마 금화가 본래 가치 대비 24분의 1로 줄었고, 프랑스도 한때는 파운드와 페니의 적정량이 66분의 1로 줄어들면서 국가 부도에 빠진 적이 있다. 달러의 액면 가치 또는 구매력은 지난 120년 동안 97%p 하락했다. 1944년 7월 1일 브레턴우즈 체제가 출범할 때만 해도 금 1온스의 가치가 35달러였는데 2023년 12월 24일에는 약 1,810달러에 거래될 정도로 가치가 폭락했다.

하지만 달러가 휴지처럼 쓸모없어지는 붕괴는 아직 발생하지 않았다. 그래서 33조 달러라는, 전 세계에서 가장 많은 부채를 가진 미국 정부의 모라토리엄(파산) 사태도 '아직' 일어나지 않았다. 전 세계 외환보유액 중 달러 비중이 85%를 정점으로 2023년 2분기 기준 58.9%까지 하락하여 지난 25년간 최저치를 기록했다. 반면 유로화는 20%, 영국 파운드화와 일본 엔화는 5%대, 중국 위안화는 3%대에 불과하다.[5] 여전히 제1 기축통화 지위는 단단하다. 약점이 사라진 달러의 화력은 경제전쟁에서 더욱 강력해졌다. 그 위력은 1985년 플라자 합의 시절부터 나타났고, 월가의 금융 용병이라는 암살자를 포함해 미국 중앙은행이 자국 경제를 보호하기 위해 사용하는 최고의 비밀 무기가 됐다.

나는 제1 기축통화인 달러의 국제 자본 순환 구조에 따른 전 세계 경제 변화 패턴을 분석한 적이 있다. 1985년 플라자 합의 이후 1990년대에 발생한 동아시아의 금융위기와 2002년 닷컴버블 붕괴, 2008년 서브프라임 모기지 사태로 촉발된 글로벌 금융위기에서 달러의 가치와 유동량에 따라 각국에 어떤 피해가 발생했는지 그리고 미국의 샤한샤 지위가 어떻게 유지 및 강화됐는지를 분석한 것이다. 내가 분석해낸 패턴은 7단계로 구성되어 있다. 패턴의 구조는 같지만, 반복될 때마다 사이클과 양상은 조금씩 달라졌다. 그 이유는 지난 패턴에서 얻은 교훈이 반영되어 정책이 진화하기 때문이다. 단계별로 지속되는 시간도 패턴이 반복될 때마다 약간씩은 다르거나 일부분은 중첩된다. 정책이 진화하면서 새로운 정책이 패턴에 미치는 영향이 달라지기 때문에 중첩 또는 지연 현상이 일어나는 것이다. 내가 분석한 패턴은 다음과 같다.

- 1단계: 달러의 탈미국 단계다. 연준의 기준금리 추가 인하 및 양적 완화 정책으로 달러가 미국 밖으로 이동하면서 미국 내 인플레이션 상쇄 작용이 일어난다. 미국 자산 버블(인플레이션)의 해외 이전이 본격화되면서 미국 핫머니, 헤지펀드 등 금융 용병도 글로벌 시장에서 본격적으로 활동을 시작한다.
- 2단계: 세계 경제의 호황 단계다. 미국 외의 국가들이 연준을 따라 기준금리를 인하한다. 양적 완화 정책도 따라 실시하면서 세계 경제 호황기가 시작된다. 전 세계 자산 버블 형성도 시작된다. 제1 기축통화국인 미국은 무역수지 및 재정수지에서 적자가 다시 확대된다.
- 3단계: 전 세계의 인플레이션 단계다. 달러 유동성 증가로 미국 내에서는 인플레이션 위험이 시작된다. 미국 밖에서는 약달러 현상(달러 가치 하락)이 발생한다. (달러 가치 하락과 세계 경제 호황에 따른 수요 증가로) 달러로 결제되는 유가 및 원자재 가격이 상승하면서 전 세계 인플레이션율도 본격적으로 상승한다.
- 4단계: 달러화의 위기 단계다. 달러 가치 하락으로 인한 달러화

위기가 부각된다.

- 5단계: 미국의 기준금리 인상 단계다. 연준은 달러 가치 수호와 자국의 인플레이션 통제를 위해 기준금리 인상을 시작한다.
- 6단계: 세계 경제의 위기 단계다. 연준이 기준금리 인상을 단행하면 달러 가치는 상승 추세(강달러)로 전환된다. 연준이 기준금리를 인상하면, 각국의 중앙은행에서도 이를 추종한다. 긴축과 경제에 대한 위기감이 커질수록 미국으로의 자본 회귀가 빨라진다. 긴축이 절정에 달하면 미국 내 경제에서 충격이 발생하기 시작한다. 미국 이외의 국가에서는 경제에 엄청난 충격이 가해진다. 최악의 경우 금융위기나 외환위기도 발생한다. 이때를 놓치지 않고 금융 용병이 공격을 가한다. (달러 가치 상승과 세계 경제 불황으로 인한 수요 감소 때문에) 달러로 결제되는 유가 및 원자재 가격이 하락하기 시작한다. 기준금리 인상으로 체감 경기도 급격히 침체한다. 미국은 자국의 경제 회복을 위해 일시적으로 보호무역주의 정책을 실시한다.
- 7단계: 미국 및 세계 경제의 회복 단계다. 미국이 첫 번째고, 그다음은 각국의 회복력 수준에 따라 정해진다. 먼저 유동성을 공급해 경제를 회복하기 위해 연준의 기준금리 인하가 시작된다(약달러로 추세 전환 시도). 미국 정부의 강력한 경기 부양책 실시(기술 버블 유도), 저유가를 통한 물가 안정, 미국의 기준금리 인하에도 불구하고 미국 외 국가들의 위기로 상대적 강달러 현상이 이어진다. 이에 따라 미국으로의 자본 회귀가 지속되고, 여전히

고금리 상황에서도 미국 내 자산 가격 상승이 시작되며, 경제 충격 이후 회복에 대한 기대 심리가 높아져 자산 시장이 가장 먼저 회복된다. 연준이 기준금리 인하를 완료하면 미국 소비자들의 소비 심리가 완연하게 개선되면서 미국 실물경제도 본격적으로 회복된다.

마지막 단계까지 진행된 후에는 다시 1단계로 전환돼 새로운 사이클로 진입한다.

달러 폭력에 맞선 중국의 전략

제1 기축통화 지위는 '전가의 보도(집안에 전해 내려오는 보검)'와 같다. 소련과 일본, 독일이 미국에 대항하다가 무너졌다. 그 뒤를 이어 미국에 도전장을 던진 나라가 중국이다. 미국은 중국을 향해 소련을 무너뜨렸던 '무역 장벽을 세워 질식시키는 전략'을 구사 중이다. 일본을 무너뜨렸던 '환율 공격'도 병행 중이다. 미국은 자국 증권거래소에서 중국 기업을 회계 불투명을 빌미로 퇴출시키고 있다. 미국이 중국을 공격하는 속내는 너무나 분명하다. 중국의 도전을 무력화하여 무릎을 꿇게 한 후, 중국 내에 있는 막대한 자원과 부를 약탈하려는 것이다.

300년 전, 영국은 인도와 중국에서 면화와 차를 수입할 때 지출되는 막대한 은과 금마저 모조리 빼앗기 위해 군사력이 약한 인도와 전쟁을 했고, 청나라에는 아편을 팔았다. 지금 미국은 이런 전략을 그대로 구사할 수 없다. 국제적으로 비난을 받을 것이기 때문이다. 그래서 미국은 다른 방법을 고안했다. 당연히, 과거 영국보다 교묘한 전략인데 그 중심에 '달러'가 있다.

- 첫째, 경제 식민지 국가에 저렴한 비용으로 상품을 생산하거나 원자재를 채굴하는 시스템을 만들어준다.
- 둘째, 제1 기축통화국의 지위를 이용해서 원하는 만큼의 달러를 찍어내고 그 달러를 이용해서 경제 식민지 국가에서 생산된 제품과 원자재를 미국으로 실어 나른다.
- 셋째, 이런 물품을 수입하면서 경제 식민지 국가로 유출된 달러를 미 국채와 미국 회사의 주식을 팔아 회수한다.

이것이 미국이 만들어낸 '달러 기반 금융 거래 및 투자 시장 시스템'이다. 미국은 이 시스템을 이용해서 중국을 비롯하여 수많은 경제 속국에서 생산하는 제품들을 거의 공짜로 획득하는 효과를 거둔다. 영국이 차를 수입할 때 중국으로 흘러 들어간 은을 회수했던 것과 똑같은 효과다. 겉보기에 미국은 대중 무역적자가 엄청나지만 그 무역적자로 빼앗긴 부를 중국이 미국 국채를 사게 함으로써 회수했다. 따라서 실제로 중국은 여전히 달러의 노예다. 미국이 이런 시스템을 고안하고 유지할 수 있는 핵심 기반은 제1 기축통화국이라는 지위다.

더불어 미국은 제1 기축통화국 지위를 이용해서 국가 대 국가 간의 결제 플랫폼(금융 결제 시스템)인 스위프트SWIFT(국제은행간통신협회)도 장악했다. 현재 SWIFT를 통한 국제 금융 거래에서 달러 비중은 38.3%다. 적은 것처럼 보이지만, 가장 많고 압도적이다. 미국은 러시아가 우크라이나를 공격하자 SWIFT 시스템에서 러시아를 퇴출시켜 버렸다. 이것도 화폐전쟁의 전술 중 하나다. 만약 미국이 다음 카드로 중국 금융사를 SWIFT에서 퇴출시키면 중국 은행들은 국제 금융 시장 거래와 참여가 불가능해진다. 미국은 IMF, 세계은행, IBRD 같은 국제기구도 장악하고 있다.

중국이 미국을 뛰어넘으려면, 강력한 힘을 가진 제1 기축통화 지위를 반드시 획득해야 한다. 2008년 이후 중국도 위안화를 이런 막강한 위력을 가진 화폐로 만들고 싶어 했다. 2008년 미국발 금융위기가 발생하자 미국을 대신할 새로운 경제 구원자로 중국을 홍보했다. 달러의 신뢰 하락을 이용해서 위안화의 국제적 지위 향상을 도모했다. 2009년 1월 다보스 포럼에서 원자바오溫家寶 당시 중국 총리는 자국의 경제 이익을 미국 국채로 바꿔서 보관하는 것이 불안하다는 말로 공격에 나섰다. 2009년 3월, 저우샤오촨周小川 중국 런민은행 총재는 달러를 대신해서 SDR을 초국가적 기축통화로 만들자고 도발했다. 2010년 G20 정상회의에서 후진타오胡錦濤 주석은 "(달러를 대체할) 새로운 제1 기축통화 메커니즘이 만들어져야 한다"라고 말했다. 이후 중국 정부는 금 매수량을 늘렸다. 금 보유량이 많으면 훗날 제1 기축통화 자리를 놓고 힘겨루기를 할 때 유리한 조건을 차지할 수 있기 때문이다. 또한 아프리카와 개발도상국들에 경제 협력과 지원을 확대하고, 일대일로 전략을 구사하면서 국제 무역 거래에서 위안화를 사용하는 나라들을 늘리려는 실제적 행동에 나섰다.

하지만 이 모든 노력은 거의 효과가 없었다. 아니, 사실상 실패했다. 현재 SWIFT를 통한 국제 금융 거래에서 위안화의 비중은 2.4%, 세계 각국 외환보유액에서 위안화 비중은 2.3%에 불과하다는 것만 봐도 알 수 있다. 미국 달러가 SWIFT 시스템에서 차지하는 비중이 38.3%이고 각국 외환보유액의 58.9%라는 점을 고려하면 중국의 위력은 그 20분의 1에 불과하다. 나는 앞으로 수십 년이 더 지나도 중국 위안화의 힘은 이 수준을 벗어나기 힘들 것으로 본다. 어쩌면 21세기 내내 불가능할 수도 있다. 이런 수준으로는 미국과의 화폐전쟁에서 절대로 이길 수 없다.

고심에 고심을 거듭한 중국은 새로운 전략을 시도했다. 현재의 전장에서 승리할 가능성이 없다면, 전장을 다른 곳으로 옮기는 방법이다. 중국이 전세를 뒤집을 수 있는 획기적인 반전 카드라고 생각하는 것이 바로 '디지털위안화'다. 중국이 디지털위안화를 만들어 기존 암호화폐 시장에서 거래하게 하면, 미국이 주도하는 금융 결제 시스템을 피해서 위안화를 전 세계에 유통할 새로운 통로를 얻을 수 있다. 암호화폐 개발자나 투자자들에게 디지털위안화와 암호화폐를 연동시키면 파급력은 더욱 커진다.

2021년 9월, 중국 정부는 비트코인을 포함한 모든 암호화폐를 불법으로 규정했다. 나는 이 사건을 중국 정부가 디지털위안화를 미래의 제1 기축통화 지위국 자리에 올려놓기 위한 장기 전략의 포석으로 해석했다. 이후 중국은 전 세계에서 가장 빠르고 강력한 암호화폐 규제 및 제재를 계속 단행 중이다.

2024년 3월 18일, 중국 런민은행은 '방중 해외 국적인의 디지털위안화 지불 가이드'를 발표했다. 중국을 방문하는 외국인들에게 디지털위안화를 사용할 수 있게 하는 개방 정책이다. 외국인이라도 '디지털위안화 앱 해외 버전e-CNY App'을 다운받아 계정 가입 후 지갑을 개설하면 디지털위안화로 지불할 수 있다. 은행을 방문할 필요가 없고, 여권 등 신분 정보를 제공하지 않아도 된다. 중국 은행 계정이 없어도 된다. 유니온페이, 비자, 마스타카드 등과도 연동된다. 지불 한도는 건당 2,000위안(약 37만 원), 하루 5,000위안(약 92만 원)이다.[6]

중국은 디지털위안화 사용 국가를 확대하면서 SWIFT와는 다른 새로운 국제 결제 플랫폼도 만들고 있다. 나의 예측으로는 미래 디지털 화폐 및 가상 세계 안에 '새로운 디지털 금융 시스템 구축'은 이미 정해진 미래다. 시점의 문제일 뿐이다. 중국은 미래 화폐전쟁 또는 미래 기축통화 전쟁에서 승리하기 위한 장기 전략으로 대전환을 시작한 것이다. 중국이 디지털 법정화폐 경쟁에서 앞서 나가자, 현실 세계 제1 기축통화국인 미국도 가만히 앉아 있지 않았다. 디지털 달러 현실화 시간표를 앞당기고 있다.

미국과 중국, 둘 중에 누가 이길 것인지는 두고 봐야 한다. 현재 기준, '디지털 법정화폐' 또는 '중앙은행디지털화폐CBDC' 이슈에서는 중국이 미세하나마 미국보다 우위에 있다고 본다. 디지털 제1 기축통화국 지위 전쟁, 미·중 간 현실 세계 경제 식민지 획득 전쟁, 그리고 무한하게 확장될 가상 세계 경제 식민지 획득 전쟁에서 디지털 화폐가 강력한 무기로 부상할 것으로 예측한다.

권력 획득의 패턴

독재와 민주,
패권 획득 경쟁의 오랜 역사

이제 권력에 대한 역사적 탐구와 추적이 막바지에 이른 듯하다. 이쯤 되면 패권국 지위 획득 또는 패권국 지위의 유지에 '정치 이념'이 빠진 것은 아니냐는 질문이 나올 수 있다. 그렇다. 정치 이념 전쟁도 빼놓을 수 없다. 정치 이념은 권력을 지키고 찬탈하는 '명분'의 첫 번째 요소가 아닌가. 알다시피, 정치 체계에서 오래된 이념 대립은 독재 또는 권위주의와 민주주의의 대립이다. 21세기 현재 두 정치적 이념 간의 대립과 경쟁은 계속 진행 중이다. 그 방식과 양상, 대상만 다를 뿐이다.

2024년 3월, 민주주의 정상회의 제3차 회의가 한국에서 개최됐다. 이 회의는 2021년 12월 9~10일에 조 바이든 미국 대통령의 주도로 처음 열렸다. 제1차 회의는 코로나19에 따른 봉쇄 조치 탓에 비대면으로 열렸다. 민주주의 정상회의는 미국이 중국을 견제하기 위한 연합 모임 성격이 짙다. 바이든이 제시한 3대 의제가 중국의 권위주의에 대한 방어, 부패와의 싸움, 인권 존중 증진이라는 것만 봐도 의도가 명확히 드러나지 않는가. 미 국무부는 제1차 회의에 총 110개국을 초청했다. 아시아에서는 한국, 타이완, 인도, 인도네시아, 말레이시아, 필리핀, 일본이 모두 초청됐고 파키스탄은 초청됐으나 참석을 거부했다. 그 밖에 프랑스, 독일, 영국, 이탈리아, 리투아니아, 네덜란드도 초청됐다. 하지만 튀르키예, 베트남, 러시아, 태국, 중국, 이란, 싱가포르, 미얀마, 캄보디아, 라오스, 사우디아라비아 및 기타 국가는 초청되지 않았다. 중국과 러시아는 미국이 주도하는 민주주의 정상회담을 위선적이라고 규정하고 맹렬히 비난했다. 미국 역시 중국과 러시아를 권위주의·전체주의 국가·독재국가라고 맹비난했다.

나는 정치 이념 전쟁이 패권국 흥망성쇠의 패턴에 포함되기 시작했을 때를 페르시아 제국 시절로 본다. 고대부터 페르시아 제국 시절까지 제국의 정치 이념은 독재 또는 권위주의가 지배적이었다. 굳이 차이를 구분한다면, 독재 또는 권위주의 이념에 기반한 통치를 느슨하게 하느냐 강력하게 하느냐 하는 것이었을 뿐이다. 이런 상식에 최초로 반기를 든 민족이 그리스인들이다. 이때부터 독재와 민주라는 정치 이념이 권력 획득과 유지의 핵심 이유 중 하나로 자리 잡았다.

페르시아 제국의 전성기를 연 다리우스 대왕은 치세 초반에 키루스와 캄비세스 때부터 이어져 내려오던 조세 제도를 이용하여 제국을 느슨하게 조직화하려 했다. 이를 위해 다리우스는 사트라피satrapie라고 부르는 20개의 주를 설치하여 각각에 사트라프satrap(총독)를 파견했고, 이들은 중앙에 바쳐야 할 특정한 공물들을 일정량 할당받았다. 하지만 민주주의 정치 이념의 꽃이 핀 곳으로 유명한 그리스에서는 다리우스 대왕의 독재정치 이념에 불만이 컸다. 결국 아테네와 스파르타에서 친페르시아계 귀족들을 추방하는 사태까지 벌어졌고, 다리우스는 헬라 민족과 사상을 불순하다고 규정하고 수만 대군을 보내 전쟁을 벌였다. 이것이 제1차 페르시아 전쟁이다.

제1차 페르시아 전쟁의 승자는 그리스였다. 이에 다리우스는 자신이 직접 군대를 이끌고 그리스 반란을 진압하기로 했다. 그는 완벽한 승리를 위해 군함과 군대를 준비하는 데 3년을 투자했다. 하지만 이집트에서 일어난 반란을 막느라 지지부진했고, 기원전 486년 10월 사망하고 말았다.

다리우스를 이어 장남 크세르크세스가 즉위했다. 헬라 이름으로 '크세르크세스 1세'다. 그는 정복왕 아버지의 뒤를 이어 인도에서부터 에티오피아까지 127개 도의 광활한 페르시아 제국을 통치했다. 기원전 480년, 크세르크세스 1세는 20만 명의 대군을 이끌고 아버지의 뒤를 이어 제2차 페르시아 전쟁을 일으킨다. 하지만 스파르타 용사 300명의 결사항전과 살라미스 해전(B.C. 480), 플라티아 전투(B.C. 479)에서 연패하면서 그리스 정복의 꿈이 무너진다. 귀국 후 그는 방탕한 생활을 하다가 부하에게 암살당하고 만다.

그의 뒤를 이어 제국을 물려받은 왕이 크세르크세스 1세의 셋째 아들 아르타크세르크세스 1세Artaxerxes I다. 그는 너그럽고 매우 관용적인 정책을 펼친 왕으로, 할아버지 다리우스 1세 때부터 이어진 그리스와의 전쟁을 '칼리아스 평화 조약'을 맺음으로써 공식적으로 종결했다. 이 조약의 핵심은 키프로스와 소아시아가 페르시아 제국의 지배하에 있음을 인정하고, 그 대신 상당한 자치권도 부여한다는 것이었다. 이 조약으로 그리스의 민주주의 정치 이념은 생존을 보장받고 본격적으로 꽃을 피웠다.

그리스에서 시작된 민주주의 정치 이념은 네 가지 특징을 갖는다. 국민 주권(국민에게 주권이 있다), 자유로운 선거(모든 국민은 선거에 참여할 권리가 있고, 선거는 공정하고 투명하게 진행되어야 한다), 법치주의(모든 사람은 법 앞에 평등하고, 정부도 법에 따라 행동해야 한다), 시민참여(모든 국민은 정치 과정에 참여할 권리와 자유로운 정치적 의사 표현을 할 수 있다) 등이다. 반면 전체주의는 개인의 자유를 억압하며, 정치적으로 한 인물이나 소수 집단이 주장하는 것을 그대로 따라야 하는 정치 이념이다. 권위주의는 일반적으로 강력한 중앙 권력을 가지고 있다. 중앙 권력은 한 명의 지도자 또는 소수의 정당이나 군사 정권이 무제한적인 권력을 행사하는 정치 체제다. 무제한적인 정치권력을 행사한다는 면에서 '독재'라고도 부른다. 권위주의적 정치 체제에서는 대체로 언론의 자유, 표현의 자유, 공정한 선거와 같은 민주적 요소들이 억제되며 정치적 반대나 비판에 대한 용인 범위가 매우 좁다. 개인의 정치적·시민적 권리와 자유도 극도로 제한된다.

패권국 지위 획득과 관련한 대표적 이론들

전통적으로 패권국 지위 획득, 패권국의 부상과 몰락, 그리고 이들이 국제 정치와 경제에 미치는 영향에 대한 대표적인 이론들이 있었다. 우선 패권국의 필요성과 더불어 긍정적 효과에 집중하는 이론으로, 대표적인 것이 '패권 안정 이론Hegemonic Stability Theory'이다. 국제정치경제학에서 중요한 이론으로 꼽히는데, 이 이론에 동조하는 이들은 세계 정치 및 국제 시스템의 안정성이 강력한 패권국의 존재에 절대적으로 의존한다고 규정한다. 만약 패권국의 헤게모니가 약화되면, 국제 시스템이 다극화되면서 불안정성이 증가할 수 있다고 주장한다.

이 이론에서 패권국의 역할은 두 가지 점에서 매우 긍정적으로 평가된다. 하나는 국제 질서를 유지하고, 안정적인 경제 시스템을 촉진하며, 국제 무역·금융 시스템·안보 등에 관한 국제적 규범과 규칙을 설정하여 국제사회의 안정성과 예측 가능성을 증진한다는 점이다. 또 하나는 패권국가는 자신의 이익을 추구하면서도 다른 국가들이 누릴 수 있는 공공재(예컨대 안정적인 환율 체계, 해상 안전)를 제공하고 국제 질서를 유지하기 위해 상당한 비용(군사적·경제적 지출)을 부담하며, 그 대가로 자국의 경제적·정치적 이익을 '약간' 증진시킬 수 있다는 점이다.

이 이론은 냉전 시대에 미국과 같은 강력한 국가들의 역할과 영향력 행사를 옹호하는 데 사용됐다. 고대 제국 중에서는 페르시아 제국과 로마 제국을 꼽을 수 있다. 로마 제국은 지중해 세계의 법·행정·인프라 구축 등을 통해 지역 사회의 번영과 안정을 촉진했고, 세계는 로마의 패권 덕에 상당 기간 안정과 평화를 유지할 수 있었다. 이 시대를 '팍스 로마나Pax Romana(로마의 평화)'라고 부른다. 페르시아 제국도 마찬가지다. 페르시아의 강력한 중앙집권적 권력과 효율적인 관리 체계를 통해 세계적으로 다양한 문화와 사람들이 포용됐고, 교역로가 확장돼 경제적 번영이 이루어졌으며, 광활한 지역에 걸쳐 평화와 안정이 유지됐다고 해석된다.

패권국의 부정적 효과에 집중하는 이론도 있다. 대표적인 것이 '세계 체제 이론World-System Theory'으로, 미국의 사회학자 이매뉴얼 월러스틴Immanuel Wallerstein이 주창했다. 그는 세계를 상호 연결된 사회적 시스템으로 보고, 경제적 요인이 국가 간의 연결 관계를 주도한다고 주장했다. 패권국의 지위가 변경되는 핵심적인 요소도 경제 변화다.

이 이론에 따르면 세계는 모든 국가가 독립적으로 존재하는 것이 아니라 경제 수준에 따라 핵심국(강력한 산업국), 반주변국(개발 중인 국가), 주변국(경제적으로 의존적인 국가)으로 나뉜다. 이 중 핵심국들이 권력을 장악한다. 핵심국은 강력한 경제력을 보유하고 기술을 선도하며 높은 수준의 자본주의 생산 방식을 가진다. 이들은 주변국들을 경제적으로 착취해 세계 경제에서 불평등한 관계를 만들고 유지하려 한다. 주변국은 경제적 의존도가 매우 높고, 기술 수준은 낮거나 전무하고, 자본 집중도 약하다. 경제는 주로 원자재 수출이나 저렴한 노동력에 의존한다. 반주변국은 핵심국과 주변국 사이에 자리한다. 중간 수준의 경제 발전 상태에 있고, 핵심국과 주변국을 중개하는 역할을 한다. 이상 세 가지 세계 체제는 주기적으로 경제적 순환과 변동을 겪는데, 이 과정에서 국가 간의 지위가 변화한다.

이 이론으로 가장 잘 설명되는 나라는 대영제국이다. 글로벌 경제 시스템 내에서 핵심국이었던 영국은 식민지화를 통해 국제 무역과 자본 흐름을 장악하고, 많은 주변국의 자원과 생산품을 착취하고 경제를 자국에 종속시켰다.

권력의 순환을 주로 전쟁과 연관 지어 설명하는 이론도 많은데, 대표적인 것이 '권력 전이 이론Power Transition Theory'이다. 이탈리아 출신의 미국 정치학자 A.F.K. 오간스키A.F.K. Organski가 1950년대에 창시했으며, 이후 여러 학자가 발전시켰다. 오간스키는 정치학 분야에서 큰 유산을 남긴 유명한 학자로, 1958년에 자신의 저서 《세계 정치학World Politics》에서 이 이론을 처음 제시했다. 그는 국제 시스템에서의 권력 분포 변화가 주요 전쟁 및 패권국의 변화를 초래한다고 설명했다.

국가들은 각기 다른 경제적·군사적·기술적·문화적 능력을 바탕으로 서로 다른 권력 수준을 가진다. 패권국은 국제 시스템에서 가장 강력한 국가로, 기존의 국제 질서를 유지하고자 노력한다. 도전국은 부상하는 대국으로, 기존 국제 질서를 바꾸고자 한다. 만약 패권국이 지위를 잃어가고 부상하는 도전국이 그 자리를 차지하기 위해 본격적인 도전을 시작하면, 강력한 패권전쟁이 발생한다. 그는 힘이 도전국으로 완전히 넘어가지는 않았지만 도전국에 점점 더 힘이 실리는 변화가 일어나는 상태를 '권력 전이'라고 일컬었다. 권력 전이가 발생하면 패권국과 도전국의 이해관계가 충돌하고, 이는 종종 전쟁으로 이어질 수 있다. 이 이론에서 전쟁은 권력의 재분배를 목적으로 하며, 새로운 국제 질서의 형성을 목표로 한다.

이 이론에는 '만족하는 국가satisfied powers'와 '불만족하는 국가dissatisfied powers'라는 개념이 등장한다. 패권국과 도전국을 제외한 나머지 국가들은 국제 시스템 내에서 자신의 위치와 상대 국가의 권력 변화를 고려하여 전략적으로 행동한다. '만족하는 국가'는 기존 국제 질서에 만족하는 국가를 가리키며 현 상태를 유지하려고 한다. 반면 '불만족하는 국가'는 기존 국제 질서에 불만을 가진 국가를 가리키며 권력의 변화를 원한다. 권력 전이 과정이 시작되면, 이들 국가는 각자의 목적을 위해 협력과 갈등 사이에서 선택을 하게 된다. 이런 이기적인 판단과 선택은 국제 정치의 불안정성과 변동성을 증가시키는 요인으로 작동한다.

이 이론으로 가장 잘 설명되는 역사적 사례는 19세기 말에서 20세기 초에 걸친 독일 제국의 부상과 그 결과로 일어난 두 차례의 세계대전이다. 1871년 통일 이후 독일은 빠르게 산업화되고 경제적·군사적으로 강력해졌다. 독일의 부상으로 기존의 강대국인 영국과 프랑스의 권력은 위협을 받았고, 기존 유럽의 균형에 교란이 일어났다. 독일의 권력 전이 시도는 결국 1914년 제1차 세계대전을 발발시켰다.

권력 대이동의 원인이 군사적 폭력을 통한 전쟁만 있는 건 아니라고 보는 이들도 많았다. 대표적인 것이 미국의 정치학자 조지 모델스키George Modelski가 개발한 '장주기 이론Long Cycle Theory'이다. 이 이론도 패권과 전쟁의 관계에 주목했지만 기술적 혁신과 경제적 성장을 중요한 요소로 평가했다. 모델스키는 세계 역사를 일정한 주기로 반복되는 '리더십(지도력)의 순환'과 '세계 전쟁의 순환'으로 보았다. 이런 사이클이 반복되면서 새로운 패권국이 계속 등장한다. 그는 사이클에 영향을 미치는 요소들로 기술적 혁신, 경제적 성장, 군사적 우위 변화 등을 들었다.

이 이론에 따르면 국제 정치는 약 100년에서 120년 주기의 긴 사이클을 따른다. 각 사이클에서 세계 권력의 상승, 도전, 전쟁, 리더십 재분배 과정이 나타난다. 예를 들어 포르투갈, 네덜란드, 영국, 미국 등은 각기 다른 시기에 세계 리더로 등장했다. 이들 리더는 시대마다 국제 체제에 질서를 제공하고 글로벌 문제를 관리하는 역할을 했다. 각 리더십 사이클 초기는 세계 리더가 질서 유지와 관리에서 뛰어난 능력을 보여주기에 세계 체제가 상대적으로 안정적이다. 포르투갈과 스페인 제국(15~16세기)은 발견의 리더십을, 네덜란드공화국은 상업 및 금융의 리더십을 가졌다. 대영제국은 경제적·군사적 리더십을 구사하여 산업 혁명을 주도하고 전 세계에 걸친 식민지 제국을 구축하면서 세계 질서에 중대한 영향을 미쳤다. 미국은 냉전 기간에 소련과의 경쟁에서 막강한 리더십을 발휘했다.

하지만 이들 모두는 리더십 사이클의 중반으로 접어들면서 새로운 강대국의 등장에 직면했다. 리더십 도전이 일어났고, 대규모 전쟁(세계 전쟁)으로 발전했다. 극렬한 전쟁이 끝나면, 새로운 국제 체제가 형성되고 새로운 리더가 등장했다. 모델스키는 리더십의 전환에 결정적 요소로 전쟁을 꼽았지만, 기술적 혁신과 경제적 성장도 중요한 하위 요소로 생각했다. 특히 새로운 기술이 경제적·군사적 우위를 제공한다고 평가했다.

패권전쟁 전술의 화려한 발전 그리고 미래

권력은 한 사람이나 한 나라에 영원히 귀속되지 않는다. 권력의 주인은 계속 바뀐다. 그럴 때마다 권력 획득의 방법도 계속 발전하며, 점점 더 복잡하고 정교해진다. 동시에 한 가지 능력만으로 최고 권력을 획득하는 것도 불가능해진다. 다양하고 복잡한 방식을 추가해야 한다. 새로운 권력전쟁이 벌어질 때마다 도전자는 이전 권력전쟁이 남긴 실패와 성공 공식을 학습하여 진화된 전략을 들고 나온다. 21세기에 벌어지는 패권전쟁에서도 마찬가지다. 수성하는 미국이나 도전하는 국가는 이전보다 발전한 전략, 그리고 기존의 방식(군사, 자원, 무역, 화폐, 기술, 산업, 인재 등)을 모두 사용하는 종합 전략을 구사해야 할 것이다.

참고로, 나는 이 책에서 기술이 패권 지위를 획득하는 데 어떤 영향을 미쳤는지 자세히 설명하지는 않았다. 그렇다고 해서 기술의 중요성을 간과한 것은 아니다. 단지 지면의 한계로 집중해서 다루지 않았을 뿐이다. 그래도 독자들의 서운함을 달래기 위해 패권전쟁에서 기술의 중요성을 간략히 이야기해보려고 한다.

대항해 시대에 네덜란드는 어떻게 패권국가로 부상했을까? 교과서적 답은 있다. 우선 네덜란드는 스페인의 지배에 맞서 80년 동안이나 독립전쟁을 치러 승리했다. 이 과정에서 막강한 해군력을 갖춰 제국의 기반을 마련했다. 그런 후 지리적 이점과 해상 무역, 혁신적인 금융 시스템과 기업, 세계적인 무역 네트워크 구축, 종교적 관용과 사회적 계층의 유동성, 정치적 안정성과 상업적 자유 등의 요인을 복합적으로 활용해 세계 최대의 해상 제국으로 부상했다.

네덜란드는 북해에 접해 있어서 유럽의 다른 나라들과 쉽게 연결될 수 있고 대양으로 진출하기도 용이한 지리적 이점을 가졌다. 라인강, 마스강, 셸데강 유역에 자리해 내륙 운송로도 발달했다. 이런 지리적 이점들은 중계무역에 유리했다. 네덜란드는 1602년 암스테르담에 세계 최초의 주식 시장을 설립할 정도로 현대 금융 시스템의 선구자여서 은행, 보험, 회계 등 금융 서비스업이 발달했다. 이런 혁신적 도전 덕분에 네덜란드 동인도회사와 같은 해외 기업에 대한 대규모 투자를 할 수 있었고, 국제 무역 사업을 위한 자본을 집중하여 번영의 기초를 마련했다. 또한 효율적이고 강력한 배를 만드는 등 해상 기술과 군사력에서도 혁신을 이뤘다. 네덜란드 동인도회사와 네덜란드 서인도회사를 중심으로 아시아, 아프리카, 아메리카로 이어지는 광범위한 무역 네트워크도 구축했다. 상업적 자유와 상대적인 정치적 안정성, 종교적 관용과 사회적 계층의 유동성도 뛰어나서 다양한 인재와 자본이 활발히 유입됐다. 더욱이 유럽에서 전쟁이 벌어졌을 때도 중립을 지켜 무역에 집중할 수 있었다. 이렇게 네덜란드는 다양한 요소를 잘 살려서 17세기 후반 영국이 해상 무력을 강화하며 도전에 나설 때까지 패권국가의 면모를 자랑했다.

이 모든 것 중에서 내가 특히 주목하는 요소가 하나 있다. 네덜란드 암스테르담이 어떻게 17세기 최고 부자 도시가 됐는지와 연관된 요소다. 바로 스페인에서 쫓겨난 유대인, 위그노들이 네덜란드로 들고 온 지식과 기술이다. 이들의 지식과 기술은 유럽 내에서 국가 권력의 이동뿐만 아니라 네덜란드 내에서 도시 권력의 이동도 초래했다.

네덜란드의 원조 부자 도시를 꼽자면, 단연 안트베르펜이다. 15세기부터 16세기까지 유럽에서 최대의 무역항이자 가장 잘사는 도시였다. 안트베르펜은 북해로 직접 연결되는 스켈데강의 하구에 있었다. 이런 지리적 이점을 바탕으로 아시아와 아프리카에서 유입되는 향신료, 차, 면화 등 다양한 상품이 유럽 내륙으로 운송되는 데 전략적 관문 역할을 했다. 유럽 최고의 부자 도시라는 명성에 걸맞게 1531년 '뵈르젠Beurzen'이라는 모임이 만들어져 원시적 주식 거래가 시작됐다. 네덜란드어로 '거래소'를 뜻하는 뵈르젠에서는 이탈리아 상인들이 알음알음 모여 주식과 채권을 거래했다. 당시 이 모임에는 공식적인 제도나 규율이 없었고, 1602년 암스테르담 증권거래소가 설립되면서 거래가 체계화됐다. 안트베르펜은 예술의 중심지로도 유명했는데 피터 폴 루벤스, 반 다이크 등의 화가들이 활동했다. 다이아몬드 가공 산업도 발달했고, 직물 산업도 유명했다.

당시 네덜란드는 스페인의 식민지였다. 스페인 국왕은 경제적으로 부유한 안트베르펜과 네덜란드 상인에게 10%의 높은 세금을 물렸다. 그뿐만이 아니라 로마 가톨릭의 수호자를 자처하던 스페인 국왕은 네덜란드 지역에서 유행처럼 번지고 있는 프로테스탄트(신교)에 종교적으로 탄압을 가했다. 1566년, 네덜란드 신교 칼뱅파 목사들이 종교 개혁을 외치면서 로마 가톨릭 성당 안에 있는 성모 마리아상과 십자가상을 파괴했다. 이른바 '성상파괴운동Iconoclastic Fury'이다. 높은 세금 정책에 불만이 많았던 네덜란드 상인들도 신교와 손을 잡고 스페인 국왕에게 대항했다. 상인들 입장에서는 구교보다 신교 집단이 자신들에게 우호적인 교리를 주장했기 때문이다. 안트베르펜은 자연스럽게 스페인에 대항하는 독립운동의 중심지가 됐다.

스페인 국왕 펠리페 2세는 진압을 명분으로 군대를 즉시 파견했다. 이참에 평소 눈독을 들였던 안트베르펜의 경제력을 장악할 심산이었다. 1576년 11월 4일, 스페인 군대가 안트베르펜을 집중 공격했다. 총사령관은 독일 전투에서 신교도들을 공포에 떨게 했던 알바 공작Duque de Alba이었다. 도시는 순식간에 함락됐고, 약 3일간 약탈이 자행됐는데 이는 '스페인 만행'으로 기록된다. 알바 공작은 '피의 법정'이라는 특별 재판소를 설치하고 성상파괴운동에 동참한 개신교도 상인 1,100명을 붙잡아 사형시키고 모든 재산을 몰수했다. 약탈 과정에서 약 8,000명의 시민이 살해되고 도시 대부분이 파괴됐다. 1584년, 스페인 군대는 안트베르펜 항구마저 봉쇄했다. 이후 안트베르펜은 급속히 쇠락했고 이곳의 상인, 기술자, 자본가들이 암스테르담 등 북부 지역으로 대거 옮겨 갔다.

펠리페 2세는 걷잡을 수 없이 번지는 신교 물결을 잠재우고자 자국 내에서도 종교 탄압을 시작했다. 이를 견디지 못한 유대인, 이슬람 상인, 금융인, 재능 있는 기술자와 유능한 인재들이 종교의 자유를 찾아 스페인을 탈출했다. 그들이 암스테르담 등 네덜란드 북부로 이동하자 막대한 자본과 상공업이 함께 이동했다. 스페인 국왕의 잘못된 정책은 이후에도 계속됐다. 1609년, 펠리페 3세Felipe III도 아버지처럼 종교를 탄압했으며 30만 명이 넘는 모리스코Morisco인의 재산을 몰수하고 강제 추방했다. 모리스코는 가톨릭으로 개종한 이슬람인을 말한다. 이들을 추방한 일은 스페인 경제를 파국으로 몰고 간 최후의 한 방이었다. 특히 스페인 발렌시아 지방은 전체 인구의 30% 정도가 모리스코인이었다. 모리스코인이 추방되자, 발렌시아는 15년 만에 경제 규모가 80% 이상 축소됐다.

네덜란드에서 영국으로 권력이 이동하는 이면에도 기술과 자본의 대이동이 있었다. 사실 대항해 시대 마지막 패권국가가 될 기회는 네덜란드나 영국보다 프랑스에 먼저 왔었다. 프랑스는 신교의 대표적 지도자 장 칼뱅의 모국이다. 칼뱅은 1509년 프랑스 북부의 피카디 지방의 노용에서 태어났고, 프랑스의 위그노를 비롯하여 스위스·독일·네덜란드 등 유럽 전역의 신교도들에게 큰 영향을 미친 위대한 종교개혁자다. 1536년, 칼뱅은 프랑스 왕 프랑수아 1세에게 《기독교 강요》라는 신교 신학 사상의 기초를 만든 저술을 헌정했다. 이런 분위기에서 1560~1570년 무렵에는 프랑스 전체 인구의 10%가 신교도로 개종했다.

하지만 프랑스 정계는 구교인 로마 가톨릭을 지지하는 세력이 장악하고 있었다. 교육 수준이 높아서 상업에서 금융에 이르기까지 다양한 지식을 축적하고, 투철한 소명의식을 가지고 경제·금융·상업·공업 등에서 놀라운 성과를 내는 신교도 엘리트들은 이들에게 위협적인 세력이었다. 기회만 되면 언제든지 이들을 죽이거나 추방할 생각이었다.

1572년 8월, 기회가 왔다. 파리 노트르담 성당에서 신교 수장인 앙리 드나바르Henri de Navarre(훗날 앙리 4세)와 구교를 대표하는 왕의 여동생 마르그리트 드발루아Marguerite de Valois(훗날 '여왕 마고'로 불림)가 정략결혼을 한다. 신교와 구교의 화합을 목적으로 한 결혼이었다. 로마 가톨릭 세력은 이 결혼이 신의 뜻에 어긋나는 것이라며 분노했다. 그리고 결혼식에 참석하기 위해 모인 신교 귀족들을 학살할 계획을 모의한다. 이것이 1572년 8월 24일부터 10월까지 진행된 '성 바르톨로메오 대학살Massacre de la Saint-Barthélemy' 사건이다. 이를 시작으로 프랑스에서 신교에 대한 오랜 박해가 이어진다.

1685년, 루이 14세는 종교의 자유를 허락한 〈낭트 칙령〉을 폐지하고 위그노들을 대량 학살했다. 프랑스에 살고 있던 신교도들은 탈출을 시작했다. 〈낭트 칙령〉이 폐지된 직후 영국으로 4~5만 명, 네덜란드로 5~7만 명, 독일로 4만 명, 스위스로 2만 명이 넘는 위그노가 탈출했다. 루이 14세 재위 기간에 프랑스를 탈출한 위그노는 총 100만 명이 넘었다. 위그노의 상당수는 기술과 자본을 장악한 부르주아 계층이었다. 16세기 후반 스페인에서 일어난 현상처럼, 이들의 탈출과 함께 프랑스가 유럽의 패권국 지위를 획득할 기회도 네덜란드와 영국으로 날아가고 말았다.

프랑스를 탈출한 위그노와 유대인들은 네덜란드에서 무역을 중심으로 한 상업과 금융업 발전에 기여했다. 독일과 스위스 등에서는 농업 국가에서 상업 및 제조업 국가로 전환하는 데 도움을 주면서 경제를 일으켰다. 이들 덕에 스위스에서는 시계, 섬유 산업 등이 발전했고 오늘날에도 명성을 유지하고 있다. 독일의 프리드리히 빌헬름 Friedrich Wilhelm 선제후는 이들의 도움으로 삼십년전쟁을 치르느라 무너질 대로 무너진 국가 경제를 일으켜 세웠다. 그는 〈포츠담 칙령Edict of Potsdam〉을 반포하고 위그노와 유대인들에게 종교의 자유 보장, 세금 면제, 집단 거주지 마련 등의 다양한 경제적 특혜를 베풀면서 공을 들였다.

영국의 엘리자베스 1세Elizabeth I 여왕도 국경을 활짝 열고 프랑스를 탈출한 위그노를 매우 적극적으로 받아들였다. 여기에는 영국의 종교 정책이 크게 한몫했다. 영국은 1527년에 헨리 8세의 이혼 문제로 로마 가톨릭 교황청과 갈등을 빚기 시작했다. 이혼 문제는 구실이었고 영국 왕실이 로마 가톨릭의 지배에서 벗어날 기회를 엿본 것이었다. 1531년 2월 11일, 영국 성직자들은 (교황청의 승낙 없이) 영국교회의 이름으로 헨리 8세의 왕위지상권을 인정한다는 결의를 했다. 이에 대응해 교황 클레멘스 7세Clemens VII가 헨리 8세를 로마 가톨릭에서 파문했다. 기다렸다는 듯 헨리 8세는 1533년에 앤볼린과 재혼하고, 1534년 왕위지상령을 공포하여 '영국성공회'를 국교로 선포했다. 이런 배경이 있기에 엘리자베스 1세 시절에 로마 가톨릭에 반대하는 신교도들을 쉽게 받아들일 수 있었던 것이다.

물론 영국성공회는 온전한 신교가 아니다. 헨리 8세는 정치적 독립을 위해 로마 가톨릭과 결별했지만, 믿음이라는 측면에서는 구교의 신앙을 유지했다. 영국 내에도 로마 가톨릭 신자가 여전히 많았다. 자칫하면 스페인이나 프랑스처럼 종교전쟁이 일어날 수도 있었다. 1558년 왕좌에 오른 엘리자베스 1세는 이듬해 '중도Via Media'라고 칭하는 현실적인 종교의 자유 정책을 만들어 영국에서 신교와 구교가 공존할 길을 만들었다. 이 무렵에 프랑스의 위그노들이 종교의 자유가 보장된 영국으로 대거 유입된 것이다.

그 덕에 유럽 대륙에서 바다 건너 변방의 가난하고 미개했던 섬나라 영국은 중요한 전환점을 맞이한다. 영국에 정착한 위그노들은 막대한 자본과 신기술, 프랑스에서 익힌 화려한 문화를 기반으로 영국의 건축, 제조업, 섬유업, 무역 및 상업을 크게 발전시켰다. 특히 프랑스에서 건너온 위그노들이 가져온 실크 산업 기술은 영국에 섬유 산업을 크게 일으켜 사람들의 생활 수준을 향상시켰다. 훗날 방직기와 방적기까지 발명돼 18세기 중반부터 19세기 초반 영국 산업혁명의 기틀이 마련됐다. 현재 영국이 금융 산업의 중심지 역할을 하는 것도 이때 영국으로 건너온 위그노들이 기반을 다진 결과다. 반면 스페인과 프랑스는 자본, 생산과 기술 혁신을 담당하던 중추 세력이 빠져나가면서 쇠퇴하기 시작했다.

미국 제국의 탄생에도 이런 흐름이 그대로 적용됐다. 17세기 영국의 종교 정책은 국가주의를 강화하는 쪽으로 나아갔다. 1603년 즉

위한 제임스 1세James I는 영국성공회를 강력히 지지했다. 영국성공회는 로마 가톨릭교회로부터 독립적인 교회지만, 신앙과 의식은 가톨릭과 개신교의 중간 정도를 유지했다. 그 때문에 양쪽 어디서도 온전히 지지받지 못했다. 이런 분위기에서 제임스 1세는《자유군주제의 참된 법칙The True Law of Free Monarchies》이라는 책을 저술하여 왕권신수설을 주장했다. 왕은 신으로부터 직접 권력을 받았고, 왕의 권력은 절대적이라는 주장이다. 영국 내의 신교파는 크게 반발했다. 제임스 1세는 자신의 주장에 찬성하지 않는 영국 스코틀랜드 장로교파와 청교도를 탄압하기 시작했다. 왕권에 위협이 된다고 생각했기 때문이다. 장로교는 왕권에 비판적인 입장인 데 비해 청교도 내에는 다양한 입장이 있었다. 제임스 1세는 가톨릭 신자들에 대한 박해는 완화했다. 가톨릭 신자들이 왕권에 더 순종적이라고 생각한 것이 유일한 이유였다. 결국 왕권신수설 강요와 신교 박해는 엘리자베스 1세 치하의 종교적 평화를 무너뜨렸다.

1620년, 청교도들은 종교의 자유를 찾아 영국 남서부 플리머스에서 신대륙으로 향하는 배에 올랐다. 이 배의 이름이 그 유명한 '메이플라워호'다. 승객 102명, 승무원 25~30명은 긴 항해 끝에 현재의 매사추세츠주에 도착해서 미국의 개척 시대를 열었다. 이후 유럽에서 종교의 자유와 새로운 기회를 찾아 수많은 지식인, 기술자, 자본가, 상업가가 황금의 땅 미국으로 이주했다. 1860~1910년, 미국은 이들을 중심으로 유럽보다 한 단계 더 진보한 증기기관, 철도, 석유, 철강, 전기, 자동차 등 다양한 신기술을 개발하고 산업 부흥에 성공한다.

이후에도 두 차례의 세계대전을 계기로 전쟁과 이념의 박해를 피해 유럽의 수많은 자본가, 기술자, 과학자가 미국으로 이주했다. 이렇게 20~21세기 샤한샤 제국의 기틀이 만들어졌다.

참고로, 패권의 지위를 유지하는 데 문화적 역량과 소프트 파워가 중요한 역할을 하는 건 분명하다. 하지만 이런 것들은 패권을 획득하는 단계보다는 유지하는 단계에서 더 중요성을 가진다. 강제력이 아니라 매력에 이끌려 자발적으로 추종하게 하는 능력이기 때문이다.

패권국 지위의 변곡점

역사적으로 패권국의 지위는 영원하지 않았다. 그래서 제1 기축통화의 힘도 영원하지 않았다. 수명도 점점 짧아졌다. 고대 그리스 시대에는 4.3그램짜리 은화 드라크마drachma가 기축통화 역할을 했다. 로마 제국 시대에는 기원전 1~3세기에 주로 사용된 금화 아우레우스aureus와 3.88그램짜리 은화 데나리온denarius이 기축통화 역할을 했다. 기원후 306년 콘스탄티누스 황제 때부터는 금의 밀도를 더 높인 솔리두스solidus가 기축통화였다. 이슬람권 경제에서는 금화 디나르dinar를 사용했고, 12~13세기에는 이탈리아 피렌체에서 제조된 금화 플로린florin, 제네바의 금화 제노인genoin, 베네치아의 금화 두카트ducat가 기축통화 역할을 했다.

대항해 시대에 들어서는 제1 기축통화의 평균 수명이 약 100년 정도로 줄어들었다. 포르투갈은 1450년부터 1530년까지 80년 동안 제1 기축통화국 지위를 유지했다. 스페인은 1530년부터 1640년까지 110년을 유지했다. 네덜란드는 1640년부터 1720년까지 80년간, 프랑스는 1720년부터 1815년까지 95년간, 영국은 1815년부터 1920년까지 105년 동안 제1 기축통화국 지위를 유지했다.

미국의 샤한샤 지위와 그에 따른 화폐의 힘도 영원하지 않을 것이다. 미국이 제1 기축통화국 지위를 갖게 된 건 1921년부터다. 샤한샤 지위를 획득하기 시작한 시기도 그즈음이다. 미국의 달러화는 제1 기축통화국 평균 수명을 이미 넘어섰다. 2024년 기준 미국은 104년 동안 제1 기축통화국 지위, 샤한샤 지위를 유지 중이다. 나는 미국이 앞으로 최소 30년 이상은 그 지위를 유지할 가능성이 매우 크다고 예측한다. 하지만 샤한샤 지위의 상실, 달러화 붕괴와 미국 정부의 파산 사태도 언제든지 일어날 수 있는 미래라고 생각한다. 현재 미국은 러시아-우크라이나 전쟁, 이스라엘-하마스 전쟁을 후방에서 지원한다. 2개의 전쟁에 직접 뛰어들진 않았지만, 막대한 전쟁 비용을 지원하고 있다. 2023년 기준 미국이 러시아-우크라이나 전쟁에 지원한 자금 규모는 1,000억 달러가 넘었다.[7] 전쟁이 길어질수록 그만큼 달러를 더 찍어내야 한다. 그럴수록 달러 구매력이 하락해 무역수지 적자가 늘어나고, 트리핀 딜레마가 작동할 가능성이 커진다. 이런 출혈이 누적된 상황에서 미국이 중국과 타이완을 두고 전면전을 벌인다면, 달러 가치 붕괴에 대한 세 번째 위기감이 고조될 수 있다.

1775년 미국 독립전쟁부터 최근까지 미국이 전쟁에 지출한 비용을 분석해보자. 미국이 1:1로 직접 전쟁을 치를 때는 전쟁 기간 내내 매년 GDP 대비 2~4%대의 추가 지출을 했다. 세계 전쟁에 참여했을 때는 매년 GDP 대비 10~30%대의 군비를 지출했다.[8] 만약 미국이 중국과 전면전을 벌인다면 매년 GDP 대비 4~10%대의 추가 지출이 일어날 것이다. 2022년 미국의 GDP 25조 5,000억 달러를 기준으로 계산하면 매년 1조 달러에서 2조 5,500억 달러에 달한다. 미국이 1965년부터 1975년까지 베트남전쟁 기간에 지출한 총비용은 현재 금액으로 환산해서 1조 달러에 육박한다. 2022년 기준, 미국 정부의 총부채는 GDP 대비 129%(33조 달러)다. 최근 4년 동안 미국 정부부채는 매년 평균 2조 5,000억 달러 정도의 증가세를 보였다. 이처럼 전쟁이 없는 시기에도 연간 2조 5,000억 달러씩 늘어가는 부채에 막대한 전쟁비용이 더해지면 미국 경제는 버티기 어렵다. 그렇다고 해서 패권국 지위의 상실, 달러화 붕괴, 미국 정부의 파산 사태가 즉각 발생하는 건 아니다.

미국이 패권국 지위를 잃어버릴 수 있을까? 위와 같은 상황에서 두 가지 결정타가 추가되면 현실화될 수도 있다고 본다. 첫 번째는 사우디아라비아가 미국과 맺은 '페트로달러 협약'을 파기하는 것이다. 두 번째는 협약 파기 선언에 맞춰서 중국이 미 국채를 대량 매도하는 것이다. 이 두 가지 결정타가 동시에 미국으로 날아들면, 달러는 휴지조각이 되고 미국의 주식 및 채권 시장 시스템은 붕괴한다.

사우디아라비아로서는 중동의 헤게모니 싸움에서 주도권을 잡으려면 중국보다 미국과 손을 잡는 것이 아직은 더 낫다. 사우디아라비아는 미래의 탈석유 시대를 준비하기 위해 다양한 국책 사업을 진행 중이며, 막대한 자금을 조달할 필요가 있기에 아람코를 미국 주식 시장에 상장했다. 그런데 사우디아라비아가 일방적으로 페트로달러 협약을 파기하면, 미국은 그 나라의 모든 기업을 자국 내 주식 및 채권 시장에서 퇴출시킬 것이다. 사우디아라비아는 이런 희생을 치르면서까지 중국이나 러시아와 가깝게 지낼 마음이 '아직은' 없다.[9]

하지만 세상일이 합리적 판단과 선택으로만 일어나는 건 아니다. 완벽한 것은 없고, 불가능한 미래도 없다. 사우디아라비아가 미국을 버림으로써 감당해야 하는 손해를 중국이나 러시아가 메워줄 수 있는 상황이 된다면, 이야기가 달라질 수 있다. 중국은 미국보다 3~4배 큰 석유 소비 시장이다. 사우디아라비아는 무력을 사용해 미국과 전쟁을 벌일 일이 없다. 최대의 적은 이란뿐이다. 이란을 대적하는 것은 중국과 러시아 무기만으로도 충분하다. 언젠가 사우디아라비아가 미국을 버리고 중국과 손을 잡는다면 유럽에서 미국의 영향력은 급격히 줄어들 것이다. 유럽과 중동이 중국의 손에 넘어가면 미국의 외교는 고립된다.

역사적으로 패권국 지위의 상실은 지위 획득 과정의 역순 또는 동시적으로 일어났다. 경제나 화폐의 힘을 먼저 잃고 그것이 군사력 약화를 불러오는 식으로 도미노처럼 무너지거나, 모든 것이 한순간에 붕괴했다. 달러가 휴지 조각이 되면, 33조 달러에 달하는 미국 정부 부채가 시한폭탄이 된다. 미국 정부가 파산을 선언하면, 미국 경제 전체가 공황에 빠진다. 특히 미국은 제한적으로 총기 소유를 허용하는 나라이기 때문에 곳곳에서 약탈과 방화, 살인이 일어날 것이다. 최악의 경우 내전이 일어날 수도 있다.

미국의 경제 대붕괴는 북미, 남미, 유럽, 아시아를 막론하고 전 세계 경제에 충격을 줄 것이다. 그러면 각국이 제2위 경제 대국인 중국을 향해 위기를 진정시키는 데 앞장서달라고 손을 내밀지 모른다. 달러 가치가 폭락하는 것만큼 중국 위안화의 가치는 폭등할 것이고, 그러면 제1 기축통화 지위를 맡아달라는 요청이 쇄도할 수도 있다. 그럴수록 미국의 침몰은 속도를 더할 것이다. 영국이 제1·2차 세계대전 이후 미국에 패권을 내준 상황과 같다. 물론 아직 그런 미래는 오지 않았지만 세상일은 장담할 수 없다.

기나긴 원고를 정리할 때가 됐다. 내가 이 책을 쓴 이유는 권력에 대한 새로운 이론을 주장하기 위해서가 아니다. 미국이나 중국의 미래를 예측하고자 하는 것도 아니다. 이 책을 통해 말하고자 하는 핵심은 두 가지다. 첫째, 지금도 패권국의 자리를 두고 벌이는 치열한 전쟁이 계속되고 있다. 둘째, 권력의 속내는 절대 바뀌지 않는다. 역사가 거듭될수록 획득하고 유지하는 전술이 화려해지고 복잡해졌을 뿐이다. 동시에 폭력이나 약탈이라는 것조차 느끼지 못할 정도로 교묘해졌을 뿐이다.

지금도 권력의 속내는 이익이다. '자국 우선주의'는 '이익'의 다른 표현일 뿐이다. 권력은 이익을 위해서라면 언제든 누구에게든 횡포를 부릴 수 있다. 천하의 미국도 중국도 마찬가지다. 그리고 우리는 지금 미국과 중국 사이에 있다. 정권이 바뀔 때마다 둘 중 어느 편에 설 것인가를 놓고 치열한 논쟁이 벌어진다. '누구 편에 설 것인가?'라는 질문에서 벗어나야 한다. 권력의 속성상 누가 패권의 지위에 오르든 결과는 같다. 상황은 달라지지 않는다.

세상을 움직이는 것은 권력이다. 그리고 그 권력은 이익을 좇아 행동한다. 권력, 그것이 가져다주는 이익 앞에서는 공정함이나 옳고 그름의 기준도 달라진다. 과거에도 그랬고, 오늘날에도 여전히 권력을 획득하는 과정에서 발생하는 잔인함과 불공정함은 '권력에는 희생이 따르는 법이다'라는 말로 정당화된다. 앞으로도 마찬가지다.

권력의 이런 이치를 이해하면, 트럼프의 모든 말과 행동을 이해할 수 있다. 트럼프는 보통의 정치인과 다르다. 대부분의 정치인들은 속내를 절대 드러내지 않고 교묘하게 이익을 챙기지만 그는 그대로 드러낸다. 아니, 이익을 얻어내는 무기로 대놓고 권력을 사용한다. 중국이라고 해서 다르지 않다. 시진핑도 이미 속내를 드러냈다.

이런 틈바구니에서 살아남으려면 어떻게 해야 할까? 권력의 속성과 패턴을 이해하는 것이 우선이다. 그다음에는 그 속성과 패턴 속에서 우리의 이익을 보호할 길을 찾아야 한다. 그런 점에서 권력이 이익을 좇는다는 점이 다행일 수도 있다. 강한 힘은 자기보다 더 강한 힘의 눈치를 본다.

한국이 가진 힘은 무엇인가? 중국이나 미국보다 더 강한 힘을 가진 기술이나 산업은 무엇인가? 찾아야 한다. 그래야 살아남을 길을 찾을 수 있다. 권력자의 탐욕을 감시하고 견제하는 것은 매우 중요한 일이다. 하지만 그들의 탐욕을 역이용하여 우리의 것을 지키고 보호하는 정밀한 전략을 구사하는 것은 그 못지않게 중요하다.

트럼프가 재선에 성공했다. 트럼프는 욕망을 노골적으로 드러내는 사람이다. 당연히, 욕망을 성취하기 위해 폭력과 다양한 무기를 거침없이 사용할 것이다. 하지만 트럼프의 시대가 끝나더라도 권력에 굶주린 누군가가 등장하여 세상을 위험에 빠뜨리는 미래는 충분히 일어날 수 있는 시나리오다. 이런 미래에 살아남으려면 미사여구 뒤에 숨겨진 본질을 꿰뚫을 수 있어야 한다. 살아남으려면 순진해서도 무지해서도 안 된다. 배워야 하고, 또 냉철해져야 한다. 본질을 알고 냉철해야만 올바른 행동 해법을 찾는 단계로 나아갈 수 있을 것이다.

주

프롤로그

1 〈글로벌이코노믹〉, 2024.02.14, 국기연, "트럼프 정책고문, 방위비 분담 충족 못한 나토 회원국 집단방위에서 제외"

2 〈세계일보〉, 2024.02.18, 김태훈, "핵무기 없는 유럽 나토 동맹국들, 미국의 핵 억지력 대체 방안 없어"

3 〈아시아경제〉, 2024.03.03, 이현우, "러 침공위협에 21세기 첫 국권피탈 우려하는 몰도바"

4 〈아시아경제〉, 2024.02.18, 이현우, "세계대전의 땅, 유럽이 포탄 부족에 시달리는 이유"

5 〈조세일보〉, 2024.02.15, 정수민, "이스라엘, 레바논에 본격 '대규모' 공습 개시…'어린이 포함 4명 사망'"

6 〈디지털타임스〉, 2024.02.14, 박양수, "'경쟁사들 괴멸될 것'…미국 무릎 꿇린 '전기차 1위' 中 비야디의 야욕"

1장 권력의 시작

1 이리유카바 최, 《그림자 정부: 세계 경제를 조종하는-경제편》, 해냄출판사, 2006, p. 48

2 나무위키, namu.wiki/w/미국-이란%20관계

3 나무위키, namu.wiki/w/라흐바르

4 〈연합뉴스〉, 2018.05.09, 이상현, "트럼프의 '이란핵합의' 파기이유는?…'영구적 핵능력 제한' 주장"

5 《구약성경》〈창세기〉 10장 8~9절, 〈역대상〉 1장 10절, 〈미가서〉 5장 6절 등에 기록되어 있다.

6 위키백과, ko.wikipedia.org/wiki/함무라비

7 나무위키, namu.wiki/w/바빌론%20유수

8 〈연합뉴스〉, 2024.02.22, 이주영, "네안데르탈인, 혼합 접착 물질로 석기 손잡이 만들어 사용"

9 EBS 다큐프라임 1,506회 〈불의 검〉 2부 '설원의 노래' 중에서 발췌

10 〈한국경제〉, 2024.03.17, 김동욱, "일본 열도 '충격'…대포 개발史 떠오르는 로켓 발사"
11 미국 국방성(defense.gov); 국회예산정책처(nabo.go.kr); 스팀슨센터(stimson.org); 공공청렴센터(publicintegrity.org)
12 위키백과, ko.wikipedia.org/wiki/병력에_따른_나라_목록
13 〈조선일보〉, 2023.11.12, 최유식, "무력시위하던 中항모의 굴욕, 美쌍항모에 놀라 지원병 불렀다"
14 〈한겨레〉, 2024.03.01, 최현준, "중국 항모 랴오닝함, 훈련용서 전투용으로 바뀔 듯"
15 〈서울경제〉, 이현호, 2024.02.11, "떠다니는 군사기지 美 '3개 항모강습단' 위력은…英·佛·印 해·공군 전력 맞먹어, 항공기만 240대"
16 〈뉴시스〉, 2022.08.07, 박대로, "美中, 대만해협서 전쟁시 누가 이길까…'美, 전 분야서 우위'"
17 미 해군, navy.mil; marines.mil
18 〈뉴욕타임스〉, nytimes.com/interactive/2017/03/22/us/is-americas-military-big-enough.html
19 〈서울신문〉, 2024.02.20, 고든 정, "우주에서도 공중 급유? 美 우주군의 우주 급유 프로젝트"
20 위키백과, ko.wikipedia.org/wiki/군사력_지수
21 〈뉴시스〉, 2024.01.20, 현성용, "푸틴이 과시한 전차, 미국산 장갑차에 박살"
22 MDAAl, missiledefenseadvocacy.org/defense-systems/sea-based-x-band-radar-sbx/
23 위키피디아, en.wikipedia.org/wiki/Boeing_YAL-1
24 GlobalFirepower (GFP), globalfirepower.com
25 노암 촘스키, 노승영 옮김, 《촘스키 희망을 묻다 전망에 답하다》, 책보세, 2011, p. 89
26 Stockholm International Peace Research Institute, Embargo 17 April 2012, "background paper on SIPRI military expenditure data, 2011"
27 이종헌, 《에너지 빅뱅》, 프리이코노미북스, 2017, pp. 217~229
28 〈한국경제〉, 2018.03.07, 강동균, "'중국몽'에 말려든 저개발국…일대일로 참여했다 빚더미 신세"
29 〈세계일보〉, 2024.03.01, 이민경, 이지안, "러, 전쟁시 '초기 核 사용' 기준 마련…푸틴 '전략적 핵전력 준비'"
30 〈매일경제〉, 2024.02.15, 강계만, "러시아, 우주에 '핵무기' 배치 추진…발칵 뒤집힌 미국, 긴급회의 소집"
31 〈서울경제〉, 2024.03.03, 이현호, "美 경고 러시아 '우주 핵무기 '위력은…핵 낙진 피해에 상업·공공용 위성 일제히 마비"
32 〈아시아경제〉, 2024.03.01, 김현정, "'러, 핵무기 우주배치설'에…전면부인 나선 푸틴 '가짜뉴스'"
33 〈조선일보〉, 2021.07.30, 박수찬, "'탄도미사일로 대만 공항 무력화' 中 군사잡지, 3단계 시나리오"
34 〈전자신문〉, 2024.02.14, 서희원, "요격 불가능…러, 마하8 미사일 '지르콘' 우크라전에 첫 투입"

35 〈조선일보〉, 2024.01.23, 김효인, "美가 포기한 마하 7 '꿈의 포탄'…중국 해군硏 '개발 성공'"

36 〈조선일보〉, 2024.03.16, 이철민, "미 공군, '중단'했다던 마하 20의 극초음속 무기 괌에서 비행 테스트"

37 〈동아일보〉, 2022.10.14, 이은택, "핵어뢰 '포세이돈' 장착한 러 잠수함 사라져…나토, '만일의 사태' 경고"

38 〈서울경제〉, 2023.10.05, 이현호, "러 '핵추진 드론' vs 북 '핵무인 공격정'…누가 더 셀까"

39 〈프레시안〉, 2024.01.20, 김재명, "'하루 5명 해부했다'…독립군 '마루타'로 죽이고, '벼룩 폭탄' 만든 악마들"

40 〈조선일보〉, 2024.01.18, 김자아, 황규락, "눈 하얗게 변하더니 죽어…치사율 100% 코로나 만든 중국"

2장 권력과 경제

1 넷플릭스, 〈터닝 포인트: 핵무기와 냉전〉 제1화 '거대한 태양이 떠오른다'

2 〈나우뉴스〉, 2023.10.31, 송현서, "중국 의식했나…'美 히로시마 원자폭탄 24배 위력 핵무기 개발'"

3 백창재, 《미국 패권 연구》, 인간사랑, 2009, p. 14

4 〈조세일보〉, 2024.02.15, 정수민, "이스라엘, 레바논에 본격 '대규모' 공습 개시…'어린이 포함 4명 사망'"

5 〈프레시안〉, 2024.02.13, 이재호, "말 안통하는 이스라엘에 분노한 바이든, 네타냐후에 '멍청한 자식'"

6 〈세계일보〉, 2024.02.19, 서필웅, "美 '두 개의 전쟁' 부담…EU '단일대오' 균열"

7 〈중앙일보〉, 2018.03.09, 유상철, "국가주석 임기 없앤 시진핑 최소 2035년까지 집권 생각"

8 〈연합뉴스〉, 2023.11.15, 인교준, "시진핑의 10년 칼끝 사정이 향한 곳…반부패 그리고 '정적 제거'"

9 백창재, 《미국 패권 연구》, 인간사랑, 2009, p. 14

10 〈매일경제〉, 2021.10.30, 신윤재, "중국발 '최악의 상황' 온다?…지금 '이곳'에 주목해야하는 이유"

11 〈파이낸셜뉴스〉, 2022.09.09, 심형준, "김정은 '핵을 놓고 흥정할 수 없어…핵무력법제화'"

12 〈세계일보〉, 2024.03.01, 이민경 · 이지안, "러, 전쟁시 '초기 核 사용' 기준 마련…푸틴 '전략적 핵전력 준비'"

13 Toby Wilkinson,《Early Dynastic Egypt》, Routledge, 1999

14 위키백과, ko.wikipedia.org/wiki/힉소스; ko.wikipedia.org/wiki/이집트_제15왕조

15 SBS NEWS, 2023.12.17, 원종진, "트럼프 '이민자가 미국 피 오염시킨다'…다시 혐오 발언"; 〈BBC NEWS 코리아〉, 2018.01.13, "트럼프 대통령 인종 차별 발언 논란"(bbc.com/korean/news-42673554)

16 위키백과, ko.wikipedia.org/wiki/호박금

17 위키백과, ko.wikipedia.org/wiki/송나라; ko.wikipedia.org/wiki/교자_%28지폐%29

18 위키백과, ko.wikipedia.org/wiki/화폐사

19 유아사 다케오(湯浅 赳男),《문명의 혈액: 화폐로 보는 세계사(文明の血液: 貨幣から見た世界史)》, 1988

20 위키백과, ko.wikipedia.org/wiki/화폐사

21 tvN, 〈벌거벗은 세계사〉 '대제국의 침공! 드라마로 본 〈고려거란전쟁〉'

22 김인희 편,《움직이는 국가, 거란》, 동북아역사재단, 2020

23 위키피디아, en.wikipedia.org/wiki/Angus_Maddison

24 〈국민일보〉, 2024.03.01, 권남영, "이스라엘, 구호트럭 몰린 가자주민에 발포…104명 숨져"

25 KBS1 2015 특별기획, 〈바다의 제국〉 제4부 '거대한 역전'

26 KBS1 2015 특별기획, 〈바다의 제국〉 제4부 '거대한 역전'

3장 패권의 법칙

1 cia.gov/readingroom/docs/19950601.pdf; irp.fas.org/offdocs/nsdd/nsdd-066.htm

2 나무위키, namu.wiki/w/소련/경제

3 Chalmers Johnson,《MITI and the Japanese Miracle: The Growth of Industrial Policy, 1925-1975》, Stanford, 1975

4 랑셴핑, 홍순도 옮김,《중미전쟁》, 비아북, 2010, p. 113

5 〈한국일보〉, 2023.10.06, "세계 외환보유액 달러 비중 25년래 최저"

6 〈지디넷 코리아〉, 2024.03.19, 유효정, "中 런민은행 '외국인도 디지털위안화 쓰세요'"

7 〈BBC NEWS 코리아〉, 2023.09.21, 앤토니 저커, "미국의 우크라이나 전쟁 지원 규모는 어느 정도일까?"

8 Naval History and Heritage Command, 2008.07.24, Stephen Daggett, "Costs of Major US Wars Congressional Research Service Report for Congress (RS22926)"

9 〈머니투데이〉, 2022.07.04, 조철희, "美 바이든 정부, 사우디 정책에 다중적 딜레마 빠져"

패권 전쟁

패권전쟁

초판 1쇄 발행 · 2024년 12월 26일

지은이 · 최윤식
발행인 · 이종원
발행처 · (주)도서출판 길벗
브랜드 · 더퀘스트
주소 · 서울시 마포구 월드컵로 10길 56(서교동)
대표전화 · 02)332-0931 | **팩스** · 02)322-0586
출판사 등록일 · 1990년 12월 24일
홈페이지 · www.gilbut.co.kr | **이메일** · gilbut@gilbut.co.kr

기획 및 책임편집 · 송은경(eun3850@gilbut.co.kr), 유예진, 오수영 | **제작** · 이준호, 손일순, 이진혁
마케팅팀 · 정경원, 김진영, 김선영, 정지연, 이지원, 이지현, 조아현, 류효정 | **유통혁신팀** · 한준희
영업관리 · 김명자 | **독자지원** · 윤정아

디자인 · 알레프 | **교정교열** · 공순례
CTP 출력 및 인쇄 · 예림인쇄 | **제본** · 예림인쇄

ISBN 979-11-407-1433-9 03320
(길벗 도서번호 090208)

정가 25,000원
